2022年受験用

鹿児島県高校入試問題集　公立編

目　　次

公立高校入試問題の出題傾向と対策 …… 1
公立高校入試の実施について …… 6
公立高校入試状況 …… 7

問題・正答例と解説

		問題					正答例と解説				
		国語	理科	英語	社会	数学	国語	理科	英語	社会	数学
公立入試問題	令和３年度公立高校	24	11	25	31	37	177	179	181	185	188
	令和２年度公立高校	56	43	57	63	69	191	193	195	199	202
	平成31年度公立高校	90	77	91	97	103	205	207	209	213	216
入試実戦問題	入試実戦問題第１回（中学３年１学期までの範囲）	124	111	125	131	137	219	220	222	225	226
	入試実戦問題第２回（全範囲）	156	143	157	163	169	229	230	232	235	237

※全ての聞き取りテストは，英語のページにあるＱＲコードをスマートフォン等で読み取って再生することも可能です。

・英語聞き取りテスト音声ファイルダウンロードページ
https://www.kakyoushin.co.jp/2022kouritu/

鹿児島県公立高校入試問題の出題傾向と対策　国　語

令和３年度の出題の傾向と対策

[1]は漢字の問題です。一昨年度までの短文形式での漢字の書き取り，読み取りの出題に戻りました。小中学校で学んだ日常よく使う漢字から出題され，**特に漢字の書き取りは小学校学習漢字からしか出題されません。**漢字の学習は日ごろの積み重ねです。しっかり復習しましょう。また，書写では行書体の字を楷書体に直したときの総画数を問う問題が出題されました。**書写の行書体の特徴もしっかりおさえておきましょう。**

[2]は，たくさんチャレンジして，たくさん負けることが「ナンバー１になれるオンリー１のポジション」につながるということを述べた説明的な文章です。文法的用法や内容理解に関する基本的問題が出題された他，記述問題では，「簡単に苦手だと判断しないほうがいい」理由を65字以内でまとめる問題が出題されました。苦手だと判断してしまった場合に何が失われてしまうのかを述べている箇所を探し，それを踏まえてまとめる力が求められました。また，文章全体において多くの例が用いられていたので，何に関する例なのかを判別する力も必要でした。**日頃から各段落の内容の主旨をおさえながら読む練習をしてみましょう。**

[3]は古文です。「沙石集」を素材に，指示語の内容の判別や話の内容をとらえる問題が出題されました。その中には，例年通り，授業の一場面を想定した先生と生徒の会話形式の問題も出題されました。古文では会話主，動作主が省略されることが多いので，**常にこの言葉は誰が言っているのか，誰がこの動作を行っているのかということを考えながら読む癖をつけましょう。**また，会話の内容は読解の手がかりになるので，**本文中のどこで述べられている内容と対応するのかを意識して読むようにしましょう。**

[4]は，文化祭廃止の撤回を求めて中学二年生の主人公たちが，自分たちの思いを先生に伝えている場面を描いた文学的な文章です。主に，登場人物の心情や様子に関する問題が出題されました。記述問題については，先生に自分達の思いを伝え終わった状況と，傍線部の「長い時間」「汗が背中を伝う」という様子から心情を考える力が求められました。**日頃から本を読むときに登場人物の心情を考えたり，書かれていない部分について想像したりして，さらにその想像した内容を自分の言葉で説明する練習をしてみましょう。**

[5]は条件作文です。今年度は「辞書に書かれた語釈」に関する二つの特徴のうち，一つを選び，その特徴の良い点と問題点について考えを書く問題でした。太郎さんと母親の会話に挙げられている例や，言葉の使い方について実感した体験などを踏まえて考えを明確に表現できるかどうかがポイントとなりました。作文力に加え，根拠を明確に示す力も必要です。

過去５年間の出題内容

	出題内容＼年度	29	30	31	2	3
説明的文章	適語補充	○	○	○	○	○
	内容理解	○	○	○	○	○
	内容の説明	○	○	○	○	○
	内容吟味			○	○	○
文学的文章	内容理解		○	○	○	○
	内容の説明	○	○	○	○	○
	心情理解	○	○	○	○	○
	心情の説明	○	○	○	○	○
	表現吟味	○				
	文脈の把握	○	○	○	○	○
漢字・書写	漢字の書き取り・読み取り	○	○	○	○	○
	書写	○	○	○	○	○
	筆順・画数	○	○		○	○

	出題内容＼年度	29	30	31	2	3
古典	仮名遣い	○	○	○	○	○
	動作主・会話主				○	○
	解釈	○		○		
	内容理解	○	○	○	○	○
文法	自立語		○	○	○	○
	付属語		○		○	○
	活用	○				
表現	資料を見て書く作文		○	○	○	
	会話文を参考にして自分の考えを書く作文					○
	一方の立場に立って自分の考えを書く作文	○				

鹿児島県公立高校入試問題の出題傾向と対策　理　科

令和３年度の出題の傾向と対策

例年同様，物理・化学・生物・地学から１題ずつと，４分野総合問題１題の計５題の出題で，点数配分は４分野がほぼ均等に出題されていました。出題範囲は，中学１～３年生までのほぼすべての単元と小学校の単元で，主体的に観察や実験に取り組むことで科学的な知識を身につけているかが問われました。問題数と文章記述問題数は昨年と同じで，問題形式は，語句問題，計算問題，記述問題をからめた完答問題が多く見られました。問題の難易度は，昨年よりやや易しいように感じました。

1は４分野総合問題で，例年通り，小問集合形式で４分野から２題ずつ出題され，記号問題と語句問題と計算問題で構成されていました。基本的な問題が多かったですが，**8**では，小学校で学習した，てこの性質に関する知識と仕事の原理を合わせて考える問題が出題されました。

2は化学分野で，Ⅰは酸化銅の炭素による還元，Ⅱは塩酸と水酸化ナトリウムの中和についての出題でした。Ⅰ**2**では，化学反応式を原子や分子のモデル図でかく問題が出題され，Ⅰ**4**では，実験の結果について出題され，比を用いた正確な計算力が問われました。Ⅱ**4**では，ビーカー内のイオンの数の変化について出題されました。

3は生物分野で，Ⅰは植物の分類と遺伝，Ⅱは消化についての出題でした。Ⅰ**4**では，遺伝の規則性の理解力が問われる問題が出題されました。Ⅱでは，生徒と先生の会話文をもとに，ヒトの消化酵素や器官のはたらきに関する基本的な問題が出題されました。Ⅰ，Ⅱともに基本的な問題が多く，得点源になる大問だったのではないかと感じました。

4は地学分野で，Ⅰは月と金星の観察，Ⅱは気象観測についての出題でした。Ⅰ**4**では，与えられた条件から，地球から見える金星の見かけの大きさと形を思考する問題が出題されました。Ⅱでは，気象観測，雲のでき方，前線が通過する際の降雨の特徴など，基本的な問題が幅広く出題されました。

5は物理分野で，Ⅰは浮力，Ⅱは電流についての出題でした。Ⅰ**3**では，表から浮力の性質を読みとり，浮力の大きさの変化をグラフで表現する問題が出題されました。Ⅱ**3**では，表を読みとり，オームの法則を用いて電流，電圧，抵抗，電力を求める問題が出題され，回路の性質の知識力と計算力が問われました。

過去５年間の出題内容

	出題内容＼年度	29	30	31	2	3
1年範囲	植物のからだのつくり	○	○			
	植物のはたらき（光合成・呼吸・蒸散）			○		
	植物の分類					○
	身のまわりの物質とその性質			○		
	いろいろな気体とその性質			○		
	水溶液の性質・溶解度		○		○	○
	物質の姿と状態変化	○			○	
	光の世界		○		○	○
	音の世界	○		○		
	力の世界	○				○
	火山とマグマ・火成岩			○		○
	地震とプレート		○			
	大地の変化・堆積岩・化石	○		○	○	○
2年範囲	生物の細胞のつくり					○
	動物の体のはたらき	○			○	○
	動物の体のつくり			○		
	動物の分類		○		○	
	物質の成り立ち（分解・原子・分子）	○	○		○	
	物質どうしの化学変化（化合）					
	酸素がかかわる化学変化（酸化・還元）					○
	化学変化と物質の質量			○		
	化学変化と熱の出入り					
	電流の性質	○		○	○	○

	出題内容＼年度	29	30	31	2	3
2年範囲	電流と磁界			○		
	静電気と電流					
	気象情報と気象観測	○				○
	前線と天気の変化		○			○
	日本の天気			○	○	
	空気中の水蒸気の変化		○	○		○
3年範囲	生物の成長と生殖	○	○		○	○
	遺伝の規則性と遺伝子			○		○
	動物の変遷と進化	○	○			
	水溶液とイオン		○	○	○	○
	化学変化と電池	○				
	酸・アルカリとイオン			○	○	○
	物体の運動		○			
	力の規則性	○		○		○
	仕事とエネルギー				○	
	いろいろなエネルギー			○		
	太陽系の天体		○			
	天体の１日の動き	○			○	
	天体の１年の動き	○				
	太陽と月・惑星の見え方	○		○		○
	科学技術と人間	○	○			
	自然と人間	○	○		○	
	小学校で習う内容から	○	○		○	○

鹿児島県公立高校入試問題の出題傾向と対策　英　語

令和３年度の出題の傾向と対策

[1]は放送による聞き取りテスト。実施時間は，約10分50秒となっていました。昨年からさらに小問が１つ増え，昨年は**1**と**2**が１回だけ放送されましたが，今年度は**1**～**4**までが１回のみの放送になっていました。１回しか放送されないものは，放送内容を一度で把握する集中力が求められますが，放送内容に複雑なものはあまり見られず，１回でも十分に聞き取れる内容であったと思われます。今年度は**3**で，曜日を書かせる問題が出されました。月や曜日は覚える数は限られています。よく問われるため，つづりや発音をしっかり習得しておきましょう。聞き取りテストでは，**聞いた英文を適切な表現に発展させて英文に当てはめる力**を身につけておきましょう。対策としては，英文を聞く習慣を持ち，要点を書き取るなどして英文の流れや状況を１回でできるだけ正確につかむ力をつけておくとよいでしょう。

[2]は英語表現力をみる問題。**2**は日本語の資料を使った適語補充・英作文の問題で，毎年さまざまな形の資料で出題されています。対話文の内容を資料と照らし合わせていくことに加えて，資料の内容からの適切な言いかえがあり，直訳ではなく対話の流れに合う表現に変えて当てはめる練習が必要でしょう。また，文法力を問うような出題の仕方も近年多く見られます。**4**では英作文の出題があります。今年度は，条件が多く設定されており，自分の意見を自由に書くことよりも，必要なことをいかに正確に伝えられるかが求められました。そのためには，より多くの語彙や熟語，文法事項を身につけ，**相手に伝えるために使う英語**を意識して勉強する必要があります。**4**のような問題に備え，**様々な話題に関して自分なりに英語で表現できるように日頃から練習することが大切です**。

[3]は英文読解問題。鹿児島の話題を取り入れた内容の英文がよく出ています。今年度は，対話文を使った出題がなくなり，代わりに，英文を読んで適切なグラフを選ぶ問題が出題されました。そのため，よりまとまりのある英文を読む力が求められました。この大問では，日常生活で見られるような資料を利用した出題があり，生活の中での英語の使用を意識させています。**日頃からさまざまな種類の英文や対話文をたくさん読んで，スピードと全体の内容を捉えられる読解力をつけておきましょう**。

[4]は長文総合問題。毎年，物語文が出題されています。英文はシンプルな展開で読みやすいストーリーですが，単に内容が理解できているかを問う問題だけでなく，物語を通して身の回りの社会問題や自然環境問題などについて，**自分の考えや意見を英文で表現をする**問題が出題されました。今年度は，英作文で15語程度の英文を書く必要があり，読解力に加えて英語での高い表現力が必要とされました。**日頃から，様々なことに関心を持ち，それに対する自分の考えを持つこと，さらにその考えを簡単な英語で表現する力を鍛える**勉強をしていきましょう。

過去５年間の出題内容

出題内容	年度	29	30	31	2	3
聞き取りテスト	英文・対話文に合う絵の選択	○	○	○	○	○
	対話の場面・意図を選択	○	○	○	○	○
	絵の並びかえによる放送内容の把握				○	○
	英文で述べられていないものの選択					○
	英文に関する質問の答え	○	○	○	○	○
	要約文完成 (英語記述)	○	○	○	○	○
	質問に自分の立場で答える	○	○	○	○	○
対話文完成	対話の流れに合う英文の選択	○	○	○	○	○
	英文の当てはまる場所の選択	○	○	○	○	○
適語補充	出題形式					
	日本語の資料をもとに適語補充	○	○	○	○	○
	出題された単語の品詞					
	名詞		○	○	○	○
	動詞	○	○	○	○	○
	形容詞	○			○	
	接続詞		○			

出題内容	年度	29	30	31	2	3
英作文	条件に合う英文を自分の考えで書く	○	○	○	○	○
	絵の状況に合う英文の完成	○	○	○	○	
	文脈に合う英文の完成・並べかえ		○	○	○	○
対話文・英文読解	英語の資料の読み取り				○	○
	内容について英文記述	○	○	○	○	○
	適切な語句の抜き出し	○		○	○	○
	適文選択	○	○	○	○	○
	内容に合う文の選択	○	○	○	○	○
	英文の表題選択		○	○	○	
	絵の並べかえによる流れの把握		○	○	○	○
	心情の把握	○	○	○	○	○
	適語・適文の選択	○		○	○	○
	流れに合う英語の記述	○	○	○	○	○
	内容について日本語で記述	○	○	○	○	○
	内容に関わる英作文	○	○	○	○	○
	本文の内容に合う資料の選択					○

鹿児島県公立高校入試問題の出題傾向と対策　社　会

令和３年度の出題の傾向と対策

昨年と同様の大問３つで構成されていました。設問数は昨年より１問少ない40問でした。点数配分は昨年に変わって，地理が32点・歴史が32点・公民が26点となっています。記述式の出題は，昨年より３問減って10問となっていました。そのうちの２問は短い形式の記述問題であり，さまざまなパターンの記述問題がバランスよく出題されていました。

1 は地理。Ⅰは世界地理で，緯線の長さ，世界各国の地形・気候・産業，バイオエタノールの生産と利用などを問う出題でした。Ⅱは日本地理で，標準時子午線，日本の海流，農業や人口に関する出題が見られました。Ⅲは作図で，福岡市の二つの区の人口密度を計算して，その結果を地図に表す出題が見られました。地理に関して，**日頃から教科書に載っている内容をしっかりおさえること，また，入試では資料が多いので，資料に書かれている情報をしっかりと読み取ることが大切です。**

2 は歴史。Ⅰは略年表から，古代から近世までのそれぞれの時代に関連する日本や世界に関するできごとなどを問う出題でした。小問**3**では，ある期間におこったできごとを年代の古い順に並べる問題が出題されました。Ⅱは幕末から昭和時代までの歴史について，三つのまとまりに分けたものであり，各時代の日本と世界のできごとや日本と世界の関わりについて問う出題が見られました。Ⅲは，第一次世界大戦後に日本の軍事費が減少している理由を問う記述問題でした。歴史に関して，**各時代の重要なできごと・人物・海外との関わりなどを理解し，古代から近代までの時代のつながりをおさえることが大切です。**

3 は公民。Ⅰは日本国憲法・基本的人権・政治などに関する出題，Ⅱは経済分野であり，消費生活・労働・金融などの出題が見られました。Ⅲは効率と公正に関する出題で，二つの図を比較し，効率と公正の内容を問う出題でした。公民に関して，**政治・経済・国際問題などメディアで取り上げられていることに興味や関心を持ち，教科書を通して理解を深めることが大切です。**

今後は，教科書の基本的な内容をしっかりおさえ，その知識を活用することと，資料に書かれている情報を読み取る読解力が必要となってきます。入試に向けて一つずつ練習していきましょう。

過去５年間の出題内容

	出題内容＼年度	29	30	31	2	3
地理的分野	世界の国々と人々の生活	○	○	○	○	○
	アジア	○	○	○	○	○
	アフリカ	○	○	○	○	○
	ヨーロッパ・ロシア	○	○	○	○	○
	南北アメリカ	○	○	○	○	○
	オセアニア（オーストラリア）	○		○	○	○
	日本のすがた・世界の中の日本	○	○	○	○	○
	地形図	○	○		○	
	九州地方	○		○	○	○
	中国・四国地方		○		○	○
	近畿地方			○	○	○
	中部地方	○	○	○	○	○
	関東地方	○	○	○	○	
	東北・北海道地方		○		○	
歴史的分野	文明のおこりと日本の始まり			○		
	古墳・飛鳥時代と東アジア	○	○	○	○	○
	奈良時代	○	○	○	○	○
	平安時代	○		○	○	○
	鎌倉時代	○	○		○	○
	室町時代		○	○	○	○
	世界の動きと天下統一	○	○	○	○	○
	江戸時代	○	○	○	○	○
歴史的分野	近代ヨーロッパとアジア	○	○			○
	明治維新～国会の開設	○	○	○	○	○
	日清・日露戦争	○	○	○	○	○
	第一次世界大戦	○	○	○	○	○
	世界恐慌～第二次世界大戦		○	○	○	
	戦後の日本～国際社会への復帰	○	○	○	○	○
	国際社会と日本	○		○	○	○
公民的分野	現代の社会（家族や情報化）	○	○	○		
	人権思想の発達	○				○
	日本国憲法	○	○	○		○
	基本的人権	○	○	○	○	○
	地方自治		○		○	○
	選挙			○		○
	国会・内閣・裁判所	○	○	○	○	
	家計・消費者の権利と保護	○		○	○	○
	流通・価格・物価	○	○			○
	企業	○	○			○
	国家財政・税金	○			○	
	景気と政府・日本銀行の政策	○		○	○	○
	福祉			○	○	
	世界経済と貿易		○		○	
	国際連合と世界の平和	○		○	○	

鹿児島県公立高校入試問題の出題傾向と対策　数　学

令和３年度の出題の傾向と対策

[1]は基礎的な計算･小問集合。1は基本的な計算や各単元の基本事項に関する内容。計算問題に関しては，**ミスをしないことはもちろん，スピードにもこだわりましょう**。2以降も，各分野の基本的な内容。今までに解いたことがある問題だからといって油断せずに，落ち着いて，確実に得点できるように，しっかりと問題文を読みましょう。ただ正答を求めるだけでなく，どのようにして答を出すのか，解説等をしっかり読んで解法のパターンを増やしていくことでどのような問題にも対応できる数学力を身につけましょう。**1つの知識の漏れや単純な計算ミスが，そのまま点数につながる内容です**。日頃から**正確，かつ素早い計算ができるように練習を積み重ねること，教科書に出てくる用語や公式はしっかり理解しておくことが大事**です。

[2]は数学的な見方や考え方，表現力をみる小問集合。1は円。2は確率。3は因数分解。4は証明。5は連立方程式。2や3は求め方を工夫することで時間短縮することができます。今回は以前と比べ，全体的に問題文の文章量が少なくなった印象を受けますが，**今後問題文の文章量が増えていくことも十分に考えられます。大問1, 2を短時間で仕上げられるかが高得点へのカギです。日頃から時間を意識して問題に取り組むようにしましょう**。

[3]は資料の整理からの出題。与えられた資料を読み取り，正確に分析できるかが問われました。1年時の履修内容で入試問題にも取り組むことができるので，得点源にできるように早くから問題演習に取り組みましょう。

[4]は関数。基本的な内容ですが, 会話文の中にある課題の条件を理解し, その都度図をイメージしながら, 各点の座標について文字を用いて表せるかがポイント。関数の基本事項の習得はもちろんのこと，色々な関数の問題に取り組んで, 問題のパターンに慣れておくことが重要です。また, このような会話形式の出題は年々増える傾向にあります。**何が問われているのか，ヒントがどこにあるのか，会話の流れをしっかりとおさえましょう**。

[5]は平面図形の問題。基本的な図形の知識事項をおさえておくのはもちろんのこと，場面の変化に応じた適切な図をかくことができるかがポイント。**頭の中でイメージするのではなく，日頃から，問題文中に示された条件を正確に表した図をかくこと**を心がけましょう。

毎年，設問の構成や順番に違いはありますが，**教科書で学んだことから出題されるという点では違いはありません**。教科書に出てくる基本語句や公式・定理をしっかりおぼえ，それらを活用する演習問題に取り組みましょう。

「基本的な語句・定理の理解」「正確な計算力の定着」「数学的表現力のアップ」

いずれも地道な努力で身に付くもので, それに勝るものはありません。入試に向けて, 日々努力しましょう。

過去５年間の出題内容

出題内容	年度	29	30	31	2	3
数の計算	四則混合計算	○	○	○	○	○
	割合の計算	○	○	○	○	○
式の計算	乗法・除法	○	○	○		○
	絶対値					
	因数分解		○			○
平方根	計算問題		○	○	○	○
	基本事項	○	○		○	
	素数					○
文字式	文字式の利用		○	○		
	式の値					
	式による証明			○		
	規則の活用			○	○	
方程式	不等式			○		
	方程式	○	○	○		○
	方程式の文章題	○	○	○	○	○
	比の利用		○		○	
	解の公式	○	○	○	○	○
関数	比例・反比例	○			○	
	関数とグラフ	○	○			
	１次関数	○	○	○	○	○
	２乗に比例する関数	○	○	○	○	○
	放物線と直線の交点	○		○	○	
	関数と動点・図形		○	○		

出題内容	年度	29	30	31	2	3
関数	関数と面積・体積				○	○
図形の基礎	線対称・点対称		○	○	○	○
	平面図形	○	○	○	○	○
	空間図形	○	○	○	○	○
	展開図・投影図	○		○	○	
	平行線と角	○		○	○	
図形と合同	図形の合同	○	○	○		
	二等辺三角形・正三角形	○		○	○	
図形の相似	図形の相似	○	○	○		○
	平行線と線分の比					
	中点連結定理					
円	円周角と弧	○	○	○	○	○
	円と接線	○				
図形の計量	図形と三平方の定理	○	○	○	○	○
	特別な直角三角形	○	○	○	○	○
	おうぎ形	○	○			
	その他の面積・体積		○	○	○	○
資料の活用	度数の分布	○	○	○	○	○
	代表値	○	○	○	○	○
	標本調査・有効数字	○				
確率	確率	○	○	○	○	○
	場合の数					

公立高校入試の実施について

令和３年度入試日程

令和３年度の入試は下記の日程で行われました。

① 一般入試

願　書　提　出　2月8日(月)から2月15日(月)正午(必着)まで

出　願　変　更　2月17日(水)から2月24日(水)正午(必着)まで

学　力　検　査　3月9日(火)

9：20	集　合	(志願先高等学校)	
10：00～10：50		(50分間)	国語
11：10～12：00		(50分間)	理科
13：00～13：50		(50分間)	英語
		(聞き取りテスト11分間程度を含む。)	

3月10日(水)

9：20	集　合		
9：40～10：30		(50分間)	社会
10：50～11：40		(50分間)	数学

合　格　発　表　3月17日(水) 午前11時以後

② 推薦入試

面接・作文等実施　2月4日(木)　場所　志願先高等学校

合　格　者　内　定　2月10日(水)

③ 二次募集

願　書　提　出　3月22日(月) から3月23日(火) 正午(必着) まで

面接・作文等実施　3月24日(水)　場所　志願先高等学校

合　格　者　発　表　3月25日(木) 午後2時以後

高校入試 Q & A

令和４年度公立高校入試日程

○推薦入試	２月 ３日（木）	面接・作文等
○一般入試	３月 ３日（木）	国・理・英
	３月 ４日（金）	社・数
	３月16日（水）	合格者発表
○追加の選抜	３月14日（月）	
○二次募集	３月24日（木）	面接・作文等
	３月25日（金）	合格者発表

Q1 推薦入試はどのようなものですか。

A 学力検査を実施せず，中学校３年間の学習や活動状況，面接，作文等を総合して評価する制度です。部活動や生徒会活動など学力検査でははかれない中学時代の取り組みを積極的に評価します。各高校が定めた枠内（８％～ 80％）で実施します。

Q2 学科併願はどんな制度ですか。

A 二つ以上の学科がある高校で学科に志願順位（第１志望，第２志望等）をつけて出願できる制度です。合格の可能性が広がります。

Q3 くくり募集はどんな制度ですか。

A 二つ以上の学科をまとめて募集し，１年生では共通の学習をして，２年生から各学科に分かれて学習する制度です。高校に入って学びながら自分の進む学科を決めていきます。

Q4 第二次入学者選抜とはどんな制度ですか。

A 第一次入学者選抜（推薦入試，一般入試等）の合格者が募集定員に満たない学校・学科で実施する入試で，公立高校で学びたい意志をもつ人に再度受検の機会を提供するものです。再度の学力検査は行わず，面接，作文等で合格者を決定します。

Q5 自己申告書とはどんなものですか。

A 志願者のうち，特別な理由等で年間30日以上欠席のある者が志願の動機・理由等を書いて，中学校長を経て，志願先高等学校長に提出できる書類のことです。

令和３年度公立高校入試状況１

【全　日　制】

高校名	学科名	併願	定員		推薦入試		実質定員	出願者数		出願倍率		受検者数		2次募集
			全体	一定枠	枠	出願者数（一定枠）		全体	一定枠	3年度	2年度	全体	一定枠	全体（一定枠）
鶴丸	普通		320	32	32	27（6）	298	367	47	1.23	1.34	363	47	
甲南	普通		320	32	32	34（5）	292	432	46	1.48	1.27	423	44	
鹿児島中央	普通		320	32	32	23（5）	299	438	33	1.46	1.53	425	32	
錦江湾	普通	理数	160	16	16	6（4）	154	130	2	0.84	1.04	127	2	27
	理数	普通	80		24	3	77	37		0.48	0.69	35		42
武岡台	普通		240	24	24	12（1）	227	303	2	1.33	1.12	293	2	
	情報科学		80		24	2	78	86		1.10	1.32	82		
開陽	普通	福祉	78		(注1) 18	13	66	66		1.00	1.18	55		
	福祉	普通	38		(注1) 6	2	36	23		0.64	0.62	21		
明桜館	文理科学	商業	120		36	6	114	85		0.75	0.70	83		32
	商業	文理科学	80		24	1	79	84		1.06	1.13	84		
松陽	普通	音楽か美術	240	24	(注2) 72	18（2）	221	202	4	0.91	1.07	196	4	24
	音楽	普通	40		20	20	19	10		0.53	0.43	9		10
	美術	普通	40		30	27	12	15		1.25	1.13	13		
鹿児島東	普通		80		8	0	80	42		0.53	0.88	37		43
鹿児島工業	工業Ⅰ類		240		60	34	206	260		1.26	1.38	245		
	工業Ⅱ類		120		30	15	105	138		1.31	1.29	132		
鹿児島南	普通		160	16	16	10（4）	150	184	7	1.23	1.20	176	7	
	商業	情報処理	80		20	9	71	83		1.17	1.35	81		
	情報処理	商業	40		8	3	37	50		1.35	1.12	50		
	体育		40		32	32	7	11		1.57	1.00	10		
吹上	電気	第３志望まで	40		12	0	40	16		0.40	0.40	16		25
	電子機械		40		12	1	39	24		0.62	1.08	23		16
	情報処理		40		12	0	40	21		0.53	0.49	20		20
伊集院	普通		240	24	24	6（0）	234	212	1	0.91	0.83	205	1	29
市来農芸	農業	第２志望まで	40		12	2	39	21		0.54		21		19
	畜産		40		12	1	39	14		0.36		13		27
	環境園芸		40		12	0	40	13		0.33		12		31
串木野	普通		80		8	1	80	31		0.39	0.62	31		49
鹿児島玉龍	普通		121	12	13	16（3）	108	158	6	1.46	1.47	151	6	
鹿児島商業	商業	第３志望まで	160		64	8	152	81		0.53	0.66	80		73
	情報処理		80		32	8	72	49		0.68	1.05	47		26
	国際経済		40		16	0	40	4		0.10	0.18	4		36
鹿児島女子	商業	第2志望は情報会計 第3志望は生活科学	80		24	3	77	35		0.45	0.68	34		43
	情報会計	第2志望は商業 第3志望は生活科学	80		24	12	68	33		0.49	0.57	30		38
	生活科学	第2～3志望は 商業か情報会計	160		48	36	124	111		0.90	1.04	109		16
指宿	普通		120		12	0	120	78		0.65	0.78	76		44
山川	園芸工学・農業経済		40		12	0	40	13		0.33	0.25	13		27
	生活情報		40		12	0	40	13		0.33	0.83	13		27
頴娃	普通	機械電気	40		4	0	40	9		0.23	0.38	9		31
	機械電気	普通	40		12	0	40	30		0.75	0.74	30		11
枕崎	総合学科		80		24	3	77	27		0.35	0.47	25		52

（注１）自己推薦（普通科10%，福祉科10%）を含む。　（注２）体育，書道，英語コース合わせて20%，一般は10%とする。

令和３年度公立高校入試状況２
【全　日　制】

高校名	学科名	併願	定員		推薦入試		実質定員	出願者数		出願倍率		受検者数		2次募集
			全体	一定枠	枠	出願者数(一定枠)		全体	一定枠	3年度	2年度	全体	一定枠	全体（一定枠）
鹿児島水産	海洋	第3志望まで	40		8	0	40	51		1.28	1.16	50		
	情報通信		40		8	2	38	34		0.89	1.32	33		5
	食品工学		40		8	0	40	19		0.48	0.43	19		17
加世田	普通		120		12	0	120	92		0.77	0.70	91		29
加世田常潤	食農プロデュース	生活福祉	40		12	0	40	18		0.45	0.38	18		21
	生活福祉	食農プロデュース	40		12	0	40	8		0.20	0.28	8		33
川辺	普通		80		8	0	80	35		0.44	0.51	35		45
薩南工業	機械	第4志望まで	40		12	0	40	25		0.63	0.66	25		15
	建築		40		12	0	40	19		0.48	0.60	19		22
	情報技術		40		12	0	40	16		0.40	0.48	16		24
	生活科学		40		12	0	40	24		0.60	0.68	22		18
指宿商業	商業		200		40	10	190	151		0.79	0.71	146		44
川内	普通		320	32	32	12(5)	308	256	22	0.83	0.87	241	19	67
川内商工	機械	第3志望まで	120		30	7	113	75		0.66	1.00	74		39
	電気		80		20	5	75	77		1.03	0.83	74		1
	インテリア		40		10	1	39	51		1.31	1.15	47		
	商業		80		20	4	76	62		0.82	1.09	59		10
川薩清修館	ビジネス会計	総合学科	40		12	0	40	13		0.33	0.25	13		27
	総合学科	ビジネス会計	80		24	1	79	46		0.58	0.77	45		35
薩摩中央	普通	第2志望まで	40	4	4	0(0)	40	8	2	0.20	0.18	8	2	32
	生物生産		40		12	0	40	22		0.55	0.23	22		18
	農業工学		40		12	1	39	14		0.36	0.60	12		27
	福祉		40		12	1	39	10		0.26	0.35	10		29
鶴翔	農業科学	第3志望まで	40		8	1	39	14		0.36	0.55	14		25
	食品技術		40		8	0	40	24		0.60	0.25	22		19
	総合学科		80		16	2	78	38		0.49	0.71	38		40
野田女子	食物	生活文化	40		12	0	38	14		0.37	0.45	13		25
	生活文化	食物	40		12	0	40	22		0.55	0.54	21		19
	衛生看護		40		12	0	38	15		0.39	0.39	15		23
出水	普通		160	16	16	2(0)	159	98	1	0.62	0.78	95	1	64
出水工業	機械電気		80		24	1	79	55		0.70	0.73	55		24
	建築		40		12	0	40	25		0.63	0.73	25		17
出水商業	商業	情報処理	80		24	0	80	59		0.74	0.73	59		19
	情報処理	商業	80		24	2	78	70		0.90	1.03	69		11
大口	普通		80		8	0	80	42		0.53	0.50	42		39
伊佐農林	農林技術		40		12	0	39	21		0.54	0.74	20		21
	生活情報		40		12	0	40	30		0.75	0.68	28		12
霧島	機械	総合学科	40		12	0	40	14		0.35	0.58	12		31
	総合学科	機械	40		12	0	40	26		0.65	0.43	25		16
蒲生	普通	情報処理	80		8	0	80	37		0.46	0.70	37		39
	情報処理	普通	40		12	0	40	45		1.13	0.79	44		3
加治木	普通		320	32	32	17(2)	303	338	5	1.12	1.04	318	5	

令和３年度公立高校入試状況３
【全　日　制】

高校名	学科名	併願	定員		推薦入試		実質定員	出願者数		出願倍率		受検者数		2次募集
			全体	一定枠	枠	出願者数（一定枠）		全体	一定枠	3年度	2年度	全体	一定枠	全体（一定枠）
加治木工業	機械	第6志望まで	80		20	5	75	77		1.03	1.17	76		
	電気		40		10	1	39	34		0.87	1.03	33		
	電子		40		10	0	40	59		1.48	1.25	47		
	工業化学		40		10	1	39	26		0.67	0.82	26		10
	建築		40		10	1	39	49		1.26	0.92	49		
	土木		40		10	1	39	35		0.90	1.15	35		
隼人工業	インテリア	第3志望まで	40		12	1	39	31		0.79	0.68	29		7
	電子機械		80		24	0	80	67		0.84	0.95	64		14
	情報技術		40		12	0	40	49		1.23	0.68	49		
国分	普通	理数	280	28	28	3(0)	277	217		0.78	0.89	210		63
	理数	普通	40		12	0	40	54		1.35	0.97	45		
福山	普通		40		4	0	40	19		0.48	0.45	19		21
	商業		40		12	0	40	12		0.30	0.50	12		30
国分中央	園芸工学	第2志望まで	40		8	0	40	41		1.03	0.88	39		2
	生活文化		80		16	3	77	82		1.06	0.99	82		
	ビジネス情報		120		36	2	118	118		1.00	0.84	117		1
	スポーツ健康		40		24	22	18	22		1.22	0.76	22		
曽於	文理	第3志望まで	40		8	1	39	17		0.44	0.68	16		24
	普通		40	4	4	2(0)	38	39		1.03	0.49	39		
	畜産食農		40		8	2	38	28		0.74	0.93	28		9
	機械電子		40		8	0	40	33		0.83	0.89	33		8
	商業		40		8	0	40	42		1.05	1.08	42		
志布志	普通		120		12	1	119	90		0.76	0.79	89		30
串良商業	情報処理	総合ビジネス	80		24	0	80	41		0.51	0.44	40		40
	総合ビジネス	情報処理	40		12	0	40	21		0.53	0.85	20		21
鹿屋	普通		280	28	28	2(0)	278	215		0.77	0.81	206		72
鹿屋農業	農業	第2志望まで	40		12	1	39	16		0.41	0.36	15		24
	園芸		40		12	0	39	11		0.28	0.45	11		27
	畜産		40		12	10	29	25		0.86	0.49	25		5
	農業機械		40		12	3	37	33		0.89	1.00	32		6
	農林環境		40		12	1	39	23		0.59	0.70	22		18
	食と生活		40		12	1	39	43		1.10	0.68	42		
鹿屋工業	機械	第3志望まで	80		16	1	79	58		0.73	0.86	58		19
	電気		40		8	5	35	38		1.09	0.85	36		
	電子		40		8	0	38	40		1.05	0.87	39		
	建築		40		8	5	35	34		0.97	1.10	33		2
	土木		40		8	0	40	17		0.43	0.71	17		23
垂水	普通	生活デザイン	40		4	0	40	8		0.20	0.28	8		34
	生活デザイン	普通	40		8	1	39	21		0.54	0.55	19		24
南大隅	商業		80		24	0	77	33		0.43	0.31	32		47

令和３年度公立高校入試状況４

【全　日　制】

高校名	学科名	併願	定員		推薦入試		実質定員	出願者数		出願倍率		受検者数		2次募集
			全体	一定枠	枠	出願者数（一定枠）		全体	一定枠	3年度	2年度	全体	一定枠	全体（一定枠）
鹿屋女子	普通	第3志望まで	40	4	4	2(0)	38	39		1.03	0.94	39		
	情報ビジネス		80		24	7	72	56		0.78	0.75	55		17
	生活科学		80		24	1	77	64		0.83	0.77	61		16
種子島	普通	第2志望まで	80		8	0	80	54		0.68	0.51	53		27
	生物生産		40		12	0	40	22		0.55	0.40	22		18
	電気		40		12	0	40	13		0.33	0.80	13		27
種子島中央	普通	情報処理	80		8	0	80	42		0.53	0.65	41		39
	情報処理	普通	40		8	0	40	37		0.93	0.75	36		4
屋久島	普通	情報ビジネス	80		8	0	79	34		0.43	0.62	32		47
	情報ビジネス	普通	40		12	0	40	39		0.98	0.88	39		1
大島	普通		280		28	0	278	240		0.86	0.83	236		44
奄美	機械電気		80		24	0	80	40		0.50	0.53	39		41
	商業	情報処理	40		12	0	40	7		0.18	0.25	6		27
	情報処理	商業	40		12	1	39	46		1.18	1.18	46		
	家政		40		12	0	40	35		0.88	0.55	34		6
	衛生看護		40		12	0	40	7		0.18	0.68	7		33
大島北	普通	情報処理	40		4	0	40	14		0.35	0.58	12		28
	情報処理	普通	40		12	0	40	22		0.55	0.73	21		19
古仁屋	普通		80		8	0	80	33		0.41	0.50	32		48
喜界	普通	商業	40		(注3)		15	0						15
	商業	普通	40		(注3)		24	2		0.08		2		23
徳之島	普通	総合学科	80		8	0	80	48		0.60	0.77	47		33
	総合学科	普通	40		12	0	40	28		0.70	0.82	28		14
沖永良部	普通	商業	80		8	0	80	50		0.63	0.79	50		30
	商業	普通	40		12	0	40	23		0.58	0.78	23		17
与論	普通		80		(注4) 8	0	52	0						52

（注３）喜界高等学校は連携型中高一貫教育校入学者選抜を実施する。　（注４）与論高等学校は推薦入学者選抜及び連携型中高一貫教育校入学者選抜を実施する。

高校名	学科名	併願	定員		推薦入試		実質定員	出願者数		出願倍率		受検者数	
			3年度	2年度	枠	出願者数（一定枠）		3年度	2年度	3年度	2年度	3年度	2年度
楠隼	普通（注5）		40	34			40	11	9	0.28	0.26		

（注５）楠隼高等学校の入学試験内容は国語，数学，英語の独自問題と面接。

【定　時　制】

高校名	学科名	併願	定員		自己推薦		実質定員	出願者数		出願倍率		受検者数		2次募集
			全体	一定枠	枠	出願者数（一定枠）		全体	一定枠	3年度	2年度	全体	一定枠	全体（一定枠）
開陽	普通	オフィス情報	40		4	1	19	12		0.63	1.25	11		
	オフィス情報	普通	40		4	1	23	10		0.43	0.65	8		
奄美	商業		40		12	0	40	11		0.28	0.23	11		29

【全　体　計】

全・定別	設置者	募集定員	実質定員	出願者数（一定枠）	出願倍率	
					3年度	2年度
全日制	県立	10,276	9,782	7,892（172）	0.81	0.84
	市立	1,561	1,429	1,173（6）	0.82	0.85
	計	11,837	11,211	9,065（178）	0.81	0.84
定時制	県立	84	82	33	0.4	0.56
合計		11,921	11,293	9,098（178）	0.81	0.84

令和３年度　鹿児島県公立高校入試問題　理　科

（解答…179Ｐ）

1　次の各問いに答えなさい。答えを選ぶ問いについては記号で答えなさい。

1　がけに，れき，砂，泥や火山から噴出した火山灰などが積み重なってできた，しまのような層が見られることがある。このように層が重なったものを何というか。

2　動物と植物の細胞のつくりに共通するものを二つ選べ。

ア　葉緑体　　イ　核　　ウ　細胞膜　　エ　細胞壁

3　次の文中の［ a ］～［ c ］にあてはまることばを書け。

> 原子は，原子核と［ a ］からできている。原子核は，＋の電気をもつ［ b ］と電気をもたない［ c ］からできている。

4　次の文中の［　　］にあてはまることばを書け。

> 光が，水やガラスから空気中へ進むとき，入射角を大きくしていくと，屈折した光が境界面に近づいていく。入射角が一定以上大きくなると境界面を通りぬける光はなくなる。この現象を［　　］という。通信ケーブルなどで使われている光ファイバーは，この現象を利用している。

5　安山岩や花こう岩などのように，マグマが冷え固まってできた岩石を何というか。

6　水 100 g に食塩 2.0 g をとかした水溶液をＡ，水 98 g に食塩 2.0 g をとかした水溶液をＢ，水 200 g に食塩 3.0 g をとかした水溶液をＣとする。質量パーセント濃度が最も低い水溶液はＡ～Ｃのどれか。

7　次の文中の①，②について，それぞれ正しいものはどれか。

> 被子植物では，受精卵は ①（ア　減数　　イ　体細胞）分裂をくりかえして，植物のからだのつくりをそなえた ②（ア　胚　　イ　卵細胞）になる。このように，受精卵から個体としてのからだのつくりが完成していく過程を発生という。

8　図は，かたくて長い棒を，てことして利用するときの模式図である。てこの支点が棒の左はしから 40 cm となるよう三角台を調整し，棒の左はしに糸で重さ 300 N の物体をつるした。棒の右はしに下向きの力を加えて，ゆっくりと 40 cm 押し下げると，物体は 20 cm 持ち上がった。このとき，棒の右はしに加えた力の大きさは何 N か。また，支点から棒の右はしまでの距離は何 cm か。ただし，棒と糸の重さは考えないものとする。

図

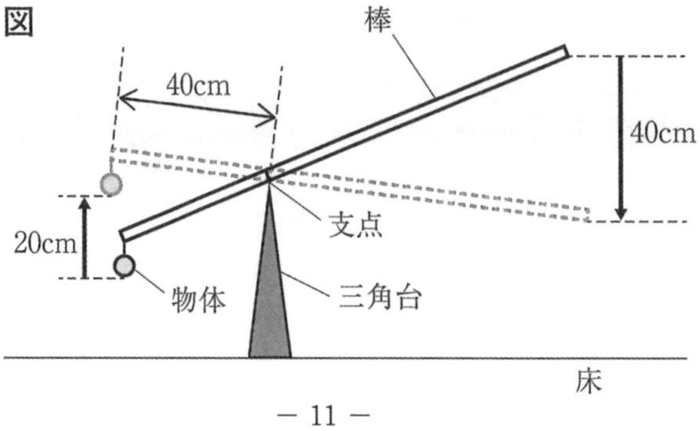

2 次のⅠ，Ⅱの各問いに答えなさい。答えを選ぶ問いについては記号で答えなさい。

Ⅰ **図1**のような装置を組み，酸化銅の還元についての**実験**を行った。

図1

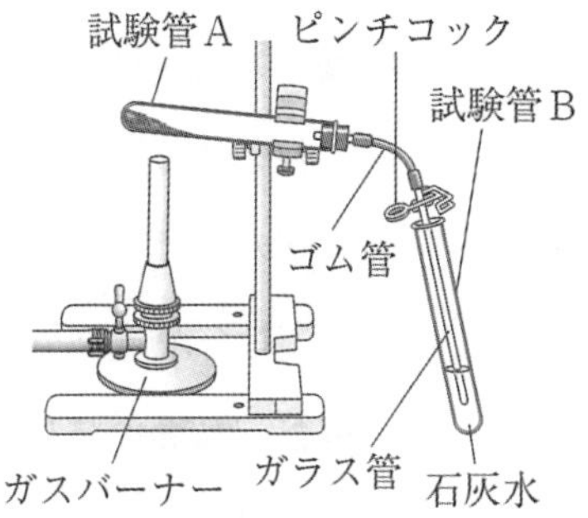

実験

① 酸化銅4.00gに炭素粉末0.10gを加えてよく混ぜ合わせた。

② 酸化銅と炭素粉末の混合物を試験管Aの中にすべて入れて加熱したところ，ガラス管の先から盛んに気体が出て，試験管Bの中の石灰水が白くにごった。

③ ガラス管の先から気体が出なくなるまで十分に加熱した後，ガラス管を石灰水の中から取り出し，ガスバーナーの火を消した。すぐにピンチコックでゴム管をとめ，試験管Aが冷えてから，試験管Aの中にある加熱した後の物質の質量を測定した。

④ 酸化銅は4.00gのまま，炭素粉末の質量を0.20g，0.30g，0.40g，0.50gと変えてよく混ぜ合わせた混合物をそれぞれつくり，②と③の操作を繰り返した。

また，炭素粉末を加えず，酸化銅4.00gのみを試験管Aの中にすべて入れて加熱したところ，ガラス管の先から少量の気体が出たが，石灰水に変化はみられなかった。そして，③の操作を行った。

図2は，加えた炭素粉末の質量を横軸，試験管Aの中にある加熱した後の物質の質量を縦軸とし，**実験**の結果をグラフに表したものである。なお，加えた炭素粉末の質量が0.30g，0.40g，0.50gのときの試験管Aの中にある加熱した後の物質の質量は，それぞれ3.20g，3.30g，3.40gであった。

図2

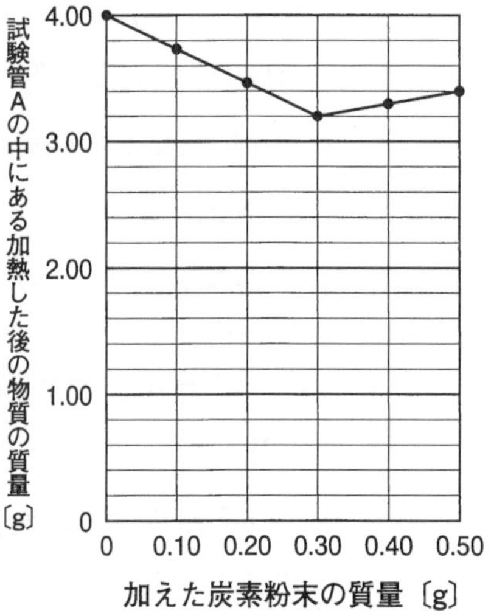

ただし，試験管Aの中にある気体の質量は無視できるものとし，試験管Aの中では，酸化銅と炭素粉末の反応以外は起こらないものとする。

1 **実験**の②で石灰水を白くにごらせた気体の名称を書け。

2 **図3**が試験管Aの中で起こった化学変化を表した図になるように，X，Y，Zにあてはまる物質をモデルで表し，**図3**を完成せよ。ただし，銅原子を◎，炭素原子を●，酸素原子を○とする。

図3

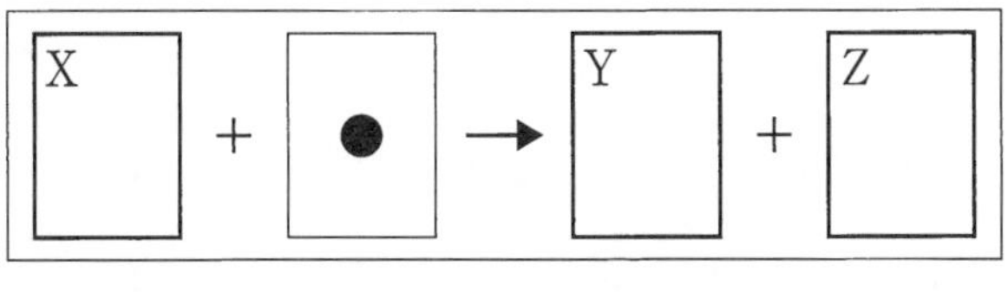

3 **実験**の③で下線部の操作を行うのはなぜか。「銅」ということばを使って書け。

4 酸化銅の質量を6.00g，炭素粉末の質量を0.75gに変えて同様の実験を行った。試験管Aの中にある加熱した後の物質の質量は何gか。また，試験管Aの中にある加熱した後の物質は何か。すべての物質の名称を書け。ただし，固体の物質の名称のみ答えること。

Ⅱ　ある濃度のうすい塩酸とある濃度のうすい水酸化ナトリウム水溶液を混ぜ合わせたときに，どのような変化が起こるか調べるために，次の**実験**を行った。

図

実験　うすい塩酸を 10.0 cm^3 はかりとり，ビーカーに入れ，緑色の BTB 溶液を数滴加えた。次に，**図**のようにこまごめピペットでうすい水酸化ナトリウム水溶液を 3.0 cm^3 ずつ加えてよくかき混ぜ，ビーカー内の溶液の色の変化を調べた。

表は，**実験**の結果をまとめたものである。

表

加えたうすい水酸化ナトリウム水溶液の体積の合計〔cm^3〕	0	3.0	6.0	9.0	12.0	15.0	18.0	21.0
ビーカー内の溶液の色	黄色	黄色	黄色	黄色	緑色	青色	青色	青色

1　塩酸の性質について正しく述べているものはどれか。

ア　電気を通さない。　　**イ**　無色のフェノールフタレイン溶液を赤色に変える。

ウ　赤色リトマス紙を青色に変える。　　**エ**　マグネシウムと反応して水素を発生する。

2　**実験**で，ビーカー内の溶液の色の変化は，うすい塩酸の中の陽イオンが，加えたうすい水酸化ナトリウム水溶液の中の陰イオンと結びつく反応と関係する。この反応を化学式とイオン式を用いて表せ。

3　**実験**で使ったものと同じ濃度のうすい塩酸 10.0 cm^3 とうすい水酸化ナトリウム水溶液 12.0 cm^3 をよく混ぜ合わせた溶液をスライドガラスに少量とり，水を蒸発させるとスライドガラスに結晶が残った。この結晶の化学式を書け。なお，この溶液を pH メーターで調べると，pH の値は 7.0 であった。

4　次の文は，**実験**におけるビーカー内の溶液の中に存在している陽イオンの数について述べたものである。次の文中の［ a ］，［ b ］にあてはまる最も適当なことばとして，「ふえる」，「減る」，「変わらない」のいずれかを書け。

> ビーカー内の溶液に存在している陽イオンの数は，うすい塩酸 10.0 cm^3 のみのときと比べて，加えたうすい水酸化ナトリウム水溶液の体積の合計が 6.0 cm^3 のときは［ a ］が，加えたうすい水酸化ナトリウム水溶液の体積の合計が 18.0 cm^3 のときは［ b ］。

3　次のⅠ，Ⅱの各問いに答えなさい。答えを選ぶ問いについては記号で答えなさい。

Ⅰ　**図**はゼニゴケ，スギナ，マツ，ツユクサ，エンドウの５種類の植物を，種子をつくらない，種子をつくるという特徴をもとに分類したものである。

図

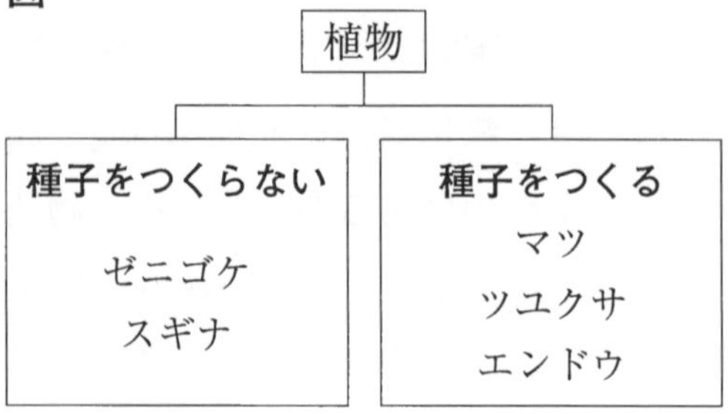

1　種子をつくらないゼニゴケやスギナは，何によってふえるか。

2　マツには，ツユクサやエンドウとは異なる特徴がみられる。それはどのような特徴か，「子房」と「胚珠」ということばを使って書け。

3　ツユクサの根は，ひげ根からなり，エンドウの根は，主根と側根からなるなど，ツユクサとエンドウには異なる特徴がみられる。ツユクサの特徴を述べた次の文中の①，②について，それぞれ正しいものはどれか。

> ツユクサの子葉は ①（**ア**　1枚　　**イ**　2枚）で，葉脈は ②（**ア**　網目状　　**イ**　平行）に通る。

4　エンドウのある形質の対立遺伝子の優性遺伝子をA，劣性遺伝子をaとする。Aaという遺伝子の組み合わせをもっているいくつかの個体が，自家受粉によってあわせて800個の種子（子にあたる個体）をつくったとすると，そのうちで遺伝子の組み合わせがaaの種子はおよそ何個あると考えられるか。最も適当なものを次の**ア**～**エ**から選べ。ただし，Aとaの遺伝子は，遺伝の規則性にもとづいて受けつがれるものとする。

ア　200個　　**イ**　400個　　**ウ**　600個　　**エ**　800個

Ⅱ　次は，たかしさんとひろみさんと先生の会話である。

> たかしさん：激しい運動をしたとき，呼吸の回数がふえるのはどうしてかな。
> ひろみさん：運動をするのに，酸素がたくさん必要だからって聞くよ。
> 先　　　生：それでは，運動するのに，なぜ酸素が必要かわかりますか。
> ひろみさん：細胞による呼吸といって，ひとつひとつの細胞では，酸素を使って［　　　　］からです。
> 先　　　生：そのとおりですね。だから，酸素が必要なのですね。また，私たちが運動するためには食事も大切ですよね。たとえば，タンパク質について知っていることはありますか。
> たかしさん：①タンパク質は，分解されてアミノ酸になり，②小腸で吸収されることを学びました。

1　会話文中の［　　　　］にあてはまる内容を「養分」ということばを使って書け。

2　下線部①について，(1)，(2)の問いに答えよ。

(1)　タンパク質を分解する消化酵素をすべて選べ。

ア　アミラーゼ　　**イ**　リパーゼ　　**ウ**　トリプシン　　**エ**　ペプシン

(2)　次の文中の［a］，［c］にあてはまる器官の名称をそれぞれ書け。また，［b］にあてはまる物質の名称を書け。

> ヒトの細胞でタンパク質などが分解されてできる物質を使って生命活動が行われると有害なアンモニアができる。このアンモニアは血液によって［a］に運ばれて無害な物質である［b］に変えられ，［b］は［c］で血液からとり除かれる。

3　下線部②の小腸の内側のかべにはたくさんのひだがあり，その表面に柔毛があることで，効率よく養分を吸収することができる。その理由を書け。

4 次のⅠ，Ⅱの各問いに答えなさい。答えを選ぶ問いについては記号で答えなさい。

Ⅰ　鹿児島県に住むたかしさんは，ある日，日の出の1時間前に，東の空に見える月と金星を自宅付近で観察した。**図1**は，そのときの月の位置と形，金星の位置を模式的に表したものである。

図1

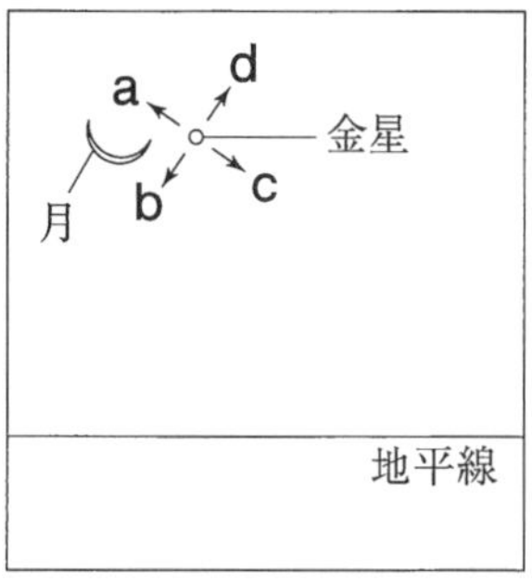

1　月のように，惑星のまわりを公転する天体を何というか。

2　この日から3日後の月はどれか。最も適当なものを選べ。

ア　満月　　イ　上弦の月　　ウ　下弦の月　　エ　新月

3　**図1**の金星は，30分後，**図1**の**a**～**d**のどの向きに動くか。最も適当なものを選べ。

4　**図2**は，地球の北極側から見た，太陽，金星，地球の位置関係を模式的に表したものである。ただし，金星は軌道のみを表している。また，**図3**は，この日，たかしさんが天体望遠鏡で観察した金星の像である。この日から2か月後の日の出の1時間前に，たかしさんが同じ場所で金星を天体望遠鏡で観察したときに見える金星の像として最も適当なものを**ア**～**エ**から選べ。ただし，**図3**と**ア**～**エ**の像は，すべて同じ倍率で見たものであり，肉眼で見る場合とは上下左右が逆になっている。また，金星の公転の周期は0.62年とする。

図2

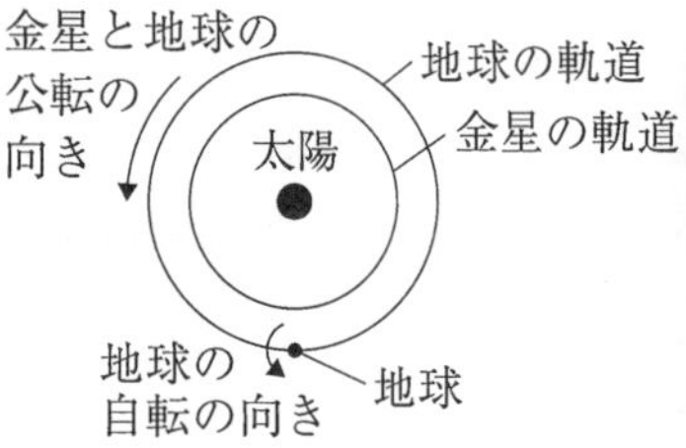

図3

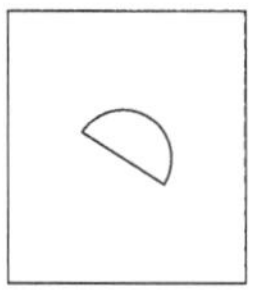

ア

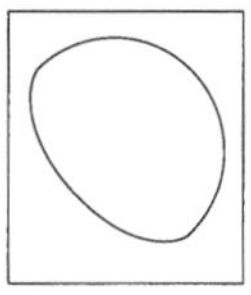

イ

ウ

エ

Ⅱ　大気中で起こるさまざまな現象を，気象という。

図1

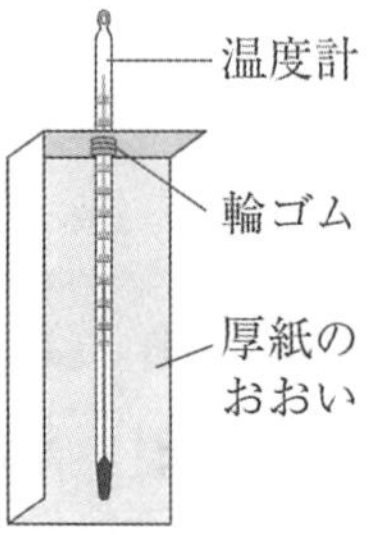

1　ある日，校庭で**図1**のように厚紙でおおった温度計を用いて空気の温度をはかった。温度計を厚紙でおおった理由を，「温度計」ということばを使って書け。

2　ある日，棒の先に軽いひもをつけ，風向を観測したところ，ひもは南西の方位にたなびいた。また，風が顔にあたるのを感じたことと，木の葉の動きから，このときの風力は2と判断した。さらに，空を見上げると，空全体の約4割を雲がおおっていた。**表**は天気と雲量の関係をまとめたものである。これらの風向，風力，天気の気象情報を天気図記号でかけ。

表

天気	快晴	晴れ	くもり
雲量	0～1	2～8	9～10

3　雲のでき方について述べた次の文中の［ a ］，［ b ］にあてはまることばを書け。

水蒸気をふくむ空気のかたまりが上昇すると，周囲の気圧が低いために空気のかたまりが［ a ］して気温が［ b ］がる。やがて，空気の温度が露点に達すると空気にふくみきれなくなった水蒸気は水滴となり，雲ができる。

4　**図2**は，前線Xと前線Yをともなう温帯低気圧が西から東に移動し，ある地点Aを前線X，前線Yの順に通過する前後のようすを表した模式図である。前線Yの通過にともなって降る雨は，前線Xの通過にともなって降る雨に比べて，降り方にどのような特徴があるか。雨の強さと雨が降る時間の長さに着目して書け。

図2

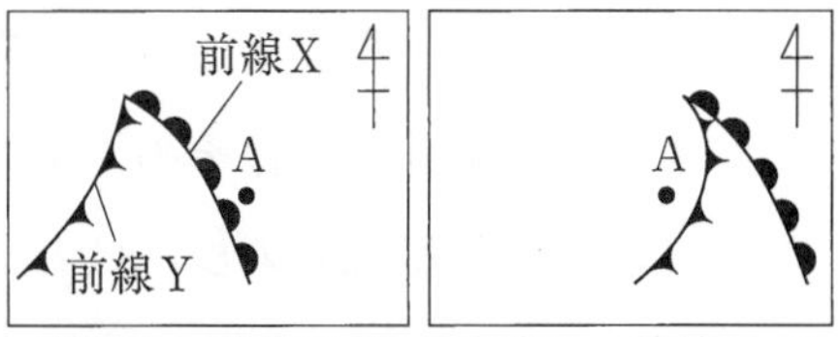

前線X，前線Yが通過する前　　前線X，前線Yが通過した後

5

次のⅠ，Ⅱの各問いに答えなさい。答えを選ぶ問いについては記号で答えなさい。

Ⅰ　物体にはたらく浮力に関する**実験1**と**実験2**を行った。ただし，質量100 gの物体にはたらく重力の大きさを1.0 Nとし，糸の重さや体積は考えないものとする。

実験1

①　**図1**に示す質量300 gの直方体を用意した。

②　直方体の面Xとばねばかりを糸でつないだ。

③　**図2**のように，直方体の下面が水面と平行になるように水の中へ静かにしずめ，水面から直方体の下面までの深さとばねばかりの値を測定した。

④　②の面Xを面Yに変え，③の操作をした。

図1

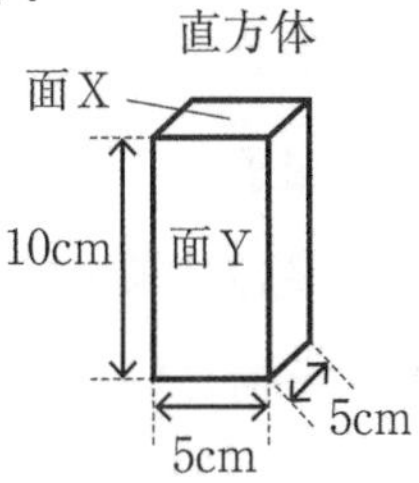

図2

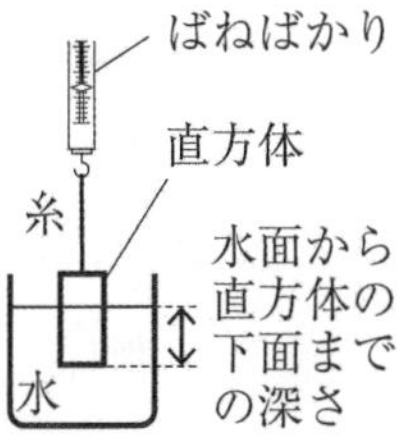

表

水面から直方体の下面までの深さ〔cm〕		0	2	4	6	8	10	12
ばねばかりの値〔N〕	面X	3.0	2.5	2.0	1.5	1.0	0.5	0.5
	面Y	3.0	2.0				0.5	0.5

表は，**実験1**の結果をまとめたものである。ただし，**表**の空欄には，結果を示していない。

1　直方体の密度は何 g/cm^3 か。

2　直方体の面Xに糸をつないでしずめ，水面から直方体の下面までの深さが8 cmのとき，直方体にはたらく浮力の大きさは何Nか。

3　直方体の面Yに糸をつないでしずめたときの，水面から直方体の下面までの深さと直方体にはたらく浮力の大きさの関係を表したグラフをかけ。ただし，水面から直方体の下面までの深さが0 cm，2 cm，4 cm，6 cm，8 cm，10 cm，12 cmのときの値を「•」で記入すること。

実験2　**図3**のように，**実験1**で用いた直方体の面Xを糸でつなぎ，直方体の下面が水面と平行になるように水の中へ静かにしずめ，水面から直方体の下面までの深さが14 cmの位置で静止させる。この状態で静かに糸を切った。

図3

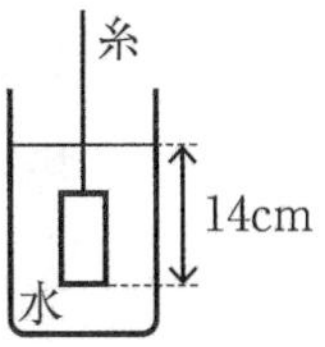

4　糸を切った後，直方体はどうなるか。次の**ア**～**ウ**から選び，その理由を，糸を切った後の直方体にはたらく力に着目して書け。

ア　浮き上がる。　　**イ**　静止の状態を続ける。　　**ウ**　しずんでいく。

Ⅱ　ひろみさんは，**図1**のような実験装置を用いて，２種類の抵抗器Ａ，Ｂのそれぞれについて，加える電圧を変えて電流の変化を調べる実験を行った。**図1**のＸとＹは，電流計か電圧計のどちらかであり，Ｐはその端子である。**図2**は，この実験の結果をグラフに表したものである。ただし，抵抗器以外の抵抗は考えないものとする。

図1

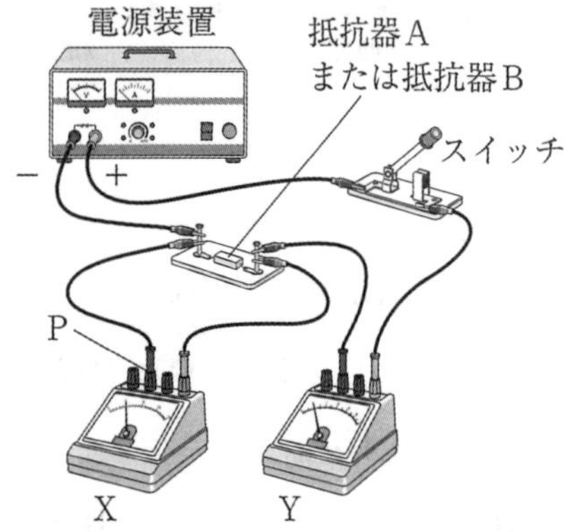

図2

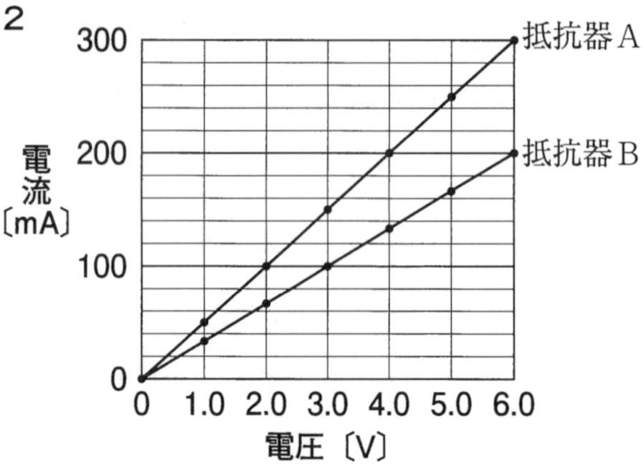

1　**図1**のＰは，次の**ア**～**エ**のどの端子か。

ア　電流計の＋端子　　**イ**　電流計の－端子　　**ウ**　電圧計の＋端子　　**エ**　電圧計の－端子

2　次の文は，実験の結果についてひろみさんがまとめた考察である。文中の下線部で示される関係を表す法則を何というか。

> 抵抗器Ａ，Ｂのグラフが原点を通る直線であるため，数学で学んだ比例のグラフであることがわかった。このことから，抵抗器を流れる電流の大きさは，抵抗器の両端に加えた電圧の大きさに比例すると考えられる。

3　次に，ひろみさんは，**図3**の回路図のように抵抗器Ａ，Ｂを用いて回路をつくった。このとき，抵抗器Ａに流れる電流の大きさを電流計の500 mAの－端子を使って測定すると，針のふれが，**図4**のようになった。抵抗器Ｂに加わる電圧は何Ｖか。また，回路全体の電力は何Ｗか。

図3

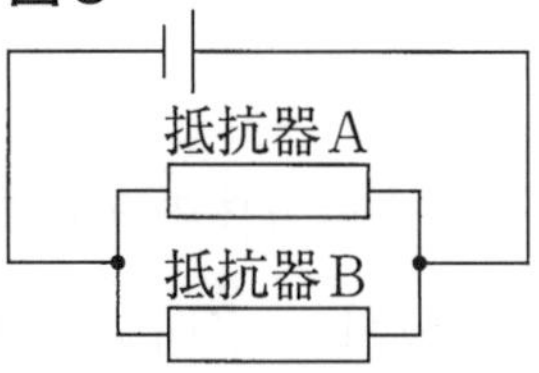

図4

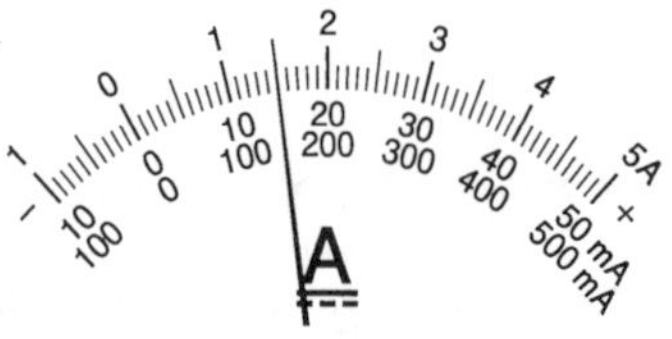

4　ひろみさんが並列回路の例として延長コード（テーブルタップ）について調べたところ，**図5**のように，延長コードを使って一つのコンセントでいくつかの電気器具を使用するタコ足配線は，危険な場合があることがわかった。次の文は，その理由についてひろみさんがまとめたレポートの一部である。次の文中の□にあてはまる内容を，「電流」と「発熱量」ということばを使って書け。

図5

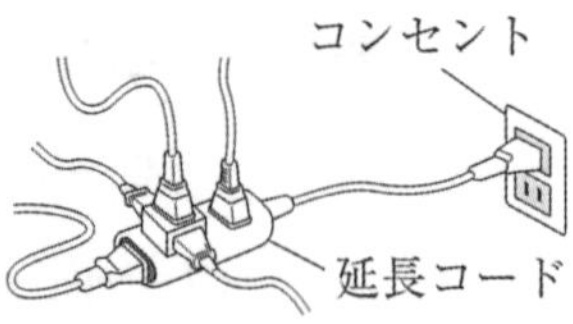

> タコ足配線は，いくつかの電気器具が並列につながっている。タコ足配線で消費電力の大きいいくつかの電気器具を同時に使うと，コンセントにつながる延長コードの導線に□ため，危険である。

5 太郎さんは、国語の宿題で語句の意味調べをした。その際、太郎さんの辞書に書かれた語釈（語句の説明）に、特徴的なものがあることに気がついた。下の会話は、その時の太郎さんと、太郎さんの母親との会話である。これを読んで、太郎さんの辞書に書かれた語釈の特徴である〰〰線部X・Yのどちらか一つを選択し、次の⑴〜⑸の条件に従って、あなたの考えを書きなさい。

条　件

⑴　二段落で構成すること。
⑵　第一段落には、選択した特徴の良いと思われる点を書くこと。
⑶　第二段落には、選択した特徴によって生じる問題点を書くこと。
⑷　六行以上八行以下で書くこと。
⑸　原稿用紙の正しい使い方に従って、文字、仮名遣いも正確に書くこと。

太郎　「辞書を使っていたら、おもしろいことに気づいたよ。」
母親　「どんなことに気づいたの。」
太郎　「ある食べ物についての説明の中に、『おいしい』って感想が書いてあったんだ。」
母親　「へえ。辞書を作った人のX主観的な感想が書かれているのね。たしかにおもしろいわね。」
太郎　「他にも、【草】の説明に『笑うこと・笑えること』という意味や、【盛る】の説明に『話を盛る』という用例が書いてあったよ。」
母親　「その【盛る】は『おおげさにする』という意味で使われているのね。太郎の使っている辞書には、もともとの意味や用例だけでなく、Y現代的な意味や用例も書かれているということね。」

文化祭廃止が知らされたとき、生徒たちは納得していない様子だった。けど、それはサボれなくなるからってだけじゃない、と思う。(注)国広くんや、やよいちゃんの言葉にもそれは表れている。

『やりたいかと言われるとビミョーなイベントだよな』

『私も、最初はしょうがないかぁって思ったんだけど。なんかもやもやするっていうか……ヘンじゃない？　って思って』

生徒たちは今までの文化祭を『やりたくない、めんどうくさい』と思いつつ『取り上げられるのはヘンだ』と思っていた。けれどそれは『やりたくないのに、やりたい』ということになる。その『やりたい』の先を考える手伝いをしたい、と私たちは話し合った。加奈は続ける。

「だから過去の失敗も含めて、生徒全員に考えてもらいたいんです。今まで卒業していった、伝統を繋いでくれていた先輩たちのためにも」

それから、先生は長いことだまった。何を考えているのかは分からなかった。⑤とても長い時間だった。汗が背中を伝う。

先生は一人一人の顔を見たあと、ふう、と息を吐いた。そして、「考えるだけ、考えてみましょう。近いうちにほかの先生がたとお話しします」と言った。

（望月雪絵「魔女と花火と100万円」による）

(注)　おじさん＝成田くんの父親。
国広くんや、やよいちゃん＝杏の同級生。

1　――線部①における加奈の様子を説明したものとして、最も適当なものを次から選び、記号で答えよ。

ア　先生の言動に対して、慌てて言葉を取りつくろおうとする様子。
イ　先生の言動に対して、あせりつつ真意を質問しようとする様子。
ウ　先生の言動に対して、反抗してさらに文句を言おうとする様子。
エ　先生の言動に対して、あきらめずに交渉し続けようとする様子。

2　次の文は、――線部②における「私の気持ち」を説明したものである。［Ⅰ］には、本文中から最も適当な五字の言葉を抜き出して書き、［Ⅱ］には、十五字以内の言葉を考えて補い、文を完成させよ。

> 笹村先生が［Ⅰ］を返したのは、自分たちに現状を理解させ、［Ⅱ］きっかけを与えるためだったのだということに気づき、感謝する気持ち。

3　――線部③について、加奈の様子を説明したものとして、最も適当なものを次から選び、記号で答えよ。

ア　杏の言葉に落ち着きを取り戻して何事にも動揺しない様子。
イ　杏に助けられたことが恥ずかしくて責任を感じている様子。
ウ　先生との話を先に進められたことに安心して得意げな様子。
エ　先生の言葉に不安を感じて周りが見えなくなっている様子。

4　――線部④について、加奈たちがそのように考える理由を説明したものとして、最も適当なものを次から選び、記号で答えよ。

ア　文化祭の廃止は賛成だが、生徒たちに相談せずに決定されたのはおかしいと感じているように見えたから。
イ　文化祭の廃止は納得できないが、勉強時間が今までより減るのはおかしいと感じているように見えたから。
ウ　文化祭の実施は面倒だが、文化祭を一方的に取り上げられるのはおかしいと感じているように見えたから。
エ　文化祭の実施は無意味であるが、予算がないから中止にするのはおかしいと感じているように見えたから。

5　――線部⑤のときの杏の気持ちについて六十字以内で説明せよ。

り、つまらないって言うのに改善案を出さなかったり……そういうところが先生がたを失望させたんだと感じました。すみませんでした」

　そこでみんな、「すみませんでした」を繰り返し、頭を下げる。視界の隅で偲与華《しょか》が成田くんの頭を押さえつけているのが見えた。成田くんはされるがままだったが、ぼそっと「すみませんでした」と言った。

　先生はいくぶんか驚いたようで、いったん口を開いたが、すぐに閉じて何か考えこんでいるみたいだった。やがて静かに答える。「そうね、大筋は確かにそうよ」

　全員が顔を上げ、先生を見る。

「でも、勘違いしないでほしいから言うけれど、私や小田原先生の『予算』って言葉は優しさからの嘘《うそ》じゃないわ。文化祭をやるにはそれに見合う予算が必要なの。つまり、あなたたちの文化祭の価値はゼロ円。それだけ」

　加奈が口を閉ざした。予想以上にきつい言葉にひるんでしまったのだろう。生徒会室を緊張感が支配する。

　でも……なんだか、あのときと似ている。

　おじさん(注)が成田くんの部屋に来たときと同じ雰囲気だ。あのときおじさんは私たちに厳しいことを言いながらもアドバイスをくれたし、応援してくれた。おじさんが厳しいことを言ったのは、私たちをいじめたいからじゃない。きっと私たちに現状を理解させ、その先をしっかり考えさせるためだったんだと思う。そして笹村先生は、以前成田くんの説得をちゃんと聞いてくれた人だ。

　なら、これは、あのときと同じだ。

　説得は加奈に任せるはずだったけれど……思わず言葉が口からついて出た。

「本当のことを言ってくれて、ありがとうございます」

　ほかのメンバーがぎょっとした目で私を見たが、②私の気持ちは本当だった。笹村先生は、私たちが対等に話すとっかかりを用意してくれたんだ。先生は値踏みをするように私たちを見た。その目が、『ここでだまるくらいなら受けつけないけど、この先説得できるならしてみなさい』と、そう語っているように見えた。加奈も同じことを感じたんだろう。彼女ははっとしたように、先生を見上げた。

「ご指摘、本当にありがとうございます。生徒はやる気をなくしていたんだと思います。私自身、こんな文化祭あってもなくても同じだ、と思ったこともあります。こんなのなんでやらせるんだ、って。でも、そうじゃないんですよね。大事なのは私たちの向上心と、自主性」

　加奈は息を吸った。声がいつもの調子に戻りつつある。

「笹村先生。私たち、もう一度チャンスが欲しいんです。意義のある文化祭を作り、また次の世代に繋《つな》げていきたいって思うんです」

「でも、そう思っているのは今ここにいるあなたたちだけでしょう?」

　③加奈は、もう負けない。

「ほかの生徒たちの意思はまだ確認していません。まず先生がたの許可をいただいたうえで、全生徒に文化祭のことを考えてもらう機会を作りたいと思っています」

「今まで不まじめだった人が、急にやる気になるかしら?」

「分かりません。でも五月に文化祭廃止が発表されたとき、④みんな不満そうでした。『勉強しなくていい時間を奪うな』って怒ってる人もいたけれど、でも、根本は違うことへの怒りだったと思います。私は、そこに『自分たちの文化祭なのにどうして』って気持ちがあったんだと信じています」

3 ――線部②「互ひに争ひて取らず」とあるが、その理由を説明したものとして、最も適当なものを次から選び、記号で答えよ。

ア 親の銀を少し譲ろうという子の親切を、銀を預かった者が拒否したため、子もすべての銀の所有権を放棄しようとしたから。

イ 子も銀を預かった者も、親の遺志が確認できないため、銀の所有権が自分にあると考え、裁判で決着をつけようとしたから。

ウ 親が預けたという行為の受け止め方が、子と銀を預かった者との間で異なるため、お互いに銀は相手のものだと考えたから。

エ 遺産を独占するのは人の道に外れる行為であるため、子も銀を預かった者も、親の銀を相手と平等に分け合いたかったから。

4 次は、本文をもとに話し合っている先生と生徒の会話である。ただし、[Ⅰ]～[Ⅲ]に適当な言葉を補って会話を完成させよ。[Ⅰ]には本文中から最も適当な二字の言葉を抜き出して書き、[Ⅱ]・[Ⅲ]にはそれぞれ十字以内でふさわしい内容を考えて現代語で答えること。

先生 「この話では、最終的に二人の僧が寺から追放されてしまいます。なぜ追放されたのか、考えてみましょう。」

生徒A 「大覚連和尚が二人を戒めたとあるから、何か良くない行いをしたということだよね。」

生徒B 「それに対して、和尚の話に出てくる『ある俗』と『子』は、『[Ⅰ]』と評価されているね。」

生徒C 「『僧二人』と『ある俗』たちが対比されていると考えることができそうだね。」

生徒A 「なるほど。そう考えると、冒頭の『僧二人、布施を争ひて』というのは、二人の僧が布施を[Ⅱ]と思って争ったということか。」

生徒B 「でも、二人は『割愛出家の沙門』のはずだよね。」

生徒C 「そうだね。それを踏まえて考えると、僧たちが[Ⅲ]点を和尚は戒めたのだね。仏道修行をする人としてあるまじき態度だから、寺の決まりに従って追放されたのだろうね。」

4

次の文章を読んで、あとの1～5の問いに答えなさい。

> 中学二年生の私（杏《あん》）は、生徒会の加奈や成田くん、偲与華《しょか》たちと文化祭（ながね祭）の廃止の撤回を求めて、笹村《ささむら》先生と話すことになった。

「笹村先生に、そして先生がたに聞いてほしいお話があります」

加奈が背筋を伸ばして言った。「文化祭のことです。私たち、どうしても来年からの廃止に納得がいかないんです」

先生は冷ややかな視線を私たちに向けた。「ああ、またその話。最近聞かなくなったと思ったら」先生はちらっと成田くんを見る。彼は無表情だ。

「いいわ、続けて」

「はいっ」加奈がこぶしを握る。緊張しているみたいだ。

「ええと……文化祭は、ながね祭は……十一年前生徒が立ち上げたイベントです。わが校の伝統です。それなのに、先生がたに一方的に奪われるのは、おかしいと感じました」

先生はしばらく反応をしなかった。加奈がだまりこんだのを見て、首をかしげる。

「それだけ？」

「い、いいえ！」加奈は①食い下がる。そして視線で私たちに目配せをした。本題が来る。私はどきどきしながら加奈の言葉を待つ。

「でも、私たち考えたんです。どうして先生がたは何も相談してくれなかったのか。どうして文化祭が廃止になったのか。それは私たち生徒に原因があると思いました、笹村先生や小田原先生は『予算の問題』と言っていたけれど……やる気を出さないでだらだらと資料を作った

3 次の文は、――線部②について説明したものである。［Ⅰ］には本文中から最も適当な六字の言葉を抜き出して書き、［Ⅱ］には二十字以内の言葉を考えて答えること。

> 進化の歴史の中で、各々の生物たちが戦って、［Ⅰ］を見つけるたびに変わり続けた結果行き着いた、［Ⅱ］自分だけの場所。

4 ――線部③とあるが、それはなぜか。六十五字以内で説明せよ。

5 次の**ア**～**エ**は、生物の進化について四人の中学生が考えたものである。文章全体を通して述べられた筆者の考えに最も近いものを選び、記号で答えよ。

ア 昆虫Aは、黄色い花や白い花に集まりやすいという性質をもっていましたが、主に生息している場所の白い花が全て枯れてしまったため、黄色い花だけに集まるようになりました。

イ 魚Bは、生まれつき寒さに強いという性質を生かし、気候変動によって水温の低くなった川にすみ続けたところ、他の魚たちがいなくなって食物を独占できたので、巨大化しました。

ウ 鳥Cは、自分を襲う動物が存在しない島にすんでいたために飛んで逃げる必要がない上、海に潜る力をもっていたことで食物を地上でとらなくてよかったので、飛ばなくなりました。

エ 植物Dは、草丈が低いため、日光を遮る植物がいない場所で生きようとしたところ、そこは生物が多く行き交う場所だったので、踏まれても耐えられる葉や茎をもつようになりました。

3

次の文章を読んで、あとの**1**～**4**の問いに答えなさい。

唐《もろこし》の育王山(注)の僧二人、布施(注)《ふせ》を争ひてかまびすしかりければ、（騒いでいたので）**ア**その寺の長老、大覚連和尚(注)《だいかくれんをしやう》、この僧を恥《はぢ》しめていはく、（この僧二人を戒めて）**イ**「ある俗、他人の銀《しろがね》を百両預かりて置きたりけるに、**ウ**かの主死して後、**エ**その子に是《これ》を与ふ。子、是を取らず。『親、既に与へずして、①そこに寄せたり。それの物なるべし』といふ。かの俗、『我はただ預かりたるばかりなり。譲り得たるにはあらず。親の物は子の物とこそなるべけれ』（子の物になるべきだ）とて、また返しつ。②互ひに争ひて取らず、果てには官の庁（公の役所）にて判断を③こふに、『共に賢人なり』と。『いふ所当たれり。すべからく寺に寄せて、亡者の菩提(注)《ぼだい》を助けよ』と判ず。この事、まのあたり見聞きし事なり。（この話は、私が直接見聞きしたことである）世俗塵労(注)《せぞくぢんらう》の俗士、なほ利養（利益）を貪《むさぼ》らず。割愛(注)《かつあい》出家の沙門《しやもん》の、世財を争はん」とて、法に任せて寺を追ひ出《いだ》してけり。（寺の決まりに従って追放した）

（「沙石集」による）

(注) 育王山＝中国浙江省《せっこうしょう》にある山。　布施＝仏や僧に施す金銭や品物。
大覚連和尚＝「大覚」は悟りを得た人の意。「連」は名前。
菩提＝死んだ後極楽浄土《ごくらくじょうど》（一切の苦悩がなく平和安楽な世界）に生まれかわること。
世俗塵労の俗士＝僧にならず、俗世間で生活する人。
割愛出家の沙門＝欲望や執着を断ち切って僧になり、仏道修行をする人。

1 ――線部③「こふ」を現代仮名遣いに直して書け。

2 ――線部①「そこ」とは誰のことを表すか。══線部**ア**～**エ**の中から一つ選び、記号で答えよ。

ア その寺の長老　**イ** ある俗　**ウ** かの主　**エ** その子

は得意なことを探すことでもあります。苦手なことを無理してやる必要はありません。最後は、得意なところで勝負すればいいのです。しかし、得意なことを探すためには、すぐに苦手と決めて捨ててしまわないことが大切なのです。

勝者は戦い方を変えません。その戦い方で勝ったのですから、戦い方を変えないほうが良いのです。負けたほうは、戦い方を考えます。そして、工夫に工夫を重ねます。負けることは、「考えること」です。そして、「変わること」につながるのです。負け続けるということは、変わり続けることでもあります。生物の進化を見ても、そうです。劇的な変化は、常に敗者によってもたらされてきました。

古代の海では、魚類の間で激しい生存競争が繰り広げられたとき、戦いに敗れた敗者たちは、他の魚たちのいない川という環境に逃げ延びました。 a 、他の魚たちが川にいなかったのには理由があります。海水で進化をした魚たちにとって、塩分濃度の低い川は棲《す》めるような環境ではなかったのです。しかし、敗者たちはその逆境を乗り越えて、川に暮らす淡水魚へと進化をしました。

しかし、川に暮らす魚が増えてくると、そこでも激しい生存競争が行われます。戦いに敗れた敗者たちは、水たまりのような浅瀬へと追いやられていきました。そして、敗者たちは進化をします。ついに陸上へと進出し、両生類へと進化をするのです。懸命に体重を支え、力強く手足を動かし陸地に上がっていく想像図は、未知の(注)フロンティアを目指す闘志にみなぎっています。しかし最初に上陸を果たした両生類は、 b 勇気あるヒーローではありません。追い立てられ、傷つき、負け続け、それでも「ナンバー1になれるオンリー1のポジション」を探した末にたどりついた場所なのです。

やがて恐竜が繁栄する時代になったとき、小さく弱い生き物は、恐竜の目を逃れて、暗い夜を主な行動時間にしていました。と同時に、恐竜から逃れるために、聴覚や嗅覚などの感覚器官と、それを司《つかさど》る脳を発達させて、敏速な運動能力を手に入れました。そして、子孫を守るために卵ではなく赤ちゃんを産んで育児するようになりました。それが、現在、地球上に繁栄している哺乳類となるのです。

人類の祖先は、森を追い出され草原に棲むことになったサルの仲間でした。恐ろしい肉食獣におびえながら、人類は二足歩行をするようになり、命を守るために知恵を発達させ、道具を作ったのです。

生命の歴史を振り返ってみれば、進化を作りだしてきた者は、常に追いやられ、迫害された弱者であり、敗者でした。そして進化の頂点に立つと言われる私たち人類は、敗者の中の敗者として進化を遂げてきたのです。

（稲垣栄洋「はずれ者が進化をつくる 生き物をめぐる個性の秘密」による）

(注) 滑空＝発動機を使わず、風の力、高度差、上昇気流などによって空を飛ぶこと。
フロンティア＝開拓地。

1 ――線部①「の」と文法的に同じ用法のものを次の中から選び、記号で答えよ。

ア 私の書いた作文はこれだ。　イ この絵は美しい。
ウ あれは僕の制服だ。　エ その鉛筆は妹のだ。

2 本文中の a ・ b にあてはまる語の組み合わせとして、最も適当なものを次から選び、記号で答えよ。

ア（a やはり　b あたかも）
イ（a もちろん　b けっして）
ウ（a たとえば　b ちょうど）
エ（a つまり　b ほとんど）

令和三年度　鹿児島県公立高校入試問題　国　語

（解答…177P）

1

次の1・2の問いに答えなさい。

1　次の——線部のカタカナは漢字に直し、漢字は仮名に直して書け。

(1)　米をチョゾウする。　(2)　畑をタガヤす。

(3)　絵をガクに入れる。　(4)　縁側で茶を飲む。

(5)　オリンピックを招致する。　(6)　包丁を研ぐ。

2　次の行書で書かれた漢字を楷書で書いたときの総画数を答えよ。

2

次の文章を読んで、あとの1～5の問いに答えなさい。

古代中国の思想家・孫子という人は「戦わずして勝つ」と言いました。孫子だけでなく、歴史上①の偉人たちは「できるだけ戦わない」という戦略にたどりついているのです。偉人たちは、どうやってこの境地にたどりついたのでしょうか。おそらく彼らはいっぱい戦ったのです。そして、いっぱい負けたのです。勝者と敗者がいたとき、敗者はつらい思いをします。どうして負けてしまったのだろうと考えます。どうやったら勝てるのだろうと考えます。彼らは傷つき、苦しんだのです。そして、ナンバー1になれるオンリー1のポジションを見つけたのです。そんなふうに「戦わない戦略」にたどりついたのです。

生物も、「戦わない戦略」を基本戦略としています。自然界では、激しい生存競争が繰り広げられます。生物の進化の中で、生物たちは戦い続けました。そして、各々《おのおの》の生物たちは、進化の歴史の中で②ナンバー1になれるオンリー1のポジションを見出《みいだ》しました。そして、「できるだけ戦わない」という境地と地位にたどりついたのです。

ナンバー1になれるオンリー1のポジションを見つけるためには、若い皆さんは戦ってもいいのです。そして、負けてもいいのです。たくさんのチャレンジをしていけば、たくさんの勝てない場所が見つかります。こうしてナンバー1になれない場所を見つけていくことが、最後にはナンバー1になれる場所を絞り込んでいくことになるのです。ナンバー1になれるオンリー1のポジションを見つけるために、負けるということです。

学校では、たくさんの科目を学びます。得意な科目も、苦手な科目もあることでしょう。得意な科目の中に苦手な単元があるかもしれませんし、苦手科目だからと言ってすべてが苦手なわけではなく、中には得意な単元が見つかるかもしれません。学校でさまざまなことを勉強するのは、多くのことにチャレンジするためでもあるのです。

苦手なところで勝負する必要はありません。嫌なら逃げてもいいのです。しかし、③無限の可能性のある若い皆さんは、簡単に苦手だと判断しないほうが良いかもしれません。

リスは、木をすばやく駆け上がります。しかし、リスの仲間のモモンガは、リスに比べると木登りが上手とは言えません。ゆっくりゆっくりと上がっていきます。しかし、モモンガは、木の上から見事に滑（注）空することができます。木に登ることをあきらめてしまっては、空を飛べることに気がつかなかったかもしれません。

人間でも同じです。小学校では、算数は計算問題が主です。しかし、中学や高校で習う数学は、難しいパズルを解くような面白さもあります。大学に行って数学を勉強すると、抽象的だったり、この世に存在しえないような世界を、数字で表現し始めます。もはや哲学のようです。計算問題が面倒くさいというだけで、「苦手」と決めつけてしまうと、数学の本当の面白さに出会うことはないかもしれません。勉強

令和3年度　鹿児島県公立高校入試問題　英　語　（解答…181Ｐ）

1　**聞き取りテスト**　放送の指示に従って，次の１～７の問いに答えなさい。英語は１から４は１回だけ放送します。５以降は２回ずつ放送します。メモをとってもかまいません。

1　これから，Justin と Keiko との対話を放送します。Keiko が将来なりたいものとして最も適当なものを下のア～エの中から一つ選び，その記号を書きなさい。

2　これから，Yumi と Alex との対話を放送します。二人が乗るバスが出発する時刻として最も適当なものを下のア～エの中から一つ選び，その記号を書きなさい。

ア　9:13　　イ　9:14　　ウ　9:30　　エ　9:40

3　これから，Saki と John との対話を放送します。二人は，友達の Lucy と一緒に図書館で勉強する予定の日について話しています。下はその対話の後に，Saki が Lucy と話した内容です。対話を聞いて，（　　）に適切な英語１語を書きなさい。

Saki : Hi, Lucy. John wants to go to the library on (　　). Can you come on that day?
Lucy : Sure!

4　これから，Hiroko が授業で行った発表を放送します。Hiroko は下の３枚の絵を見せながら発表しました。話の展開に従ってア～ウを並べかえ，その記号を書きなさい。

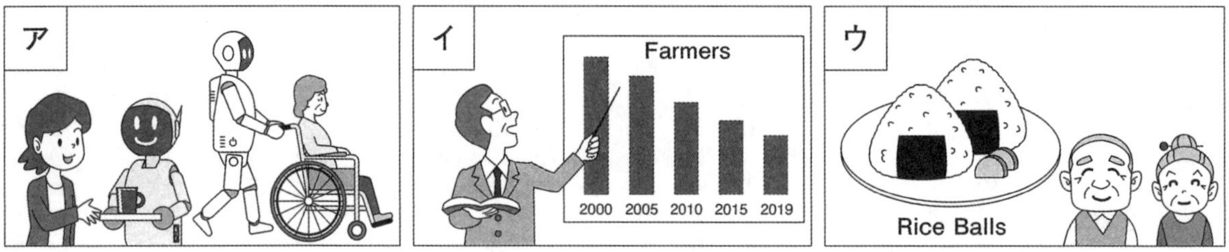

5　これから，授業中の先生の指示を放送します。下のア～エの中から，先生の指示にないものとして最も適当なものを一つ選び，その記号を書きなさい。

ア　発表の主題　　イ　発表の長さ　　ウ　発表する日　　エ　発表で使うもの

6　これから，Kazuki が宇宙センター（space center）で働く父親について授業で行ったスピーチを放送します。スピーチの後に，その内容について英語で二つの質問をします。⑴は質問に対する答えとして最も適当なものを下のア～エの中から一つ選び，その記号を書きなさい。⑵は英文が質問に対する答えとなるように，［　　　］に入る適切な英語を書きなさい。

⑴　ア　For five years.　　イ　For eight years.
　　ウ　For ten years.　　エ　For eleven years.

⑵　He has learned it is important to ［　　　　　　］.

7　これから，Olivia と Akira との対話を放送します。その中で，Olivia が Akira に質問をしています。Akira に代わってあなたの答えを英文で書きなさい。２文以上になってもかまいません。書く時間は１分間です。

2 次の１～４の問いに答えなさい。

１　次は，Akiko と留学生の Kevin との対話である。下の①，②の表現が入る最も適当な場所を対話文中の〈　ア　〉～〈　エ　〉の中からそれぞれ一つ選び，その記号を書け。

① Anything else?	② Will you join us?

Akiko : Kevin, we're going to have Hiroshi's birthday party next Sunday. 〈　ア　〉
Kevin : Yes, I'd love to. 〈　イ　〉
Akiko : Great. We're going to make a birthday card for him at school tomorrow. We will put our pictures on the card. 〈　ウ　〉
Kevin : Sounds nice. Should I bring my picture?
Akiko : Yes, please.
Kevin : All right. 〈　エ　〉
Akiko : No, thank you. Let's write messages for him. See you then.
Kevin : See you.

２　次は，あるバスツアー(bus tour)の案内の一部と，それを見ている Rika と留学生の Emily との対話である。二人の対話がツアーの内容と合うように，(　①　)，(　②　)，(　③　)にはそれぞれ英語１語を，［　④　］には３語以上の英語を書け。

みどり町　わくわく無料バスツアー

1　日時　4月9日(土)　9時～17時
2　行程

9:00	みなと駅を出発	
9:30	**ひばり城**	― 人気ガイドによる特別講座 ～城の歴史にせまる～ ― 絶景！　天守閣から満開の桜を眺める
12:00	**かみや商店街**	― 話題の「かみや☆まち歩き」 (買い物・昼食含む) ※ 費用は各自負担
14:30	**ながはまビーチ**	― 好きな活動を一つ楽しもう (自由選択：魚釣り，バレーボール，サイクリング)
17:00	みなと駅に到着	

※ 当日は，**出発の20分前までに**みなと駅に集合してください。担当者がお待ちしています。

Rika : Emily, next Saturday is the first holiday since you came to our town, Midori-machi.
Emily : Yes. I want to go to many places in this town.
Rika : Please look at this. We can visit some places in our town together.
Emily : Oh, that's good. Rika, please tell me more about this tour.
Rika : OK. First, we will go to Hibari Castle. We can learn its (　①　). We can also see a lot of cherry blossoms! Then, we will go to Kamiya Shopping Street. We can (　②　) around and enjoy shopping and lunch.
Emily : Sounds interesting. What will we do after that?
Rika : We will go to Nagahama Beach. We will (　③　) one activity from fishing, playing volleyball, or riding a bike.
Emily : Wow, I can't wait. Oh, what time will the tour start?
Rika : At nine. But ［　④　］ at Minato Station by eight forty.
Emily : OK. I'll go with you. It will be fun.

3　次は，ALT の Emma 先生と中学生の Yuji との対話である。対話が成り立つように，[　　　]に 4 語の英語を書け。

Emma : Yuji, you speak English very well. [　　　] do you have in a week ?

Yuji : We have four English classes. I enjoy studying English at school !

4　中学生の Riku のクラスはオーストラリアの中学生の Simon とビデオ通話（video meeting）をすることになった。しかし，Simon がメールで提案してきた日は都合がつかなかったので，Riku は次の内容を伝える返信メールを書くことにした。

①　提案してきた11月15日は文化祭（the school festival）のため都合がつかない。
②　代わりに11月22日にビデオ通話をしたい。

Riku になったつもりで，次の《返信メール》の[　　　]に，上の①，②の内容を伝える20語程度の英語を書け。2 文以上になってもかまわない。なお，下の[　　　]の指示に従うこと。

《返信メール》

Dear Simon,

Thank you for sending me an email, but can you change the day of the video meeting ?
[　　　　　　　　　　]　Please write to me soon.

Your friend,
Riku

※　一つの下線に 1 語書くこと。
※　短縮形（I'm や don't など）は 1 語として数え，符号（，や？など）は語数に含めない。
（例 1）　No,　I'm　not.　【3 語】　　（例 2）　It's　March　30　today.　【4 語】

3　次の I ～ III の問いに答えなさい。

I　次は，イギリスに留学している Taro が見ているテレビ番組表の一部である。これをもとに，1，2 の問いの答えとして最も適当なものを，それぞれ下のア～エの中から一つ選び，その記号を書け。

11:30	**Green Park** A baby elephant learns to walk with her mother.
12:30	**Visiting Towns** A famous tennis player visits a small town.
14:00	**Music ! Music ! Music !** Popular singers sing many songs.
15:00	**Try It !** Ricky decides to make a new soccer team.
16:30	**Find Answers** Which team wins the game ?
18:00	**News London** The news, sports, and weather from London.

1　Taro wants to learn about animals. Which program will he watch ?
ア　Green Park　　イ　Visiting Towns　　ウ　Try It !　　エ　Find Answers

2　Taro wants to watch a program about the news of the soccer games. What time will the program begin ?
ア　11:30　　イ　12:30　　ウ　14:00　　エ　18:00

Ⅱ　中学生の Takeshi が書いた次の英文を読み，あとの問いに答えよ。

My mother is an English teacher at a high school. Her friend, Mr. Jones, was going to leave Japan soon. So she planned a party for him at our house the next month. She said to me, "Will you join the party ?"

I couldn't say yes right away because I knew I couldn't speak English well. I thought talking with people in English was difficult for me. So I practiced with my mother at home. She said, "You must say 'Pardon ?' or 'Would you say that again, please ?' when you don't understand questions. It is important to say something when you don't understand." I sometimes said "Pardon ?" when I couldn't understand my mother's questions. She also showed me how to ask questions.

Finally, the day came ! On the morning of the party, I was nervous because I didn't think my English was better. Mr. Jones came and the party began at two in the afternoon.

He asked me many questions. I said "Pardon ?" when I couldn't understand his question. He asked me the question again very slowly, so finally I understood. Then, I asked him some questions. He answered ! I was happy to talk with him. My mother looked happy, too. I felt ［　　　　］ was not difficult. Now I like English very much.

1　次の(1), (2)の質問に対する答えを本文の内容に合うように英文で書け。

(1)　Why did Takeshi's mother plan a party for Mr. Jones ?

(2)　How did Takeshi feel on the morning of the party ?

2　［　　　　］に入る最も適当な英語を本文中から５語で抜き出して英文を完成させよ。

Ⅲ　次の英文は，中学生の Koharu が，鹿児島中央駅の JR 利用者数と鹿児島県内のバス利用者数について英語の授業で行った発表である。これをもとに，Koharu が使用したグラフを下の**ア**～**エ**の中から二つ選び，発表した順に記号で書け。

Good morning, everyone. Do you like trains and buses ? I love them. Now I'm going to talk about the number of people who used them from 2009 to 2014. Please look at this graph*. Many people used JR trains at Kagoshima Chuo Station. We can find the biggest change from 2010 to 2011. In 2011, about fifteen million people used trains. The Kyushu Shinkansen started running from Kagoshima Chuo Station to Hakata Station that year. So I think many people began to use the Shinkansen. Now, I'm going to talk about buses. Please look at the next graph. Many people used buses, but the number of bus users* went down almost every year. I think many people used cars. Thank you for listening.

注　graph　グラフ　　users　利用者

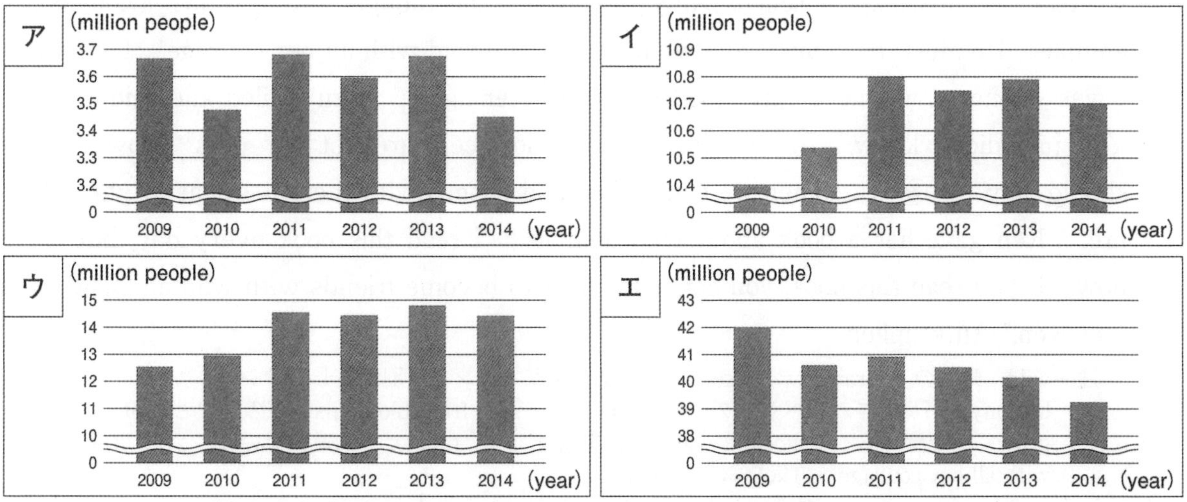

（鹿児島市「鹿児島市公共交通ビジョン改定版」から作成）　※　グラフのタイトルは省略

4 次の英文を読み，1～7の問いに答えなさい。

Amy was a junior high school student who lived in a small town in Australia. She came from the USA last month because her father started working in Australia. She was not happy because she had no friends at her new school, but soon [　①　]. It was a wild* bird — a rainbow lorikeet*. He had beautiful colors on his body — blue, yellow, green, and orange. He often came to the balcony*. One weekend, she put some pieces of bread on the balcony for him. He came and ate them. Amy was happy.

The next Monday at school, Amy found some of the same kind of bird in the trees. When she was looking at them, one of her classmates came and spoke to her. "Those birds are beautiful. Are you interested in birds? Hi, my name is Ken. Nice to meet you." "Hi, I'm Amy. I found one in my garden, too. I named him Little Peter. I love him very much," said Amy. "Oh, do you? You can see the birds around here all year. They eat nectar and pollen from blossoms*. I know what plants they like, so I grow* them in my garden. Rainbow lorikeets are very friendly." "I see," said Amy. She was excited to learn a lot about the birds.

Amy and Ken often talked about animals at school. They became good friends. Amy wanted Ken to know that she and Little Peter were good friends, too. So, one afternoon, she said to Ken, "Little Peter loves me. He rides on my hand." "Oh, he isn't afraid of you." "No, he isn't. Little Peter is cute, and I give him bread every day." Ken was surprised and said, "Bread? It's not good to give bread to wild birds." Amy didn't understand why Ken said so. She said, "But Little Peter likes the bread I give him." He said, "Listen. You should not give food to wild birds." "What do you mean?" she said. Ken continued, "Well, there are two reasons. First, if people give food to wild birds, they will stop looking for food. Second, some food we eat is not good for them." Amy said, "But Little Peter is my friend. He eats bread from my hand." "If you want to be a true friend of wild birds, you should grow plants they like. That is the only way!" Ken got angry and left the classroom. Amy was shocked*.

That night, Amy went to the balcony. She thought, "Ken was angry. Little Peter may get sick if I keep giving him bread. I may lose both friends, Ken and Little Peter." She became (②).

The next morning at school, Amy saw Ken. She thought, "Ken knows a lot about wild animals. He must* be right." She went to Ken and said with all her courage*, "I'm sorry, Ken. I was wrong. I will never give food to Little Peter again." Ken smiled and said, "That's OK. You just didn't know." Amy said, "Rainbow lorikeets are not our pets. Now I know we should only [　③　]. Then we can make good friends with them." "That's right. Here you are." Ken gave her a book about wild animals. "I read this book every day, but it's yours now. If you read this book, you can learn how to become friends with wild animals." "Thank you, Ken," Amy smiled.

注 wild 野生の　rainbow lorikeet ゴシキセイガイインコ（羽が美しいインコ）
balcony バルコニー，ベランダ　nectar and pollen from blossoms 花のミツと花粉
grow ～を育てる　shocked ショックを受けて　must ～に違いない
with all her courage 勇気をふりしぼって

1　次のア～ウの絵は，本文のある場面を表している。話の展開に従って並べかえ，その記号を書け。

ア

イ

ウ

2　[①] に入る最も適当なものを下のア～エの中から一つ選び，その記号を書け。

ア　she found one in a garden tree
イ　she saw a cute bird at a pet shop
ウ　she made friends with some girls
エ　she was very glad to meet Ken

3　Ken はなぜ野鳥に食べ物を与えてはいけないと考えているのか，その理由を日本語で二つ書け。

4　（ ② ）に入る最も適当なものを下のア～エの中から一つ選び，その記号を書け。

ア　angry　　イ　brave　　ウ　happy　　エ　worried

5　[③] に入る最も適当な英語を本文中から４語で抜き出して英文を完成させよ。

6　本文の内容に合っているものを，下のア～オの中から二つ選び，その記号を書け。

ア　Amy came to Australia because she loved wild animals.
イ　Amy wanted Ken to know that Little Peter was her friend.
ウ　Rainbow lorikeets sometimes travel abroad to find their food.
エ　Ken thought that people could make friends with wild animals.
オ　Little Peter left Amy's garden, and Amy lost her friend, Ken.

7　次は，本文の最後の場面から数日後の Amy と Ken との対話である。Amy に代わって，[　　　] に15語程度の英語を書け。２文以上になってもかまわない。なお，下の [　　　] の指示に従うこと。

Amy :　I read the book you gave me.　Thank you.
Ken :　You're welcome.　Was it interesting ?
Amy :　Yes.　There are a lot of things we can do for wild animals in our lives.
Ken :　Oh, you've got new ideas.　Can you give me an example ?
Amy :　[　　　　　　　　　　　　　　]
Ken :　That's a good idea, Amy!　We should make the world a better place for wild animals.　In high school, I want to study many things about protecting animals.
Amy :　Me, too !

※　一つの下線に１語書くこと。
※　短縮形（I'm や don't など）は１語として数え，符号（，や？など）は語数に含めない。
（例）　<u>No,</u>　<u>I'm</u>　<u>not.</u>　　【３語】

令和3年度　鹿児島県公立高校入試問題　社　会

（解答…185Ｐ）

1　次のⅠ～Ⅲの問いに答えなさい。答えを選ぶ問いについては一つ選び，その記号を書きなさい。

Ⅰ　次の緯線と経線が直角に交わるようにかかれた略地図を見て，１～６の問いに答えよ。

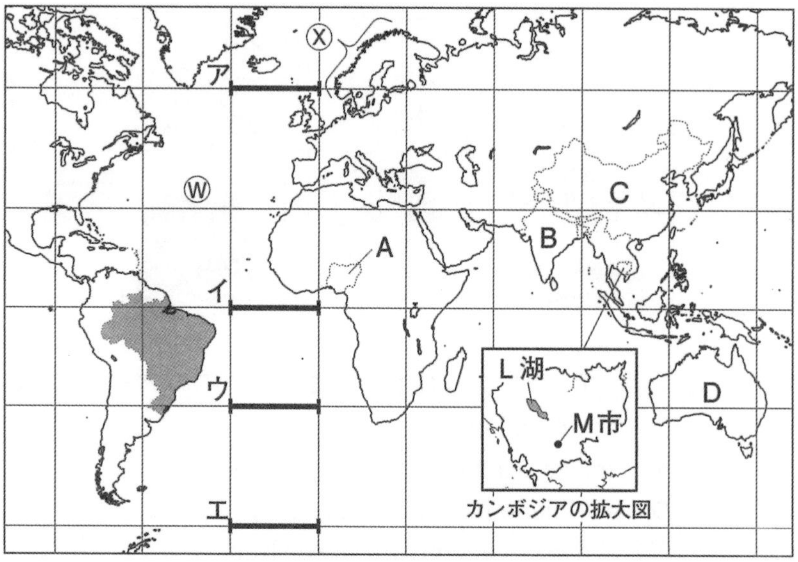

１　略地図中のⓌは三大洋の一つである。Ⓦの名称を**漢字**で書け。

２　略地図中に同じ長さの ├─┤ で示した**ア**～**エ**のうち，地球上での実際の距離が最も長いものはどれか。

３　略地図中のⓍでは，氷河によってけずられた谷に海水が入りこんでできた奥行きの長い湾がみられる。この地形を何というか。

４　略地図中の**カンボジアの拡大図**に関して，**資料１**の10月10日の**Ｌ湖**の面積が，４月13日に比べて大きくなっている理由を，**資料２**を参考にして書け。ただし，**Ｌ湖**がある地域の気候に影響を与える風の名称を明らかにすること。

資料１　Ｌ湖の日付別の面積

４月13日	10月10日
約3,300 km²	約11,600 km²

（JAXA 資料から作成）

資料２　M市の月別降水量

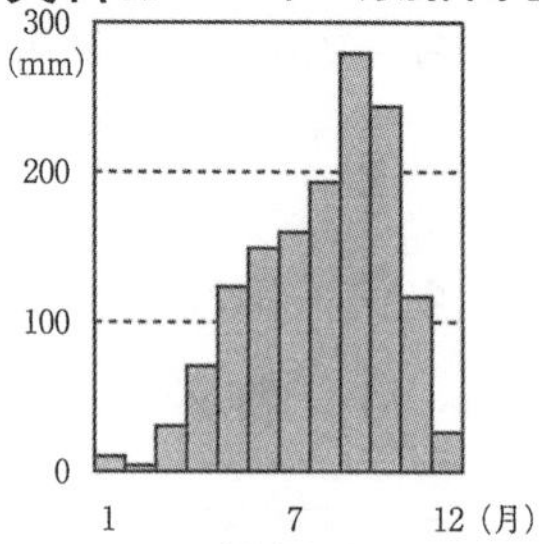

（理科年表から作成）

５　略地図中のＡ～Ｄ国の産業について述べた次の**ア**～**エ**の文のうち，Ｃ国について述べた文として，最も適当なものはどれか。

ア　ボーキサイトや石炭などの資源が豊富で，北西部に大規模な露天掘りの鉄山がみられる。

イ　英語を話せる技術者が多く，南部のバンガロールなどでは情報技術産業が成長している。

ウ　南部の沿岸地域で原油の産出が多く，国の貿易輸出総額の７割近くを原油が占めている。

エ　税金などの面で優遇される経済特区を沿岸部に設け，外国企業を積極的に誘致している。

６　**資料３**は，ある中学生のグループが略地図中の ▇▇ で示された国について調べたレポートの一部である。**資料３**の［　Y　］，［　Z　］に適することばを補い，これを完成させよ。ただし，［　Z　］には**吸収**ということばを使うこと。

資料３

　写真は，この国のガソリンスタンドのようすです。ガソリンとエタノールのどちらも燃料として使える車が普及しているそうです。この国でのエタノール生産の主な原料は［　Y　］です。このような植物を原料としてつくられる燃料をバイオエタノールといいます。これはバイオ燃料の一種です。

【バイオエタノールの生産と利用】

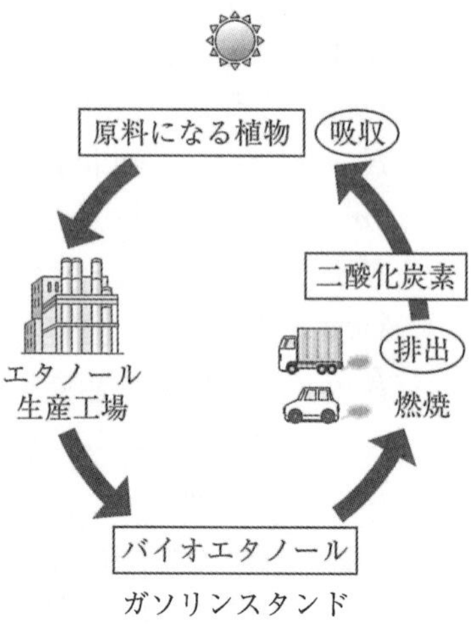

【バイオ燃料の良い点】

①　化石燃料と違い，枯渇の心配がなく再生可能である。

②　右の図のようにバイオ燃料は，燃やしても，［　Z　］と考えられており，地球温暖化対策になる燃料として注目されている。

【バイオ燃料の課題点】

①　栽培面積の拡大により，環境を破壊してしまう恐れがある。

②　過度に増産すると，食糧用の農作物の供給が減って食糧用の農作物の価格が高騰する恐れがある。

Ⅱ　次の略地図を見て，１～５の問いに答えよ。

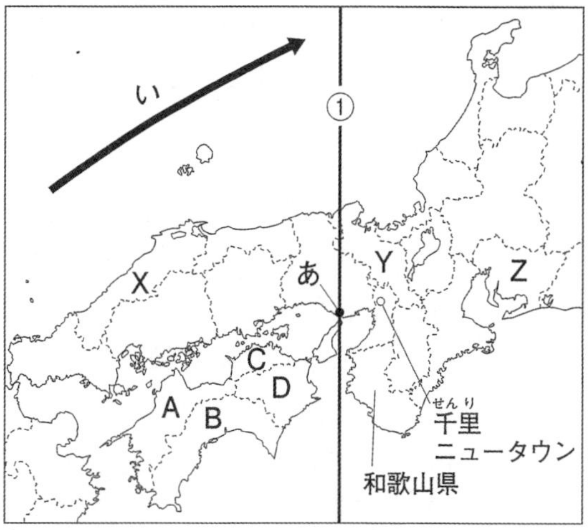

１　略地図中の経線①は日本標準時子午線（東経135度）である。この標準時子午線が通る兵庫県の都市**あ**の名称を**漢字**で書け。

２　略地図中の矢印**い**で示した海流名を**漢字**で書け。

３　**資料１**は，略地図中の**和歌山県**で生産が盛んなある果実の都道府県別の生産割合を示したものである。この果実の名称を答えよ。

また，**資料１**の中にある［　　　］にあてはまる県は略地図中の**A～D**のうちどれか。

資料１

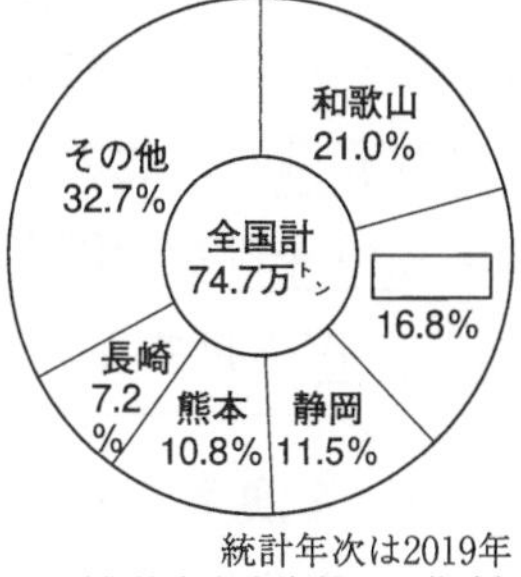

統計年次は2019年
（農林水産省資料から作成）

４　**資料２**は，略地図中の**X～Z**の府県の15歳以上の就業者数に占めるいくつかの業種の就業者割合を示したものである。**Z**にあてはまるものは**ア～ウ**のうちどれか。

資料２

	農林水産業	製造業	宿泊・飲食サービス業
ア	2.1%	25.3%	5.4%
イ	2.1%	15.9%	6.6%
ウ	7.8%	13.3%	5.3%

統計年次は2015年（総務省統計局資料から作成）

５　略地図中の**千里ニュータウン**は，主に1960年代に建設され，同じような若い年代の人たちが入居した。**資料３**，**資料４**を見た先生と生徒の会話の［　　　　］に適することばを，**資料３**，**資料４**を参考にして書け。

先生：**千里ニュータウン**は，ある時期に全国を上回るスピードで高齢化率が上昇しています。どのような原因が考えられますか。

生徒：**千里ニュータウン**ができたころに入居した人たちがほぼ同時期に65歳以上になったことと，［　　　　］ことが原因だと思います。

先生：**千里ニュータウン**の高齢化率を計算するときの65歳以上の人口だけでなく，**千里ニュータウン**の人口全体について，それぞれ考えたのですね。最近は，さまざまな取り組みが行われ，高齢化率の上昇は緩やかになり，人口も増え始めています。

資料３　**千里ニュータウンと全国の高齢化率の推移および千里ニュータウンの人口の推移**

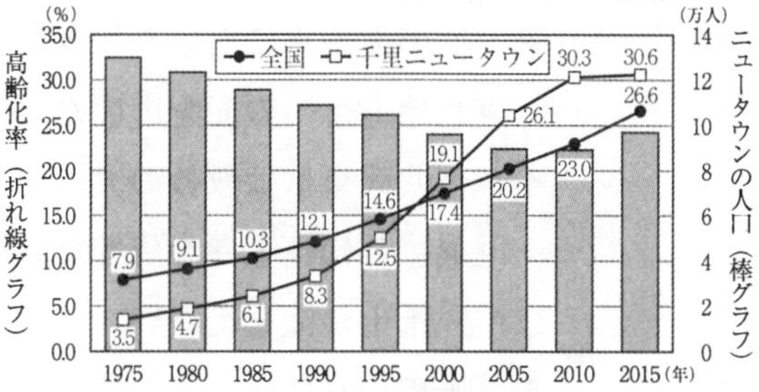

資料４　**千里ニュータウンの年齢層別の人口構成の推移**

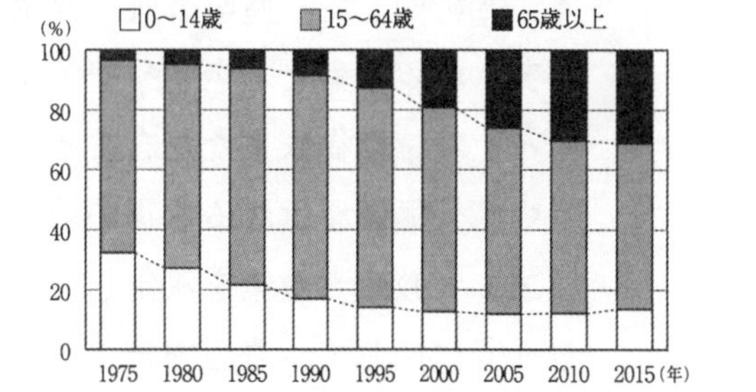

（**資料３**，**４**は吹田市資料および豊中市資料などから作成）

Ⅲ　社会科の授業で先生から「福岡市の七つの区について，各区の人口密度を計算し，その結果を地図に表してみよう。」という課題が出された。ある生徒は，**図１**に示された七つの区のうち，五つの区について**表**のように人口密度を計算し，その結果を**図２**のように表した。残りの**南区**，**早良区**について，**図１**と**表**をもとに**図２**中の**凡例**に従って解答欄の地図を完成させよ。

図１　**福岡市の区**

表

区名	人口（人）	面積（km^2）	人口密度（人/km^2）
東　区	306,015	69.4	4,409.4
博多区	228,441	31.6	7,229.1
中央区	192,688	15.4	12,512.2
南　区	255,797	31.0	
城南区	130,995	16.0	8,187.2
早良区	217,877	95.9	
西　区	206,868	84.2	2,456.9

統計年次は2015年（福岡市資料から作成）

図２　**生徒が途中まで作成したもの**

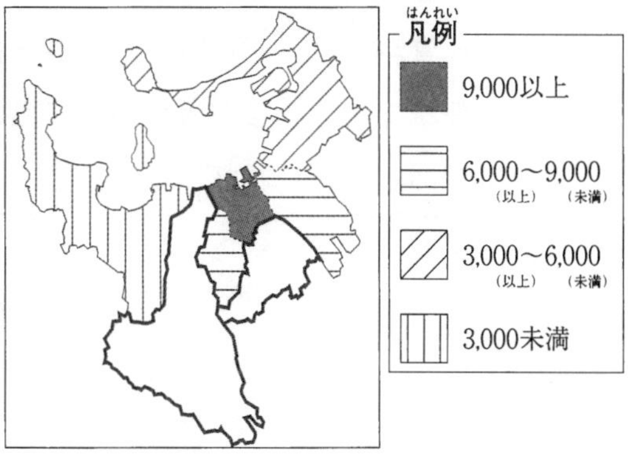

2 次のⅠ～Ⅲの問いに答えなさい。答えを選ぶ問いについては一つ選び，その記号を書きなさい。

Ⅰ 次の略年表を見て，**1**～**7**の問いに答えよ。

世紀	主なできごと	
5	ⓐ大和政権（ヤマト王権）の大王が中国の南朝にたびたび使いを送る	
7	中大兄皇子や中臣鎌足らが大化の改新とよばれる政治改革を始める	A
11	白河天皇が位をゆずって上皇となったのちも政治を行う □ を始める	
14	京都の室町に御所を建てたⓑ足利義満が南北朝を統一する	B
16	大阪城を築いて本拠地としたⓒ豊臣秀吉が全国を統一する	C
18	天明のききんがおこって，ⓓ百姓一揆や打ちこわしが急増した	

1 □ にあてはまる最も適当なことばを**漢字**で書け。

2 ⓐに関して，大和政権（ヤマト王権）の勢力が広がるにつれて，各地の豪族も**資料1**のような形の古墳などをつくるようになった。**資料1**のような形の古墳を何というか。

資料1

（地理院地図から作成）

3 **A**と**B**の間の時期におこった次の**ア**～**エ**のできごとを年代の古い順に並べよ。

ア 征夷大将軍になった坂上田村麻呂は，蝦夷《えみし》の主な拠点を攻め，東北地方への支配を広げた。

イ 聖武天皇は仏教の力で国家を守ろうと，国ごとに国分寺と国分尼寺，都に東大寺を建てた。

ウ 武士の活躍をえがいた軍記物の「平家物語」が，琵琶法師によって語り伝えられ始めた。

エ 壬申の乱に勝って即位した天武天皇は，天皇を中心とする国家づくりを進めた。

4 ⓑに関して，室町幕府の政治について述べた文として，最も適当なものはどれか。

ア 将軍のもとで老中や若年寄，各種の奉行などが職務を分担した。

イ 執権が御家人たちをまとめ，幕府を運営していくようになった。

ウ 管領とよばれる将軍の補佐役には，有力な守護が任命された。

エ 太政官が政策を決定し，その下の八つの省が実務を担当した。

5 ⓒに関して，豊臣秀吉に仕え，わび茶の作法を完成させたのはだれか。

6 **B**と**C**の間の時期におこった世界のできごととして，最も適当なものはどれか。

ア ルターが宗教改革を始めた。　　**イ** アメリカ独立戦争がおこった。

ウ ムハンマドがイスラム教をおこした。　　**エ** 高麗が朝鮮半島を統一した。

7 ⓓに関して，次の文の □ に適することばを補い，これを完成させよ。

> **資料2**は，江戸時代の百姓一揆の参加者が署名した，からかさ連判状である。参加者が円形に名前を記したのは， □ ためであったといわれている。

資料2

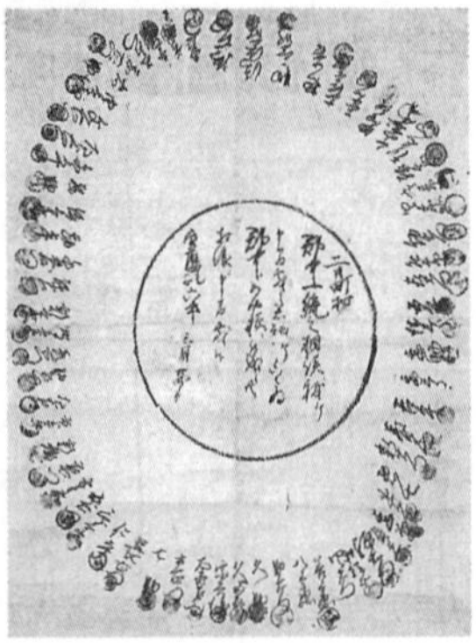

Ⅱ　次は，ある中学生が「日本の近現代」についてまとめたものの一部である。**1**～**6**の問いに答えよ。

長州藩はⓐ江戸幕府の外交政策に反対する尊王攘夷運動の中心となっていた。しかし，1864年にⓑイギリスをはじめとする四国連合艦隊からの攻撃を受け，敗北した長州藩は，列強に対抗できる強い統一国家をつくるため，幕府をたおそうと考えるようになった。

ⓒ明治時代に政府は欧米諸国に対抗するため，富国強兵の政策を進めた。1880年代からは軽工業を中心に産業革命の時代をむかえた。重化学工業では，日清戦争後に北九州に建設された官営の［　①　］で1901年に鉄鋼の生産が始まった。

日本は1951年に48か国と［　②　］平和条約を結び，翌年に独立を回復した。その後もⓓさまざまな国と外交関係を築いた。経済は，1950年代半ばまでに戦前の水準をほぼ回復し，その後，ⓔ高度経済成長が1970年代初めにかけて続いた。

1　［　①　］，［　②　］にあてはまる最も適当なことばを書け。

2　ⓐに関して，日本とアメリカとの間で下田，函館の2港を開港することなどを取り決めた条約を**漢字**で書け。

3　ⓑに関して，**資料**は，イギリスが関係したある戦争のようすをあらわしている。この戦争の原因についてまとめた次の文の［　　　　］に適することばを補い，これを完成させよ。

イギリスは，清から大量の茶を輸入していたが，自国の綿製品は清で売れず，清との貿易は赤字であった。その解消のためにイギリスは，インドで［　　　　］。それに対して，清が取りしまりを強化したため，イギリスは戦争をおこした。

資料

4　ⓒに関して，この時代におこった日本のできごとを次の**ア**～**エ**から三つ選び，年代の古い順に並べよ。

ア　第1回帝国議会を開いた。　　**イ**　財政安定のために地租改正を実施した。
ウ　ロシアとの間でポーツマス条約を結んだ。　　**エ**　中国に対して二十一か条の要求を出した。

5　ⓓに関して，日本とある国との外交関係について述べた次の文の［　X　］，［　Y　］にあてはまることばの組み合わせとして，最も適当なものはどれか。

1956年，鳩山一郎内閣によって［　X　］が調印され，国交が回復した。しかし，この国との［　Y　］をめぐる問題は未解決のままである。

ア（X　日ソ共同宣言　　Y　北方領土）　**イ**（X　日ソ共同宣言　　Y　小笠原諸島）
ウ（X　日中共同声明　　Y　北方領土）　**エ**（X　日中共同声明　　Y　小笠原諸島）

6　ⓔに関して，この時期におこった世界のできごととして，最も適当なものはどれか。

ア　国際社会の平和と安全を維持するため，国際連合が発足した。
イ　アメリカが介入したことにより，ベトナム戦争が激化した。
ウ　ベルリンを東西に分断していたベルリンの壁が取りこわされた。
エ　イラクのクウェート侵攻をきっかけに，湾岸戦争がおこった。

Ⅲ　**資料**は，1914年度から1935年度にかけての日本の軍事費の推移を示したものである。**A**の時期に軍事費が減少している理由として考えられることを，当時の国際情勢をふまえて書け。ただし，**第一次世界大戦**，**ワシントン会議**ということばを使うこと。

資料

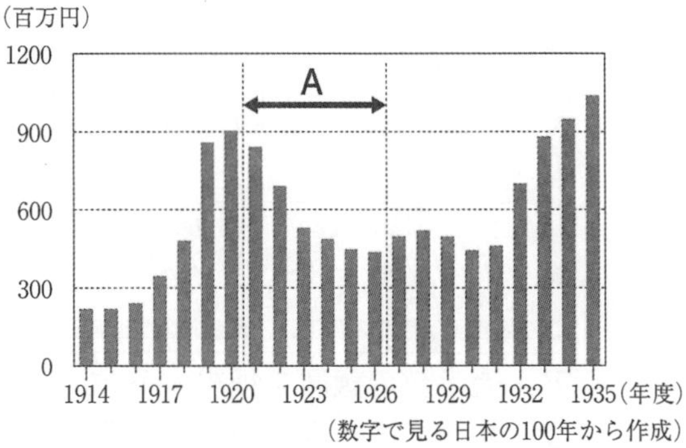

(数字で見る日本の100年から作成)

3 次のⅠ～Ⅲの問いに答えなさい。答えを選ぶ問いについては一つ選び，その記号を書きなさい。

Ⅰ 次は，ある中学生が社会科の授業で「日本国憲法の三つの基本原理」について学習した際の振り返りシートの一部である。1～5の問いに答えよ。

■ 学習を通してわかったこと

国民主権	基本的人権の尊重	平和主義
ⓐ日本国憲法では，主権者は私たち国民であり，国民が政治のあり方を決める力をもっていることが示されています。	私たちが自由に人間らしく生きていくことができるように，平等権，自由権，社会権などのⓑ基本的人権が侵すことのできない永久の権利として保障されています。	ⓒ第二次世界大戦での経験をふまえ，日本国憲法は，戦争を放棄して世界の恒久平和のために努力するという平和主義をかかげています。

■ 学習を終えての感想

先日，ⓓ県知事選挙が行われました。私も18歳になったらⓔ選挙で投票することができます。主権者の一人として政治や社会のことに関心をもち，お互いの人権が尊重され，平和な社会が実現できるように行動していこうと思いました。

1 ⓐに関して，次は日本国憲法の一部である。［　　　］にあてはまる最も適当なことばを，**資料1**を参考にして書け。

第98条
この憲法は，国の［　　　］であつ《(っ)》て，その条規に反する法律，命令，詔勅《しょうちょく》及び国務に関するその他の行為の全部又は一部は，その効力を有しない。

資料1　法の構成

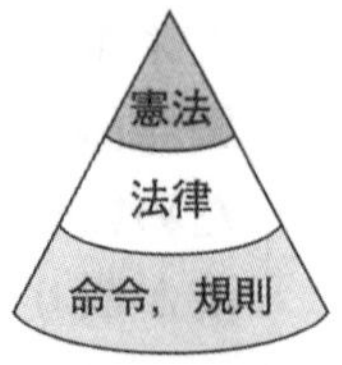

憲法を頂点として，すべての法が位置づけられている。

2 ⓑに関して，次の**ア**～**ウ**は，人権保障のあゆみの中で重要なことがらについて説明したものである。**ア**～**ウ**を年代の古い順に並べよ。

ア 「人間に値する生存」の保障などの社会権を取り入れたワイマール憲法が制定された。
イ 人権を保障するために各国が守るべき基準を明らかにした世界人権宣言が採択された。
ウ 人は生まれながらに自由で平等な権利をもつことをうたったフランス人権宣言が出された。

3 ⓒに関して，日本は，核兵器による被爆国として，非核三原則をかかげている。その三原則を，解答欄の書き出しのことばに続けて書け。

4 ⓓに関して，知事の選出方法は，内閣総理大臣の選出方法とは異なっている。知事と内閣総理大臣の選出方法の違いについて，解答欄の書き出しのことばに続けて書け。

5 ⓔに関して，**資料2**は，先生が，授業で示したある仮想の議会における選挙について黒板にまとめたものである。**資料2**から読み取れることとして，最も適当なものは下の**ア**～**エ**のうちどれか。

資料2

ある仮想の議会における選挙

議員定数は5人であり，小選挙区制によって選出するものとします。

三つの政党が選挙区Ⅰ～Ⅴにそれぞれ1人の候補者を立て，ほかに候補者はいなかったものとします。

投票率は有権者数に対する投票者数の割合です。ただし，各選挙区の投票者数は得票数の合計と等しいものとします。

選挙の結果

選挙区	有権者数	各候補者の得票数		
		○○党	△△党	□□党
Ⅰ区	1000人	320票	200票	120票
Ⅱ区	800人	200票	220票	100票
Ⅲ区	500人	170票	50票	30票
Ⅳ区	750人	150票	180票	40票
Ⅴ区	950人	360票	150票	110票
合計	4000人	1200票	800票	400票

ア 過半数の議席を獲得する政党はない。　**イ** 選挙区間の一票の格差は最大2倍である。
ウ すべての政党が議席を獲得できる。　**エ** すべての選挙区をあわせた投票率は70%である。

Ⅱ　次は，ある中学生の会話の一部である。１～５の問いに答えよ。

Aさん：この**図**をおぼえている？「キャッシュレス・ポイント還元事業」ってあったよね。このあいだの授業で先生が，「これをきっかけにⓐ現金をあまり使わなくなって，この前もマスクを電子マネーで買ったよ。」という話をしてくれたね。
Bさん：マスクを買うのが大変だった時期もあったね。マスク不足を補うために，マスクのⓑ製造に新たに参加した企業も複数あったね。ⓒ景気がこれからどうなっていくのか分からないけれど，企業を支援するさまざまな対策が必要になるかもね。
Aさん：そういえば，災害支援のボランティアに参加した企業が新聞で紹介されていたよ。ⓓ企業の社会的責任の一つとして，地域に貢献しているんだね。
Bさん：地域にある企業が，ⓔ雇用を増やすことで地域に貢献することもできるね。

図

1　ⓐに関して，**資料**は日本で流通している貨幣（通貨）の割合を表しており，現金以外にも通貨があることがわかる。**資料**中の [　　] にあてはまる通貨名として，最も適当なことばを書け。

資料　**日本の通貨の構成比率**

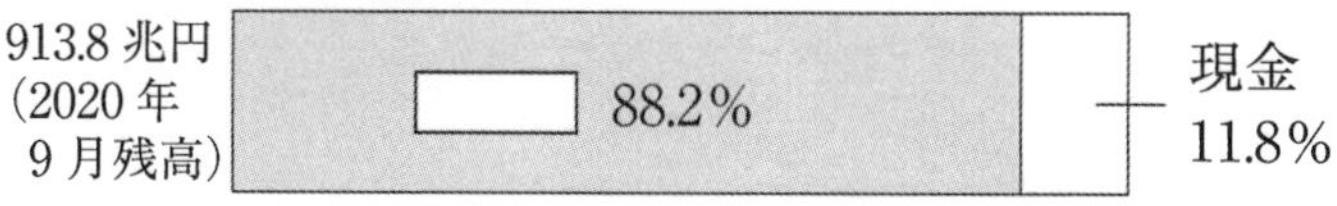

（日本銀行資料から作成）

2　ⓑに関して，消費者の保護・救済のため，商品の欠陥などで消費者が被害を受けたとき損害賠償の責任を製造する企業に負わせることを定めた法律を何というか。

3　ⓒに関して，政府は次のような財政政策を行うことで，景気を安定させることができる。文中の [X]，[Y] にあてはまることばの組み合わせとして，最も適当なものはどれか。

政府は不景気（不況）の時に財政政策として公共投資を [X] させ企業の仕事を増やし，[Y] を実施して企業や家計の消費活動を刺激する。

ア（X　減少　　Y　増税）　　イ（X　減少　　Y　減税）
ウ（X　増加　　Y　増税）　　エ（X　増加　　Y　減税）

4　ⓓに関して，「企業の社会的責任（CSR）」に基づく企業の活動について述べた文として，最も適当なものはどれか。

ア　持続可能な社会を実現するため，環境によい商品の開発に積極的に取り組む。
イ　企業の規模をより大きくするため，株主への配当金をなるべく少なくなるように抑える。
ウ　消費者保護のために，生産者同士で生産量や価格を事前に取り決めておく。
エ　社会に不安を与えないよう，会社の状況や経営に関する情報をなるべく公開しない。

5　もしもの時に備え，社会に安心・安全を提供するしくみをセーフティネット（安全網）という。ⓔに関するセーフティネット（安全網）として，国や地方公共団体が行っている取り組みを一つあげて説明せよ。ただし，解答欄の書き出しのことばに続けて書け。

Ⅲ　トラブルを調整し，互いに納得できる解決策をつくっていく際には，効率や公正の面から検討することが大切である。

あるスーパーマーケットでは，**図１**のように，客がレジに自由に並んでいたが，客からの「出入口に近いレジだけがいつも混んでいる。」，「混んでいないレジに並んだが，前の客の会計に時間がかかり，あとから他のレジに並んだ客のほうが早く会計を済ませていた。改善してほしい。」といった要望が多かった。そのため，**図２**のように客が一列に整列したうえで順次空いたレジへ進む方法に変更した結果，客からも好評であった。どのような点が好評だったと考えられるか，**効率**，**公正**ということばを使い，**40字以上50字以内**で書け。

図１

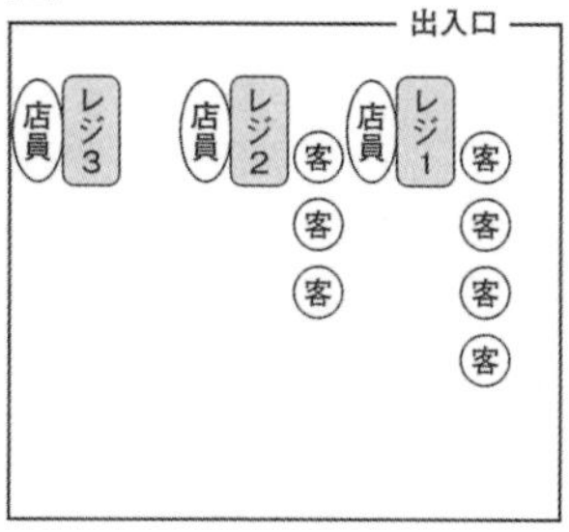

図２

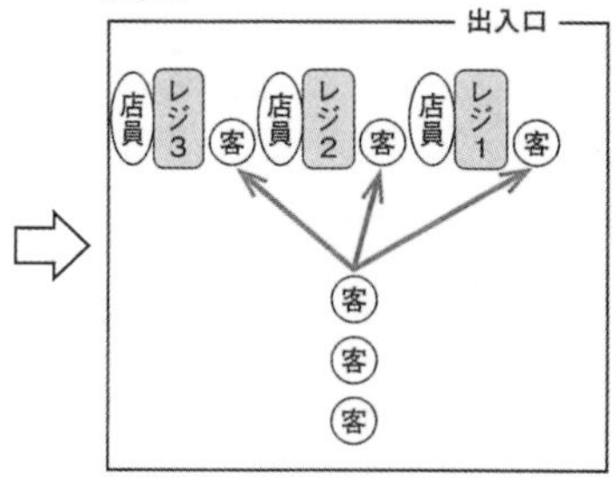

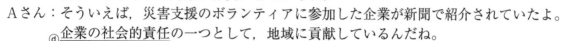

令和３年度　鹿児島県公立高校入試問題　数　学

（解答…188Ｐ）

1　次の１～５の問いに答えなさい。

１　次の(1)～(5)の問いに答えよ。

(1)　$5 \times 4 + 7$ を計算せよ。

(2)　$\frac{2}{3} - \frac{3}{5} \div \frac{9}{2}$ を計算せよ。

(3)　$\sqrt{6} \times \sqrt{8} - \frac{9}{\sqrt{3}}$ を計算せよ。

(4)　4 km を 20 分で走る速さは時速何 km か。

(5)　正四面体の辺の数は何本か。

2 xについての方程式 $7x - 3a = 4x + 2a$ の解が $x = 5$ であるとき，aの値を求めよ。

3 右の図は，3つの長方形と2つの合同な直角三角形でできた立体である。この立体の体積は何 cm^3 か。

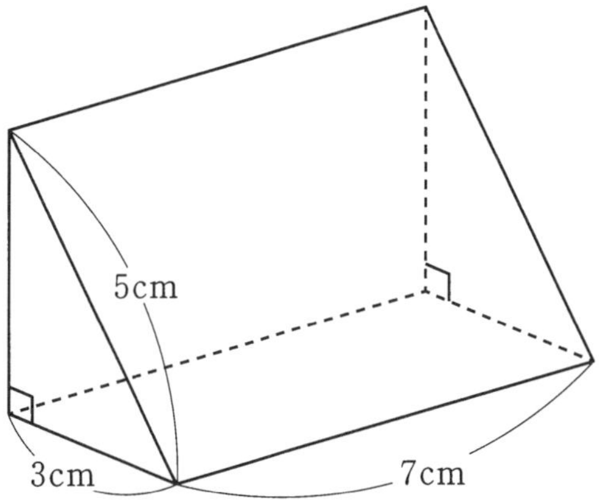

4 28にできるだけ小さい自然数 n をかけて，その積がある自然数の2乗になるようにしたい。このとき，n の値を求めよ。

5 下の表は，平成27年から令和元年までのそれぞれの桜島降灰量を示したものである。次の □ にあてはまるものを下の**ア**～**エ**の中から1つ選び，記号で答えよ。

令和元年の桜島降灰量は， □ の桜島降灰量に比べて約47％多い。

年	平成27年	平成28年	平成29年	平成30年	令和元年
桜島降灰量（$\mathrm{g/m^2}$）	3333	403	813	2074	1193

（鹿児島県「桜島降灰量観測結果」から作成）

ア 平成27年　**イ** 平成28年　**ウ** 平成29年　**エ** 平成30年

2 次の**1**～**5**の問いに答えなさい。

1 右の図において，4点A，B，C，Dは円Oの周上にあり，線分ACは円Oの直径である。$\angle x$の大きさは何度か。

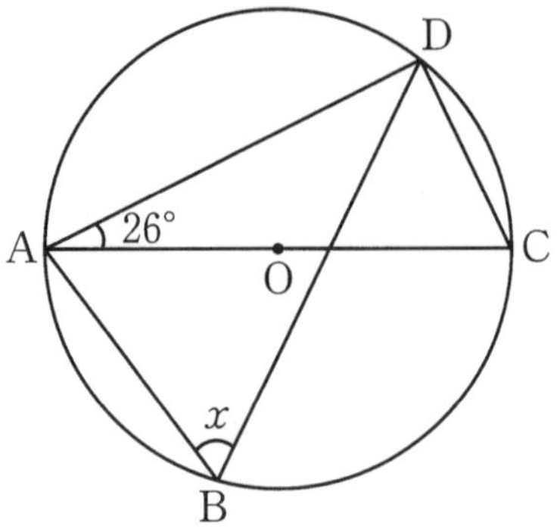

2 大小2つのさいころを同時に投げるとき，出た目の数の和が10以下となる確率を求めよ。

3 $(x+3)^2-2(x+3)-24$ を因数分解せよ。

4 右の図において，正三角形ABCの辺と正三角形DEFの辺の交点をG，H，I，J，K，Lとするとき，△AGL ∽ △BIHであることを証明せよ。

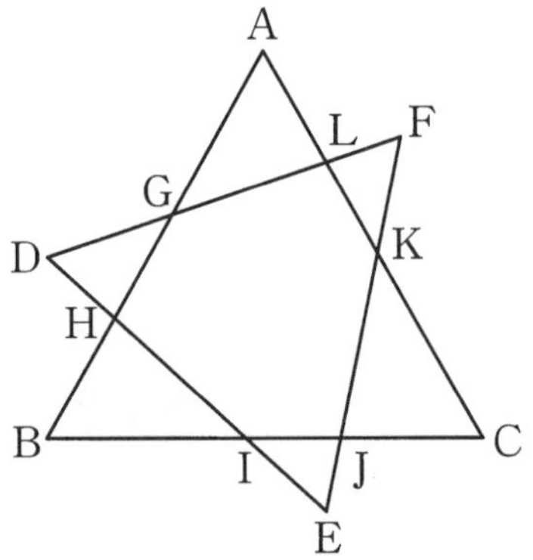

5 ペットボトルが5本入る1枚3円のMサイズのレジ袋と，ペットボトルが8本入る1枚5円のLサイズのレジ袋がある。ペットボトルが合わせてちょうど70本入るようにMサイズとLサイズのレジ袋を購入したところ，レジ袋の代金の合計は43円であった。このとき，購入したMサイズとLサイズのレジ袋はそれぞれ何枚か。ただし，Mサイズのレジ袋の枚数をx枚，Lサイズのレジ袋の枚数をy枚として，その方程式と計算過程も書くこと。なお，購入したレジ袋はすべて使用し，Mサイズのレジ袋には5本ずつ，Lサイズのレジ袋には8本ずつペットボトルを入れるものとし，消費税は考えないものとする。

3 Aグループ20人とBグループ20人の合計40人について，ある期間に図書室から借りた本の冊数を調べた。このとき，借りた本の冊数が20冊以上40冊未満である16人それぞれの借りた本の冊数は以下のとおりであった。また，下の**表**は40人の借りた本の冊数を度数分布表に整理したものである。次の**1**～**3**の問いに答えなさい。

借りた本の冊数が20冊以上40冊未満である16人それぞれの借りた本の冊数

21，22，24，27，28，28，31，32，

32，34，35，35，36，36，37，38 （冊）

表

階級(冊)	度数(人)
0以上 ～ 10未満	3
10 ～ 20	5
20 ～ 30	[a]
30 ～ 40	10
40 ～ 50	[b]
50 ～ 60	7
計	40

1 [a]，[b] にあてはまる数を入れて**表**を完成させよ。

2 40人の借りた本の冊数の中央値を求めよ。

3 **図**は，Aグループ20人の借りた本の冊数について，度数折れ線をかいたものである。このとき，次の(1)，(2)の問いに答えよ。

(1) Aグループ20人について，40冊以上50冊未満の階級の相対度数を求めよ。

図

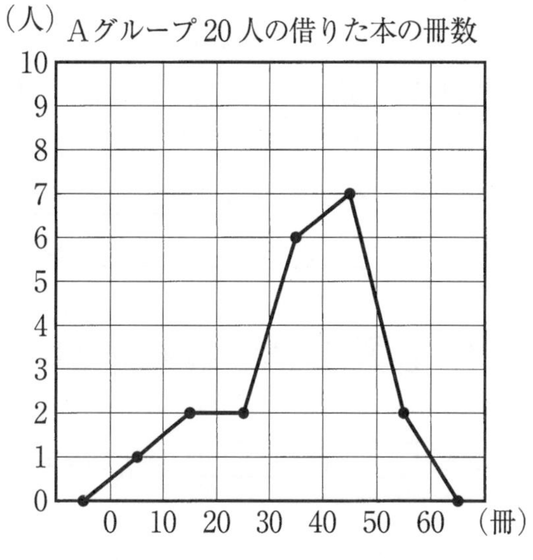

(2) 借りた本の冊数について，AグループとBグループを比較したとき，必ずいえることを下の**ア**～**エ**の中からすべて選び，記号で答えよ。

ア 0冊以上30冊未満の人数は，AグループよりもBグループの方が多い。

イ Aグループの中央値は，Bグループの中央値よりも大きい。

ウ **表**や**図**から読み取れる最頻値を考えると，AグループよりもBグループの方が大きい。

エ AグループとBグループの度数の差が最も大きい階級は，30冊以上40冊未満の階級である。

4 以下の会話文は授業の一場面である。次の**1**〜**3**の問いに答えなさい。

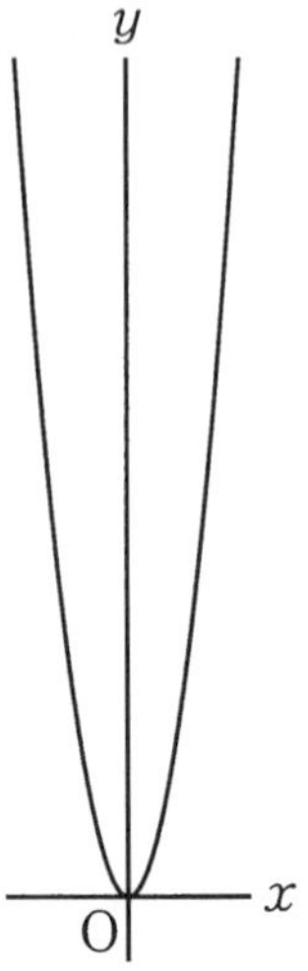

先　生：今日は放物線上の3点を頂点とした三角形について学びましょう。
その前にまずは練習問題です。右の図の関数 $y = 2x^2$ のグラフ上に点Aがあり，点Aの x 座標が3のとき，y 座標を求めてみましょう。

ゆうき：y 座標は [ア] です。

先　生：そうですね。それでは，今日の課題です。

【課題】

> 関数 $y = 2x^2$ のグラフ上に次のように3点A，B，Cをとるとき，△ABCの面積を求めよう。
> ・点Bの x 座標は点Aの x 座標より1だけ大きい。
> ・点Cの x 座標は点Bの x 座標より1だけ大きい。

たとえば，点Aの x 座標が1のとき，点Bの x 座標は2，点Cの x 座標は3ですね。

ゆうき：それでは私は点Aの x 座標が -1 のときを考えてみよう。このときの点Cの座標は [イ] だから…よしっ，面積がでた。

しのぶ：私は，直線ABが x 軸と平行になるときを考えてみるね。このときの点Cの座標は [ウ] だから…面積がでたよ。

先　生：お互いの答えを確認してみましょう。

ゆうき：あれ，面積が同じだ。

しのぶ：点Aの x 座標がどのような値でも同じ面積になるのかな。

ゆうき：でも三角形の形は違うよ。たまたま同じ面積になったんじゃないの。

先　生：それでは，同じ面積になるか，まずは点Aの x 座標が正のときについて考えてみましょう。点Aの x 座標を t とおいて，△ABCの面積を求めてみてください。

1 [ア] にあてはまる数を書け。

2 [イ]，[ウ] にあてはまる座標をそれぞれ書け。

3 会話文中の下線部について，次の(1)，(2)の問いに答えよ。

(1) 点Cの y 座標を t を用いて表せ。

(2) △ABCの面積を求めよ。ただし，求め方や計算過程も書くこと。
また，点Aの x 座標が正のとき，△ABCの面積は点Aの x 座標がどのような値でも同じ面積になるか，求めた面積から判断し，解答欄の「同じ面積になる」，「同じ面積にならない」のどちらかを ◯ で囲め。

5 下の**図1**は，「麻《あさ》の葉《は》」と呼ばれる模様の一部分であり，鹿児島県の伝統的工芸品である薩摩《さつま》切子《きりこ》にも使われている。また，図形ABCDEFは正六角形であり，図形①〜⑥は合同な二等辺三角形である。次の**1**〜**3**の問いに答えなさい。

1　図形①を，点Oを回転の中心として180°だけ回転移動（点対称移動）し，さらに直線CFを対称の軸として対称移動したとき，重なる図形を②〜⑥の中から，1つ選べ。

図1

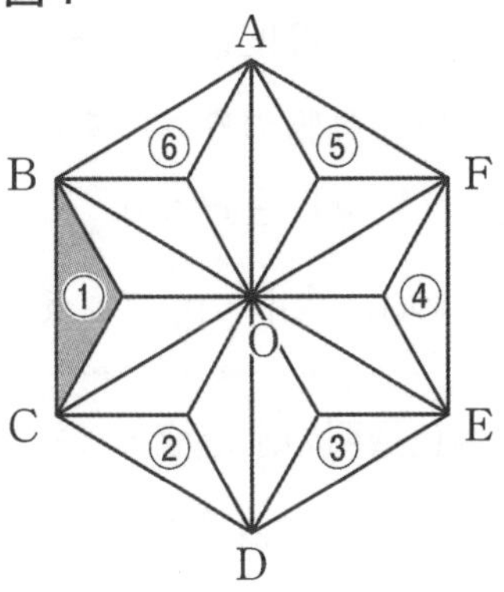

薩摩切子《さつまきりこ》

2　**図2**の線分ADを対角線とする正六角形ABCDEFを定規とコンパスを用いて作図せよ。ただし，作図に用いた線は残しておくこと。

図2

3　**図3**は，1辺の長さが4 cmの正六角形ABCDEFである。点Pは点Aを出発し，毎秒1 cmの速さで対角線AD上を点Dまで移動する。点Pを通り対角線ADに垂直な直線をℓとする。直線ℓと折れ線ABCDとの交点をM，直線ℓと折れ線AFEDとの交点をNとする。このとき，次の(1)〜(3)の問いに答えよ。

図3

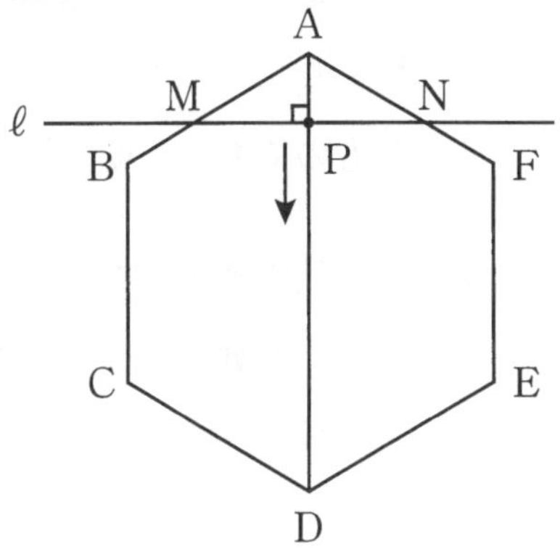

(1)　点Pが移動し始めてから1秒後の線分PMの長さは何cmか。

(2)　点Pが移動し始めてから5秒後の△AMNの面積は何cm^2か。

(3)　点Mが辺CD上にあるとき，△AMNの面積が$8\sqrt{3}$ cm^2となるのは点Pが移動し始めてから何秒後か。ただし，点Pが移動し始めてからt秒後のこととして，tについての方程式と計算過程も書くこと。

令和２年度　鹿児島県公立高校入試問題　理　科

（解答…193Ｐ）

1　次の各問いに答えなさい。答えを選ぶ問いについては記号で答えなさい。

1　生態系の中で，分解者の役割をになっているカビやキノコなどのなかまは何類か。

2　日本列島付近の天気は，中緯度帯の上空をふく風の影響を受けるため，西から東へ変わることが多い。この中緯度帯の上空をふく風を何というか。

3　次のセキツイ動物のうち，変温動物をすべて選べ。

ア　ワニ　　**イ**　ニワトリ　　**ウ**　コウモリ　　**エ**　サケ　　**オ**　イモリ

4　次の文中の①，②について，それぞれ正しいものはどれか。

ある無色透明の水溶液Xに緑色のBTB溶液を加えると，水溶液の色は黄色になった。このことから，水溶液Xは ①（**ア**　酸性　　**イ**　中性　　**ウ**　アルカリ性）であることがわかる。このとき，水溶液XのpHの値は ②（**ア**　7より大きい　　**イ**　7である　　**ウ**　7より小さい）。

5　**表**は，物質**ア**～**エ**のそれぞれの融点と沸点である。50℃のとき，液体の状態にある物質をすべて選べ。

表

物質	融点〔℃〕	沸点〔℃〕
ア	−218	−183
イ	−115	78
ウ	−39	357
エ	63	360

6　電気について，(1)，(2)の問いに答えよ。

(1)　家庭のコンセントに供給されている電流のように，電流の向きが周期的に変化する電流を何というか。

(2)　豆電球１個と乾電池１個の回路と，豆電球１個と乾電池２個の回路をつくり，豆電球を点灯させた。次の文中の①，②について，それぞれ正しいものはどれか。ただし，豆電球は同じものであり，乾電池１個の電圧の大きさはすべて同じものとする。

乾電池１個を用いて回路をつくった場合と比べて，乾電池２個を ①（**ア**　直列　**イ**　並列）につないで回路をつくった場合は，豆電球の明るさは変わらず，点灯する時間は，②（**ア**　長くなる　　**イ**　変わらない　　**ウ**　短くなる）。

7　**図**の**ア**～**エ**は，台風の進路を模式的に示したものである。ある台風が近づいた前後の種子島での観測記録を調べたところ，風向きは東寄りから南寄り，その後西寄りへと変化したことがわかった。また，南寄りの風のときに特に強い風がふいていたこともわかった。この台風の進路として最も適当なものは**ア**～**エ**のどれか。

図

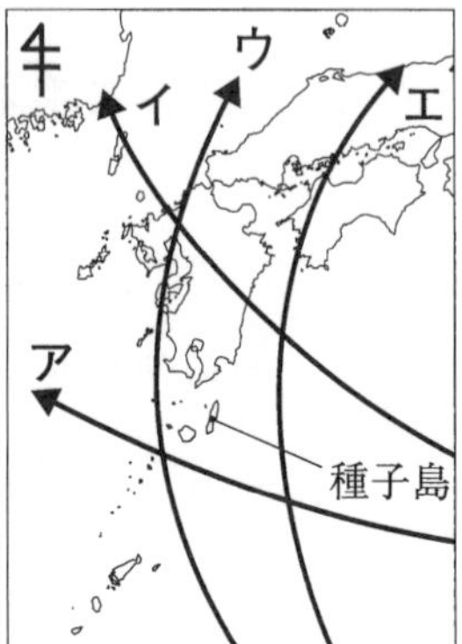

2 次のⅠ，Ⅱの各問いに答えなさい。答えを選ぶ問いについては記号で答えなさい。

Ⅰ **図1**は，ある川の西側と東側の両岸で観察された地層の重なり方を模式的に表したものである。この地層からは，浅い海にすむホタテガイの化石や，海水と淡水の混ざる河口にすむシジミの化石が見つかっている。なお，ここで見られる地層はすべて水平であり，地層の上下の逆転や<u>地層の曲がり</u>は見られず，両岸に見られる凝灰岩は同じものである。また，川底の地層のようすはわかっていない。

図1

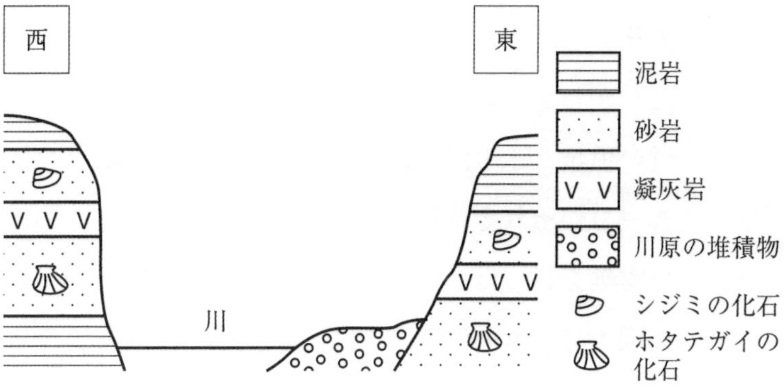

1 下線部の「地層の曲がり」を何というか。

2 **図2**は，**図1**の地層が観察された地域の川の流れを模式的に表したものであり，観察された場所は**P**，**Q**のどちらかである。観察された場所は**P**，**Q**のどちらか。そのように考えた理由もふくめて答えよ。

図2

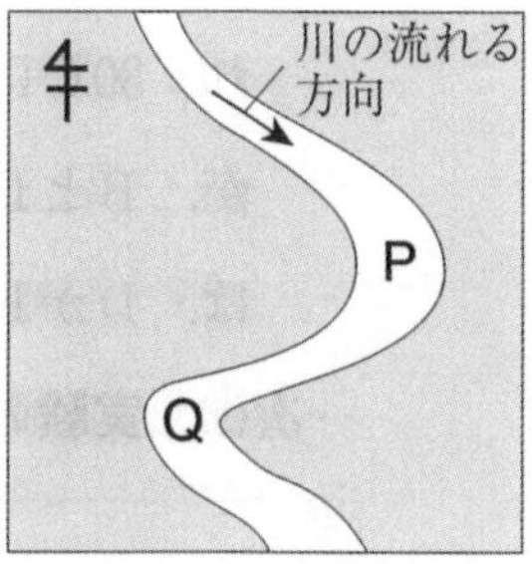

3 この地層を観察してわかった**ア**～**エ**の過去のできごとを，古い方から順に並べよ。

ア 海水と淡水の混ざる河口で地層が堆積した。　**イ** 浅い海で地層が堆積した。

ウ 火山が噴火して火山灰が堆積した。　**エ** 断層ができて地層がずれた。

Ⅱ 夏至の日に，透明半球を用いて太陽の１日の動きを調べた。**図**は，サインペンの先のかげが透明半球の中心Oにくるようにして，１時間ごとの太陽の位置を透明半球に記録し，印をつけた点をなめらかな線で結んで，太陽の軌跡をかいたものである。また，**図**の**ア**～**エ**は，中心Oから見た東，西，南，北のいずれかの方位である。なお，太陽の１日の動きを調べた地点は北緯31.6°であり，地球は公転面に対して垂直な方向から地軸を23.4°傾けたまま公転している。

1 東の方位は，**図**の**ア**～**エ**のどれか。

2 地球の自転による太陽の１日の見かけの動きを何というか。

3 太陽の南中高度について，(1)，(2)の問いに答えよ。

(1) 南中高度にあたるのはどこか。解答欄の図に作図し，「南中高度」と書いて示せ。ただし，解答欄の図は，この透明半球を**エ**の方向から見たものであり，点線は太陽の軌跡である。

(2) この日の南中高度を求め，単位をつけて書け。

図

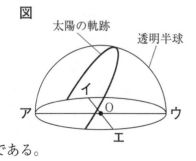

3 次のⅠ，Ⅱの各問いに答えなさい。答えを選ぶ問いについては記号で答えなさい。

Ⅰ　4種類の物質A～Dは，硝酸カリウム，ミョウバン，塩化ナトリウム，ホウ酸のいずれかである。ひろみさんとたかしさんは，一定量の水にとける物質の質量は，物質の種類と水の温度によって決まっていることを知り，A～Dがそれぞれどの物質であるかを調べるために，次の**実験**を行った。

図1は，水の温度と100 gの水にとける物質の質量との関係を表したものである。

図1

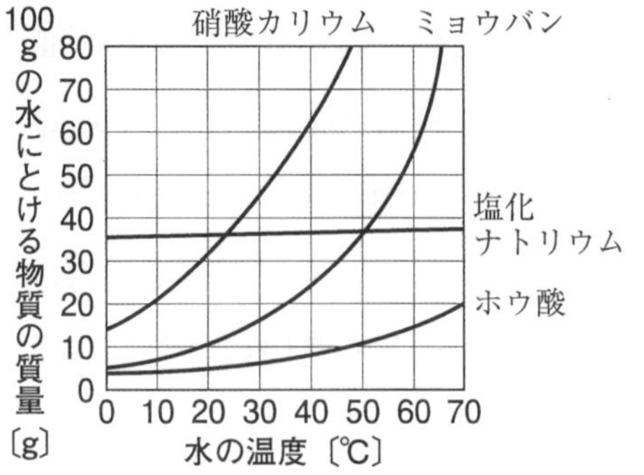

実験　4本の試験管を準備し，それぞれに30℃の水10 gを入れた。次に，これらの試験管にA～Dをそれぞれ別々に3.0 gずつ入れ，30℃に保ったままよくふり混ぜると，AとCはすべてとけたが，BとDは**図2**のようにとけ残った。とけ残ったBとDの質量は，DがBより大きかった。

図2

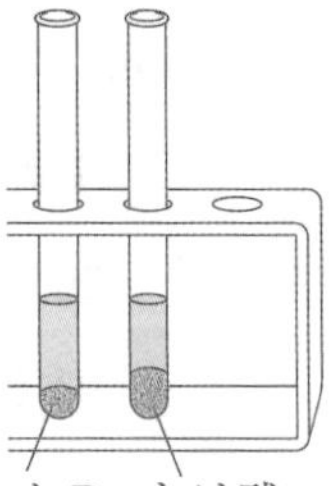

次は，**実験**の後の，2人と先生の会話である。

先　　生：A～Dがそれぞれどの物質なのか見分けることができましたか。
ひろみさん：AとCは見分けることができませんでしたが，Bは［ a ］，Dは［ b ］だとわかりました。
先　　生：そうですね。では，AとCはどのようにしたら見分けることができますか。
たかしさん：水溶液を冷やしていけば，見分けることができると思います。
先　　生：では，AとCについて，確認してみましょう。

1　**実験**で，30℃に保ったままよくふり混ぜた後の塩化ナトリウムのようすを模式的に表しているものとして最も適当なものはどれか。ただし，陽イオンは「●」，陰イオンは「○」とする。

ア　イ　ウ　エ

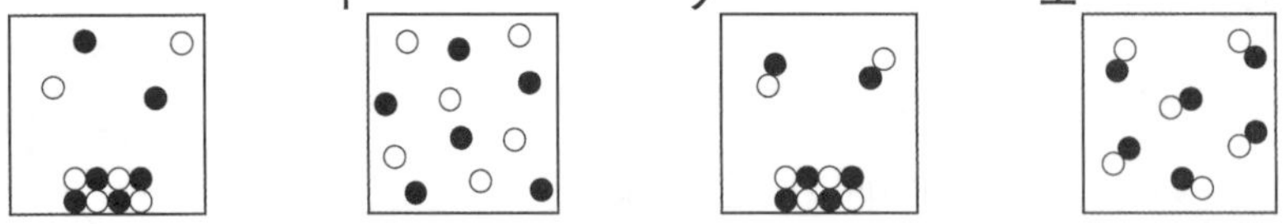

2　会話文中の［ a ］，［ b ］にあてはまる物質の名称をそれぞれ書け。

3　2人は，AとCを見分けるために，**実験**でつくったA，Cの水溶液が入った試験管を氷水が入ったビーカーにつけ，水溶液の温度を下げた。しばらくすると，Cが入った試験管では結晶が出てきたが，Aが入った試験管では結晶が出てこなかった。このことから，AとCを見分けることができた。Cの水溶液の温度を下げると結晶が出てきた理由を，解答欄の書き出しのことばに続けて書け。ただし，「溶解度」ということばを使うこと。

4　2人は，**実験**でとけ残ったDを30℃ですべてとかすため，30℃の水を少なくともあと何g加えればよいかを，30℃の水10gにDがS〔g〕までとけるものとし，次のように考えた。2人の考え方をもとに，加える水の質量を，Sを用いて表せ。

（2人の考え方）

水にとけるDの質量は水の質量に比例することから，3.0gのDがすべてとけるために必要な水の質量はSを用いて表すことができる。水は，はじめに10g入れてあるので，この分を引けば，加える水の質量を求めることができる。

Ⅱ　電気分解装置を用いて，**実験1**と**実験2**を行った。

実験1　電気分解装置の中にうすい水酸化ナトリウム水溶液を入れて満たし，電源装置とつないで，水の電気分解を行った。しばらくすると，**図1**のように陰極側の上部に気体Aが，陽極側の上部に気体Bがそれぞれ集まった。

図1

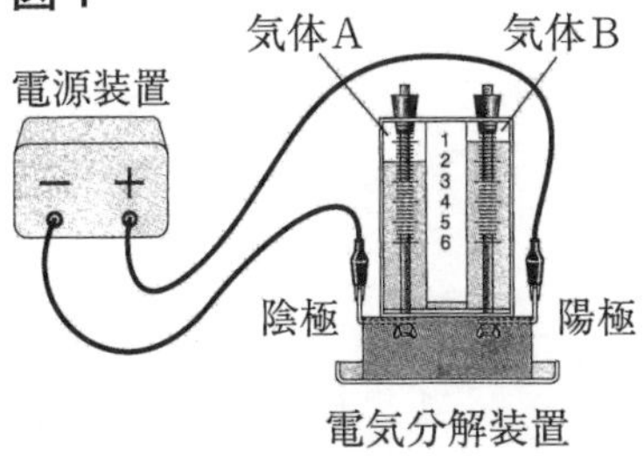

実験2　**実験1**の後，電源装置を外して，**図2**のように電気分解装置の上部の電極に電子オルゴールをつなぐと，電子オルゴールが鳴った。

図2

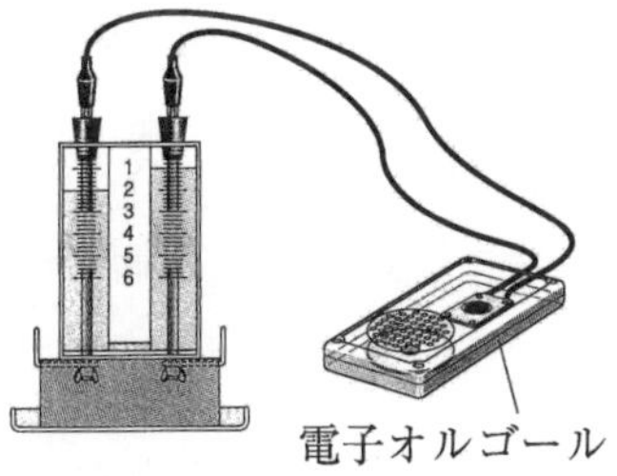

1　**実験1**では，純粋な水ではなく，うすい水酸化ナトリウム水溶液を用いた。これは水酸化ナトリウムが電離することで，電流を流しやすくするためである。水酸化ナトリウムが電離するようすを，化学式とイオン式を用いて表せ。

2　気体Aと同じ気体はどれか。

ア　酸化銅を炭素の粉末と混ぜ合わせて加熱したときに発生する気体

イ　酸化銀を加熱したときに発生する気体

ウ　炭素棒を用いてうすい塩酸を電気分解したとき，陽極で発生する気体

エ　亜鉛板と銅板をうすい塩酸に入れて電池をつくったとき，＋極で発生する気体

3　**実験2**で電子オルゴールが鳴ったことから，この装置が電池のはたらきをしていることがわかった。

(1)　この装置は，水の電気分解とは逆の化学変化を利用して，電気エネルギーを直接とり出している。このようなしくみで，電気エネルギーをとり出す電池を何電池というか。

(2)　気体Aの分子が4個，気体Bの分子が6個あったとする。この電池の化学変化を分子のモデルで考えるとき，気体A，気体Bのどちらかが反応しないで残る。反応しないで残る気体の化学式と，反応しないで残る気体の分子の個数をそれぞれ答えよ。

4 次のⅠ，Ⅱの各問いに答えなさい。答えを選ぶ問いについては記号で答えなさい。

Ⅰ　植物の根が成長するときのようすを調べる実験を行った。まず，タマネギの種子を発芽させ，伸びた根を先端から約1cm切りとった。**図1**は，切りとった根を模式的に表したものである。次に，一つ一つの細胞をはなれやすくする処理を行い，**図1**のA～Cの部分をそれぞれ切りとり，別々のスライドガラスにのせた。その後，核と染色体を見やすくするために染色してプレパラートをつくり，顕微鏡で観察した。**図2**は，A～Cを同じ倍率で観察したスケッチであり，Aでのみひも状の染色体が見られ，体細胞分裂をしている細胞が観察された。

図1

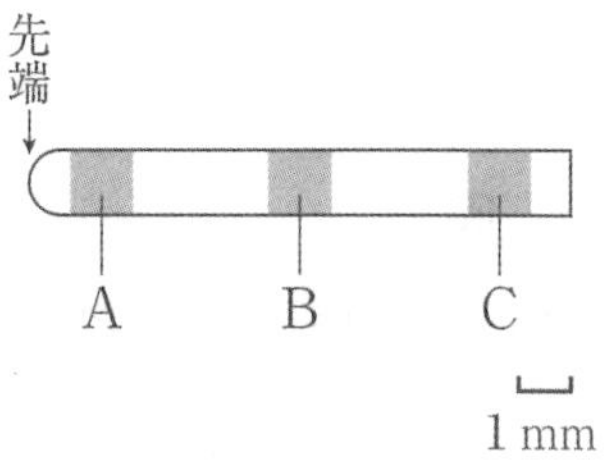

図2

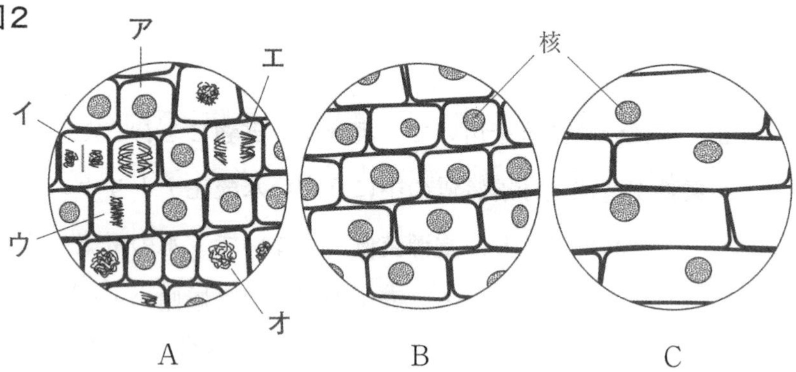

1　核と染色体を見やすくするために使う染色液として適当なものは何か。名称を書け。

2　**図2**のAの**ア**～**オ**の細胞を，**ア**を最初として体細胞分裂の順に並べよ。

3　根はどのようなしくみで成長するか。**図1**，**図2**から考えられることを書け。

4　体細胞分裂を繰り返しても，分裂後の一つの細胞の中にある染色体の数は変わらない。その理由を，体細胞分裂前の細胞で染色体に起こることに着目して書け。

Ⅱ　たかしさんとひろみさんは，ヒトのだ液のはたらきについて調べるため，次の**手順1**～**5**で実験を行った。**表**は，実験の結果をまとめたものである。

手順1　デンプン溶液10 cm^3 を入れた2本の試験管を用意し，1本には水でうすめただ液2 cm^3 を入れ，試験管Aとする。もう1本には水2 cm^3 を入れ，試験管Bとする。

手順2　ビーカーに入れた約40℃の湯で試験管A，試験管Bをあたためる。

手順3　試験管Aの溶液の半分を別の試験管にとり，試験管Cとする。また，試験管Bの溶液の半分を別の試験管にとり，試験管Dとする。

手順4　試験管Aと試験管Bにそれぞれヨウ素液を入れ，結果を記録する。

手順5　試験管Cと試験管Dにそれぞれベネジクト液と沸とう石を入れて加熱し，結果を記録する。

表

試験管	結　果
A	変化しなかった。
B	青紫色に変化した。
C	赤褐色の沈殿が生じた。
D	変化しなかった。

1　試験管Aと試験管Bの実験のように，一つの条件以外を同じにして行う実験を何というか。

2　**手順2**で，試験管をあたためる湯の温度を約40℃としたのはなぜか。

3　**表**の結果をもとに，(1)，(2)の問いに答えよ。

(1)　試験管Aと試験管Bの結果から，考えられることを書け。

(2)　試験管Cと試験管Dの結果から，考えられることを書け。

4　**図**は，実験の後に，たかしさんがだ液にふくまれる消化酵素の性質について本で調べたときのメモの一部である。これについて，次の２人の会話の内容が正しくなるように，□にあてはまるものとして最も適当なものを，**図**の①～③から選べ。

図

①　水がないときは，はたらかない。
②　中性の溶液中で最もよくはたらく。
③　体外でもはたらく。

たかしさん：だ液にふくまれる消化酵素には，①～③の性質があることがわかったよ。
ひろみさん：それなら，その性質を確かめてみようよ。
たかしさん：あっ，でも，□の性質は，今回の実験で確認できているね。

5　次のⅠ，Ⅱの各問いに答えなさい。答えを選ぶ問いについては記号で答えなさい。

Ⅰ　ひろみさんは，登校前，洗面台の鏡を使って身なりを整えている。なお，洗面台の鏡は床に対して垂直である。

1　ひろみさんは，鏡による光の反射の実験を思い出した。その実験では，**図１**のように，光源装置から出た光が鏡の点Oで反射するようすが観察された。このときの入射角はいくらか。

図１

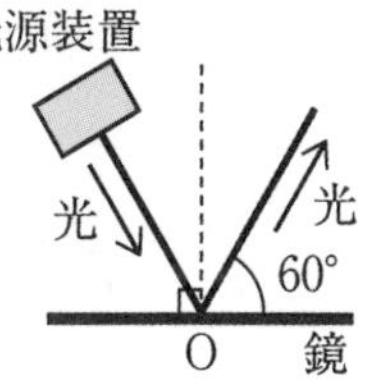

2　ひろみさんが**図２**のように洗面台の鏡の前に立ったとき，ひろみさんから見て，鏡にうつる自分の姿として最も適当なものはどれか。

図２

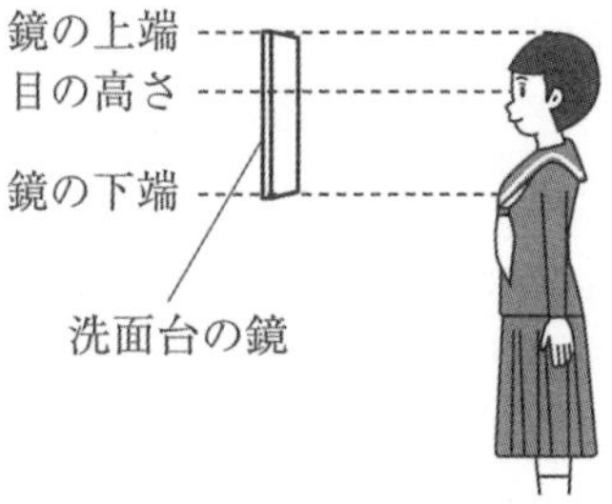

ア

イ

ウ

エ

3　ひろみさんは，**図３**のように，手鏡を用いて，正面にある洗面台の鏡に自分の後頭部をうつしている。**図４**は，このときのようすをひろみさんの目の位置をP，後頭部に位置する点をQとし，上から見て模式的に表したものである。Qからの光が手鏡，洗面台の鏡で反射して進み，Pに届くまでの光の道筋を解答欄の図に実線（――）でかけ。なお，作図に用いる補助線は破線（----）でかき，消さずに残すこと。

図３

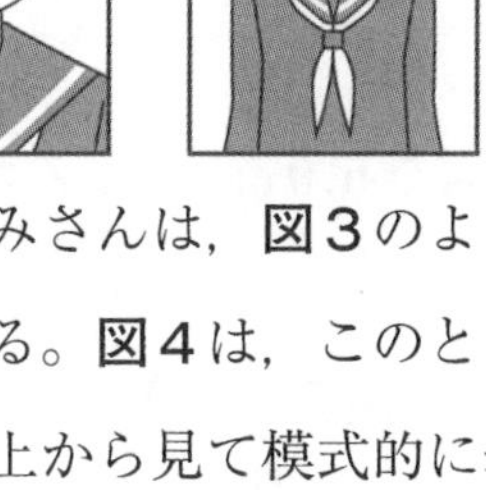

図４

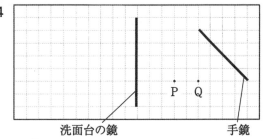

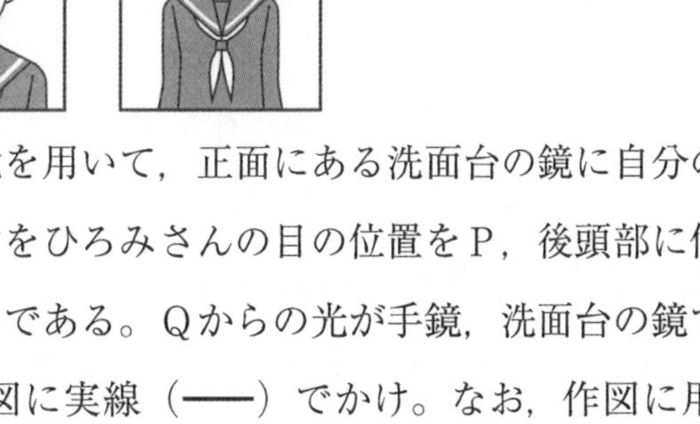

Ⅱ　**図1**のように，水平な台の上にレールをスタンドで固定し，質量20 gと40 gの小球を高さ5 cm，10 cm，15 cm，20 cmの位置からそれぞれ静かに離し，木片に衝突させ，木片の移動距離を調べる実験を行った。**表**は，その結果をまとめたものである。ただし，小球は点Xをなめらかに通過した後，点Xから木片に衝突するまでレール上を水平に移動するものとし，小球とレールとの間の摩擦や空気の抵抗は考えないものとする。また，小球のもつエネルギーは木片に衝突後，すべて木片を動かす仕事に使われるものとする。

図1

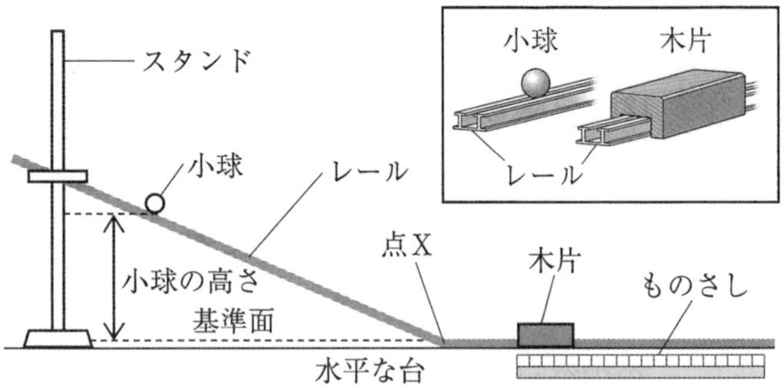

表

小球の高さ〔cm〕		5	10	15	20
木片の移動距離〔cm〕	質量20 gの小球	2.0	4.0	6.0	8.0
	質量40 gの小球	4.0	8.0	12.0	16.0

1　質量20 gの小球を，基準面から高さ10 cmまで一定の速さで持ち上げるのに加えた力がした仕事は何Jか。ただし，質量100 gの物体にはたらく重力の大きさを1 Nとする。

2　小球が点Xを通過してから木片に衝突するまでの間に，小球にはたらく力を表したものとして最も適当なものはどれか。ただし，力の矢印は重ならないように少しずらして示してある。

ア

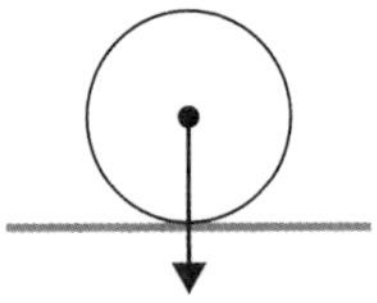

イ

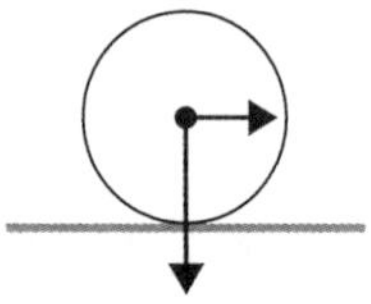

ウ

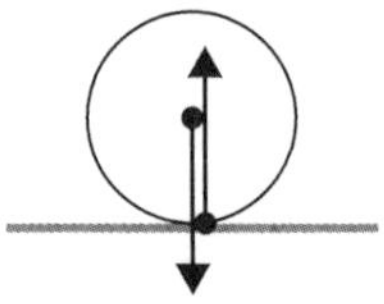

エ

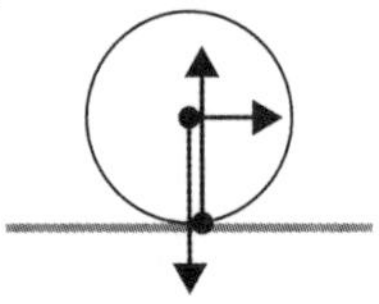

3　小球が木片に衝突したとき，はたらく力について述べた次の文中の□にあてはまることばを書け。

> 小球が木片に力を加えると，同時に小球は木片から同じ大きさで逆向きの力を受ける。これは「□の法則」で説明できる。

4　**図1**の装置で，質量25 gの小球を用いて木片の移動距離を6.0 cmにするためには，小球を高さ何cmの位置で静かに離せばよいか。

5　**図2**のように，点Xの位置は固定したままレールの傾きを**図1**より大きくし，質量20 gの小球を高さ20 cmの位置から静かに離し，木片に衝突させた。**図1**の装置で質量20 gの小球を高さ20 cmの位置から静かに離したときと比べて，木片の移動距離はどうなるか。その理由もふくめて書け。

図2

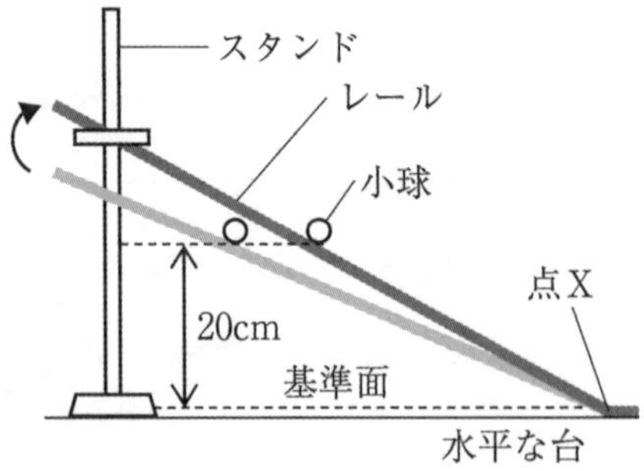

5

資料1は、「古典をマンガで読むこと」についての議論をするにあたって、山田さんが考えたことを事前にまとめたメモである。また**資料2**は、実際に議論をしたときの記録の一部である。**資料2**の空欄に入るように、後の条件に従って文章を書きなさい。

条件

(1) 一段落で構成し、六行以上八行以下で書くこと。

(2) 原稿用紙の正しい使い方に従って、文字、仮名遣いも正確に書くこと。

(3) 書き出しは、「二点目は」とすること。

資料1

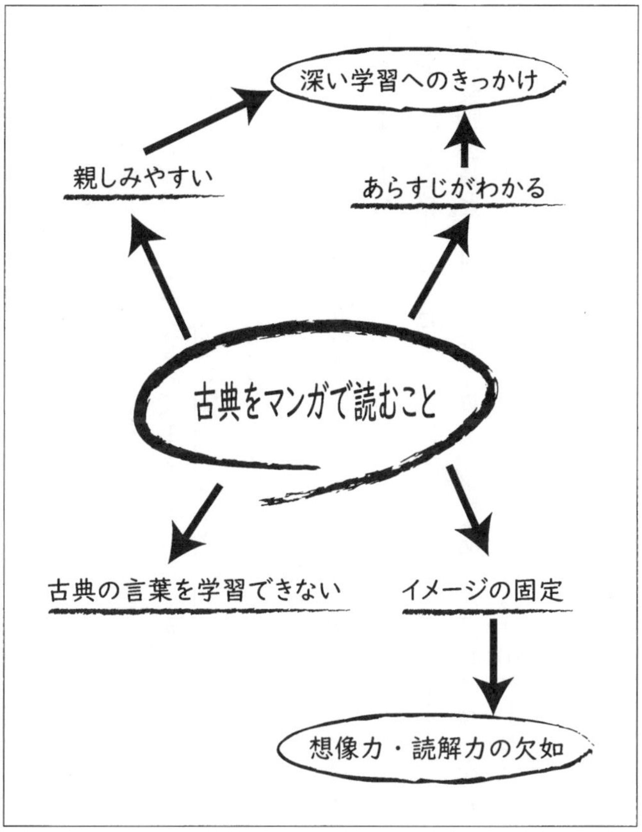

資料2

鈴木さん　「私は、『古典をマンガで読むこと』を推奨したいと思います。古典というと『難しい』とか『読みにくい』と思い込んで、読むことをためらってしまいます。しかし、マンガならどうでしょうか。言葉も現代語で書かれていて親しみやすく、軽い気持ちで読み始める気になります。これがきっかけで、興味をもち始め、発展的な学習につながるのではないでしょうか。」

山田さん　「鈴木さんの言うことはよくわかります。そのような長所があることには、私も賛成です。しかし、私は、『古典をマンガで読むこと』はあまり良くないと思っています。その理由は二点あります。一点目は、絵のイメージが強くて、マンガ作家のイメージを押し付けられる気がするからです。このことは、私たちから想像の楽しみを奪い、読解力の欠如につながってしまうと思います。

　理由を二点述べましたが、特に二点目について、伝統的な文化を伝えていくことは重要なことだと思います。」

鈴木さん　「マンガに描かれる古典の世界が、伝統的な文化を表していないと決めつけるのは良くないと思います。古典マンガは、かなり研究して正確に描かれていますよ。だから、興味をもった人は、発展的な学習につなげていくことができると思います。」

「たしかに対局中は敵だけど、盤を離れたら、同じ将棋教室に通うライバルでいいんじゃないかな。ぼくは初段になったばかりだから、三段になろうとしているきみをライバルっていうのは、おこがましいけど」

ぼくの心ははずんでいた。個人競技である将棋にチームメイトはいないが、ライバルはきっといくらでもあらわれる。④勝ったり負けたりをくりかえしながら、一緒に強くなっていけばいい。

「そういえば、有賀先生のおとうさんが教えた大辻弓彦《おおつじゆみひこ》さんっていうひとが、関西の奨励会でがんばっているんだってね。大辻さんが先にプロになって、きみとぼくもプロになって、いつかプロ同士で対局できたら、すごいよね」

奨励会試験に合格するにはアマ四段の実力が必要とされる。それに試験では奨励会員との対局で五分《ごぶ》以上の(注)星をあげなければならない。合格して奨励会に入っても、四段＝プロになれるのは20パーセント以下だという。

それがどれほど困難なことか、正直なところ、ぼくにはよくわかっていなかった。でも、どれほど苦しい道でも、絶対にやりぬいてみせる。

「このあと、となりの図書館で(注)棋譜をつけるんだ。今日の、引き分けだった対局の」

ぼくが言うと、山沢君の表情がほんの少しやわらかくなった。

「それじゃあ、またね」

三つも年下のライバルに言うと、⑤ぼくはかけ足で図書館にむかった。

（佐川光晴「駒音高く」による）

(注) 大駒、入玉、馬引き＝いずれも将棋の用語。なお、馬は将棋の駒の一つ。
玉＝将棋で大将に相当する最も大切な駒。
詰ます＝相手がどう動いても次に自分が玉を取り、勝つことができる状態のこと。
詰み筋＝将棋で決着までの手順のこと。
詰め将棋をする＝王手の連続で玉を詰ませる将棋の問題を解くこと。
研修会＝ここでは、奨励会（プロ棋士養成機関）入りを目指す者の対局の場。
星をあげ(る)＝勝負に勝つこと。
棋譜＝将棋の対局の記録。

1 ――線部①は、ぼくのどのような様子を表しているか。最も適当なものを次から選び、記号で答えよ。

ア 絶対に勝つと気合いを入れている様子。
イ 負けることへの恐怖を隠している様子。
ウ 大事な勝負に臨んで動揺している様子。
エ 勝利を確信して自信に満ちている様子。

2 次の文は、――線部②の理由を説明したものである。［Ⅰ］には、本文中から最も適当な九字の言葉を抜き出して書き、［Ⅱ］には、十五字以内の言葉を考えて補い、文を完成させよ。

最初、山沢君は、ぼくと対戦するのが［Ⅰ］のに、対戦後、詰み筋を探していたぼくに［Ⅱ］ことが意外だったから。

3 ――線部③におけるぼくの気持ちの説明として、最も適当なものを次から選び、記号で答えよ。

ア 形勢は有利だったが、先生に引き分けの判定をされ、納得できないまましぶしぶ受け入れている。
イ 形勢は有利だったが、自分よりはるかに実力が上である山沢君にはかなわないとあきらめている。
ウ 形勢は有利だったが、詰み筋を見極めきれなかったぼくは、引き分けという判定に納得している。
エ 形勢は有利だったが、詰み筋を読み切れず、また山沢君に負けてしまった悔しさをこらえている。

4 次の文は、――線部④に表れた、ぼくの望む、ライバルとの関係について説明したものである。空欄に入る最も適当な四字熟語を次から選び、記号で答えよ。

［　　］しながら強くなっていける関係。

ア 大器晩成《たいきばんせい》　イ 呉越同舟《ごえつどうしゅう》　ウ 試行錯誤《しこうさくご》　エ 切磋琢磨《せっさたくま》

5 ――線部⑤におけるぼくの気持ちを六十五字以内で説明せよ。

をまっすぐにおけない。

「残念だけど、今日はここまでにしよう」

ぼくに手番がまわってきたところで、有賀先生が対局時計を止めた。

「もうすぐ3時だからね」

そう言われて壁の時計を見ると、短針は「3」を指し、長針が「12」にかかっている。40分どころか、1時間半も対局していたのだ。

ぼくは盤面に視線を戻した。ぼくの玉はすでに相手陣に入っていて、詰ませられることはない。山沢君も(注)入玉《にゅうぎょく》をねらっているが、10手あれば詰ませられそうな気がする。ただし手順がはっきり見えているわけではなかった。

「すごい勝負だったね。ぼくが将棋教室を始めてから一番の熱戦だった」

プロ五段の有賀先生から最高の賛辞をもらったが、ぼくは(注)詰み筋を懸命に探し続けた。

「(注)馬引きからの7手詰めだよ」

山沢君が悔しそうに言って、ぼくの馬を動かした。

「えっ？」

まさか山沢君が話しかけてくるとは思わなかったので、②ぼくはうまく返事ができなかった。

「こうして、こうなって」

(注)詰め将棋をするように、山沢君が盤上の駒を動かしていく。

「ほら、これで詰みだよ」

（なるほど、そのとおりだ）

頭のなかで答えながら、ぼくはあらためてメガネをかけた小学2年生の実力に感心していた。

「プロ同士の対局では、時間切れ引き分けなんてない。それは(注)研修会でも、奨励会でも同じで、将棋の対局はかならず決着がつく。でも、ここは、小中学生むけのこども将棋教室だからね。今日の野崎君と山沢君の対局は引き分けとします」

有賀先生のことばに、③ぼくはうなずいた。

「さあ、二人とも礼をして」

「ありがとうございました」

山沢君とぼくは同時に頭をさげた。そして顔をあげたとき、山沢君のうしろにぼくの両親が立っていた。

「野崎さん、ちょっといいですか。翔太君も」

どんな用件なのかと心配になりながら、ぼくは先生についていった。

「翔太君ですが、成長のスピードが著しいし、とてもまじめです。今日の一局も、じつにすばらしかった」

有賀先生によると、山沢君は小学生低学年の部で埼玉県のベスト4に入るほどの実力者なのだという。来年には研修会に入り、奨励会試験の合格、さらにはプロの棋士になることを目標にしているとのことだった。

「小学5年生の5月でアマチュア初段というのは、正直に言えば、プロを目ざすには遅すぎます。しかし野崎君には伸びしろが相当あると思いますので、親御さんのほうでも、これまで以上に応援してあげてください」

まさか、ここまで認めてもらっているとは思わなかったので、ぼくは呆然《ぼうぜん》としていた。

103号室に戻り、カバンを持って出入り口にむかうと、山沢君が立っていた。ぼくより20センチは小さくて、腕も脚もまるきり細いのに、負けん気の強そうな顔でこっちを見ている。

「つぎの対局は負けないよ。絶対に勝ってやる」

「うん、また指そう。そして、一緒に強くなろうよ」

ぼくが言うと、山沢君がメガネの奥の目をつりあげた。

「なに言ってんだよ。将棋では、自分以外はみんな敵なんだ」

小学2年生らしいムキになった態度がおかしかったし、「自分以外はみんな敵だ」と、ぼくだって思っていた。

1 ――線部③「おほいに」を現代仮名遣いに直して書け。

2 ――線部①「道行く人」と同じものを表すのはどれか。══線部**ア**～**エ**の中から一つ選び、記号で答えよ。

ア かの網の主　**イ** 鮑君　**ウ** この御神　**エ** かの鮑魚の主

3 ――線部②「携へ持ちし鮑魚一つを網の中に入れて行き去りたる」とあるが、その理由を説明したものとして、最も適当なものを次から選び、記号で答えよ。

ア 麞と鮑魚を交換するというきまりを守ろうと考えたから。

イ 罪のない動物をむやみに取るのはよくないと考えたから。

ウ 他人の獲物を無断で取ることは悪いことだと考えたから。

エ 網の中に食べ物がないと麞がかわいそうだと考えたから。

4 次は、本文をもとにした話し合いの場面である。[Ⅰ]～[Ⅲ]に適当な言葉を補って会話を完成させよ。ただし、[Ⅰ]には本文中から最も適当な十字の言葉を抜き出して書き、[Ⅱ]・[Ⅲ]にはそれぞれ十字以内でふさわしい内容を考えて現代語で答えること。

先　生　「この話は、人々の信仰心が御利益を生むことの例として取り上げられたものです。では、どういう話か、みなさんでまとめてみましょう。」

生徒A　「人々は何を信仰し、どんな御利益があったのかな。」

生徒B　「鮑魚を神と信じ鮑君として祭ったら、『[Ⅰ]』があって、それを人々は御利益と感じたんだね。」

生徒C　「その後、御利益が鮑君のおかげだとして、本文に『御社おほきに作り出して、賽の神楽の音絶ゆることなし』とあるように、人々が鮑君を[Ⅱ]ことがわかるよね。」

生徒B　「でも、最後にはその正体がわかり、先生が初めにおっしゃったことから考えると、人々が[Ⅲ]ことで、御利益もなくなってしまったんだね。」

生徒A　「なるほど。これは中国の話だけど、他の国にも似たような話がないか調べてみようよ。」

---

4 次の文章を読んで、あとの1～5の問いに答えなさい。

> 小学5年生のぼく(野崎《のざき》翔太《しょうた》)は、有賀《ありが》先生の将棋教室で出会った小学2年生の山沢《やまさわ》君との将棋の対戦(対局)に負けた悔しさから研究を重ねてきた。二週間が経《た》ち、山沢君と再戦する機会を得た。

「前回と同じ対局になってしまうけど、それでもいいかな？　先手は野崎君で」

「はい」

①ぼくは自分を奮い立たせるように答えたが、山沢君はつまらなそうだった。

(よし。目にもの見せてやる)

ぼくは椅子にすわり、盤に駒を並べていった。

「おねがいします」

二人が同時に礼をした。序盤から(注)大駒《おおごま》を切り合う激しい展開で、80手を越えると双方の(注)玉《ぎょく》が露出して、どこからでも王手がかかるようになった。しかし、どちらにも決め手がない。ぼくも山沢君もとっくに持ち時間はつかいきり、ますます難しくなっていく局面を一手30秒以内で指し続ける。壁の時計に目をやる暇などないが、たぶん40分くらい経っているのではないだろうか。持ち時間が10分の将棋は30分あれば終わるから、ぼくはこんなに長い将棋を指したことはなかった。

「そのまま、最後まで指しなさい」

有賀先生が言って、そうこなくちゃと、ぼくは気合いが入った。かなり疲れていたが、絶対に負けるわけにはいかない。山沢君だって、そう思っているはずだ。

(勝ちをあせるな。相手玉を詰ます(注)ことよりも、自玉が詰まされないようにすることを第一に考えろ)

細心の注意を払って指していくうちに、形勢がぼくに傾いてきた。ただし、頭が疲れすぎていて、目がチカチカする。指がふるえて、駒

4　次の文章は、——線部③によって期待できることについて説明したものである。［Ⅰ］・［Ⅱ］に入る最も適当な十二字の言葉を、それぞれ本文中から抜き出して書け。

> わたしたちが、対話によって自他の関係を考え、差異を知り、相互理解が可能であることを知って、［Ⅰ］することは、市民としての社会参加という意識をもつことにつながり、対話が充実した社会を構築する助けとなる可能性がある。そして、対話を積み重ね、自己の経験を見つめることで、［Ⅱ］を発見することができるので、人生の危機を乗り越えるためにも有効である。

5　本文の内容について説明したものとして、最も適当なものを次から選び、記号で答えよ。

ア　相手にわかるように話すことと、自分のオリジナリティを追求することという矛盾した課題を解決するためには、他者の思考を整理・調整することが必要である。

イ　自分の語る内容を相手に伝え、影響力のあるものとして理解してもらうためには、対話の前後で変化することのない自分の意見を強く主張することが必要である。

ウ　あらゆる社会的な問題を自分の問題としてとらえて、相対化したうえで説得力のある意見を導き出すためには、さまざまな人との相互的なやりとりが必要である。

エ　よりよい対話のためには、自己の意見と他者の意見との相違点をもとにして、新たな意見にまとめていくことのできる対話の技術を向上させることが必要である。

3

次の文章を読んで、あとの1～4の問いに答えなさい。

昔、㈱汝南《じょなん》の人、田の中に網を設けて（網を張って）、㈱麏《くじか》を捕らんとす。やがて麏かかりけれど、その網の主いまだ来《きた》らざりしに、①道行く人のあるが麏をば盗みてけり。さりとも人の取り得たらんものをあやなく（理由もなく）取りなんも罪深しと思ひて、その麏の代はりに、②携へ持ちし㈱鮑魚《はうぎょ》一つを網の中に入れて行き去りたる程に、アかの網の主来りて、鮑魚の網の中にあるを見て、このものここにあるべしとも覚えず、いかさまにも（どう考えても）㈱現神《あらがみ》のあらはれさせたまふにこそあめれ（現れなさいましたのであろう）と③おほいにあやしむ（不思議に思った）。村の者ども皆寄り集まりて、やがて㈱祠《ほこら》を建て入れまゐらせ、イ鮑君と名づけまゐらせけり。村の者ども病さまざま癒ゆることあれば、ウこの御神の恵みによりしところなりとて斎《いつ》き祭るほどに、御社おほきに作り出《いだ》して、㈱賽《さい》の神楽《かぐら》の音絶ゆることなし。まことにめでたき御神にぞありける。七、八年ほど経て、エかの鮑魚の主この御社のほとり過ぎて、「いかなる御神のかくはあらはれさせたまふらむ」といふに、己が留《とど》め置きし鮑魚なりける。「あなあさまし（ああ驚きあきれたことだ）、それは自らが留め置きしものを」といひければ、かの霊験《れいげん》の事どもたちまち止《や》みにける。

（「鬼神論」による）

㈱　汝南＝地名。中国の河南省の県名。　麏＝シカ科の小動物。
鮑魚＝魚の干物《ひもの》。または、あわび。　現神＝霊験（御利益《ごりやく》）のある神。
祠＝神を祭るための小さな社。
賽の神楽＝神から受けた福に報いるために奏する舞楽。

どんな社会的な問題でも、わたしたちはそれぞれの個をくぐらせて、その問題を見つめています。この「私」と問題とのかかわりが、異なる視点と出会い、対話を通して相互の「個」が理解に至ったとき、「わかった、わかってもらった」という実感が喜びをともなって立ち現れてくるのです。この実感がわたしたちに②個人としての存在意義をもたらすものになるのでしょう。そこには、よりよく生きようとするわたしたちの意志とそのためのことばが重なるのです。

対話は、わたしたち一人ひとりの経験の積み重ねを意味します。知らず知らずのうちにさまざまな人との対話を積み重ねてきた経験を一度振り返り、そのことによって、これからのよりよい生活や仕事、あるいは人生のためにもう一度、新しい経験を築いていこうとすること、これが対話について考えることだと、わたしは思います。

一般に対話というと、「Aという意見とBという意見の対立からCという新たなものを生み出す」というような技術論としてとらえられがちですが、ここでは、対話というものを、もう少し大きく、あなた自身のこれからの生き方の課題として向き合ってみようと提案しています。その方法もそれほど限定せず、自由に考えていいと思います。

そして、この③対話をデザインするのは、あなた自身に他なりません。対話は、何かを順番に覚えたり記憶したりするものではありません。他者とのやりとりによって自分の考えをもう一度見直し、さらに自分の意見・主張にまとめていく。この過程で、自分と相手との関係を考え、それぞれの差異を知ることで相互理解が可能であることを知ります。

さらに、自分と相手を結ぶ活動の仲間たちがともにいるという認識を持てば、個人と社会との関係を自覚せざるを得ません。そこから、「社会とは何か」という問いが生まれ、その問いは、市民としての社会参加という意識につながります。こうした活動によって、テーマのある対話が展開できるような、そういう社会が構築される可能性も生まれます。

一〇年後、二〇年後の自分の人生はどのようなものだろうか。この迷いの中で、自分にとっての過去・現在・未来を結ぶ、一つの軸を見《み》出《いだ》すことは、希望進路や職業選択につながっていくプロセスであるばかりでなく、現在の生活や仕事などで抱えている不満や不安、人生のさまざまな局面における危機を乗り越えるためにとても有効でしょう。

さまざまな出会いと対話によって自己の経験を可視化する作業は、自分自身の興味・関心に基づいた、生きる目的としてのテーマの発見に必ずやつながるからです。

（細川英雄「対話をデザインする―伝わるとはどういうことか」による）

(注) オリジナリティ＝ここでは、他からの借り物でない、自分のことば。または、それによって表される考え。
テーマ＝ここでは、様々な日常の話題の中で、相手と一歩踏み込んで話し合うために必要なもの。

1 本文中の a ・ b にあてはまる語の組み合わせとして、最も適当なものを次から選び、記号で答えよ。

ア（a ところが　b たとえば）
イ（a しかし　b なぜなら）
ウ（a そして　b しかも）
エ（a つまり　b したがって）

2 ――線部①と同じ品詞のものを、本文中の＝＝線部ア～エの中から一つ選び、記号で答えよ。

3 ――線部②とあるが、「個人としての存在意義」はどのようなときにもたらされるか。この段落までの内容を読んで、六十五字以内で説明せよ。

令和二年度　鹿児島県公立高校入試問題　国　語

（解答…191P）

1

次の1・2の問いに答えなさい。

1　次の——線部①～⑥のカタカナは漢字に直し、漢字は仮名に直して書け。

今日は、先輩たちの中学校生活最後の試合だ。会場には、先輩たちの①イサましい姿を見届けようと、多くの②観衆がつめかけている。私たちは、先輩たちの勝利を③祈って、応援席に横断④マクを掲げた。チームをヒキいる主将は、それを見て、「どんな状況でも⑤レイセイさを失わず、みんなでがんばります。」と勝利を⑥誓った。

2　次は、1の文章中の═線部の漢字を行書で書いたものである。これを楷書で書いたときの総画数を答えよ。

2

次の文章を読んで、あとの1～5の問いに答えなさい。

相手にわかるように話すことと、自分の(注)オリジナリティを追求することは、一見矛盾する反対のことのように感じる人もいるかもしれません。［ａ］、この二つは、それぞれバラバラに存在するものではないのです。

伝えたいことを相手にわかるように話すことが自分と他者の関係における課題であるのに対し、オリジナリティを出すということは、自己内の思考を整理・調整する課題であるといえます。①この二つをどのようにして結ぶかということが、対話という活動の課題でもあります。

どんなにすぐれたもののつもりでも相手に伝わらなければ、ア単なる独りよがりに過ぎません。また、「言っていることはわかるが、あなたの考えが見えない」というようなコメントが相手から返ってくるようでは、個人の顔の見えない、中身のないものになってしまいます。

一人ひとりのオリジナリティを、どのようにして相手に伝えるか、ということが、ここでの課題となります。

ここで、自分の考えを相手にも受け止めてもらうという活動が必要になります。これをインターアクション（相互作用）と呼びます。インターアクションとは、さまざまな人との相互的なやりとりのことです。自分の内側にある「伝えたいこと」を相手に向けて自らの表現として発信し、その表現の意味を相手と共有し、イそこから相手の発信を促すことだと言い換えることもできるでしょう。

(注)テーマを自分の問題としてとらえることで徹底的に自己に即しつつ、これをもう一度相対化して自分をつきはなし、説得力のウある意見を導き出すためには、さまざまな人とのインターアクションが不可欠であるといえます。このインターアクションによって、今まで見えなかった自らの中にあるものがエ次第に姿を現し、それが相手に伝わるものとして、自らに把握されるとき、自分のことばで表現されたあなたのオリジナリティが受け止められ、相手にとっても理解できるものとして把握されたとき、対話は次の段階にすすむと考えることができます。

相手に伝わるということは、それぞれのオリジナリティをさまざまな人との間で認め合える、ということであり、自分の意見が通るということとは、その共有化されたオリジナリティがまた相手に影響を及ぼしつつ、次の新しいオリジナリティとしてあなた自身の中でとらえなおされるということなのです。これこそが対話という活動の意味だということができるでしょう。

そして、あなたの語る内容に相手が賛同してくれるかどうかが、対話での最終的な課題となります。［ｂ］、さまざまな人間関係の中で、わたしたちを結びつけているのは、「わかった、わかってもらった」という共通了解の実感だからです。

令和２年度　鹿児島県公立高校入試問題　英　語

（解答…195Ｐ）

1　**聞き取りテスト**　英語は１と２は１回だけ放送します。３以降は２回ずつ放送します。メモをとってもかまいません。

1　これから，Taro と Mary との対話を放送します。二人の明日の予定を表す絵として最も適当なものを下の**ア**～**エ**の中から一つ選び，その記号を書きなさい。

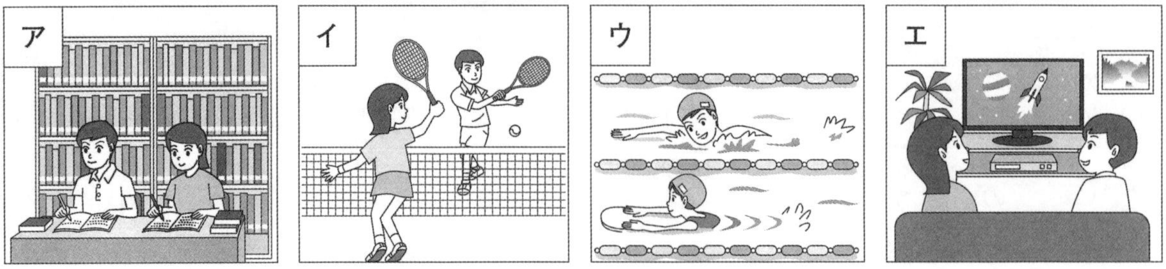

2　これから，George と Tomoko との対話を放送します。二人が対話をしている場面として最も適当なものを下の**ア**～**エ**の中から一つ選び，その記号を書きなさい。

ア　GeorgeがTomokoと山に登っている場面。　**イ**　GeorgeがTomokoと写真を撮っている場面。
ウ　GeorgeがTomokoに絵を見せている場面。　**エ**　GeorgeがTomokoに土産を渡している場面。

3　これから，Emi が英語の授業で行った発表を放送します。Emi は家の手伝いについてクラスメートを対象に調べたことを３枚の絵や資料を見せながら発表しました。Emi は下の**ア**～**ウ**をどのような順番で見せたでしょうか。正しい順番になるように絵や資料を並べかえ，その記号を書きなさい。

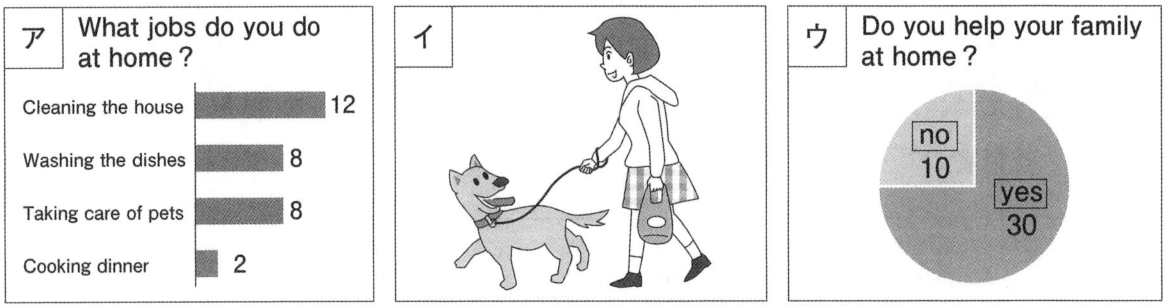

4　これから，Peter と Aki との対話を放送します。下の英文は，その対話をした日の夜，Aki が Peter に送ったメール文です。対話を聞いて，①，②にそれぞれ英語１語を書きなさい。

Hi, Peter. I enjoyed the concert today. I am happy because I can (　①　) how to play the violin from you. I will see you at your house on (　②　).

5　これから，Shota が英語の授業で行ったスピーチを放送します。スピーチの後に，その内容について英語で三つの質問をします。(1)，(2)はその質問に対する答えとして最も適当なものを下の**ア**～**エ**の中からそれぞれ一つ選び，その記号を書きなさい。(3)は英文が質問に対する答えとなるように，［　　　］に入る適切な英語を書きなさい。

(1)　**ア**　To a famous library.　　**イ**　To a history museum.
　　ウ　To good restaurants.　　**エ**　To some temples.

(2)　**ア**　They made *sushi*.　　**イ**　They talked about Kyoto.
　　ウ　They found interesting books.　　**エ**　They bought some presents.

(3)　He began to ［　　　　　　］.

6　これから，Naomi と Sam との対話を放送します。その中で，Naomi が Sam に質問をしています。Sam に代わってあなたの答えを英文で書きなさい。２文以上になってもかまいません。書く時間は１分間です。

2 次の１～４の問いに答えなさい。

１　次は，Aya と姉 Kaori のクラスメートである Linda との電話での対話である。下の①，②の英文が入る最も適当な場所を対話文中の〈　ア　〉～〈　エ　〉の中からそれぞれ一つ選び，その記号を書け。

① But can I leave her a message ?　　② She isn't home now.

Linda : Hello. This is Linda. May I speak to Kaori ?
Aya : I am sorry. 〈　ア　〉
Linda : What time will she come back ? 〈　イ　〉
Aya : Well, I don't know. Do you want her to call you later ?
Linda : No, that's OK. 〈　ウ　〉
Aya : Sure.
Linda : We were going to meet at six this evening, but I want to change the time. 〈　エ　〉 Could you tell her to come at seven ?
Aya : I see. I will tell her.

２　次は，Hikari と留学生の Bob との対話である。駅のお知らせ（announcement）を参考にして，（　①　），（　②　），（　④　）にはそれぞれ英語１語を，［　③　］には４語以上の英語を書け。

Hikari : Hi, Bob. You look worried. What's the matter ?
Bob : Hi, Hikari. There are many people here today. What is happening ? This may be an announcement about the train for Hanayama, but I can't read Japanese. Can you tell me what it says ?
Hikari : OK. The train has（　①　）because of the heavy rain.
Bob : Really ? When will the train run again ?
Hikari : The announcement doesn't say, so I don't know how（　②　）you should wait for the next train.
Bob : Oh, no ! I have to go to Hanayama today.
Hikari : Then, ［　③　］. It leaves from bus stop No.5. Now it is 12:10, so you have（　④　）minutes before the next bus leaves.
Bob : Thank you for helping me, Hikari.
Hikari : You're welcome.

（お知らせ）
花山行きの電車について

大雨のため，運転を見合わせております。運転再開の見通しは立っておりません。
ご迷惑をおかけいたしますが，お急ぎの方はバスをご利用下さい。
なお，花山行きのバスは12時から30分ごとに５番乗り場から出ています。

３　右の絵において，①，②の順で対話が成り立つように，①の吹き出しの［　　］に３語以上の英語を書け。

①
This notebook has no name.
［　　］?
②
Oh, it's mine.
Thank you.

４　下の絵は，英語の授業中のある場面を表している。場面に合うように，Haruto になったつもりで，次の［　　］に20語以上のまとまりのある英文を書け。２文以上になってもかまわない。ただし，同じ表現を繰り返さないこと。また，符号（，や？など）は語数に含めない。

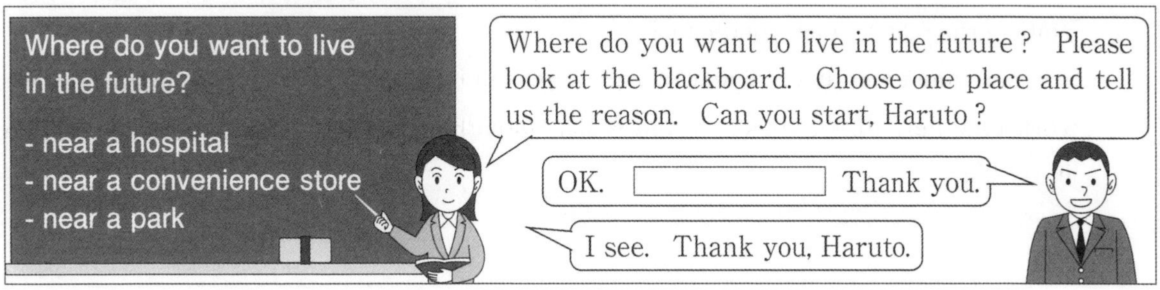

Where do you want to live in the future?
- near a hospital
- near a convenience store
- near a park
Where do you want to live in the future ? Please look at the blackboard. Choose one place and tell us the reason. Can you start, Haruto ?
OK. ［　　］ Thank you.
I see. Thank you, Haruto.

3 次のⅠ～Ⅲの問いに答えなさい。

Ⅰ　次は，ALT の Andrew 先生と Tomoki との対話である。対話文中の [①] ～ [③] に入る最も適当なものを下のア～エの中からそれぞれ一つ選び，その記号を書け。

Andrew : What did you do during your winter vacation ?

Tomoki : I studied a lot for the tests in March. [①]

Andrew : Me ? I went to Koshikishima. It is famous for its traditional event, "*Toshidon* in Koshikishima*". Have you ever heard about it ?

Tomoki : Yes, but I don't know a lot about it. [②]

Andrew : My friend in Koshikishima told me about it. It was registered on* UNESCO's Intangible Cultural Heritage List*. Every December 31, "*Toshidon*" goes to people's houses to wish for children's healthy growth*. [③]

Tomoki : Yes. I want to be a social studies teacher in the future, so I would like to know about events like that.

Andrew : Please read books about such events after your tests.

Tomoki : Yes, I will.

注　*Toshidon* in Koshikishima　甑島のトシドン（行事名または来訪神の名）
be registered on ～　～に登録される
UNESCO's Intangible Cultural Heritage List　ユネスコ無形文化遺産リスト
wish for children's healthy growth　子どもの健全な成長を願う

ア　Do you remember the event ?　　イ　Are you interested in this event ?
ウ　How did you know about it ?　　エ　How about you ?

Ⅱ　高校生の Riko が書いた次の英文を読み，あとの問いに答えよ。

This summer, I joined the Inter-High School Competition* as one of the volunteers. This was my first experience as a volunteer. We danced and sang some songs in Kagoshima dialect* at the opening ceremony*.

The volunteers came from different high schools, so we practiced together only on Saturdays and Sundays. At first, we were too nervous to speak to each other. A month before the opening ceremony, our teacher said, "Each of you is working hard, but as a team, you should communicate with* each other." After we practiced that day, all the volunteers stayed and talked about our problems for the first time. Then we decided to have a meeting after every practice. By sharing our ideas, our performance* got better.

At the opening ceremony, we did our best and many people who saw our performance gave us a big hand*. That made me very happy. Our teacher said, "You did a great job ! Your performance was wonderful !"

From that experience, I learned an important thing. [　　] is important when we work together. If we do so, we can make something better. This experience will be useful in my life.

注 the Inter-High School Competition 全国高等学校総合体育大会 dialect 方言
opening ceremony 開会式 communicate with ～ ～とコミュニケーションをとる
performance 演技 gave us a big hand 盛大な拍手をした

1 次の(1)，(2)の質問に対する答えを本文の内容に合うように英文で書け。

(1) The volunteers practiced together only on weekends. Why?

(2) How did Riko feel after the performance at the opening ceremony?

2 [ ]の中に入る最も適当な英語を本文中から３語で抜き出して英文を完成させよ。ただし，文頭にくる語は，最初の文字を大文字にすること。

Ⅲ Ken と Ann はハンバーガー店に来て，メニューを見ながら何を注文するのか話している。１，２について，メニューをもとに，二人がそれぞれ注文するものとして最も適当なものを下のア～エの中からそれぞれ一つ選び，その記号を書け。なお，表示は税込価格とする。

MENU

Hamburgers	
hamburger (100% beef)	$3.00
cheeseburger (100% beef / cheese)	$3.50
fish burger (fish / onion)	$4.00
chicken burger (chicken / onion)	$4.50
big burger (100% beef×2)	$5.50
rice burger (teriyaki chicken / onion)	$5.70
special burger (100% beef×2 / egg / cheese)	$6.50

Side Menu	
French fries (M) / (L)	$2.60 / $3.20
green salad	$3.60
hot chicken salad	$4.80
ice cream	$2.30
apple pie	$2.60

Drinks	
orange juice	$2.25
apple juice	$2.25
coffee	$1.50
tea	$1.50

（例）$2.50＝2ドル50セント（1ドル＝100セント）

1 Ken said, “I want to eat chicken and something cold.”

ア A hamburger and an apple juice　イ A special burger and a green salad

ウ A rice burger and an ice cream　エ A chicken burger and a French fries (M)

2 Ann said, “I want something to eat and drink, but I don’t want to eat beef. I only have $6.50.”

ア A big burger and an orange juice　イ A chicken burger and an apple juice

ウ A cheeseburger and a coffee　エ A fish burger and a tea

4 次の英文を読み，**1**～**7**の問いに答えなさい。

Mike started playing soccer when he was six years old. He enjoyed playing soccer with his friends. When he entered junior high school, he became one of the best players on his team. He felt very happy when he and his team members performed well* and won their games. In the third year, he practiced hard for the last tournament. However, one day in April, while he was riding his bike to soccer practice, he fell* and broke* his right leg. He couldn't move. So he was carried to a hospital. The doctor said to Mike, "You can't use your right leg for a few months." He was very disappointed* to hear that.

Three months later, his leg got better and he started practicing soccer again with his team. However, Mike couldn't play soccer as well as his team members. ①<u>He felt very sad about this</u>, and began to lose his motivation* to play soccer. He sometimes didn't go to practice. Then one day, the coach* said to him, "Mike, you can't join the last tournament as a player." He was very shocked* and didn't go to practice from that day.

A week later, his father said to Mike, "Today I'm going to watch a soccer game played by little children in the park. I want to cheer for* my friend's son. [②]?" At first Mike said, "I don't want to go," but he finally agreed because his father asked him again and again.

They went to the park to watch the game. Some children were very good players and the game was very exciting. About five minutes before the end of the game, one boy joined the game. Mike soon found something different about the boy. He couldn't run quickly and sometimes fell. Mike's father said to Mike, "That boy is my friend's son, John. He was born with a problem with his right leg. He can't even walk well." Mike was very surprised and said, "Why did he choose to play soccer? I think there are many other things he can do more easily." His father answered, "Look at him. He is running after the ball the hardest of all his team members. I think that [③]."

After the game, Mike spoke to John. Mike said, "Hello, John. I am Mike. Do you like playing soccer?" John answered, "Yes, I do. I can't run quickly, but I can play with a ball. I love soccer. I'm very happy when I play soccer with my friends." Mike was shocked to hear his words and ④<u>asked himself, "What am I doing?"</u>

That day became a big day for Mike. He remembered that he was happy nine years ago. He started playing soccer at that time. He really enjoyed soccer when he was little. He thought this was very important and began to practice soccer with his team members again. He knew that he would not play in the last tournament, but he enjoyed running and playing with his friends.

At the tournament, he did his best to help and cheer for his team members. It was fun to be with his team members. After the last game in junior high school, he felt fulfilled*. He decided to play soccer in high school.

注 performed well 活躍した　fell 転んだ　broke 折った　disappointed 失望した
motivation やる気　coach コーチ　shocked ショックを受けた　cheer for ～ ～を応援する
fulfilled 充実した

1　次のア～ウの絵は，本文のある場面を表している。話の展開に従って並べかえ，その記号を書け。

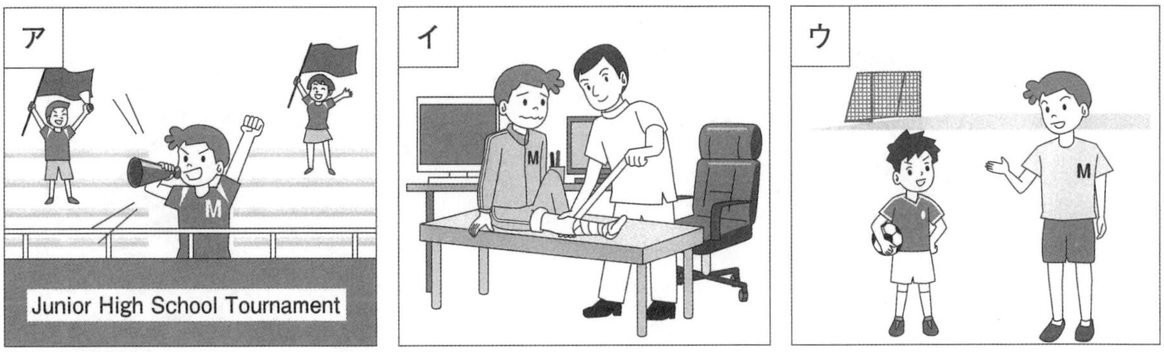

2　下線部①において，Mike は具体的にどのようなことに対して悲しいと感じたのか，30字程度の日本語で書け。

3　［　②　］に，本文の内容に合うように５語以上の英語を書け。

4　［　③　］に入る最も適当なものを下のア～エの中から一つ選び，その記号を書け。

ア　he runs faster than the other members
イ　he is going to stop playing soccer
ウ　soccer is something special to him
エ　playing soccer is boring for him

5　下線部④における Mike の気持ちとして最も適当なものを一つ選び，その記号を書け。

ア　誇らしい気持ち　　　イ　ほっとした気持ち
ウ　うらやましい気持ち　エ　情けない気持ち

6　本文の内容に合っているものを，下のア～オの中から二つ選び，その記号を書け。

ア　Mike fell when he was going to soccer practice by bike, and he was carried to a hospital.
イ　Mike was very shocked to hear that he couldn't play soccer in the last tournament.
ウ　Mike was excited when his father told him about a soccer game played by little children.
エ　Mike was surprised because John spoke to his team members before the end of the game.
オ　Mike remembered his younger days and wanted to practice soccer again, but he couldn't.

7　次は，中学校での最後の試合が終わった後の Mike と Mike の父親との対話である。Mike に代わって［　　　］に10語以上の英文を書け。２文以上になってもかまわない。また，符号（,や？など）は語数には含めない。

Father :　How was the tournament ?
Mike :　I couldn't play, but I felt fulfilled.　Dad, we watched a soccer game played by little children.　Do you remember it ?　That day was a big day for me.
Father :　What do you mean ?
Mike :　Before I broke my leg, I played soccer just to perform well and win games.
［　　　　　　　　　　　　　　　　　　　　］
Father :　You learned an important thing from him, right ?
Mike :　Yes.　John is my little teacher.

令和２年度　鹿児島県公立高校入試問題　社　会

（解答…199Ｐ）

1　次のⅠ～Ⅲの問いに答えなさい。答えを選ぶ問いについては一つ選び，その記号を書きなさい。

Ⅰ　次の略地図を見て，１～６の問いに答えよ。

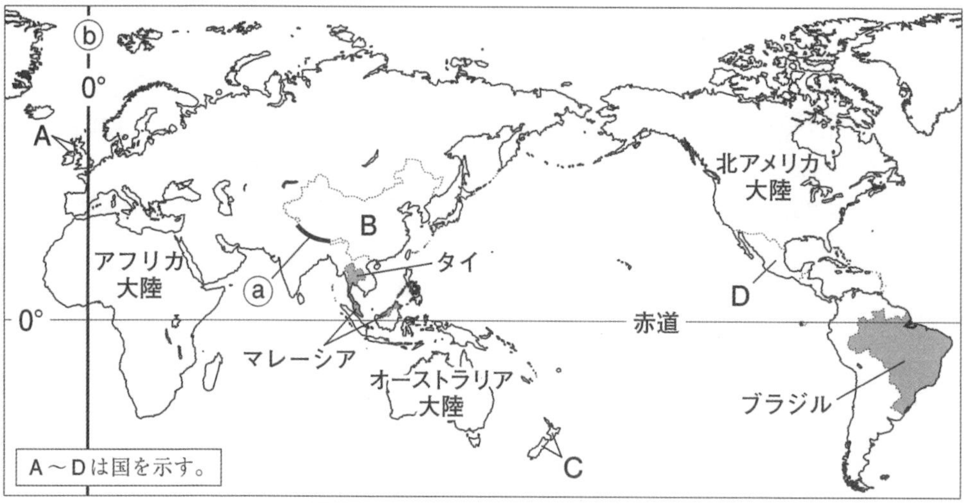

１　略地図中のⓐは，標高 8000 m をこえる山々が連なる山脈である。この山脈の名称を答えよ。

２　略地図中のⓑは，経度の基準となる経線である。これを何というか。**漢字５字**で書け。

３　略地図中のＡ～Ｄ国について述べた文として最も適当なものはどれか。

ア　Ａ国では，季節風の影響で降水量が多く，茶の栽培が盛んである。

イ　Ｂ国では，西部の乾燥地域を中心に米の二期作が盛んである。

ウ　Ｃ国では，先住民のマオリの文化を尊重する取り組みが行われている。

エ　Ｄ国では，主な言語としてフランス語を使用する人々の数が最も多い。

４　略地図中の**ブラジル**のアマゾン川流域で行われてきた次の文のような農業を何というか。

　森林や草原を焼きはらい，その灰を肥料にして作物を栽培する農業。数年すると土地がやせて，作物が育たなくなるため，別の場所に移動して，これをくり返す。

５　**資料１**は，略地図中の**アフリカ大陸**，**オーストラリア大陸**，**北アメリカ大陸**について，それぞれの大陸における気候帯の分布割合を示したものである。**アフリカ大陸**にあてはまるものは**ア**～**ウ**のどれか。

資料１

気候帯＼大陸	ア	イ	ウ
熱帯	16.9％	38.6％	5.2％
乾燥帯	57.2％	46.7％	14.4％
温帯	25.9％	14.7％	13.5％
冷帯（亜寒帯）	—	—	43.4％
寒帯	—	—	23.5％

（地理統計要覧2019年版から作成）

６　略地図中の**タイ**や**マレーシア**について，(1)，(2)の問いに答えよ。

(1)　日本やアメリカの企業は，**タイ**や**マレーシア**など，東南アジアの国々へ進出している。その理由を**資料２**を参考に書け。ただし，**生産**ということばを使うこと。

(2)　外国企業の進出もあり，**タイ**や**マレーシア**では**資料３**に見られるような変化があった。**タイ**や**マレーシア**の輸出品目と輸出総額の変化の特徴について，**資料３**をもとに答えよ。

資料２　各国の主要都市における製造業従事者の月額平均賃金

	月額平均賃金
日　　本	2339ドル
アメリカ	3144ドル
タ　　イ	338ドル
マレーシア	321ドル

統計年次は2017年
（日本貿易振興機構資料から作成）

資料３　タイとマレーシアの輸出品目と輸出総額

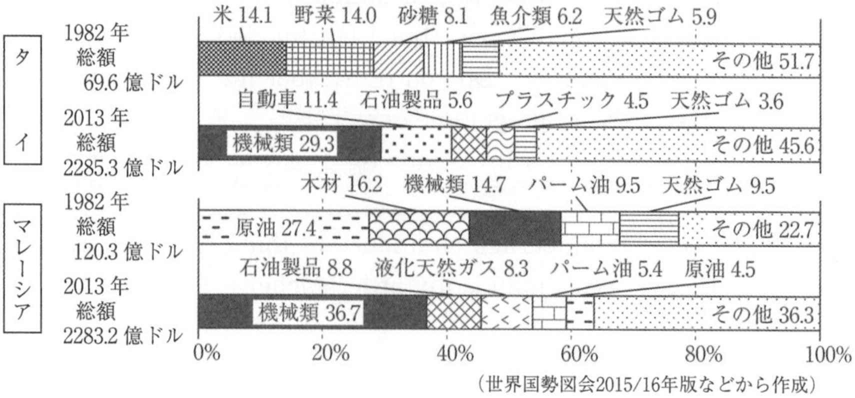

（世界国勢図会2015/16年版などから作成）

Ⅱ　次の略地図を見て，１～６の問いに答えよ。

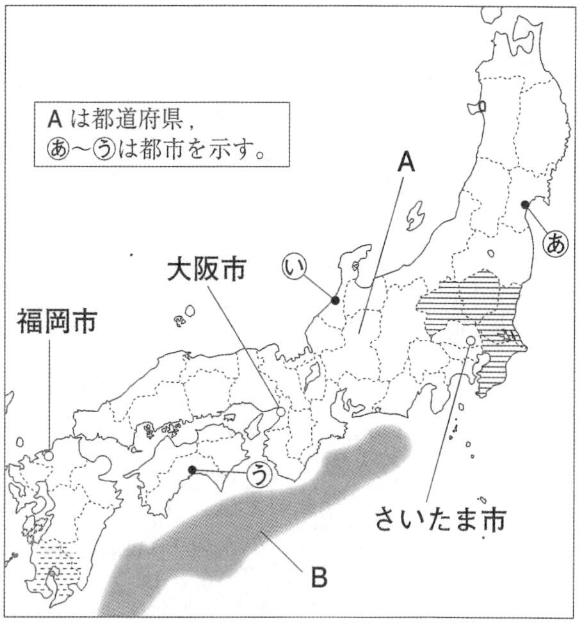

１　略地図中の　　　　で示した九州南部には火山からの噴出物が積もってできた台地が広がっている。このような台地を何というか。

２　略地図中のAには，北部に世界遺産に登録されている合掌造りで有名な白川郷がある。この都道府県名を書け。

３　次のX～Zは，略地図中の(あ)～(う)のいずれかの都市の月別平均気温と月別降水量を示したものである。Xが示す都市は(あ)～(う)のうちどれか。

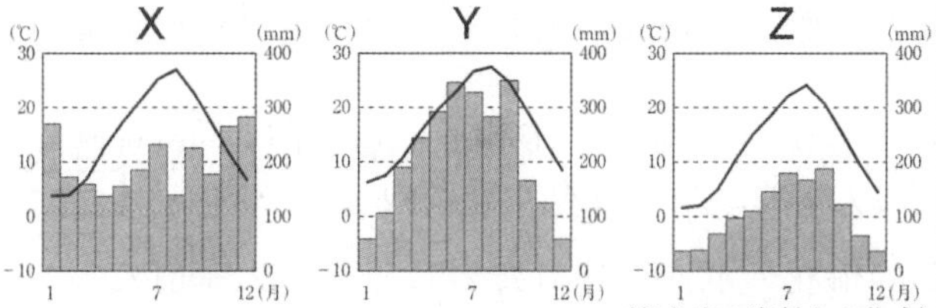

（気象庁の資料から作成）

４　略地図中の　　　　は，2017年の乳用牛の飼育頭数上位８位までの都道府県のうち，関東地方にある４県を示している。この４県に関して述べた次の文の［　　　　］に適することばを補い，これを完成させよ。ただし，**時間**ということばを使うこと。

この４県には，生産した生乳を，［　　　　］ことができるという，共通する特色がある。

５　略地図中のBは，メタンハイドレートが海底に存在する可能性があるとされている海域の一部を示している。メタンハイドレートは，天然ガスの主成分であるメタンガスを含んだ氷状の物質で，日本の排他的経済水域内に多く埋蔵されると推定され，実用化が期待されている。その理由を**資料１**を参考にして書け。

資料１　主な国のエネルギー自給率(%)

日 本	アメリカ	中 国	オーストラリア
8.3	88.4	79.8	301.0

統計年次は2016年
（世界国勢図会2019/20から作成）

６　**資料２**は略地図中の**さいたま市**，**大阪市**，**福岡市**の昼夜間人口比率を示したものである。**さいたま市**に該当するものを**ア**，**イ**から選び，そのように判断した理由を書け。ただし，理由には**通勤**や**通学**ということばを使うこと。

資料２

都市名	大阪市	ア	イ
昼夜間人口比率(%)	131.7	110.8	93.0

※昼夜間人口比率＝昼間人口／夜間(常住)人口×100
統計年次は2015年
（総務省統計局資料から作成）

Ⅲ　次は，中学生のAさんが**資料**を参考に自宅周辺の防災についてまとめたレポートである。Aさんのレポートを完成させよ。ただし，［　X　］には，←で示した**経路**(あ)か**経路**(い)のいずれかを選択し，解答用紙のあてはまる方を〇で囲み，［　Y　］にはAさんがそのように判断した理由として考えられることを**資料**から読み取って書け。

資料

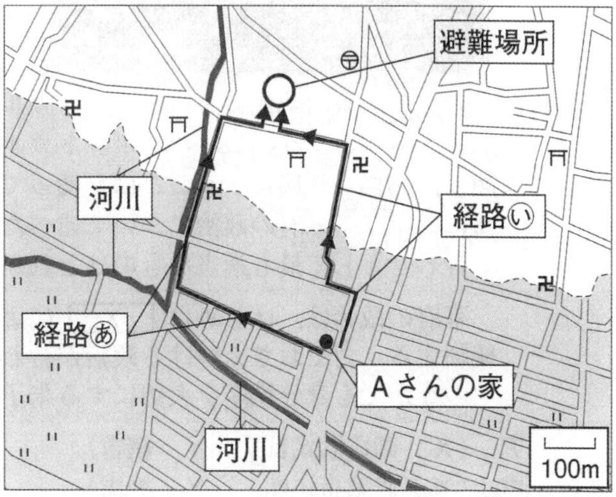

（国土地理院の資料などから作成）

Aさんのレポート

この**資料**の中には，洪水のときに浸水する可能性がある地域が示されており，これによると，私の家も浸水予想地域に含まれています。大雨などにより洪水のおそれがあり**避難場所**に避難しなければならなくなったときの経路としては，この**資料**で考えると［　X　］を選ぶべきです。それは，［　Y　］からです。

※Aさんの家から**経路**(あ)，**経路**(い)を通って避難する際には，障害物や交通遮断などはないものとして考えること。
※**資料**中の ------- 線は，浸水予想地域の境界線を示す。

2 次のⅠ～Ⅲの問いに答えなさい。答えを選ぶ問いについては一つ選び，その記号を書きなさい。

Ⅰ 次は，ある中学生が大宰府にゆかりのある人物についてまとめたA～Dのカードと，生徒と先生の会話である。1～6の問いに答えよ。

A 最澄	B ⓐ鑑真	C 菅原道真	D 足利尊氏
比叡山で修行し大宰府を経由して中国に渡り，仏教を学ぶ。帰国後，天台宗を広める。	日本で仏教を広めるために，中国から来日。鹿児島に到着し，奈良にいたる途中で大宰府を訪れる。	朝廷内の要職につき，ⓑ遣唐使の停止を提言。権力争いに敗れ，大宰府に追いやられる。	建武の新政で後醍醐天皇と対立し，九州へ。大宰府で軍を立て直し，京都で新政権を樹立する。

生徒：古代日本の軍事・外交の要《かなめ》となった大宰府に興味をもったので，大宰府にゆかりのある人物について調べてみました。

先生：大宰府といえば，元号「令和」に関係があります。「令和」の出典は，奈良時代末に大伴家持らが天皇・貴族や農民などの和歌を広く集めてまとめたとされる『［　　］』の中の，梅花の歌の序文です。この梅花の歌がよまれたところは，大宰府だったといわれています。ところで，足利尊氏も大宰府にゆかりがあることをよく調べましたね。

生徒：博物館で開催されたⓒ室町時代の将軍に関する特別展を見に行き，そこで知りました。

先生：そうでしたか。大宰府は，古代の終わりとともに軍事・外交の要としての歴史的役割を終えることになりましたが，その後，ⓓ江戸時代に福岡藩が行った調査などをきっかけとして，注目されるようになったのですよ。

※表記については，大宰府で統一。

1 会話文中の［　　］にあてはまる最も適当なことばを書け。

2 ⓐが来日した8世紀の日本と中国の関わりについて述べた文として最も適当なものはどれか。

ア 執権北条時宗のとき，文永の役・弘安の役と二度にわたり元軍の襲来をうけた。

イ 唐の都長安にならった平城京が，律令国家の新しい都としてつくられた。

ウ 明の求めに応じて倭寇の取り締まりが強化され，勘合貿易が始まった。

エ 邪馬台国の女王卑弥呼は魏に使者を送り，魏の皇帝から倭王の称号を与えられた。

3 ⓑに関して，遣唐使などがもたらした唐風の文化を基礎としながら，日本の風土や生活にあった国風文化が摂関政治のころに発達した。この文化に最も関係の深いものはどれか。

ア 
イ 
ウ 
エ 

4 ⓒの後半の戦国時代のころ，ポルトガル人やスペイン人は，アジアへの新航路を開拓し，日本にも来航するようになった。ポルトガル人やスペイン人が新航路を開拓した理由を，**イスラム商人**，**価格**，**直接**ということばを使って書け。

5 ⓓに関して，幕府の政治について述べた次の文の［ X ］，［ Y ］にあてはまることばの組み合わせとして最も適当なものはどれか。

幕府の政治は，はじめは［ X ］によって大名の築城や結婚などに規制を設けて大名を統制する，力でおさえつける政治が行われていた。その後，5代将軍徳川［ Y ］は，儒学のなかでも身分秩序を大切にする朱子学などの学問を重視する政治への転換を行った。

ア（X 御成敗式目 Y 綱吉） イ（X 御成敗式目 Y 吉宗）

ウ（X 武家諸法度 Y 綱吉） エ（X 武家諸法度 Y 吉宗）

6 A～Dのカードを，年代の古い順に並べよ。

Ⅱ　次の略年表を見て，１～６の問いに答えよ。

年	主なできごと	
1867	ⓐ大政奉還が行われる	
1877	鹿児島の士族らが［①］戦争をおこす	A（1867～1894）
1894	ⓑ日清戦争がおこる	
1914	ⓒ第一次世界大戦がおこる	
1972	［②］が日本に復帰する	B（1972～1990）
1990	東西ドイツが統一される	

資料１

１　表の［①］，［②］にあてはまる最も適当なことばを書け。ただし，［①］は**漢字**で書くこと。

２　**資料１**は，ⓐに関するものである。ⓐに対して，武力による倒幕をめざす勢力が天皇中心の政治にもどすために宣言したものは何か。

３　Ａの時期の日本のできごとを，次の**ア**～**エ**から三つ選び，年代の古い順に並べよ。

ア　政府を退いていた板垣退助らが民撰議院設立建白書を政府に提出した。
イ　満25歳以上のすべての男子に選挙権を与える普通選挙法が成立した。
ウ　新しい政治の方針を内外に示す形で五箇条の御誓文が発布された。
エ　天皇から国民に与えるという形で大日本帝国憲法が発布された。

４　ⓑの直前に行われた条約改正について述べた次の文の［Ｘ］，［Ｙ］にあてはまることばの組み合わせとして最も適当なものはどれか。

> 条約改正に消極的だった［Ｘ］は，日本が近代国家のしくみを整えたことを背景にして，日本との改正交渉に応じるようになった。政府は，［Ｙ］外相のときに，［Ｘ］と条約を結び，領事裁判権（治外法権）の撤廃に成功した。

ア（Ｘ　イギリス　　Ｙ　小村寿太郎）
イ（Ｘ　イギリス　　Ｙ　陸奥宗光）
ウ（Ｘ　ロシア　　Ｙ　小村寿太郎）
エ（Ｘ　ロシア　　Ｙ　陸奥宗光）

資料２　物価と賃金の推移

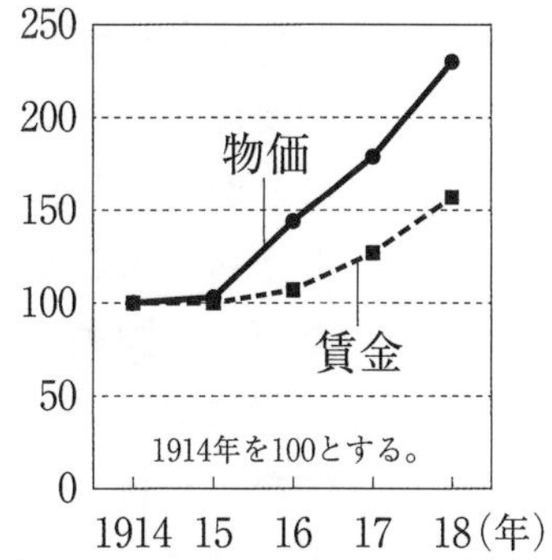

（大正政治史から作成）

５　ⓒに関して，大戦中の日本は好景気であったが，人々の生活は苦しくなった。その理由を**資料２**から読み取れることをもとにして書け。ただし，**労働者**ということばを使うこと。

６　Ｂの時期の世界のできごとについて述べた文として，最も適当なものはどれか。

ア　アジア・アフリカ会議がインドネシアのバンドンで開かれた。
イ　ヨーロッパ共同体加盟の12か国により，ヨーロッパ連合が発足した。
ウ　中国で共産党の毛沢東を主席とする中華人民共和国が成立した。
エ　アメリカとソ連の首脳がマルタで会談を行い，冷戦の終結を宣言した。

Ⅲ　次の文は，ある中学生がアメリカでおこった恐慌のようすと，その後に実施された政策についてまとめたものである。**資料１**，**資料２**をもとにして，次の文の［　　　］に適することばを**25字以上35字以内**で補い，これを完成させよ。ただし，**公共事業**ということばを使うこと。

> 1929年10月，ニューヨークの株式市場で株価が大暴落し，アメリカの景気は急速に悪化した。多くの企業や銀行が倒産し，失業者があふれ，恐慌は世界中に広がった。恐慌への対策として，ルーズベルト大統領は景気の回復を図るために，ニューディールという政策をかかげ［　　　］。

資料１　アメリカの失業率の推移

年	失業率
1929年	3.2%
1933年	24.9%
1937年	14.3%

（マクミラン新編世界歴史統計から作成）

資料２　ニューディールによって建設中のダム

3 次のⅠ～Ⅲの問いに答えなさい。答えを選ぶ問いについては一つ選び，その記号を書きなさい。

Ⅰ 次は，ある中学生が「さまざまな議場」について調べたことをまとめたレポートの一部である。1～6の問いに答えよ。

これは，衆議院の本会議が開かれるところです。正面中央に議長席と演壇があり，その左右にⓐ内閣総理大臣や国務大臣の席があります。ⓑ衆議院及び参議院は，それぞれ，ⓒ主権者である国民を代表する選挙で選ばれた議員で組織されます。

これは，鹿児島県議会の本会議場です。国会が衆議院と参議院で構成されているのに対して，地方公共団体の議会は一院制が採用されています。ここで地方公共団体独自のきまりである □ を定めたり，予算を議決したりします。

これは，ⓓ国際連合の主要機関である総会のようすです。総会はすべての加盟国で構成されています。年1回定期的に開かれ，ⓔ世界のさまざまな問題について討議します。総会では，主権平等の原則に従って，すべての加盟国が平等に1票の議決権をもっています。

1 レポート中の □ にあてはまる最も適当なことばを書け。

2 ⓐに関して，内閣の仕事や権限として最も適当なものはどれか。

ア 憲法改正の発議　イ 予算の議決　ウ 条約の締結　エ 弾劾裁判所の設置

3 ⓑに関して，法律案などについて両議院の議決が一致しない場合には，憲法上一定の要件のもとに衆議院の議決を優先させることが認められているが，その理由として考えられることを**資料1**を参考にして書け。ただし，**国民**ということばを使うこと。

資料1　衆議院と参議院の比較（2019年参議院議員通常選挙時点）

	衆議院	参議院
議員定数	465人	248人
任期	4年 ただし解散のときは任期中でも資格を失う	6年 3年ごとに半数が改選される
解散	あり	なし

4 ⓒに関して，国民が主権者として正しい判断を行うために必要であるとして主張されるようになった新しい人権として最も適当なものはどれか。

ア 社会権　イ 参政権　ウ プライバシーの権利　エ 知る権利

5 ⓓについて，**資料2**の X にあてはまる，国と国との争いを法に基づいて解決するなどの役割を担う機関の名称を書け。

資料2　国際連合の主要機関

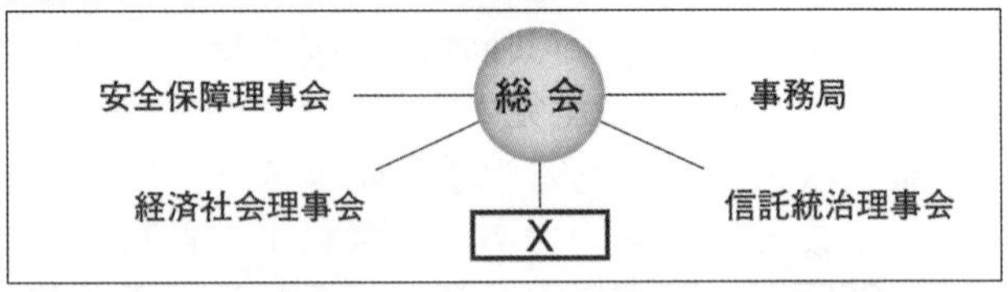

6 ⓔの一つに地球温暖化問題があげられる。2015年に採択されたパリ協定では，発展途上国を含むすべての参加国が温室効果ガスの削減目標を定め，地球温暖化を抑える対策をすすめることで合意した。しかし，合意するまでには，排出削減をめぐり先進国と発展途上国の間で意見の対立もあり長い時間がかかった。**資料3**のような意見に対して，発展途上国は，どのような意見を述べていたと考えられるか。**資料4**をもとにして書け。

資料3　温室効果ガスの排出削減をめぐる先進国の主な意見

> 地球温暖化は人類共通の課題である。発展途上国の中にも急速な工業化で温室効果ガスを多く排出している国もあり，すべての国が排出削減を行うべきである。

資料4　二酸化炭素の累積排出量（1850～2005年）の割合

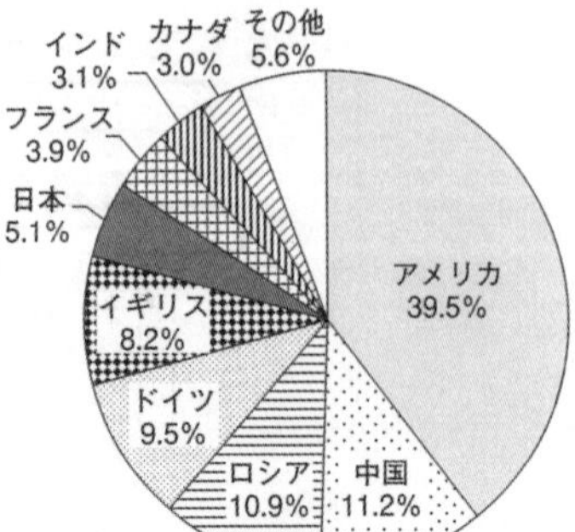

（独立行政法人国際協力機構の資料から作成）

Ⅱ　次は，ある中学校の社会の授業で，生徒たちが班ごとに調べてみたいことについて話し合ったことをまとめたものである。1～5の問いに答えよ。

1班　ⓐ国家間の経済協力には，どのようなものがあるのだろうか。
2班　ⓑ日本の社会保障制度には，どのようなものがあるのだろうか。
3班　ⓒ日本の経済成長率は，近年，どのように推移してきたのだろうか。
4班　ⓓ企業は，どのように資金を調達しているのだろうか。
5班　ⓔ税金には，どのようなしくみがあるのだろうか。

1　ⓐに関して，1989年に設立された，日本，アメリカ，オーストラリアなど，アジア太平洋の国と地域で話し合いを行う経済協力の枠組みを何というか。略称を**アルファベット**で書け。

2　ⓑについて述べた文として最も適当なものはどれか。

ア　社会保険は，生活保護法にもとづいて，生活費や教育費を支給するしくみである。
イ　社会福祉は，高齢者や障がいのある人などに，生活の保障や支援サービスを行うしくみである。
ウ　公衆衛生は，保険料を納めた人が，病気や高齢になったときに給付を受けるしくみである。
エ　公的扶助は，環境衛生の改善や感染病の予防などにより，生活の基盤を整えるしくみである。

3　ⓒに関して，次の文の［ X ］，［ Y ］にあてはまることばの組み合わせとして最も適当なものはどれか。

資料1は，日本の経済成長率の推移を示している。**資料1**を見ると，2016年度の経済成長率は，2015年度の経済成長率よりも［ X ］していることがわかる。また，**資料1**からは2016年度の国内総生産は，2015年度の国内総生産よりも［ Y ］していることが読み取れる。

資料1　日本の経済成長率(実質)の推移

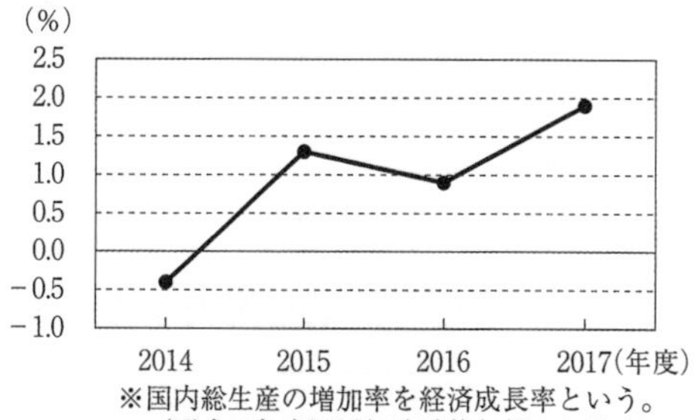

※国内総生産の増加率を経済成長率という。
(平成29年度国民経済計算年報から作成)

ア　(X　低下　　Y　減少)　　イ　(X　上昇　　Y　減少)
ウ　(X　低下　　Y　増加)　　エ　(X　上昇　　Y　増加)

4　ⓓに関して，企業が資金を調達する方法には，直接金融と間接金融がある。このうち直接金融について述べた次の文の［　　］に適することばを補い，これを完成させよ。

直接金融は，企業が［　　］するなどして，家計などから直接資金を調達する方法である。

5　ⓔに関して，(1)，(2)の問いに答えよ。

(1)　税金などの収入をもとに国や地方公共団体が行う経済活動を何というか。

(2)　**資料2**のように，所得が多いほど高い税率を適用する課税の方法を何というか。

資料2　所得税の税率

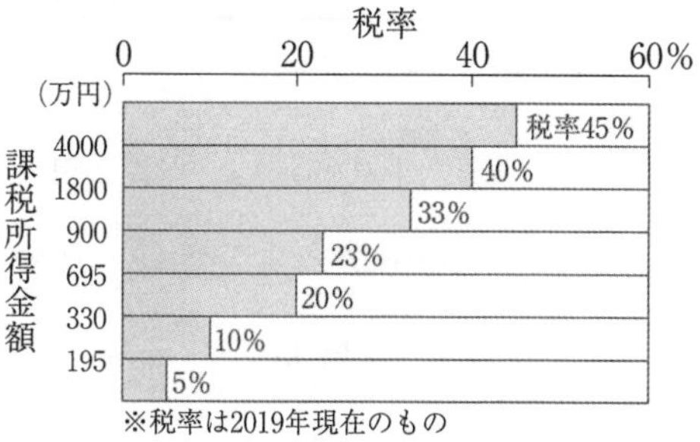

※税率は2019年現在のもの
(財務省資料から作成)

Ⅲ　次は，ある中学生が，「消費生活と経済のしくみ」の学習の際に作成したレポートの一部である。［ X ］には消費者行政を一元化するために2009年に設置された国の行政機関の名称を書け。また，［ Y ］には**資料1**，**資料2**を参考にして，適することばを**30字以上40字以内**で補い，これを完成させよ。ただし，**消費者**という言葉を使うこと。

私は，「消費者トラブルにあったとき，どう行動したらよいか」ということを［ X ］のWebサイトで調べました。**資料1**，**資料2**はそこにあった資料の一部です。これらの資料を見て，消費者トラブルにあったときに消費生活センターなどに相談することが大切だと思いました。そのように行動することで，［ Y ］社会の実現につながるからです。これからは社会に与える影響を自覚した責任ある行動をしていきたいと思います。

資料1

あなたの行動が社会を変える！
消費者が主役の「消費者市民社会」では，消費者の行動で社会を変えることが求められている。「消費者市民社会」の一員として，自分自身の行動を考えてみよう。

資料2

消費者トラブルの発生		消費者のとった行動		その結果
製品やサービスで事故にあった 契約トラブルにあった	➡	行動しない あきらめる	➡	不正な取引，製品等の事故が続く

令和２年度　鹿児島県公立高校入試問題　数　学

(解答…202P)

1　次の１～５の問いに答えなさい。

１　次の(1)～(5)の問いに答えよ。

(1)　$8 \div 4 + 6$ を計算せよ。

(2)　$\frac{1}{2} + \frac{9}{10} \times \frac{5}{3}$ を計算せよ。

(3)　$2\sqrt{3} + \sqrt{27} - \frac{3}{\sqrt{3}}$ を計算せよ。

(4)　３つの数 a，b，c について，$ab < 0$，$abc > 0$ のとき，a，b，c の符号の組み合わせとして，最も適当なものを下の**ア**～**エ**の中から１つ選び，記号で答えよ。

	a	b	c
ア	＋	＋	－
イ	＋	－	＋
ウ	－	－	＋
エ	－	＋	－

(5)　下の図のような三角柱がある。この三角柱の投影図として，最も適当なものを下の**ア**～**エ**の中から１つ選び，記号で答えよ。

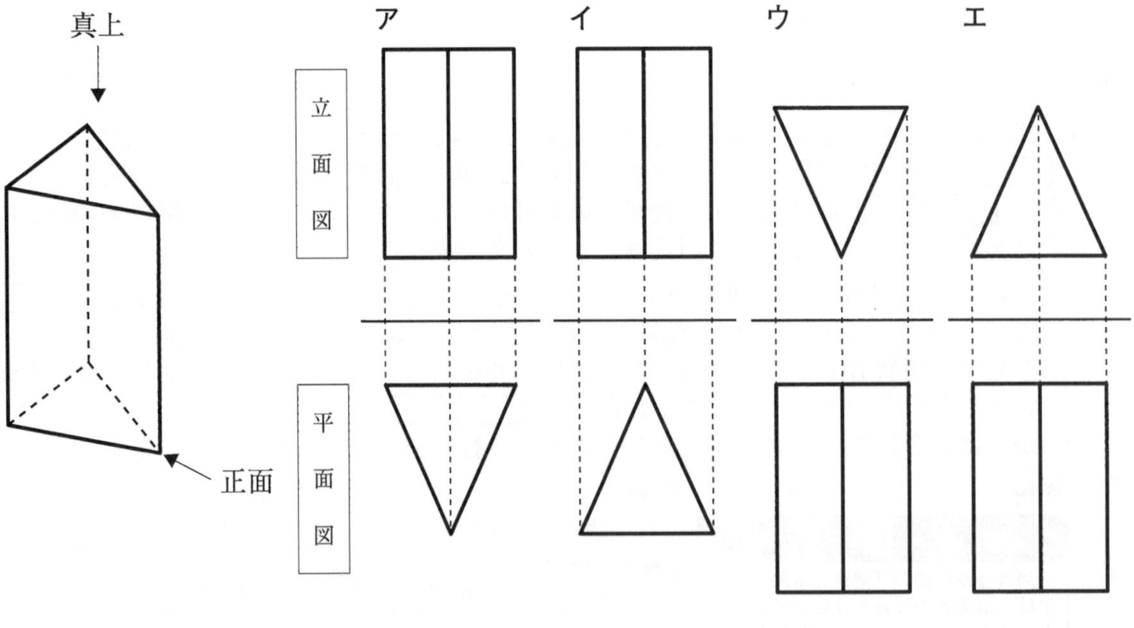

2　y は x に反比例し，$x = 2$ のとき $y = -3$ である。このとき，y を x の式で表せ。

3　$\sqrt{7}$ より大きく，$\sqrt{31}$ より小さい整数をすべて書け。

4　次のように，1 から 6 までの数字がくり返し並んでいる。左から 100 番目の数字は何か。

1，2，3，4，5，6，1，2，3，4，5，6，1，2，3，4，5，6，…

5　国土地理院のまとめた「日本の山岳標高一覧（1003 山）」に掲載されている鹿児島県の標高 1000 m 以上の山〈山頂〉は 8 つある。8 つの中で最も高いものは屋久島にある宮之浦岳であり，その標高は 1936 m である。下の表は，残り 7 つの山〈山頂〉の標高を示したものである。標高を 1.5 倍したときに，宮之浦岳の標高を上回るものはどれか，下の**ア**～**キ**の中からあてはまるものをすべて選び，記号で答えよ。

	山名〈山頂名〉	標高(m)
ア	紫尾山	1067
イ	霧島山〈韓国岳〉	1700
ウ	霧島山〈新燃岳〉	1421
エ	御岳	1117
オ	高隈山〈大《おお》箆《の》柄岳《がらだけ》〉	1236
カ	高隈山〈御岳〉	1182
キ	永田岳	1886

（国土地理院「日本の山岳標高一覧（1003 山）」から作成）

2 次の**1**～**5**の問いに答えなさい。

1 右の図のように，AB = AC である二等辺三角形ABCと，頂点A，Cをそれぞれ通る2本の平行な直線ℓ，mがある。このとき，$\angle x$の大きさは何度か。

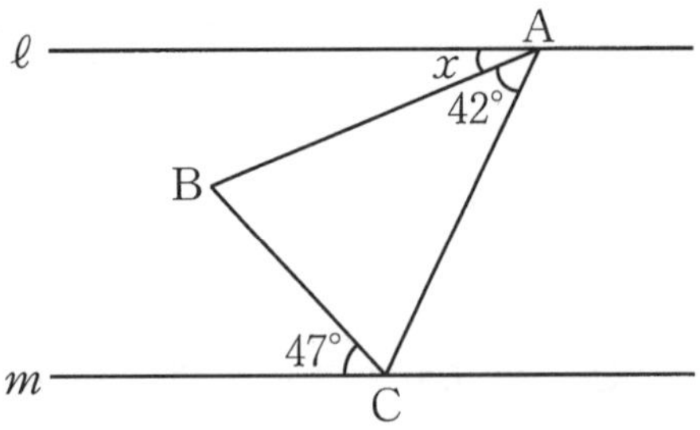

2 硬貨とくじを用いて，次のルールでポイントがもらえるゲームを行う。

> ① 硬貨を2枚投げて，表が出た枚数を数える。
> ② 当たりが1本，はずれが1本入っているくじがあり，その中から1本ひく。
> ③ ②で当たりをひいた場合は，(①の表が出た枚数)×200ポイント，はずれをひいた場合は，(①の表が出た枚数)×100ポイントがもらえる。

たとえば，硬貨は表が2枚出て，くじは当たりをひいた場合は400ポイントもらえる。
このゲームを1回行うとき，ちょうど200ポイントもらえる確率を求めよ。

3 次の比例式で，xの値を求めよ。

$$x : (4x - 1) = 1 : x$$

4 右の図のように，3点A，B，Cがある。この3点A，B，Cを通る円周上において，点Bを含まない$\overset{\frown}{AC}$上に∠ABD = ∠CBDとなる点Dを，定規とコンパスを用いて作図せよ。ただし，点Dの位置を示す文字Dを書き入れ，作図に用いた線も残しておくこと。

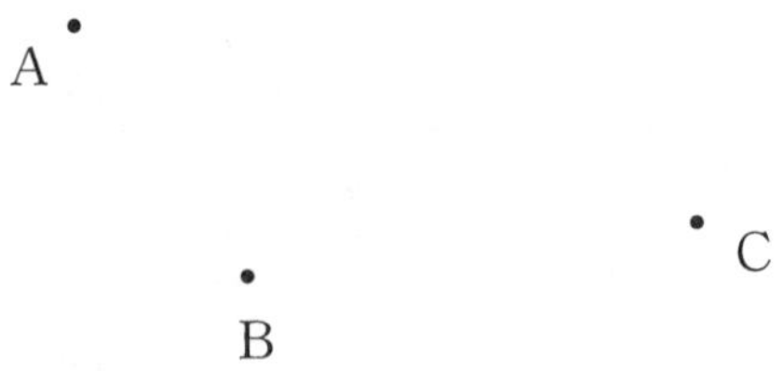

5 AさんとBさんの持っている鉛筆の本数を合わせると50本である。Aさんの持っている鉛筆の本数の半分と，Bさんの持っている鉛筆の本数の$\frac{1}{3}$を合わせると23本になった。AさんとBさんが最初に持っていた鉛筆はそれぞれ何本か。ただし，AさんとBさんが最初に持っていた鉛筆の本数をそれぞれx本，y本として，その方程式と計算過程も書くこと。

3 A～Dの各組で同じ100点満点のテストを行ったところ，各組の成績は右の**表**のような結果となった。ただし，A組の点数の平均値は汚れて読み取れなくなっている。また，このテストでは満点の生徒はいなかった。なお，**表**の数値はすべて正確な値であり，四捨五入などはされていない。次の**1**～**3**の問いに答えなさい。

表

組	人数	平均値	中央値
A	30	[redacted]	59.0
B	20	54.0	49.0
C	30	65.0	62.5
D	20	60.0	61.5

1 B組とC組を合わせた50人の点数の平均値を求めよ。

2 下の図は，各組の点数について階級の幅を10点にしてヒストグラムに表したものである。たとえば，A組のヒストグラムでは50点以上60点未満の生徒は5人いたことを表している。B～Dの各組のヒストグラムは，それぞれ①～③の中のどれか1つとなった。次の(1)，(2)の問いに答えよ。

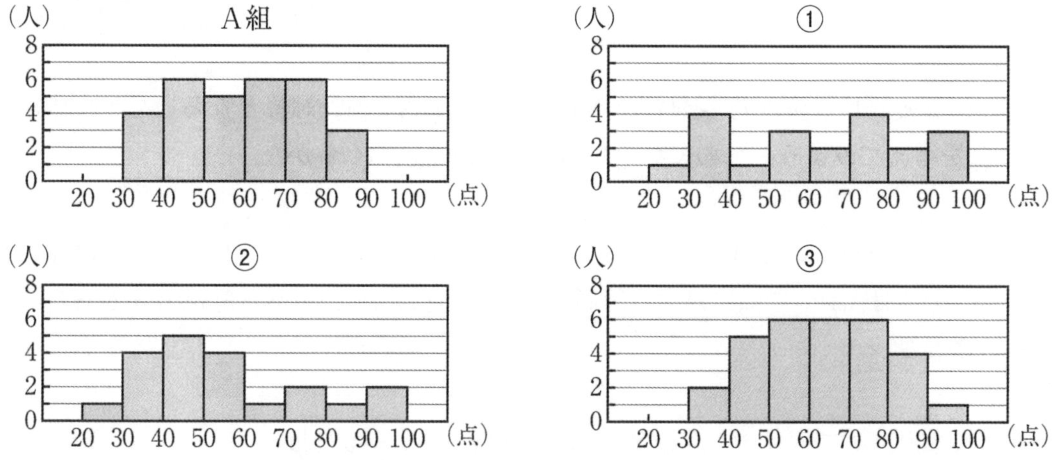

(1) C組のヒストグラムは ア ，D組のヒストグラムは イ である。 ア ， イ にあてはまるものを，①～③の中から1つずつ選べ。

(2) A組のヒストグラムから，A組の点数の平均値を求めよ。ただし，小数第2位を四捨五入して答えること。

3 B組の生徒のテストの点数を高い方から並べると，10番目と11番目の点数の差は4点であった。B組には欠席していた生徒が1人いたので，この生徒に後日同じテストを行ったところ，テストの点数は76点であった。この生徒を含めたB組の21人のテストの点数の中央値を求めよ。

4 次の会話文は「課題学習」におけるグループ活動の一場面である。ひろしさんとよしこさんのグループは，**写真**の観覧車を題材に数学の問題をつくろうと考えた。以下の会話文を読んで，次の**1**～**3**の問いに答えなさい。

写真

ひろし：この観覧車は直径60 m，ゴンドラの数は36台で，1周するのにちょうど15分かかるんだって。この観覧車を題材に，円に関する問題がつくれそうな気がするけど。

よしこ：まず，観覧車を円と考え，ゴンドラを円周上の点としてみよう。また，観覧車の軸を中心Oとすると，36個の点が円周上に等間隔に配置されている**図1**のように表されるね。ここで隣り合う2つのゴンドラを，2点X，Yとすると…。

図1

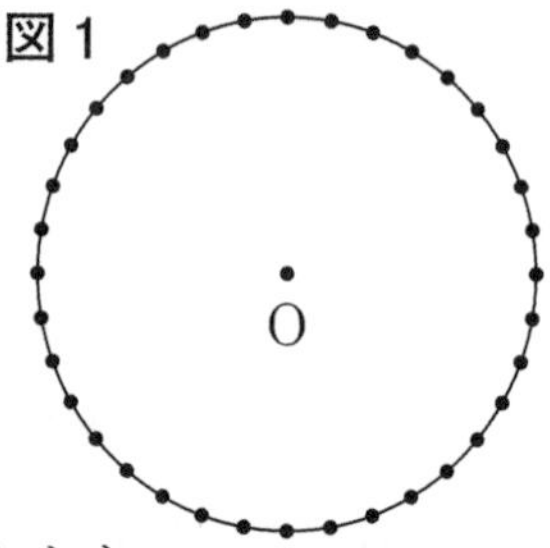

ひろし：まず，角の大きさが求められそうだね。∠XOYの大きさはいくらかな。

よしこ：図をかいて，計算してみるね。……わかった。∠XOYの大きさは［ア］度だね。

ひろし：いいね。じゃあ点Oを対称の中心として，点Yと点対称となるように点Zをとるときを考えてみよう。このとき∠XZYの大きさはいくらかな。

よしこ：実際に図をかいて角の大きさを測ってみたら，さっきの∠XOYの半分になったよ。そういえば，<u>1つの弧に対する円周角は，その弧に対する中心角の半分である</u>って習ったよね。

ひろし：つまり，式で表すと $\angle XZY = \frac{1}{2}\angle XOY$ となるんだね。

よしこ：面白いね。では次はどこか2つのゴンドラの距離を求めてみようよ。いま，最高地点にあるものをゴンドラ①，5分後に最高地点にあるものをゴンドラ②とする。この2つのゴンドラの距離を求めよ，なんてどうかな。さっきの**図1**だとどうなるかな。

ひろし：2点間の距離だね。1周15分だから。……できた。2点間の距離は［イ］mだ。

先　生：ひろしさんとよしこさんのグループはどんな問題を考えましたか。なるほど，観覧車を円と考え，角の大きさや距離を求める問題ですね。答えも合っていますね。次はどんな問題を考えてみますか。

よしこ：はい。面積を求める問題を考えてみます。点Oを対称の中心として，ゴンドラ②と点対称の位置にあるゴンドラをゴンドラ③とするとき，ゴンドラ①，②，③で三角形ができるから…。

ひろし：せっかくだから観覧車の回転する特徴も問題に取り入れたいな。でもゴンドラが移動するとごちゃごちゃしそうだし。先生，こんなときはどうしたらいいんですか。

先　生：図形の回転ですか。たとえば，ある瞬間のゴンドラ①の位置を点Pとし，t分後のゴンドラ①の位置を点P′とするなど，文字でおいてみてはどうですか。もちろん，観覧車は一定の速さで，一定の方向に回転していますね。

ひろし：わかりました。ゴンドラ②，③も同様に考えて，問題をつくってみます。

1　［ア］，［イ］に適当な数を入れ，会話文を完成させよ。

2　会話文中の下線部について，次の問いに答えよ。

図2は，線分BCを直径とする円Oの周上に点Aをとったものである。**図2**において，$\angle ACB = \dfrac{1}{2}\angle AOB$ が成り立つことを証明せよ。

図2

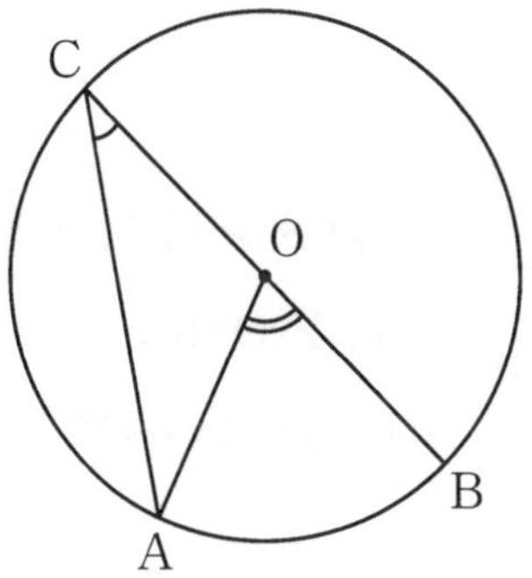

3　会話文中に出てきたゴンドラ①，②，③について，ひろしさんとよしこさんは次の問題をつくった。

> ある瞬間のゴンドラ①，②，③の位置をそれぞれ点P，Q，Rとする。観覧車が回転し，ある瞬間からt分後のゴンドラ①，②，③の位置をそれぞれ点P′，Q′，R′とする。線分QRとP′R′が初めて平行になるとき，3点P，O，P′を結んでできる三角形の∠POP′の大きさとtの値をそれぞれ求めよ。また，そのときの△PP′Qの面積を求めよ。

この問題について，次の(1)，(2)の問いに答えよ。

(1)　3点P，O，P′を結んでできる三角形の∠POP′の大きさとtの値をそれぞれ求めよ。

(2)　△PP′Qの面積は何m^2か。

5 右の図は，2つの関数 $y=\frac{1}{2}x^2$ …① と $y=-x^2$ …② のグラフである。点Pは x 軸上を動き，点Pの x 座標を t とする。ただし，$t>0$ とする。図のように，点Pを通り x 軸に垂直な直線が関数①のグラフと交わる点をQ，関数②のグラフと交わる点をRとする。また，点Oは原点である。次の**1**～**3**の問いに答えなさい。

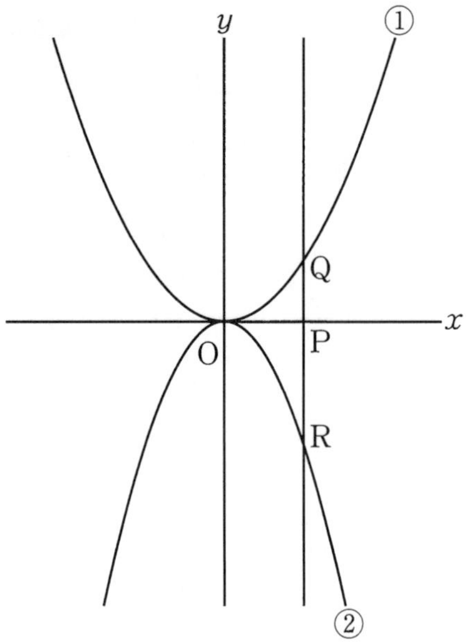

1 $t=2$ のとき，点Qの座標を求めよ。

2 $\mathrm{QR}=\frac{27}{8}$ になるとき，t の値を求めよ。

3 点Rを通り，x 軸に平行な直線が関数②のグラフと交わる点のうち，Rでない点をSとする。△OSRが直角二等辺三角形となるとき，次の(1)，(2)の問いに答えよ。

(1) 点Rの座標を求めよ。

(2) 直線ORと関数①のグラフの交点のうち，Oでない点をTとする。△QTRを直線TRを軸として1回転させてできる立体の体積を求めよ。ただし，円周率は π とし，求め方や計算過程も書くこと。

平成31年度　鹿児島県公立高校入試問題　理　科

（解答…207Ｐ）

1　次の各問いに答えなさい。答えを選ぶ問いについては記号で答えなさい。

1　地下の深いところでマグマがゆっくりと冷えて固まってできた岩石はどれか。

ア　安山岩　　**イ**　花こう岩　　**ウ**　玄武岩　　**エ**　石灰岩

2　**図１**の顕微鏡を使って小さな生物などを観察するとき，視野全体が均一に明るく見えるように調節するものとして最も適切なものは**図１**の**ア**～**エ**のどれか。また，その名称も書け。

図１

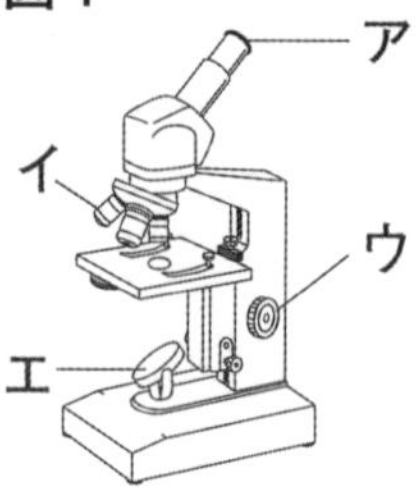

3　太陽の光に照らされたところはあたたかくなる。このように，光源や熱源から空間をへだててはなれたところまで熱が伝わる現象を何というか。

4　実験で発生させたある気体Ｘを集めるとき，気体Ｘは水上置換法ではなく下方置換法で集める。このことから，気体Ｘはどのような性質をもっていると考えられるか。

5　地表の岩石は，太陽の熱や水のはたらきなどによって，長い間に表面からぼろぼろになってくずれていく。このような現象を何というか。

6　エンドウの種子の形には丸形としわ形がある。丸形としわ形は対立形質であり，丸形が優性形質である。丸形の種子から育てた個体の花粉をしわ形の種子から育てた個体のめしべに受粉させたところ複数の種子ができ，その中にはしわ形の種子も見られた。種子の形を丸形にする遺伝子をＡ，種子の形をしわ形にする遺伝子をａとしたとき，できた複数の種子の遺伝子の組み合わせとして考えられるものをすべて書け。

7　速さが一定の割合で増加しながら斜面を下る物体がある。この物体にはたらいている運動の向きと同じ向きの力の大きさについて述べたものとして，正しいものはどれか。

ア　しだいに大きくなる。　　**イ**　しだいに小さくなる。　　**ウ**　変わらない。

8　**図２**は，20℃のときの液体Ａと液体Ｂの体積と質量の関係を表したものである。次の文中の①，②について，それぞれ正しいものはどれか。

　20℃のとき，同じ質量の液体Ａと液体Ｂの体積を比べると，①（**ア**　液体Ａ　　**イ**　液体Ｂ）のほうが小さい。
　また，ビーカーに同じ質量の液体Ａと液体Ｂを入れ，20℃でしばらく放置すると，液体Ａと液体Ｂは混ざり合わずに上下２つの層に分かれた。このとき上の層の液体は，②（**ア**　液体Ａ　**イ**　液体Ｂ）である。

図２

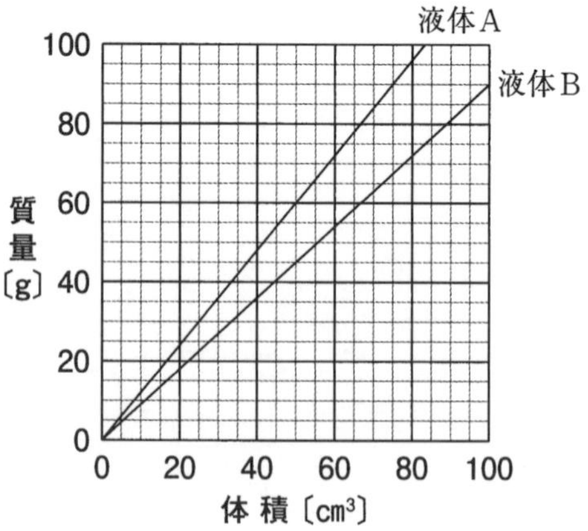

2 次のⅠ，Ⅱの各問いに答えなさい。答えを選ぶ問いについては記号で答えなさい。

Ⅰ **図1**は，ヒトが刺激を受けとってから反応するまでに信号が伝わる経路を模式的に表したものであり，Aは脳，Bはせきずい，C～Fは神経を表している。また，**図2**は，ヒトがうでを曲げたときの骨と筋肉を模式的に表したものである。

図1

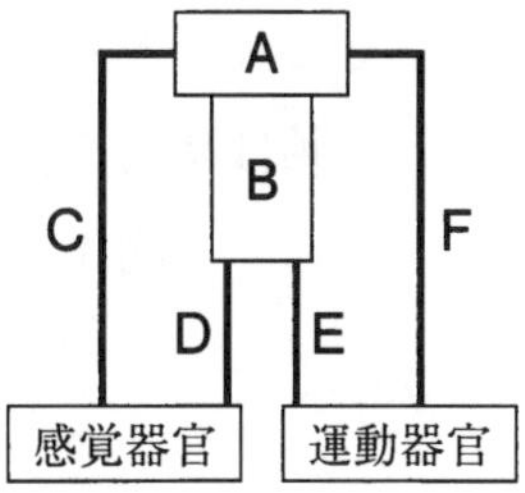

1　ヒトの神経系のうち，判断や命令などを行う脳やせきずいを何神経というか。

2　熱いなべに手がふれて思わず手を引っこめる反応において，刺激を受けとって反応するまでに信号が伝わる経路を，**図1**のA～Fの記号から必要なものをすべて選び，伝わる順に左から書け。

3　**図2**の状態からうでをのばすとき，**図2**の筋肉Xと筋肉Yはどうなるか。

図2

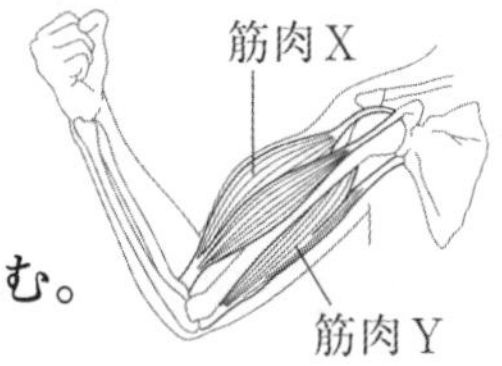

ア　筋肉Xも筋肉Yも縮む。　　イ　筋肉Xも筋肉Yもゆるむ。
ウ　筋肉Xはゆるみ，筋肉Yは縮む。　　エ　筋肉Xは縮み，筋肉Yはゆるむ。

Ⅱ たかしさんは，植物の蒸散について調べる実験を行った。まず，葉の枚数や大きさ，茎の太さや長さがそろっている同じ植物の枝を3本準備した。次に，**図**のように，葉にA～Cに示す処理をした枝をそれぞれ同じ量の水が入ったメスシリンダーにさし，水面を油でおおった。その後，光が当たる風通しのよい場所に置き，2時間後にそれぞれの水の減少量を調べた。**表**は，その結果である。

ただし，水の減少量は，蒸散量と等しいものとする。また，ワセリンをぬったところでは，蒸散は行われないものとし，気孔1個あたりの蒸散量はすべて等しいものとする。

図

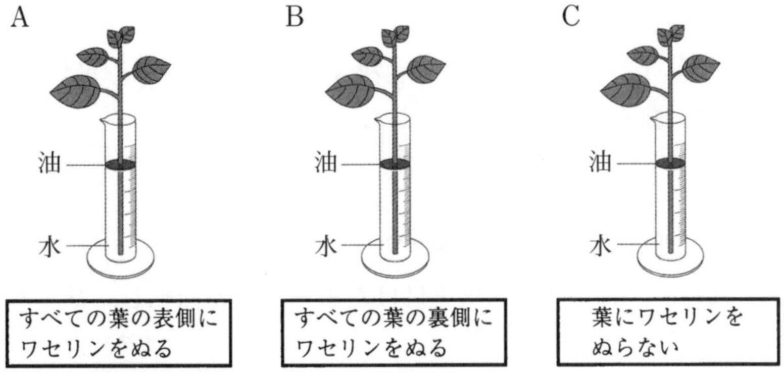

表

	水の減少量〔cm^3〕
A	5.2
B	2.1
C	6.9

1　この実験で，水面を油でおおったのはなぜか。

2　**表**のAとBの結果から，この植物の葉のつくりについて考えられることを書け。

3　たかしさんは，「Cの水の減少量は，すべての葉の表側と裏側からの蒸散量の合計である。」と考えていたが，実験の結果からこの考えが適切ではないことがわかった。

(1)　この考えが適切ではなかったのはなぜか。その理由を「蒸散量」ということばを使って書け。

(2)　Cの水の減少量のうち，すべての葉の表側と裏側からの蒸散量の合計は何cm^3か。

3 次のⅠ，Ⅱの各問いに答えなさい。答えを選ぶ問いについては記号で答えなさい。

Ⅰ　**図1**のように，モノコードの駒《こま》とXの間の弦の中央をはじいて音を出した。コンピュータにその音をとりこんだところ，コンピュータには**図2**のような画面が表示された。ただし，**図2**の横軸は時間を表している。

図1

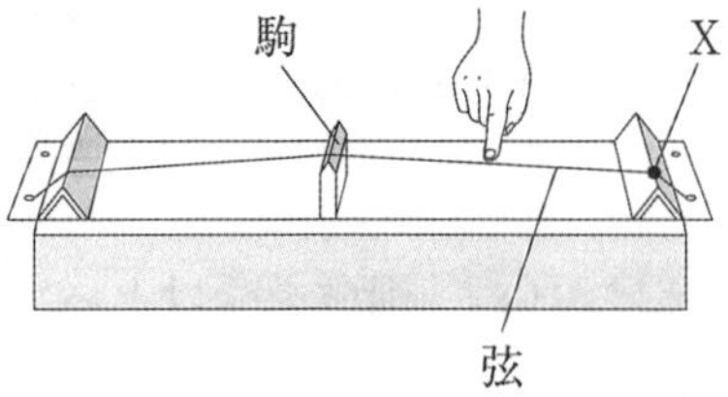

図2

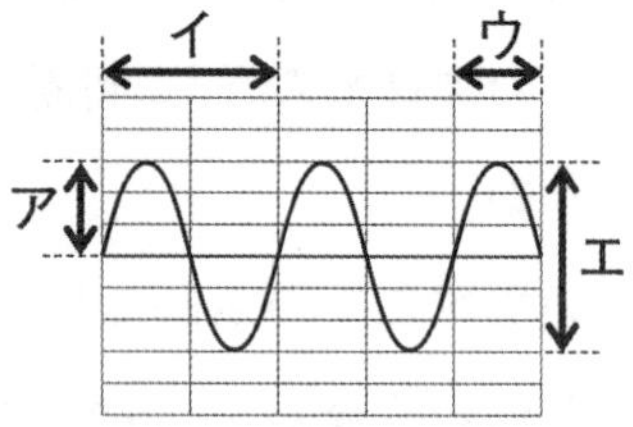

1　空気中での音の伝わり方について述べた次の文中の□にあてはまる同じことばを書け。

音源が□することによって空気を□させ，その□が空気中を次々と伝わる。

2　**図2**の**ア**～**エ**の中で，振幅を表しているものはどれか。

3　弦の張りの強さを変えずに，駒の位置と弦をはじく強さを変えて駒とXの間の弦の中央をはじいたところ，駒の位置と弦をはじく強さを変える前の音より高い音が大きく聞こえた。

(1)　このときコンピュータに表示された画面は次の**ア**～**エ**のどれか。ただし，**ア**～**エ**の縦軸と横軸の1目盛りの大きさは**図2**と同じである。

ア

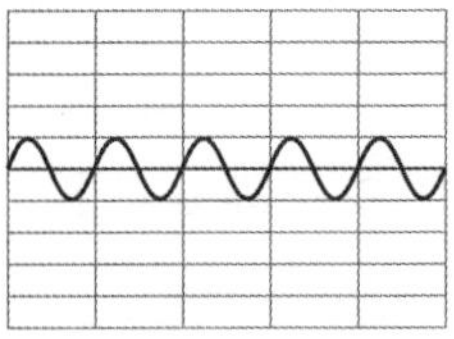

イ

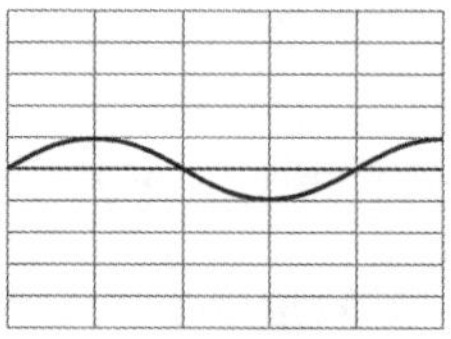

ウ

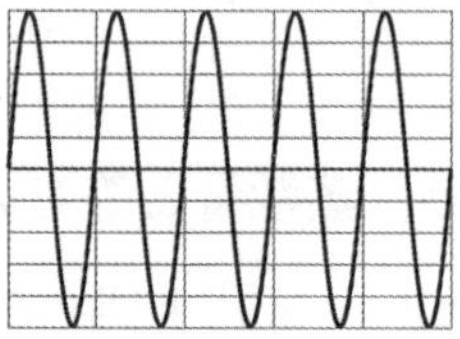

エ

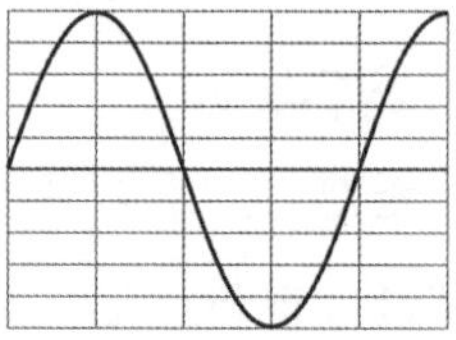

(2)　このとき行った操作を述べた次の文中の①，②について，それぞれ正しいものはどれか。

駒とXの間の弦の長さが ①（**ア**　長く　　**イ**　短く）なるように駒の位置を動かし，弦をはじく強さを ②（**ア**　強く　　**イ**　弱く）した。

Ⅱ　抵抗が同じ大きさの抵抗器aと抵抗器bを用いて**図1**のような回路をつくった。スイッチ2を切った状態でスイッチ1を入れたところ，プロペラを付けたモーターが回転し，電圧計は2.0V，電流計は250mAを示した。

図1

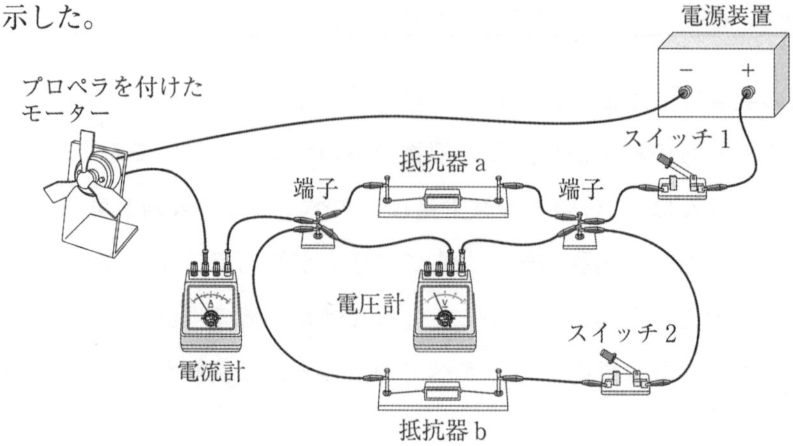

1　抵抗器 a の抵抗の大きさは何Ωか。

2　次に，スイッチ1を入れたままスイッチ2を入れ，電圧計が 2.0 V を示すように電源装置を調整した。

(1)　このときプロペラを付けたモーターに流れる電流の大きさは何 mA か。

(2)　このときプロペラを付けたモーターの回転の速さは，スイッチ2を入れる前と比べてどのようになるか。

ア　速くなる。　　**イ**　遅くなる。　　**ウ**　変わらない。

3　モーターは，手回し発電機にも使われている。**図2**は，手回し発電機の中のモーターの内部を模式的に表したものである。次の文中の［ a ］，［ b ］にあてはまることばを書け。

図2

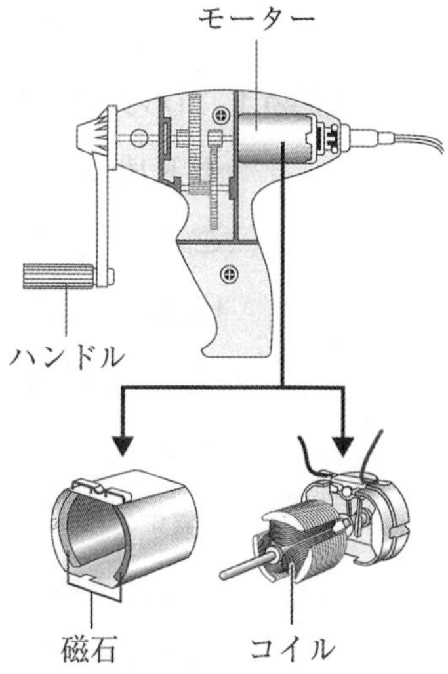

> 手回し発電機のハンドルを回転させると，モーターの中のコイルが回転してコイル内部の［ a ］が変化する。その変化にともない電圧が生じてコイルに電流が流れる。このときに流れる電流を［ b ］という。

4　次のⅠ，Ⅱの各問いに答えなさい。答えを選ぶ問いについては記号で答えなさい。

Ⅰ　硝酸カリウム水溶液でしめらせて電流を流しやすくしたろ紙をスライドガラスに置き，その上に青色リトマス紙と赤色リトマス紙をのせ，両端を金属のクリップでとめた。このとき，2つのリトマス紙の色は変化しなかった。

次に，両端のクリップに電圧を加え，2つのリトマス紙の中央にうすい水酸化バリウム水溶液をしみこませた糸を置くと，一方のリトマス紙の色が変化した。しばらくすると，**図**のようにリトマス紙の色が変化した部分が陽極側に広がった。

図

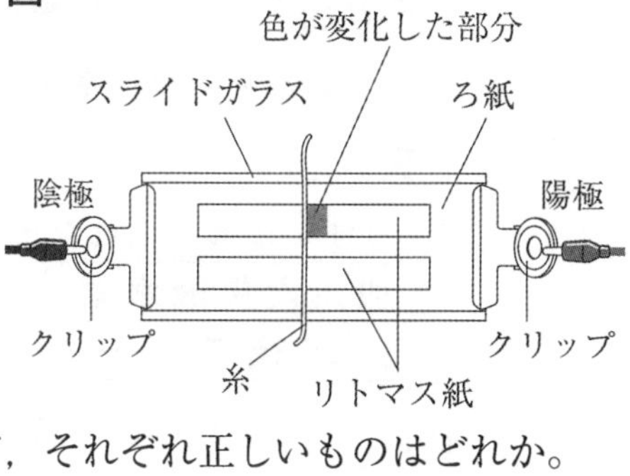

1　硝酸カリウム水溶液に関する次の文中の①，②について，それぞれ正しいものはどれか。

> 硝酸カリウム水溶液は ①（**ア**　非電解質　　**イ**　電解質）の水溶液である。また，この水溶液は ②（**ア**　酸性　　**イ**　中性　　**ウ**　アルカリ性）の水溶液である。

2　色が変化したリトマス紙は，青色リトマス紙と赤色リトマス紙のどちらか。また，リトマス紙の色を変化させたイオンの名称を書け。

3　うすい水酸化バリウム水溶液にうすい硫酸を加えると白い沈殿が生じる。この化学変化を表す次の化学反応式を完成せよ。

$Ba(OH)_2$ +　H_2SO_4 →

Ⅱ　ひろみさんとたかしさんは，化学変化と物質の質量の関係について調べるため，炭酸水素ナトリウムとうすい塩酸を使って**実験１**と**実験２**を行った。

実験１　ひろみさんは，プラスチックの容器にうすい塩酸 10.0 cm^3 を入れた試験管と炭酸水素ナトリウム 1.0 g を入れ，**図１**のように容器のふたを閉めて容器全体の質量をはかったところ 75.0 g であった。次に，ふたを閉めたまま容器を傾けて炭酸水素ナトリウムとうすい塩酸を反応させた。反応が終わってからしばらく放置し，再び容器全体の質量をはかったところ 75.0 g であった。

たかしさんは，２つのビーカーにうすい塩酸 10.0 cm^3 と炭酸水素ナトリウム 1.0 g をそれぞれ入れ，**図２**のように２つのビーカー全体の質量をいっしょにはかったところ 210.0 g であった。次に，炭酸水素ナトリウムが入ったビーカーにうすい塩酸をすべて入れて反応させた。反応が終わってからしばらく放置し，再び２つのビーカー全体の質量をいっしょにはかったところ 209.5 g であった。

図１

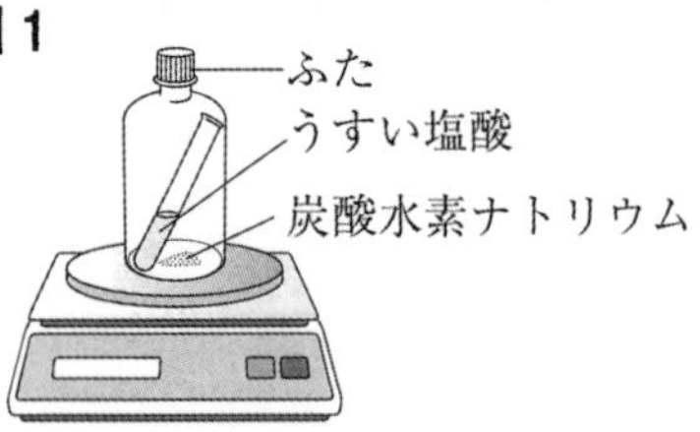

図２

実験２　２人は５つのビーカーにそれぞれうすい塩酸 20.0 cm^3 を入れ，**図３**のように，ビーカー全体の質量をはかった。次に，これらの５つのビーカーに炭酸水素ナトリウム 1.0 g，2.0 g，3.0 g，4.0 g，5.0 g をそれぞれ加え，うすい塩酸と反応させた。反応が終わってからしばらく放置し，再びビーカー全体の質量をはかった。**表**は，この実験の結果である。

図３

表

うすい塩酸を入れたビーカー全体の質量〔g〕	102.0	112.9	103.5	117.0	103.9
加えた炭酸水素ナトリウムの質量〔g〕	1.0	2.0	3.0	4.0	5.0
反応後のビーカー全体の質量〔g〕	102.5	113.9	105.0	119.2	107.1

１　次は，**実験１**について話し合っている２人と先生の会話である。

たかしさん：私の実験では反応の前と後で質量が変わっていましたが，ひろみさんの実験では変わっていませんでした。
先　　　生：その理由は何だと考えますか。
ひろみさん：発生していた気体と関係があるのかな。
たかしさん：そうか，私の実験では，発生した気体の分だけ質量が変わったのかな。
ひろみさん：私の実験では，［　a　］から質量が変わらなかったのですね。
先　　　生：そのとおりです。このように，化学変化の前と後では，物質全体の質量は変わりません。このことを［　b　］の法則といいます。

(1)　炭酸水素ナトリウムとうすい塩酸の反応で発生した気体は，二酸化炭素である。二酸化炭素についてあてはまるものをすべて選べ。

ア　温室効果ガスの１つである。　　　**イ**　特有の刺激臭がある。

ウ　空気中に体積の割合で約20%ふくまれている。　　　**エ**　化合物である。

(2)　［　a　］にあてはまる，**実験１**でひろみさんが行った操作を10字以内で書け。

(3)　［　b　］にあてはまることばを書け。

２　**実験２**の結果から，加えた炭酸水素ナトリウムの質量と発生した気体の質量との関係を表したグラフをかけ。ただし，発生した気体はすべて空気中に出ていったものとし，グラフの横軸は加えた炭酸水素ナトリウムの質量〔g〕，縦軸は発生した気体の質量〔g〕とする。また，縦軸については目盛りの数値も書き，結果から求められるすべての値を「●」で記入すること。

３　炭酸水素ナトリウムと塩化ナトリウムの混合物がある。ひろみさんとたかしさんは，**実験２**の結果をもとにして，この混合物にふくまれる炭酸水素ナトリウムの質量の割合を調べた。

実験２で用いたものと同じ濃度のうすい塩酸 20.0 cm^3 に，この混合物 3.0 g を加えて反応させた。反応が終わってからしばらく放置し，質量の変化を調べたところ，1.2 g の気体が発生したことがわかった。この混合物 3.0 g にふくまれていた炭酸水素ナトリウムの質量の割合は何%か。ただし，塩化ナトリウムは塩酸と反応しない。

5　次のⅠ，Ⅱの各問いに答えなさい。答えを選ぶ問いについては記号で答えなさい。

Ⅰ　地球上の水は，状態を変えながら絶えず海と陸地と大気の間を循環している。

１　図１は，冬のある日の日本付近の雲のようすであり，日本海上と太平洋上に北西の季節風にそったすじ状の雲が見られる。冬の日本海上の雲のでき方について述べたものとして，最も適切なものはどれか。

図１

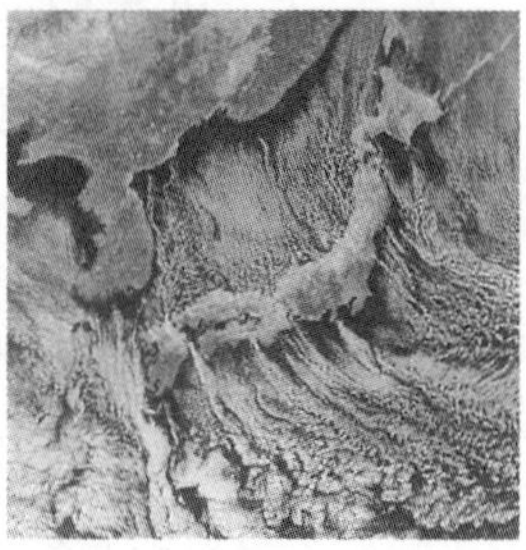

ア　シベリア気団からふき出した冷たくしめった季節風が，日本海上で水蒸気をふくんで雲ができる。

イ　シベリア気団からふき出した冷たく乾燥した季節風が，日本海上で水蒸気をふくんで雲ができる。

ウ　小笠原気団からふき出した冷たくしめった季節風が，日本海上で水蒸気をふくんで雲ができる。

エ　小笠原気団からふき出した冷たく乾燥した季節風が，日本海上で水蒸気をふくんで雲ができる。

２　早朝に生じた霧が，昼に消えた。霧が昼に消えた理由を，「露点」ということばを使って書け。

3　**図2**は，地球上の水の循環を模式的に表したものである。矢印は水の移動を表し，（　　）内の数字は全降水量を100としたときのそれぞれの値を示している。**図2**の □ にあてはまる数値を書け。

図2

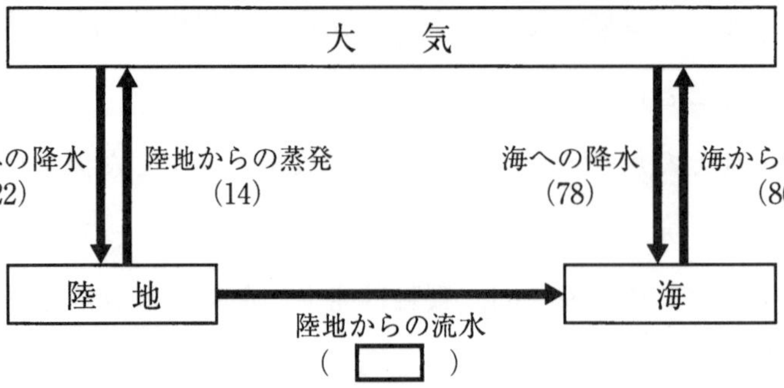

Ⅱ　鹿児島県に住むひろみさんは，７月28日に皆既月食が起こることを知り，月や惑星について調べたり，自宅付近で観察したりした。

1　太陽系の惑星のうち，金星や火星のように木星や土星に比べ小型で密度が大きい惑星を何というか。

2　皆既月食が起こった７月28日の月はどれか。

ア　新月　　**イ**　満月　　**ウ**　上弦の月　　**エ**　下弦の月

3　７月31日は地球と火星が最接近し，太陽から見て地球と火星が同じ方向に位置していることがわかった。７月31日の午後９時ごろ，ひろみさんはどの方角の空に火星を観察することができるか。ただし，地球と火星はほぼ同じ平面上を公転している。

ア　北東の空　　**イ**　北西の空　　**ウ**　南東の空　　**エ**　南西の空

4　**図**は，８月18日の地球の北極側から見た太陽，金星，地球の位置関係を模式的に表したものである。

ひろみさんは，８月18日に金星を天体望遠鏡で観察したところ半月の形に見えた。この後，観察を続けていくと10月下旬には金星が観察できなくなったが，11月中旬ぐらいから再び観察できるようになった。

ひろみさんが11月下旬に金星を観察するとき，金星はいつごろ，どの方角の空に見えるか。ただし，金星と地球はほぼ同じ平面上を公転し，金星の公転周期は0.62年とする。

図

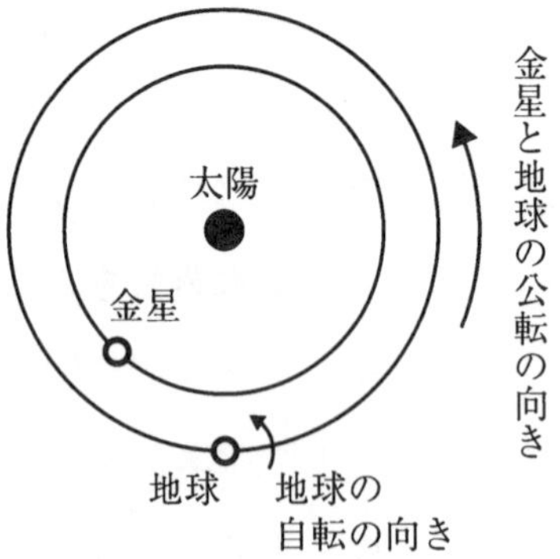

ア　明け方，東の空　　**イ**　明け方，西の空

ウ　夕方，東の空　　**エ**　夕方，西の空

5 我が国の総人口に占める六十五歳以上の人口の割合（高齢化率）は年々上昇しており、内閣府の「平成29年版高齢社会白書」によると、二十七・三パーセントに達している。このことを踏まえ、あとの**資料1**及び**資料2**を参考にしながら、次の(1)～(5)の条件に従って、作文を書きなさい。

条件

(1) 二段落で構成すること。

(2) 第一段落には、**資料1**及び**資料2**からあなたが読み取ったことを書くこと。

(3) 第二段落には、第一段落を踏まえて、あなたが高齢者とコミュニケーションをとる際にどのようなことを心がけたいかについて、具体的に書くこと。

(4) 六行以上八行以下で書くこと。

(5) 原稿用紙の正しい使い方に従って、文字、仮名遣いも正確に書くこと。

資料1

高齢者の世代間交流

高齢者の若い世代との交流への参加意向についてみると、参加したいと考える人の割合（「積極的に参加したい」、「できるかぎり参加したい」と回答した人の合計）は平成二十五年で五十九・九パーセントとなっており、十年前（平成十五年）に比べると七・二ポイント増加している。

（内閣府「平成29年版高齢社会白書」による）

資料2

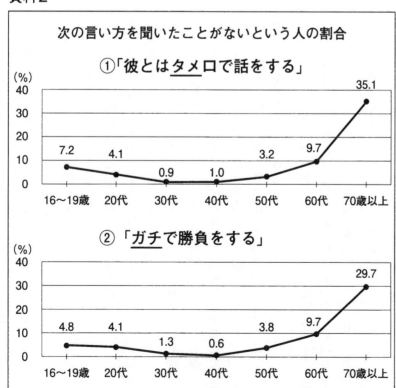

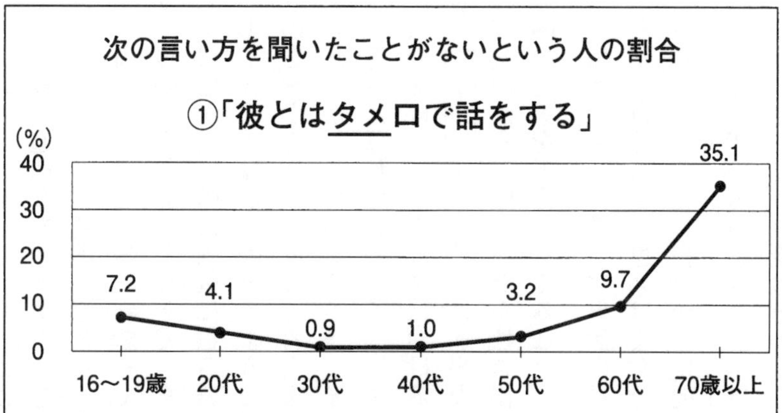

（文化庁「平成29年度　国語に関する世論調査」をもとに作成）

ホクさんにうながされて歩きだした。

「なんや、どないしたんや、雄太」

「まだ、よくわからない」

ホクさんも長老さんもユイさんも軽く笑った。

「そいつはすごい。わからんことがわかったって、そりゃ、すごいことやぞ。わかろうとする最初の一歩がわからんていうことやからな。そっから先は、雄太なりに考えることや。ヒトは考える葦《あし》、やからな」

②不思議な気分になっていた。

ぼくは考えこんでしまった。

わからないということは、わからない自分がだめなんだと今までは思っていた。それなのに、わからないことがすごいことだとホクさんが言う。これからわかればいいのだからと。

ぼくにはまだまだわからないことが多すぎる。どこからわかっていけばいいのかもわからない。ふとユイさんの一言が頭をよぎった。

「自分が素直に感じたこと。それを大切にしていきたい」

ぼくも、この山はきれいだと素直に感じた。だからみんなの手伝いをする。たいして役に立っていないかもしれないけれど、少しは役に立ちたいと思っている。そして、それがすごく楽しい。

（今はその気持ちを大事にすればいいんだ）

長老さんの言葉も浮かんできた。

（ケガをしている自然の手当なんて、お医者さんみたいでちょっとかっこいい）

音をたてないように用心しながら、寝袋に入った。みんなの話が聞けてよかったと思った。そして、いつものように、③スコンと寝入ってしまった。

（にしがきようこ「ぼくたちのＰ（パラダイス）」による）

(注)　重機＝建築や土木などで用いる大型機械。
雪田草原＝雪が作り出した、田んぼみたいにぬかるんだ草原。
木道＝湿地帯を歩くための、板を渡して作った道。

1　――線部ａ・ｂ・ｃからうかがえる雄太の人物像を説明したものとして最も適当なものを次から選び、記号で答えよ。

ア　あきらめずに真理を追究しようとする人物。
イ　周囲の状況を冷静に判断して発言する人物。
ウ　物事を一面的にとらえてしまっている人物。
エ　自信がないのに強気に振る舞っている人物。

2　――線部①はホクのどのような様子を表しているか。最も適当なものを次から選び、記号で答えよ。

ア　がっかりしている様子　　イ　じっくり考えている様子
ウ　途方に暮れている様子　　エ　照れ隠しをしている様子

3　次の文は、――線部②における雄太の気持ちを説明したものである。［Ⅰ］・［Ⅱ］に適当な言葉を補え。ただし、［Ⅰ］には本文中から二字の言葉を抜き出して書き、［Ⅱ］には二十五字以内の言葉を考えて答えること。

長老さんの言葉で、自然に対する彼らの思いは［Ⅰ］できたが、自分自身の思いはまだ分からないでいた。そのときホクさんから、今まで自分が否定的に考えていた［Ⅱ］気持ち。

4　――線部③の理由を六十五字以内で説明せよ。

5　雄太にとって、長老はどのような役割を果たす人物として描かれているか。最も適当なものを次から選び、記号で答えよ。

ア　自然を守ることに対する自分の決意を積極的に語ることで、議論を盛り上げつつ雄太のことを見守る役割。
イ　自然と向きあうときの自分たちの思いを分かりやすく話すことで、雄太が自力で考えられるよう導く役割。
ウ　他の人とは異なる意見を述べることで、雄太に自然についてさらに深く考える必要があると教え諭す役割。
エ　自分たちが行っている活動を具体的に示すことで、雄太に自然を守ることの責任の重さを理解させる役割。

「ユイと話してたんは、そのことかいな。また難しいことを」

ホクさんが苦笑いしながらユイさんを見た。小屋の戸が開いて、ヘッドランプの明かりの中、長老さんが姿をあらわした。

「みなさん、おそろいですね。星空の下、人生を語ってるのかい？」

「星、でてないです」

ぼくはすぐに反応した。

「お、そうか。それでも、この雲の上には満天の星は広がっている。それは確かだ。で、なんの話？」

「自然を守るって、ぜったいに大切やろって、雄太が」

長老さんがぼくを見る。笑みが顔に広がっていった。

「それはまた、大変な議論を吹っかけてきましたね、雄太少年は」

長老さんは、そばの大きな石の上に腰かけた。ホクさんが語りだした。

「日本人はさ、太古の昔っから自然と仲良しだったんだ。自然の恵みを受けて生きてきた。植物の実を採ったり、作物を育てたり、漁をしたりしてさ。長い間そうしてきたから、体の奥に自然と仲良くしようっていうDNAができてるんだよ。だから、自然を損なう行為を見ると、悲しくなったり、いきどおったりしてしまうわけよ」

ホクさんが関西弁じゃない。おまけに早口だ。

「このごろの日本人は自然を思い通りに支配してもいいって考えるようになっている。でもさ、原発事故や、大規模な自然災害や開発で自然が損なわれるのを目《ま》の当たりにして、このままじゃいけないと考えはじめた人たちもでてきた。自然の多様性が失われていくことは、人間の存在自体があやうくなるってことにつながるってな」

ぼくは口をぽかんと開いて聞いていた。ホクさんの話が頭を素通りしていく。

「おい、ホク、熱くなってるぞ。大丈夫か？」

長老さんが小さな石を、ホクさんの足元にころがした。ホクさんが、あれっと、①頭をかいた。ユイさんのかすれ気味の声が続いた。

「動物の一員としてのヒトっていうより、すべてをこわしてしまえるヒトっていう存在になっちゃったんだよな。この山だって、(注)重機をもってすれば、あっという間に破壊できるけれど、決して元にもどすことはできない。なんか考え違いをしてる気がしてしょうがない」

頭をかきむしっているユイさんの足元に、長老さんがまた石をころがした。

「おいおい、雄太を見てみろよ。きょとんとした顔してるぞ」

ぼくは口を半分開いて、みんなの顔を見まわした。

「なあ、雄太。気がついてるかな。この(注)雪田《せつでん》草原のいたるところに、草がはげて土がむきだしになっている場所があるのをさ。痛々しいって思わないか？」

長老さんの言葉にぼくは強くうなずいた。

「雪や雨が原因のこともあるけど、ヒトの歩いた踏みあとで、草がはがれちゃって、泥だらけの地面が顔をだしてるんだ。それって、どんどん広がってしまうわけよ。自然が荒れてしまってるんだ」

長老さんがあごをなでながら話しはじめた。

「ぼくには、それが、草原がケガをしてるって思えてしかたがないんだよ。だから、手当をしてやりたいってさ。ヒメが必死で、包帯にあたるような草をさがしていて、ぼくたちは、(注)木道や階段を作って、踏みあとが、言いかえればケガの範囲がこれ以上広がらないように処置してるんだって思ってる」

長老さんの言葉がすとんと胸に落ちた。

「さすが長老やな。雄太が納得した顔しとるやんか」

長老さんはぼくの足元に石をころがした。

「自分なりでいいんじゃないかな。雄太なりにさ。ここにいるのが楽しいのなら今はそれだけでもいい。人なんてどんどん変わっていくからな」

長老さんのヘッドランプの明かりがぼくのほうをむいていた。

「さて、もどらへんか。寝とかんと、明日、もたんからな」

[Ⅱ]には七字以内、[Ⅲ]には二十五字以内でふさわしい内容を考えて現代語で書き、[Ⅳ]にはあとの語群から最も適当なものを選び、記号で答えること。

先　生　「農民は『大いに腹立し』とありますが、なぜ怒ったのでしょうか。」

生徒A　「はい。『[Ⅰ]』には、舞を演じるという意味と[Ⅱ]という意味の二つの意味があり、舞々は前者の意味で使ったのに対し、この農民にとっては後者の意味に受け取れる言葉だったので怒ったのだと思います。」

先　生　「そうですね。では、本文の最後の『さきの腹立は互ひに根も葉もおりない』という舞々の言葉ですが、舞々はこの言葉をどのような意図で言ったのでしょうか。また、この言葉を聞いて、農民はどのように感じたでしょうか。」

生徒B　「はい。『根も葉もおりない』はなんの理由もないという意味なので、悪意はなく、農民を怒らせるつもりはなかったと言いたかったのだと思います。」

生徒C　「舞々の言葉を聞いた農民は、[Ⅲ]と感じて、さらに腹が立ったのではないかと思います。ここがこの話のおもしろさではないでしょうか。」

生徒A　「私は、むしろあきれたのではないかと思います。この言葉を農民に向かって言ったこの舞々は、[Ⅳ]人物だと思います。」

先　生　「私たちも言葉づかいには気をつけたいですね。」

〔Ⅳの語群〕　**ア**　善悪を知らない　**イ**　失敗を恐れない
　　　　　　ウ　本音が隠せない　**エ**　思慮が足りない

4

次の文章を読んで、あとの**1**～**5**の問いに答えなさい。

> 夏休みをむかえた中学二年生の雄太《ゆうた》は、大学で山の環境を守る研究をしているおじに連れられ、ユイ、ホク、長老、ヒメなどの大学生たちと山の保全作業を行っている。ある夜、ユイと二人になった雄太は、山の修復について「自然なんだからあるがままにそのままにしておけばいい」という意見があることを聞かされる。

「どんな意見もありだけど、その中で、山に登ったときの正直な気持ちにしたがうっていうことも、またありなんだと思ってる。うろうろしてしまうだけで、たいしたことができなくてもな」
　納得がいかなくて、ユイさんにたずねた。
a「でも、自然を守るってぜったいに正しいことでしょ?」
「ぜったいに正しい、か。難しいな。そんなのってあるのかな。ほかの意見が入りこめないっていうのは、とても危ない気がする。相対《あいたい》する意見があって、当たり前だ。その中でもがいてくことで、考え自体が強くなっていくんじゃないかな。わかろうとしたり、疑ったりすることが大切なんじゃないかな」
「そうかもしれないけど」
　釈然としない。
「雄太、こんなとこにいたんか」
　小屋からでてきたのは、ホクさんだった。
「なんや、元気ないな。ユイになんか言われたんか?」
b「ホクさん、自然を守るって、ぜったいに大切なことでしょ?」
「なんでや?」
　逆にホクさんにたずねられた。
c「え、だって、当たり前なことなんじゃないの?」
「そやから、なんで当たり前なんや?」
　ぼくは言葉につまった。

3 本文中の a ・ b ・ c ・ d にはそれぞれ「自己」または「他者」が入る。空欄に入れるのに適当な組み合わせとして正しいものを次から選び、記号で答えよ。

ア (a 他者 b 自己 c 自己 d 他者)
イ (a 他者 b 自己 c 他者 d 自己)
ウ (a 自己 b 他者 c 他者 d 自己)
エ (a 自己 b 他者 c 自己 d 他者)

4 ——線部②とあるが、筆者は「ひとりよがりの自分を抜け出す」にはどうすることが必要だと述べているか。六十五字以内で説明せよ。

5 次は、四人の中学生が、学ぶということについて発言したものである。筆者の考え方と最も近いものを選び、記号で答えよ。

A 分からない言葉の意味を国語辞書で調べたことで、その言葉の語源も知ることができました。辞書などを使って粘り強く調べ続け、もっと知識の量を増やしたいです。

B 図書室の本で日本の歴史に興味を持ち、京都の寺院や仏像などを見学しに行きました。実際に見たり経験したりすることで、学習したことを確実に定着させたいです。

C テレビでドキュメンタリー番組を見て、世界には自分の知らない文化があると知りました。インターネットを活用し、他にも知らない文化がないか探してみたいです。

D 福祉体験学習に参加し、私たちの身の回りには多くの段差があることに気づきました。身近な施設をバリアフリーの視点から見直し、改善できることを考えたいです。

---

3 次の文章を読んで、あとの1～3の問いに答えなさい。

惣別《そうべつ》(一般に)、茄子《なすび》の枯るるをば、百姓(農民は)みな、舞ふといふなり。(注)和泉《いづみ》にての事なるに、道のほとりに茄子を植うる者あり。下手らしき(いかにも下手そうな)(注)舞々《まひまひ》の①とほりあはせ、見れば、大いなる(注)徳利《とくり》に杯を添へてあり。②ちとこれをなん望みにや思ひけん、畠《はたけ》へ立ち寄り、「さらばひとふし舞はん」(それでは一曲舞いましょう)といふ。百姓、門出あしし(悪い)と大いに腹立《ふくりふ》しけれど、とかく言ひ寄り、酒をのみ飲ませけるが、立ちて行きさまに、「さきの腹立は互ひに根も葉もおりない(ありません)」と。

(「(注)醒睡笑」による)

(注) 和泉＝現在の大阪府南部。
舞々＝舞を演じる芸人。
徳利＝酒を入れる容器。
醒睡笑＝江戸時代に書かれた笑話集。

1 ——線部①「とほりあはせ」を現代仮名遣いに直して書け。

2 ——線部②「ちとこれをなん望みにや思ひけん」の意味として最も適当なものを次から選び、記号で答えよ。

ア 少しでも茄子の豊作を願おうと思ったのであろうか
イ 少しでも舞がうまくなりたいと思ったのであろうか
ウ 少し酒を飲ませてもらいたいと思ったのであろうか
エ 少し畑仕事の手伝いをしようと思ったのであろうか

3 次は、本文について話し合っている先生と生徒の会話である。 Ⅰ ～ Ⅳ に適当な言葉を補って会話を完成させよ。ただし、 Ⅰ には本文中から二字の言葉を抜き出して書き、わが家に小さな子どもがやってきた。まだ一歳にもならない女の子である。世の中では孫と呼ぶらしいが、それがウかわいいのである。見ているといくつも発見がある。自分の子のときには見えていなかったことばかりである。彼女は世界の中心にいる。天動説のようなもので、自分では何もしなくても、すべてが彼女のまわりをまわっている。世界を所有し、世界は包んではくれても、(注)対峙《たいじ》することはない。

保育園や幼稚園に行くようになって、同じような年齢層の〈他者〉にエ初めて出会うことになる。ここで〈他者〉を知ることが、すなわち自分という存在を意識する最初の経験となるのだろう。世界は自分のためだけにまわっているのではないことを初めて知る。〈 a 〉を知ることによって初めて〈 b 〉というものへの意識が芽生える。「自我のめばえ」は、〈 c 〉によって意識される〈 d 〉への視線である。自分を外から見るという経験、これはすなわち学ぶということの最初の経験なのである。

先に述べたように、読書をするということは、「こんなことも知らなかった自分」を発見すること、すなわち自分を客観的に眺めることである。〈自己〉の相対化であると言ってもいい。

こんなことを考えている人がいたのかと思う。こんなひたすらな愛があったのか、こんな辛《つら》い別れがあるのかと、小説に涙ぐむ。それらは「読む」という行為の以前には、知らなかった世界ばかりである。それを知るということは、すなわち「それを知らなかった自分」を知るということである。一冊の書物を読めば、その分、自分を見る新しい視線が自分のなかに生まれる。〈自己〉の相対化とはそういうことである。

勉強をするのは、そのためである。読書にしても、勉強にしても、それは知識を広げるということも確かにその通りだが、もっと大切なことは、自分を客観的に眺めるための、新しい場所を獲得するという意味のほうが大きい。小さな子が他者と出会って初めて自分に気づいたように、私たちは〈自己〉をいろいろな角度から見るための、複数の視線を得るために、勉強をし、読書をする。それを欠くと、②ひとりよがりの自分を抜け出すことができない。〈他者〉との関係性を築くことができない。

勉強や読書は、自分では持ち得ない〈他の時間〉を持つということでもある。過去の多くの時間に出会うということでもある。過去の時間を所有する、それもまた、自分だけでは持ちえなかった自分への視線を得ることでもあるだろう。そんなふうにして、それぞれの個人は世界と向き合うための基盤を作ってゆく。

（永田和宏 著「知の体力」（新潮新書刊）による）

(注) モチベーション＝ものごとを行う意欲、やる気。
リスペクト＝尊敬。
漫然と＝とりとめもなく、ぼんやりとした様子で。
対峙＝にらみ合ったまま動かずに対立すること。

1 ═線部**ア**～**エ**の中から、品詞が他と異なるものを一つ選び、記号で答えよ。

2 次の文章は、――線部①の理由について説明したものである。 Ⅰ ・ Ⅱ に適当な言葉を補え。ただし、 Ⅰ には本文中から句読点を含めて十七字で抜き出して書き、 Ⅱ には十字以内の言葉を考えて答えること。

ある知識を得て、自分は何も知らない存在だと実感し、自分が知らなかった世界は Ⅰ ということに感動できれば、よりいっそう Ⅱ という思いにつながるから。

平成三十一年度　鹿児島県公立高校入試問題　国語

（解答…205P）

1

次の1・2の問いに答えなさい。

1　次の――線部のカタカナは漢字に直し、漢字は仮名に直して書け。

(1)　性格がよくニた友人。　(2)　作品をヒヒョウする。
(3)　会場が多くの人でコンザツする。　(4)　成長が著しい。
(5)　あこがれの仕事に就く。　(6)　流行が終息した。

2　次に書かれた行書の特徴を説明したものとして、最も適当なものを次から選び、記号で答えよ。

ア　筆脈を意識し点画の一部を連続させて書いている。
イ　点画の一部を省略し筆順を変化させて書いている。
ウ　全ての点画の筆の運びを直線的にして書いている。
エ　全ての点画を筆圧が一定になるように書いている。

2

次の文章を読んで、あとの1～5の問いに答えなさい。

読書をすること、あるいは学問をすることの意味とは何なのだろうか。一般には、これまで知らなかった知識を得ることという答えが返ってきそうだが、読書の〈意味〉、学問の〈意味〉というものを考えたとき、その答えだけでは十分ではないだろうと私は考えている。

読書によって、あるいは学ぶということによって、確かに新しい知識が自分のものとなる。しかし読書や学問をすることの〈意味〉は、端的に言って、自分がそれまで何も知らない存在であったことを初めて知る、そこに〈意味〉があるのだと思う。ある知識を得ることは、そんな知識も持っていなかった〈私〉を新たに発見することなのだ。

私一人の身体のなかに地球十五周分もの細胞が詰まっていると知ることは、そんなにすごい存在だったのかと感動することは、そんなことも知らない自分であったということを、改めて知ることからくる感動なのだ。初めから何でも知っていたら、感動などは生まれない。「知らない存在としての自分を知る」こと、学問はそこから出発する。

自分の知っていることは世界のほんの一部にしか過ぎないのだと自覚する、それはすなわち自分という存在の相対化ということである。それを自覚しないあいだは、自分が絶対だと思いがちである。自分だけしか見えていない。世界は自分のために回っているような錯覚を持つ。

自分は〈まだ〉何も知らない存在なのだと知ることによって、相手と自分との関係も見えてくるだろうし、世界のなかでの自分が存在することの意味も考えることになるだろう。私は〈まだ〉何も知らないと自覚することは、(注)いまから世界を見ることができるということでもある。①それが学問のモチベーションになり、駆動力になる。

「何も知らない自分」を知らないで、ただ日常を普通に生きていることに満足、充足しているところからは、敢《あ》えてしんどい作業を伴う学問、研究などへの興味もモチベーションも生まれないのは当然である。しかし、ああ、自分は実は世界のほんのちっぽけな一部しかこれまで見てこなかった、知っていなかったと実感できれば、そして自分がこれまで知らなかった世界がいかに驚異に満ち、知る喜びにあふれていることを垣間《かいま》見ることができれば、アおのずから知ることに対する敬意、(注)リスペクトの思いにつながるはずである。

こんなちっぽけな私の身体のなかには、地球十五周分もの細胞が詰まっているのだという驚きと感動、その驚きはイ必ず自分という存在を見る目に変更を迫るはずである。自分という存在を尊厳の思いとともに見ることのできる基盤ができることでもあるが、いっぽうで、このまま何も知らずに人生を(注)漫然と送っていては、こんな喜びに出会えないだけでも大きな損だろうと思えれば、シメタものである。

平成31年度　鹿児島県公立高校入試問題　英　語

（解答…209Ｐ）

1　**聞き取りテスト**　英語は２回ずつ放送します。メモをとってもかまいません。

1　これから，Becky と Akira との対話を放送します。Becky が先週末にしたことを表した絵として最も適当なものを下の**ア**～**エ**の中から一つ選び，その記号を書きなさい。

2　これから，高校生の Lucy と Takeshi との対話を放送します。二人が対話をしている場面として最も適当なものを下の**ア**～**エ**の中から一つ選び，その記号を書きなさい。

ア　Takeshi が Lucy に e-mail に書く内容を相談している場面。
イ　Takeshi が Lucy に Australia について尋ねている場面。
ウ　Lucy と Takeshi が e-mail の送信先を確認している場面。
エ　Lucy と Takeshi が Australia について調べている場面。

3　これから，ALT の Tom 先生と Maki との対話を放送します。下はその対話の後に，Maki が作って教室に掲示したポスターの一部です。対話を聞いて，①，②にそれぞれ英語１語を書きなさい。

> **Tom's friend, John, will join our English class !**
>
> **Date :（　①　）15**
>
> He is interested in Japan.
> Please（　②　）Japanese traditional clothes or toys to the class.

4　これから，Kohei が英語の授業で行ったスピーチを放送します。スピーチの後に，その内容について英語で三つの質問をします。(1)，(2)はその質問に対する答えとして最も適当なものを下の**ア**～**エ**の中からそれぞれ一つ選び，その記号を書きなさい。(3)は英文が質問に対する答えとなるように，空欄に入る適切な英語を書きなさい。

(1)　**ア**　For two years.　　**イ**　For three years.
　　ウ　For four years.　　**エ**　For five years.
(2)　**ア**　Make many friends.　　**イ**　Don't be afraid of speaking English.
　　ウ　Study English every day.　　**エ**　Don't make many mistakes.
(3)　He [　　　　　　　　].

5　これから，中学生の Jack と Jack の母親との対話を放送します。その中で，母親が Jack に質問をしています。Jack に代わってあなたの答えを英文で書きなさい。２文以上になってもかまいません。書く時間は１分間です。

2　次の**1**～**4**の問いに答えなさい。

1　次は，外国でホームステイをしている Daisuke とホストマザーの Ms. Wilson との対話である。下の①，②の英文が入る最も適当な場所を対話文中の〈　**ア**　〉～〈　**エ**　〉の中からそれぞれ一つ選び，その記号を書け。

①　Look at this map.　　②　But I don't know how to get there.

Ms. Wilson :　Daisuke, do you have any plans for this Saturday ?
Daisuke :　Yes.　I'm going to watch a baseball game with my friends.
Ms. Wilson :　〈　**ア**　〉 That's nice !
Daisuke :　My favorite team will play at the baseball stadium in this town.　〈　**イ**　〉 Could you tell me ?
Ms. Wilson :　Sure.　〈　**ウ**　〉 The baseball stadium is here, and our house is near ABC Park.　You should take a city bus from the bus stop* at ABC Park.
Daisuke :　OK.　How long will it take to get there by bus ?　〈　**エ**　〉
Ms. Wilson :　About twenty minutes.
Daisuke :　All right.　Thank you.

注　bus stop　バス停

2 次は，職場体験(work experience program)の体験先一覧の一部と，それを見ている Naomi, Kenta と留学生の Cathy との会話である。三人の会話が一覧の内容と合うように，(①)～(③) にはそれぞれ英語１語を，[④] には３語以上の英語を書け。

職場体験（11/6～11/8）について

1．南九州水族館
　　時　　間：9:15～16:00
　　実習内容：１日目　魚や海洋動物についての学習
　　　　　　　２日目　魚へのえさやり，水そうの掃除
　　　　　　　３日目　イルカショーの補助
　　　　　　　　　　（終了後，イルカとの写真撮影あり）
　※三人一組で申し込むこと。

2．フレッシュ鹿児島スーパーマーケット

Cathy : Hi, Naomi! Hi, Kenta! What are you doing?
Naomi : We are reading about a work experience program at an aquarium*.
Kenta : We are planning to choose this program.
Cathy : Oh, that's interesting. Please tell me about it.
Naomi : We'll learn about fish and sea (①) on the first day.
Kenta : And on the second and third days, we'll work with the aquarium staff*!
Cathy : Oh, really? What kind of work will you do?
Naomi : We'll (②) the fish some food and clean some tanks*.
Kenta : We can also help the staff with the Dolphin Show*. After that, we can take (③) with the dolphins!
Cathy : Wonderful! [④] with you?
Naomi : Of course you can. One group should have three people, so we need another student.
Cathy : Great!

注 aquarium 水族館　staff 従業員　tank 水そう　Dolphin Show イルカショー

3 右の絵において，①，②の順で対話が成り立つように，①の吹き出しの[ ]に４語以上の英語を書け。

I like this T-shirt, but it's too big. [ ]?

Yes. Wait a minute, please.

4 下の絵は，新しく来た ALT の先生との授業の場面を表している。場面に合うように，Ichiro になったつもりで，次の[ ]に20語以上のまとまりのある英文を書け。２文以上になってもかまわない。ただし，同じ表現を繰り返さないこと。

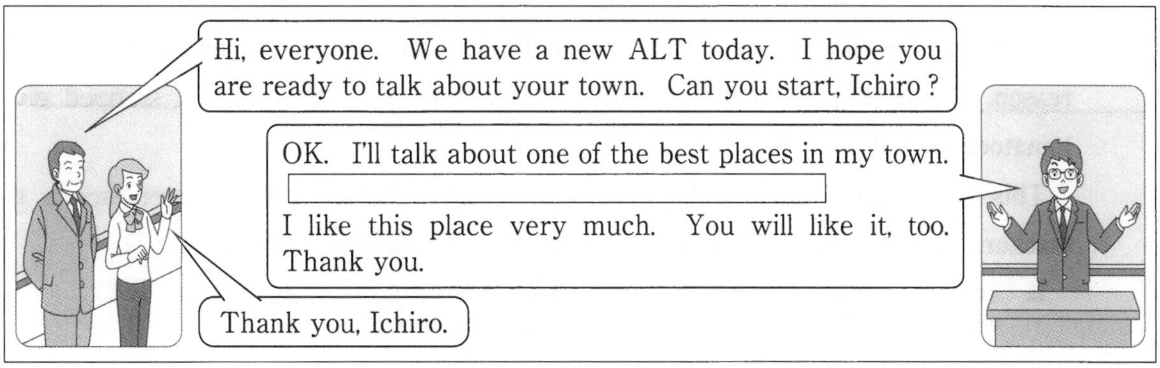

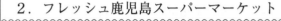

Hi, everyone. We have a new ALT today. I hope you are ready to talk about your town. Can you start, Ichiro?
OK. I'll talk about one of the best places in my town. [ ] I like this place very much. You will like it, too. Thank you.
Thank you, Ichiro.

3 次のⅠ～Ⅲの問いに答えなさい。

Ⅰ　次は，中学生の Takuya と ALT の Green 先生との対話である。対話文中の ① ～ ③ に入る最も適当なものを下の**ア**～**エ**の中からそれぞれ一つ選び，その記号を書け。

Takuya : Hello, Ms. Green. What are you looking at ?

Ms. Green : This is the website for Kagoshima Prefecture*.

Takuya : ①

Ms. Green : Yes. You can also read it in Korean and in Chinese.

Takuya : Oh, really ? ②

Ms. Green : That's a good question. Foreign people can get a lot of information about Kagoshima from this website. For example, they can learn about some famous places, popular local* food, and its history. Before I came to Kagoshima, I learned a lot from this website.

Takuya : That's great. ③

Ms. Green : Me, too. How about making guide leaflets* for foreign people after school ?

Takuya : Let's do that !

注　website for Kagoshima Prefecture　鹿児島県のウェブサイト　　local　地元の
guide leaflet(s)　案内リーフレット

ア　Wow, are you reading it in English ?
イ　I have lived in Kagoshima for three years.
ウ　I want many foreign people to know about Kagoshima.
エ　Why is this website written in foreign languages ?

Ⅱ　次は，中学生の Yukiko が書いたスピーチ原稿である。これを読み，あとの問いに答えよ。

Hello, everyone. I am going to talk about something important that will help us in our lives.

Look at this. This is one of the tomatoes I grew* this year. My brother is studying agriculture* in high school and enjoys growing vegetables*. I thought it was interesting, so I started growing tomatoes in my garden* last year. I gave the tomatoes water every day. However, one month later, many of them became sick. My brother didn't give me any solutions* then, but he said, "Do you know why they are sick ? Did you try to find the reason ?"

I went to the city library and read a book about growing tomatoes. Finally, I found the reason. Tomatoes don't need a lot of water every day. After that, I stopped giving my tomatoes too much water.

This year, I tried again and I have grown my tomatoes well ! Experience is the best teacher. Now I know what to do. I will grow more tomatoes next year.

注　grew ～　～を育てた（現在形は grow，過去分詞形は grown）　agriculture　農業
vegetable(s)　野菜　　garden　菜園　　solution(s)　解決法

1　本文の内容に合っているものを下のア～エの中から一つ選び，その記号を書け。

ア　Yukiko thinks eating tomatoes is good for her health.

イ　Yukiko's brother taught her how to grow tomatoes.

ウ　Yukiko had a problem about growing tomatoes last year.

エ　Yukiko has grown tomatoes well for two years.

2　下線部の内容を最も的確に表している１文を本文中から抜き出して書け。

Ⅲ　中学生の Kyoko が書いた次の英文を読み，あとの問いに答えよ。

When I entered junior high school, I didn't like studying English. It was difficult, and I didn't understand many words. However, last summer, I discovered* a dream.

My grandfather took me to SATSUMA STUDENTS MUSEUM in Ichikikushikino City during last summer vacation. The Satsuma students went to Great Britain* more than 150 years ago. Going abroad was very dangerous at that time, but they learned many new things there and had an influence on* Japan. "The youngest student was only thirteen when he left Japan," my grandfather said. I was surprised to hear that and said, "He was amazing! Only thirteen?" I became interested in going abroad after I visited the museum.

A week later, I watched a TV program about a Japanese doctor who was working hard in a foreign country. That country needed more doctors. I was shocked* to know that many countries didn't have enough doctors. I wanted to do something for sick people. I decided to be a doctor and help people in those countries.

English is very important for working in foreign countries. I have read an English newspaper every week since I watched that program. It's not easy, but I will do everything to improve my English.

注　discovered ～　～を見つけた　　Great Britain　英国　　had an influence on ～　～に影響を与えた
shocked　ショックを受けた

1　次の(1)，(2)の質問に対する答えを英文で書け。

(1)　Why was Kyoko surprised when she heard about the youngest student?

(2)　What did Kyoko start doing after she found her dream?

2　下線部の内容を30字程度の日本語で書け。

4 次の英文を読み，**1**～**7**の問いに答えなさい。（[1]～[5] は段落番号を表している。）

[1]　Amy was a junior high school student. One day, her class had a meeting and talked about what to do on stage* at the school festival. Amy said, "I love singing. Let's sing together!" "Wait a minute," said Sam. "I can teach you how to dance. Let's dance!" Another girl said she wanted to do a drama. Then Sam said, " ① How do we decide?"

[2]　Sam and Amy asked all their classmates. 14 students wanted to sing, 11 wanted to dance, 8 wanted to do a drama, and 6 wanted to play music. Amy was very (②) and said, "Thank you, everyone! Singing is the biggest group. We've decided to sing! Let's start practicing in the music room after school tomorrow. I'll choose some beautiful songs and teach you how to sing!" Many students didn't look happy, but they said nothing. Sam got angry and left the classroom.

[3]　The next day, there were only 18 students in the music room. Sam was not there. They started practicing. Amy stood in front of the students and gave them some advice*. While they were practicing, Amy thought, "Only 18 students... this is a problem. ③I don't understand." Then Mark came to her and said, "You look sad. Are you OK?" He wanted to play music, but he was practicing singing with Amy. Amy said, "I don't know what to do. I just want to sing together." Mark said, "I know how you feel, Amy. But many students are not here." Amy answered, "Right. They didn't say anything when we decided to sing." Mark said, "That's true, but it doesn't mean that ④ . You want to sing. I want to play the trumpet*. Anyway*, our class didn't talk enough* yesterday. If we talk more, maybe we can find a way to be happy." Amy thought, "Talk more..."

[4]　That night, Amy went to bed early and thought about Mark's words. She thought, "We want to do different things. Everyone can be happy if we talk more... yes, our class should talk again."

[5]　The next morning, the class had another meeting. Amy said to the class, "Only 18 students came to practice yesterday. This is not good. I think we need to talk more." Sam said, "That's true. Let's talk again." Amy said, "I really wanted to sing, so I didn't think about what other people wanted to do. But last night I realized* it was important for all of us to be happy with the performance*." Mark said, "I can't sing well, but I can play the trumpet to your songs*. Listen!" He started to play. The students shouted*, "He's a wonderful player. He should play the trumpet for us!" Someone asked, "What can I do?" The students started to talk here and there with each other. Sam thought for a while* and said, "Maybe I can dance to your songs." Someone else said, "I can do a drama to your songs!" Amy smiled and said, "Thank you, everyone. I've got a good idea! We can put everything together! We can dance, do a drama, play music, and sing in one performance. It's a musical*! We'll do a musical at the festival!" Finally, everyone was happy. Sam said, "Let's start today!"

注　on stage　ステージで　　advice　アドバイス　　trumpet　トランペット
anyway　いずれにせよ　　enough　十分に　　realized　気づいた　　performance　上演
to your songs　あなたたちの歌に合わせて　　shouted　叫んだ　　for a while　しばらくの間
musical　ミュージカル

1　次のア～ウの絵は，本文のどの段落の場面を表しているか。それぞれ［ 1 ］～［ 5 ］の段落番号で答えよ。ただし，絵は話の展開どおりに並んでいるとは限らない。

ア

イ

ウ

2　［　①　］に入る最も適当なものを下のア～エの中から一つ選び，その記号を書け。

ア　I think dancing is difficult for me.　　イ　We know a lot about the festival.

ウ　I can sing better than you can.　　エ　We have some different ideas.

3　（　②　）に入る最も適当なものを下のア～エの中から一つ選び，その記号を書け。

ア　angry　　イ　excited　　ウ　interested　　エ　sad

4　Amy が下線部③のように考えたのはなぜか，30字程度の日本語で書け。

5　［　④　］に，本文の内容に合うように２語以上の英語を書け。

6　本文の内容に合っているものを，下のア～オの中から二つ選び，その記号を書け。

ア　All the students in Amy's class wanted to sing at the school festival.

イ　Amy and Sam started to practice singing after the first meeting.

ウ　Dancing was more popular than doing a drama at the first meeting.

エ　Mark came to the music room and practiced singing with his classmates.

オ　Sam finally agreed with Amy because he became interested in singing.

7　次は，文化祭が終わった後の Amy と Mark との対話である。Amy に代わって［　　　］に15語程度の英語を書け。２文以上になってもかまわない。

Mark :　We did a great job.　Thank you for your amazing idea.

Amy :　You helped us a lot, Mark.　I learned an important thing from the class meetings.

Mark :　Oh, did you？　What's that？

Amy :　［　　　　　　　　　　　　　　　　　　］

Mark :　That's true.　Our class has become better now！

平成31年度　鹿児島県公立高校入試問題　社　会

（解答…213Ｐ）

1　次のⅠ～Ⅲの問いに答えなさい。答えを選ぶ問いについては一つ選び，その記号を書きなさい。

Ⅰ　次の略地図を見て，１～６の問いに答えよ。

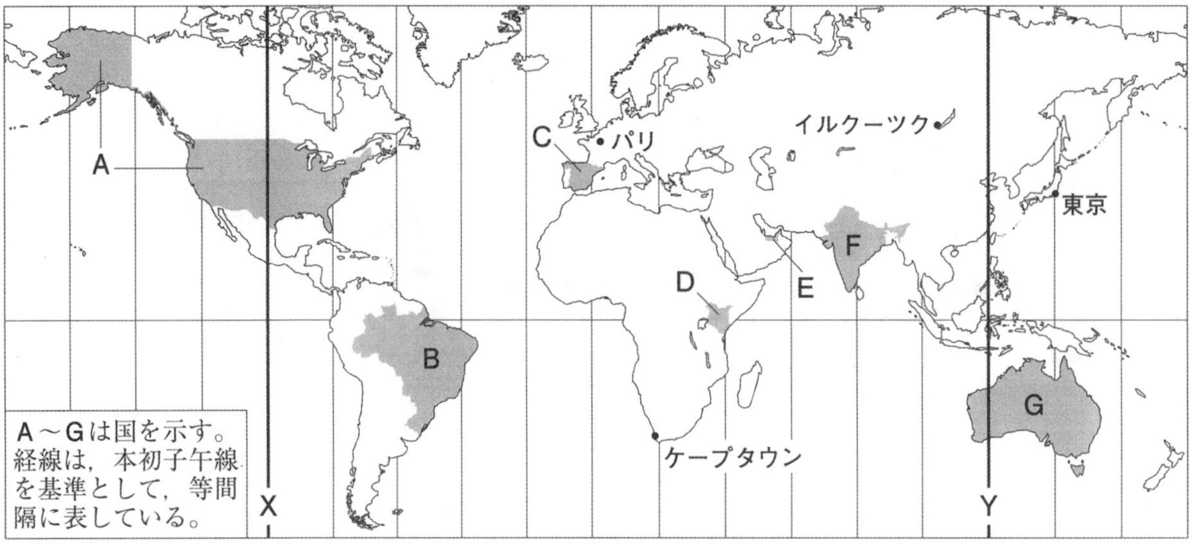

１　世界は大きく６つの州に分けられる。略地図中のＧ国が属する州の名称を書け。

２　**写真１**は，略地図中のＦ国で人々が沐浴《もくよく》をしているようすである。Ｆ国で最も多くの人々が信仰している宗教と，Ｆ国を流れる河川の組み合わせとして最も適当なものはどれか。

写真１

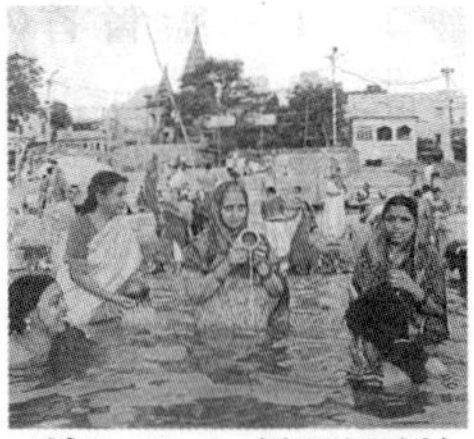

ア（仏　教　　メコン川）　イ（仏　教　　ガンジス川）
ウ（ヒンドゥー教　メコン川）　エ（ヒンドゥー教　ガンジス川）

３　略地図中のＹの経線は東経120度である。Ｘの経線の経度は何度か。東経，西経を明らかにして答えよ。

４　次のア～エは，略地図中の**パリ**，**ケープタウン**，**イルクーツク**，**東京**のいずれかの月別平均気温と月別降水量を示している。**パリ**にあてはまるものはア～エのうちどれか。また，**パリ**の気候の特徴を，緯度と気温の面から書け。

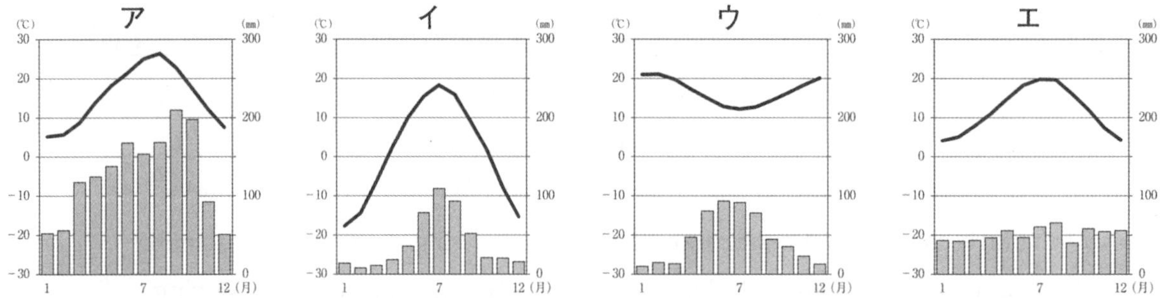

（気象庁の資料から作成）

５　略地図中のＡ～Ｄ国の農業について述べた文として，最も適当なものはどれか。

ア　Ａ国では，フィードロットという農場で，大規模なかんがい農業が行われている。
イ　Ｂ国では，大規模な機械化による農業がすすみ，大豆が主な輸出品となっている。
ウ　Ｃ国では，夏の高温湿潤な気候を生かして，天然ゴムや油やしが生産されている。
エ　Ｄ国では，標高の高い所でカカオが栽培され，その多くが国内で消費されている。

６　略地図中のＥ国は，特定の資源をもとに発展しており，**資料１**，**資料２**はその資源について示したものである。また，Ｅ国は，その資源に頼らない経済をめざして，**写真２**にみられるように商業や観光に力を入れているが，この理由を，**資料１**，**資料２**をもとにして書け。ただし，その資源名を明らかにして書くこと。

資料１

埋蔵量	１兆7067億バレル
年生産量	336億バレル
可採年数	51年

※埋蔵量と年生産量は世界全体の数値（2016年）であり，可採年数は，埋蔵量を年生産量で割った値を示す。

資料２　１バレルあたりの価格

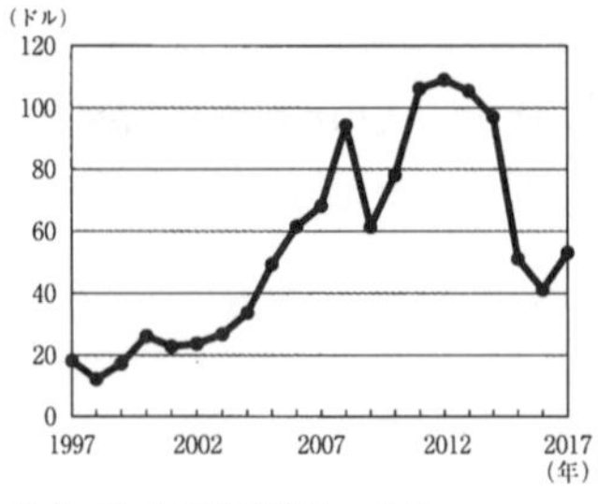

※１バレルは約159リットル

写真２　ドバイの高層ビル

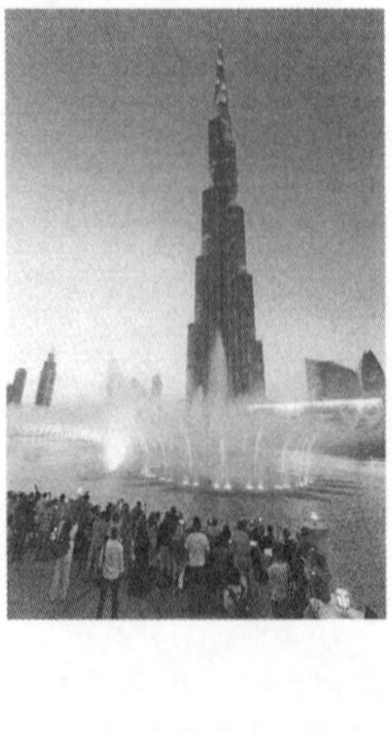

（**資料１**，**資料２**はデータブックオブザワールド2018などから作成）

Ⅱ　次の略地図を見て，１～６の問いに答えよ。

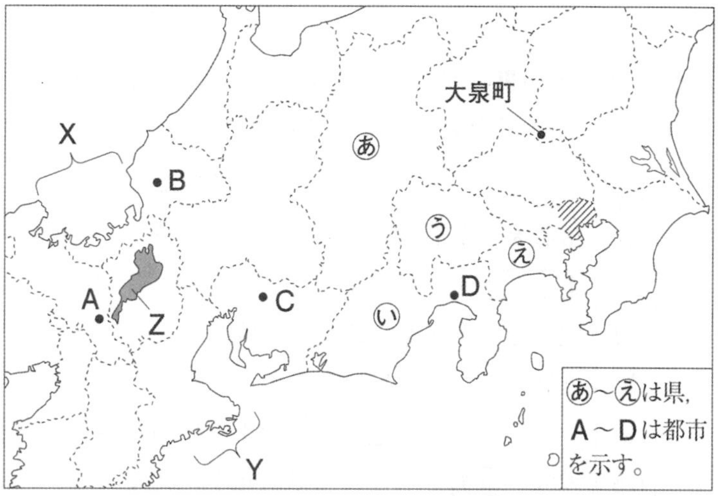

１　略地図中のXの湾やYの半島にみられる，海岸線が複雑に入り組んだ地形を何というか。

２　略地図中のZの湖は，近畿地方で生活する人々に飲料水などを供給する役割をになっている。この湖名を答えよ。

３　**資料１**は，**写真**の畑で栽培される農産物について収穫量の多い都道府県とその割合を示したものである。**資料１**中の［　　　］にあてはまるのは，略地図中の(あ)～(え)のうちどれか。

資料１

都道府県名	割合（%）
［　　　］	38.8
鹿児島	33.1
三　重	8.4
宮　崎	4.9
京　都	4.0

（データブックオブザワールド2018から作成）

写真

４　略地図中のA～Dの都市にみられる工業について述べた次のア～エの文のうち，Bについて述べた文として最も適当なものはどれか。

ア　地域に根づく地場産業として，眼鏡のフレームが製造されている。

イ　西陣織や清水焼などの伝統的工芸品が生産されている。

ウ　製紙原料となるパルプや紙製品の生産が盛んである。

エ　焼き物に適した土がとれることから，陶磁器やファインセラミックスの生産が盛んである。

５　**資料２**は，略地図中の群馬県**大泉町**にある公共施設のウェブページの一部であり，日本語，英語に加えて，**資料２**中に［　　　］で示したようにポルトガル語での表記もみられる。そのうち，ポルトガル語で表記している目的を，解答欄の書き出しのことばに続けて書け。

資料２

６　**資料３**は，略地図中の［斜線］で示した東京23区においてみられるヒートアイランド現象について示したものである。これはどのような現象か，**資料３**をもとにして書け。ただし，**都市化**ということばを使うこと。

資料３　熱帯夜の日数（７月20日～９月30日）

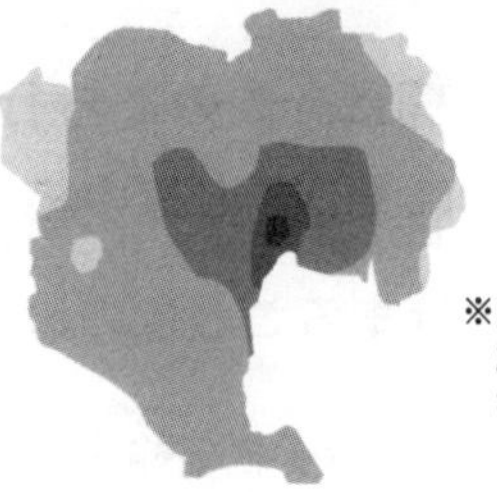

※熱帯夜は，夜間の最低気温が25℃以上の日のことで，色が濃いほど熱帯夜の日数が多いことを表している。

（東京都環境科学研究所の資料から作成）

Ⅲ　**資料１**は，空港を利用して日本に入国した外国人の国や地域の割合を，全国の空港，鹿児島空港，熊本空港について示したものである。また，**資料２**は，鹿児島空港，熊本空港との間にそれぞれ国際線で結ばれた空港がある都市を示している。鹿児島空港，熊本空港から入国した外国人の国や地域の割合についての特徴を，**資料１**，**資料２**をもとにして，**50字以上60字以内**で書け。ただし，**アジア**ということばを使うこと。

資料１　（単位：%）

国名や地域名	全国の空港	鹿児島空港	熊本空港
中　国	23.9	10.8	1.2
台　湾	15.1	16.8	21.8
香　港	6.7	41.8	16.5
韓　国	22.1	24.1	58.6
イギリス	1.4	0.9	0.4
アメリカ合衆国	5.5	1.0	0.7

※平成30年の10月１日から10月31日に入国した外国人の割合を示す。
（法務省出入国管理統計から作成）

資料２

鹿児島空港	インチョン（韓国），テグ（韓国），シャンハイ（中国），タイペイ（台湾），ホンコン（香港）
熊本空港	インチョン（韓国），カオシュン（台湾），ホンコン（香港）

※平成30年10月現在
（鹿児島空港，熊本空港のウェブページから作成）

2 次のⅠ～Ⅲの問いに答えなさい。答えを選ぶ問いについては一つ選び，その記号を書きなさい。

Ⅰ 次の略年表を見て，１～６の問いに答えよ。

世紀	主なできごと	
8	桓武天皇が都を平安京に移す	A
11	[①] 文字が広まり，これを用いて「源氏物語」が書かれる	
12	壇ノ浦で源氏が平氏をほろぼす	B
15	近畿地方を中心に農民たちによる土一揆がおこる	C
16	全国を統一した [②] が太閤検地や刀狩を実施する	D
18	大阪・京都を中心に元禄文化が栄える	E

略地図

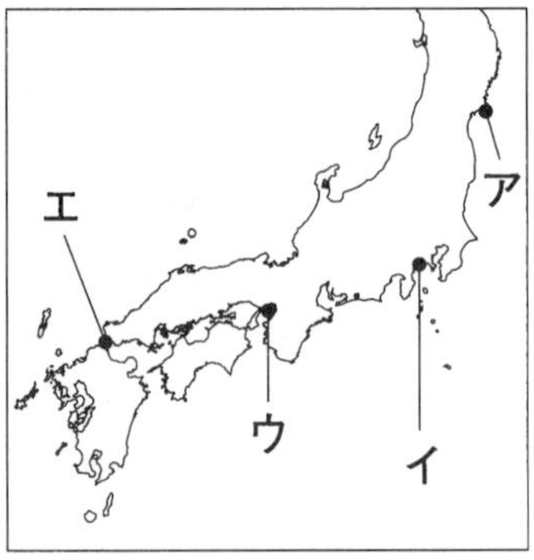

１ 表の [①]，[②] にあてはまる最も適当なことばと人名を書け。ただし，[②] は**漢字**で書くこと。

２ A以前につくられた次のア～エを，年代の古い順に並べよ。

ア 富本銭

イ 和同開珎

ウ 漢委奴《かんのわのなの》国王《こくおう》ときざまれた印

エ インダス文字がきざまれた印

３ Bについて，戦いが行われた壇ノ浦は，**略地図**中のア～エのうちどれか。

４ Cについて，**資料１**は，1428年におきた土一揆に関するものである。この土一揆について述べた次の文の [ ] に適することばを，**資料１**を参考にして**６字程度**で補い，これを完成させよ。

農民たちは土倉や酒屋などをおそい，[ ] を要求した。

資料１

正長元年ヨリサキ者《(前ハ)》カンへ《(神戸)》四カンカウ《(郷)》ニヲヰメ《(負い目)》アルヘカラス

５ Dに関して，**図**は，このころ行われていた貿易について示したものである。[X]，[Y] にあてはまることばの組み合わせとして最も適当なものはどれか。

図

日本 → [X]：日本の主な輸出品（銀など）

[X] → 日本：日本の主な輸入品（ガラス製品，[Y] 産の生糸など）

ア （X オランダ　　Y 中国）
イ （X オランダ　　Y ヨーロッパ）
ウ （X ポルトガル　Y 中国）
エ （X ポルトガル　Y ヨーロッパ）

６ Eに関して，**資料２**は，多くの蔵屋敷がおかれ，「天下の台所」とよばれた大阪の港のようすである。大阪が商業の中心地として栄えた理由を，主に蔵屋敷に運びこまれたものを明らかにして書け。

資料２

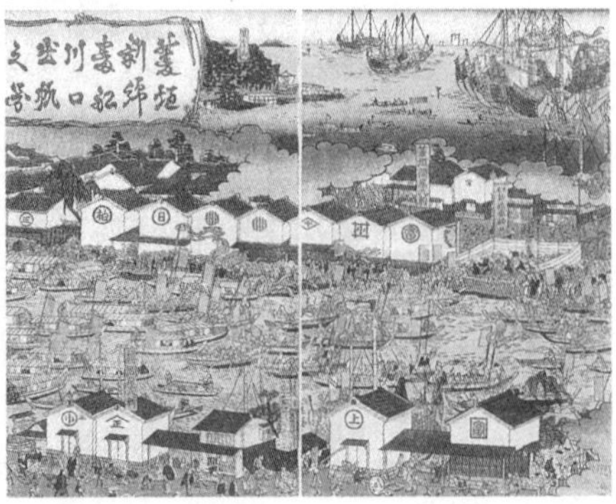

Ⅱ　次は，ある中学生が「近代以降の日本」についてまとめた文である。**1**～**6**の問いに答えよ。

【欧米に対抗できる国づくり】

明治政府は，ⓐ政治や産業，教育などの分野で改革を行い，近代化をすすめた。また，自由民権運動をきっかけに，議会政治の実現をめざしてⓑ政党がつくられた。その後，日本では，日清戦争から日露戦争のころにかけてⓒ産業革命が進展した。

【デモクラシーと軍国主義】

民衆の支持のもと，平民宰相とよばれた［　①　］による本格的な政党内閣が組織された。ⓓ第一次世界大戦後，日本の国際的な地位は高まったが，世界恐慌の影響で深刻な不景気にみまわれ，五・一五事件がおこるなど軍部の力が強まった。

【戦後の成長と豊かな生活】

第二次世界大戦後，GHQ の指令のもとで改革が行われた。［　②　］戦争がおこると，アメリカから大量の物資が注文され，経済の復興が急速にすすんだ。そして，ⓔ高度経済成長がはじまると，経済成長にともなって国民の所得も向上した。

1　［　①　］，［　②　］にあてはまる最も適当な人名とことばを書け。

2　ⓐに関して述べた次の文の［　　　　］に適することばを補い，これを完成させよ。ただし，版籍とは何かを明らかにして書くこと。

改革の一つである版籍奉還とは，藩主が［　　　　］ことである。

3　ⓑについて，このころつくられた政党と，その政党を結成した人物の組み合わせとして最も適当なものはどれか。

ア　（立憲政友会　大隈重信）　**イ**　（立憲政友会　板垣退助）
ウ　（自由党　大隈重信）　**エ**　（自由党　板垣退助）

4　ⓒに関して，**資料**の**A**，**B**は1885年と1899年のいずれかを示している。1899年を示しているのは**A**，**B**のどちらか。また，その理由について述べた文として最も適当なものはどれか。

資料　日本の輸入総額に占める割合　（単位：％）

	A	B
綿　花	28.2	2.8
綿　糸	2.3	17.7

（日本貿易精覧から作成）

ア　製糸業が発展し，製品である綿糸の割合が減少しているから。
イ　紡績業が発展し，原料である綿花の割合が増加しているから。
ウ　製糸業が発展し，原料である綿花の割合が減少しているから。
エ　紡績業が発展し，製品である綿糸の割合が増加しているから。

5　ⓓに関して，このころ，非暴力・不服従を唱えて活動したガンディーについて述べた次の文の［　X　］，［　Y　］にあてはまることばの組み合わせとして最も適当なものはどれか。

［　X　］の民族運動の指導者であり，［　Y　］の支配に対する抵抗運動を展開した。

ア　（**X**　ベトナム　**Y**　イギリス）　**イ**　（**X**　ベトナム　**Y**　フランス）
ウ　（**X**　インド　**Y**　イギリス）　**エ**　（**X**　インド　**Y**　フランス）

6　ⓔ以降におこったできごとを，次の**ア**～**エ**から三つ選び，年代の古い順に並べよ。

ア　国交正常化した中国との関係をさらに改善するため，日中平和友好条約が締結された。
イ　経済発展の一方で社会問題化した公害に対処するため，公害対策基本法が制定された。
ウ　自作農を大幅に増やして地主と小作人の関係を解消するため，農地改革が実施された。
エ　紛争などを平和的に解決する国連の活動に協力するため，PKO 協力法が制定された。

Ⅲ　**資料1**には，大正時代に新しく登場したメディアがみられる。**資料2**は，娯楽や児童文学に関して発行されたものである。大正から昭和初期の社会において，**資料1**の［　X　］，**資料2**の［　Y　］が果たした役割を書け。ただし，［　X　］，［　Y　］にあてはまることばを使うこと。

資料1　［　X　］放送と家族の団らん

資料2　新しく発行された［　Y　］

3　次のⅠ～Ⅲの問いに答えなさい。答えを選ぶ問いについては一つ選び，その記号を書きなさい。

Ⅰ　次は，ある中学生が日本国憲法について書いたレポートの一部である。**1～6**の問いに答えよ。

> ⓐ日本国憲法は，第二次世界大戦後，大日本帝国憲法を改正する手続きをへて成立しました。この憲法は，欧米の近代の憲法と同じようにⓑ立憲主義の考え方にもとづいてつくられており，政治が人の支配によってではなく，法の支配にもとづいて行われることが求められています。
>
> 　前文には，この憲法が制定された理由や目的が書かれており，国民主権，基本的人権の尊重，平和主義の三つの基本原理から成り立っていることがわかります。基本的人権は，平等権，自由権，ⓒ社会権，参政権などに分けることができ，侵すことのできない永久の権利とされています。
>
> 　また，政治のしくみについては，国の権力は立法，行政，ⓓ司法の三権に分けられ，それぞれ国会，ⓔ内閣，裁判所が担当する三権分立を採用しています。この中でも国会は，国民がⓕ選挙によって選んだ，国民の代表者である国会議員によって構成されており，国権の最高機関と位置づけられています。私たち国民が，主権者として選挙で投票し，自分の意見や考えを政治に反映させていくことが大切だと思います。

1　ⓐに関して，次の条文の［　　］にあてはまる同一のことばを**漢字**で書け。

> 第１条　天皇は，日本国の［　　］であり日本国民統合の［　　］であつて，この地位は，主権の存する日本国民の総意に基く。

2　ⓑに関して，**資料１**は，人の支配と法の支配を模式的に示したものである。**資料１**を参考にして，法の支配について述べた次の文の［　X　］に適することばを補い，これを完成させよ。

> 　法の支配における法の役割は，［　X　］ために政府の権力を制限することである。

資料１

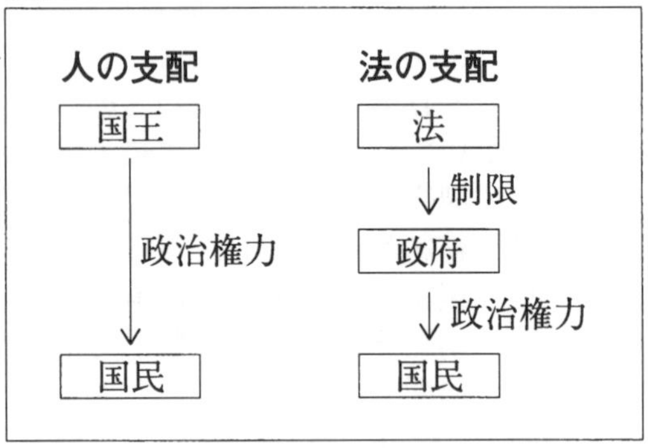

3　ⓒについて，社会権に含まれる権利の一つとして最も適当なものはどれか。

ア　財産権　　**イ**　団結権　　**ウ**　請願権　　**エ**　黙秘権

4　ⓓに関して，日本の司法制度について述べた文として正しいものはどれか。

ア　下級裁判所として，地方裁判所，家庭裁判所，簡易裁判所の３種類が設置されている。

イ　国民から不適任であると訴えられた国会議員について，弾劾裁判を行うことができる。

ウ　三審制がとられており，判決に不服があれば控訴し，さらに上告することができる。

エ　国民が参加して民事裁判や刑事裁判を行う裁判員制度が，2009年から行われている。

5　ⓔに関して，わが国では議院内閣制が採用されている。議院内閣制とはどのようなしくみかを，**30字以上40字以内**で書け。ただし，**信任**，**責任**ということばを使うこと。

6　ⓕに関して，**資料２**は，比例代表制のしくみを理解するために作成したものである。ドント式で議席を配分した場合，Ｂ党の当選者数は何人か。また，小選挙区制と比較した比例代表制の特徴を，解答欄の書き出しのことばに続けて書け。ただし，**票**，**意見**ということばを使うこと。

資料２　**定数４人の選挙区の各政党の得票数**

政党名	Ａ党	Ｂ党	Ｃ党
候補者数	４人	３人	２人
得 票 数	1200票	900票	480票

Ⅱ　次は，ある中学生が平成の時代におこったできごとについて調べ，気づいたことをメモしたものの一部である。１～５の問いに答えよ。

A　人や物，ⓐお金などが地球規模で行き交うようになった。	B　バブル経済が崩壊し，ⓑ景気が低迷した時期があった。	C　少子ⓒ高齢化がすすみ，人口の減少がはじまった。	D　阪神・淡路大震災やⓓ東日本大震災などが発生した。

1　Aに関して，次の文の［　　　］に適することばを補い，これを完成させよ。ただし，［　　　］は**カタカナ**で書くこと。

　Aのように地球規模で世界の一体化がすすむことを［　　　］化という。

資料１

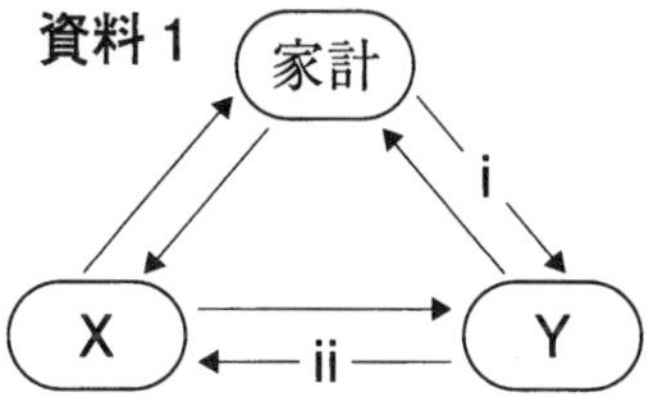

2　ⓐに関して，⑴，⑵の問いに答えよ。

⑴　**資料１**は経済の循環を示したものである。X，Yに入ることばと，ⅰ，ⅱの説明の組み合わせとして最も適当なものはどれか。

ア（X　政府　Y　企業　ⅰ　税金を納める　ⅱ　労働力を提供する）
イ（X　政府　Y　企業　ⅰ　労働力を提供する　ⅱ　税金を納める）
ウ（X　企業　Y　政府　ⅰ　税金を納める　ⅱ　労働力を提供する）
エ（X　企業　Y　政府　ⅰ　労働力を提供する　ⅱ　税金を納める）

⑵　次の文の［　　　］に適することばを補い，これを完成させよ。

　近年は，お金の価値をデジタルデータ化した［　　　］が開発され，現金のやりとりをしなくてもICカードや携帯電話を用いて買い物ができるなど，支払いの手段は多様化している。

3　ⓑに関して，このような場合に政府が行う財政政策として最も適当なものはどれか。

ア　所得税や法人税などの税率を引き上げ，歳入を増やす。
イ　生活保護や雇用保険などの給付を減らし，歳出を減らす。
ウ　国債などを銀行から買い上げ，通貨の量を増やす。
エ　公共事業への支出を増やして，企業の仕事を増やす。

4　ⓒに関して，**資料２**は，日本，イギリス，フランス，スウェーデンの人口に占める高齢者の割合の推移と将来予測を示したものである。**資料２**をもとに，日本の高齢化のすすみ方の特徴について述べた次の文の［　　　］に適することばを補い，これを完成させよ。ただし，**期間**ということばを使うこと。

　日本は，他の国々と比較して［　　　］という特徴がある。

資料２

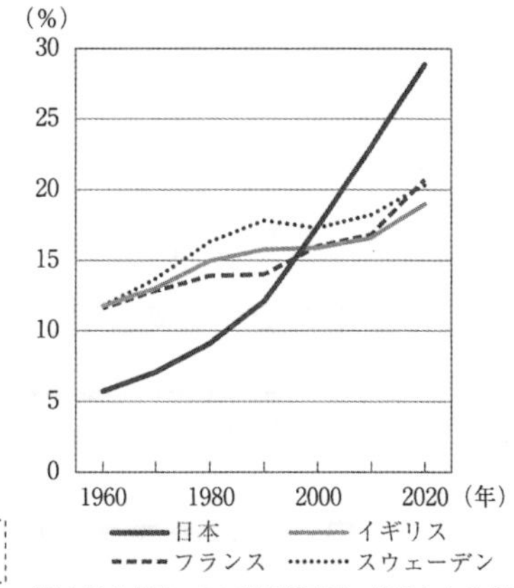

（国立社会保障・人口問題研究所の資料から作成）

5　ⓓに関して，この震災の後，再生可能エネルギーによる発電が一層すすめられている。再生可能エネルギーによる発電は，環境への影響が少ないなどの利点があるが，いくつかの課題もある。このうち**資料３**からわかる課題を書け。

資料３　発電にかかる費用の比較

発電方法	石炭火力	天然ガス火力	風力	地熱	太陽光
費用	12.3円	13.7円	21.6円	16.9円	24.2円

※費用は発電量１kWhあたりの費用で，建設費や運転維持費などを含む。
（資源エネルギー庁の資料から作成）

Ⅲ　**資料１**は，フェアトレード商品であることを示すラベルである。**資料１**のラベルが示された商品の取り引き価格の推移を表したものは，**資料２**の**ア**，**イ**のどちらか。また，このフェアトレードのしくみを，その目的を明らかにして書け。ただし，**発展途上国**，**生活**ということばを使うこと。

資料１

資料２　コーヒー豆の価格の推移

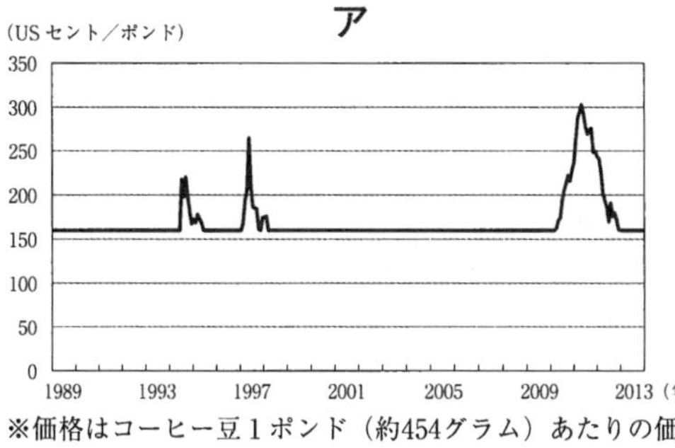

※価格はコーヒー豆１ポンド（約454グラム）あたりの価格で，１セントは0.01ドルである。
（国際通貨基金の資料などから作成）

平成31年度　鹿児島県公立高校入試問題　数　学

（解答…216Ｐ）

1　次の**1**～**5**の問いに答えなさい。

1　次の(1)～(5)の問いに答えよ。

(1)　$5 \times (6 - 2)$ を計算せよ。

(2)　$\frac{1}{4} + \frac{5}{3} \div \frac{10}{9}$ を計算せよ。

(3)　$2\sqrt{7} - \sqrt{20} + \sqrt{5} - \frac{7}{\sqrt{7}}$ を計算せよ。

(4)　変数 x の変域が $x < 2$ であることを数直線上に表したものとして，最も適当なものを下の**ア**～**エ**の中から1つ選び，記号で答えよ。

ア 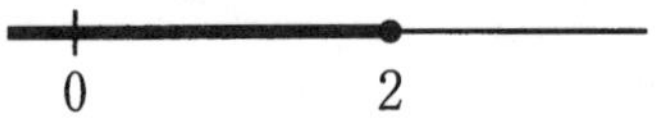

イ 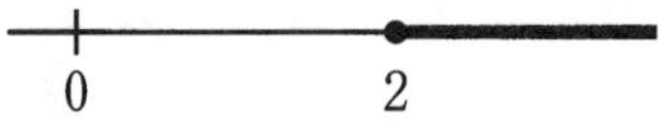

ウ 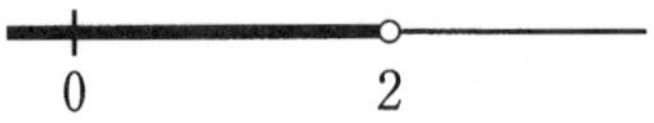

エ 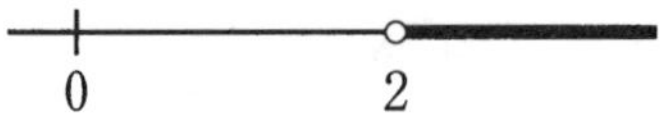

(5)　次の方程式のうち，4は解である方程式はどれか，下の**ア**～**エ**の中からあてはまるものをすべて選び，記号で答えよ。

ア　$2x = 8$　　　**イ**　$\frac{1}{2}x = \frac{1}{8}$

ウ　$x(x+4) = 0$　　　**エ**　$x^2 - x - 12 = 0$

2　右の図で，3 点 A，B，C は円 O の周上にある。$\angle x$ の大きさは何度か。

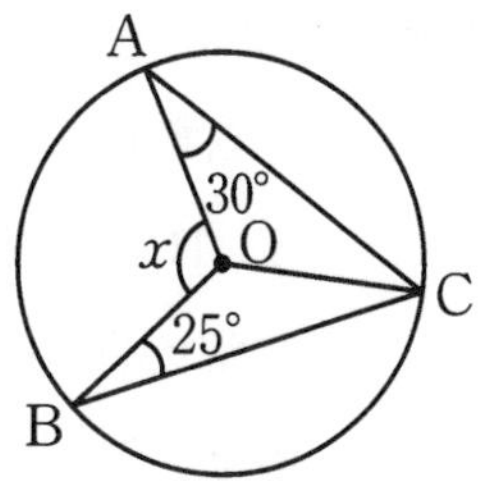

3　関数 $y = x^2$ について，x の値が 3 から 6 まで増加するときの変化の割合を求めよ。

4　高さが等しい円柱 A と円柱 B がある。円柱 A の底面の円の半径は，円柱 B の底面の円の半径の 2 倍である。円柱 A の体積は，円柱 B の体積の何倍か。

5　下の表は，オクラの都道府県別収穫量の上位 5 位を示したものである。全国の総収穫量に対する高知県の収穫量の割合は，14.2％であった。全国の総収穫量に対する鹿児島県の収穫量の割合を求めたい。正しい答えが得られる式を下の**ア**～**エ**の中から 1 つ選び，記号で答えよ。

順位	都道府県名	収穫量(トン)
1	鹿 児 島	5153
2	高　　知	1733
3	沖　　縄	1336
4	熊　　本	851
5	福　　岡	604

(平成26年産地域特産野菜生産状況調査から作成)

ア　$\dfrac{1733}{5153} \times 14.2$　　**イ**　$\dfrac{5153}{1733} \times 14.2$

ウ　$\dfrac{1733}{5153} \div 14.2$　　**エ**　$\dfrac{5153}{1733} \div 14.2$

2 次の**1**～**5**の問いに答えなさい。

1 右の図のように，関数 $y=-\frac{1}{2}x^2$ のグラフ上に2点A，Bがあり，A，Bの x 座標はそれぞれ -2，4である。直線AB上に点Pがあり，直線OPが△OABの面積を2等分しているとき，点Pの座標を求めよ。

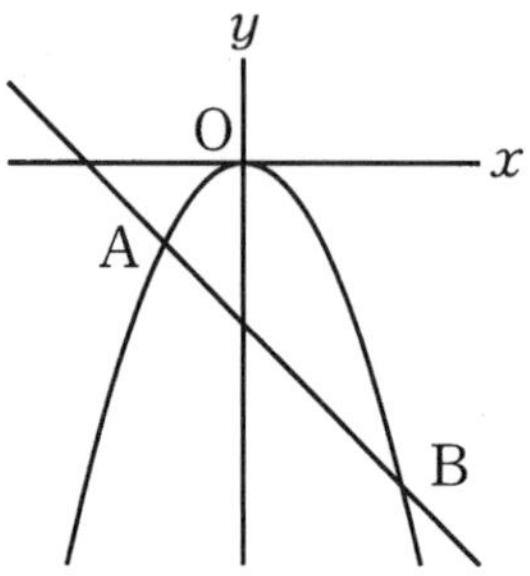

2 次の文中の □ に適当な数を入れ，文を完成させよ。

> 1から4までの数字を1つずつ書いた4枚のカード [1]，[2]，[3]，[4] がある。このカードをよくまぜて，その中からカードを同時に2枚取り出すとき，取り出したカードに書かれた2つの数の和が □ となる確率は $\frac{1}{3}$ である。

3 右の図の△ABCで，点Aが辺BCと重なるように，△ABCを折り目が1本だけつくように折り返す。折り目を表す線と辺BCが平行になるときに，点Aが辺BCと重なる点をDとする。折り目を表す線と辺BC上にある点Dを，定規とコンパスを用いて作図せよ。ただし，点Dの位置を示す文字Dを書き入れ，作図に用いた線も残しておくこと。

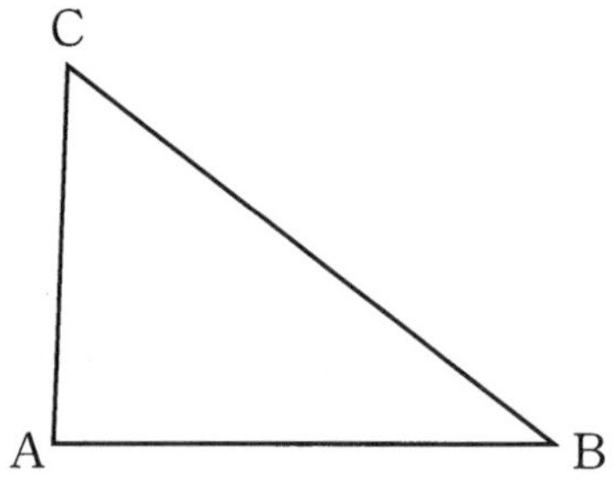

4 右の図のように，∠BAC = 90° の直角二等辺三角形ABCと，頂点A，B，Cをそれぞれ通る3本の平行な直線 ℓ，m，n がある。線分BCと直線 ℓ との交点をDとし，頂点Aから2直線 m，n にそれぞれ垂線AP，AQをひく。このとき，△ABP ≡ △CAQであることを証明せよ。

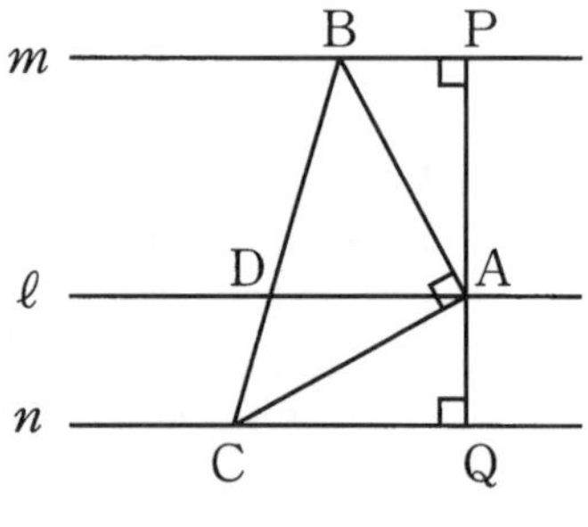

5 1個の値段が120円，100円，80円の3種類のりんごを合わせて17個買い，1580円支払った。このとき，80円のりんごの個数は120円のりんごの個数の3倍であった。3種類のりんごをそれぞれ何個買ったか。ただし，120円のりんごを x 個，100円のりんごを y 個買ったとして，その方程式と計算過程も書くこと。なお，消費税は考えないものとする。

3 Aさんと B さんのクラスの生徒 20 人が，次のルールでゲームを行った。

- ・**図**のように，床に描かれた的があり，的の中心まで 5 m 離れたところから，的をねらってボールを 2 回ずつ転がす。
- ・的には 5 点，3 点，1 点の部分があり，的の外は 0 点の部分とする。
- ・ボールが止まった部分の点数の合計を 1 ゲームの得点とする。
- ・ボールが境界線上に止まったときの点数は，内側の点数とする。

図

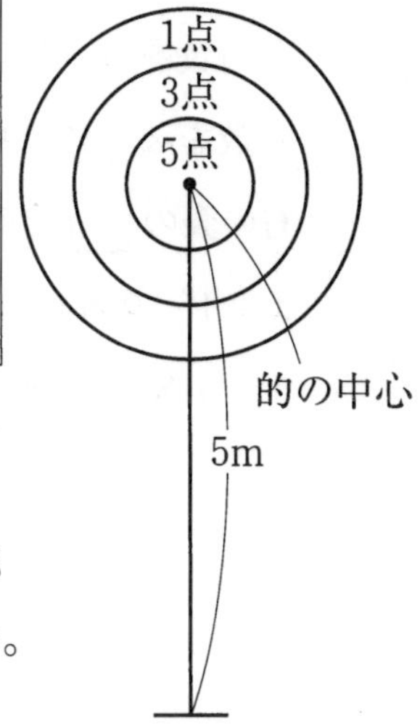

たとえば，1 回目に 5 点，2 回目に 3 点の部分にボールが止まった場合，この生徒の 1 ゲームの得点は 5+3 = 8（点）となる。

1 ゲームを行った結果，下のようになった。このとき，2 回とも 3 点の部分にボールが止まった生徒は 2 人であった。次の **1** ～ **3** の問いに答えなさい。

得点(点)	0	1	2	3	4	5	6	8	10
人数(人)	0	0	5	2	5	1	4	2	1

1 20 人の得点について，範囲（レンジ）は何点か。

2 1 回でも 5 点の部分にボールが止まった生徒は何人か。

3 A さんと B さんは，クラスの生徒 20 人の得点の合計を上げるためにどうすればよいかそれぞれ考えてみた。次の(1)，(2)の問いに答えよ。

(1) A さんは「ボールが止まった 5 点の部分を 1 点，1 点の部分を 5 点として，得点を計算してみるとよい。」と考えた。この考えをもとに得点を計算した場合の，20 人の得点の中央値（メジアン）は何点か。ただし，0 点と 3 点の部分の点数はそのままとする。

(2) B さんは「1 m 近づいてもう 1 ゲームやってみるとよい。」と考えた。この考えをもとに**図**の的の点数は 1 ゲーム目のままで 20 人が 2 ゲーム目を行った。その結果は，中央値（メジアン）が 5.5 点，A さんの得点が 4 点，B さんの得点が 6 点で，B さんと同じ得点の生徒はいなかった。この結果から必ずいえることを下の**ア**～**エ**の中からすべて選び，記号で答えよ。

ア 1 ゲーム目と 2 ゲーム目のそれぞれの得点の範囲（レンジ）は同じ値である。

イ 5 点の部分に 1 回でもボールが止まった生徒の人数は，2 ゲーム目の方が多い。

ウ 2 ゲーム目について，最頻値（モード）は中央値（メジアン）より大きい。

エ 2 ゲーム目について，A さんの得点を上回っている生徒は 11 人以上いる。

4 自然数を1から順に9個ずつ各段に並べ，縦，横3個ずつの9個の数を□で囲み，□内の左上の数を a，右上の数を b，左下の数を c，右下の数を d，真ん中の数を x とする。たとえば，右の**表**の□では，$a=5$，$b=7$，$c=23$，$d=25$，$x=15$ である。次の**1**，**2**の問いに答えなさい。

表

1段目	1	2	3	4	5	6	7	8	9
2段目	10	11	12	13	14	15	16	17	18
3段目	19	20	21	22	23	24	25	26	27
4段目	28	29	30	31	・・・				
⋮									

1 a を x を使って表せ。

2 $\mathrm{M}=bd-ac$ とするとき，次の(1)，(2)の問いに答えよ。

(1) a，b，c，d をそれぞれ x を使って表すことで，Mの値は4の倍数になることを証明せよ。

(2) a が1段目から10段目までにあるとき，一の位の数が4になるMの値は何通りあるか，次の［　　］の [ア] ～ [ウ] に適当な数を入れ，求め方を完成させよ。

［求め方］
(1)よりMの値は4の倍数だから，Mの値の一の位の数が4になるのは x の一の位の数が [ア] または [イ] になるときである。
x は2段目から11段目までにあり，各段の両端を除く自然数であることに注意して，Mの値の個数を求めると [ウ] 通りである。

5 次の**1**，**2**の問いに答えなさい。

1　次の [ア] ～ [オ] に適当な数または番号を入れ，会話文を完成させよ。

先生：**図1**は，正八面体の見取図と展開図です。正八面体とは，どのような立体でしたか。

図1

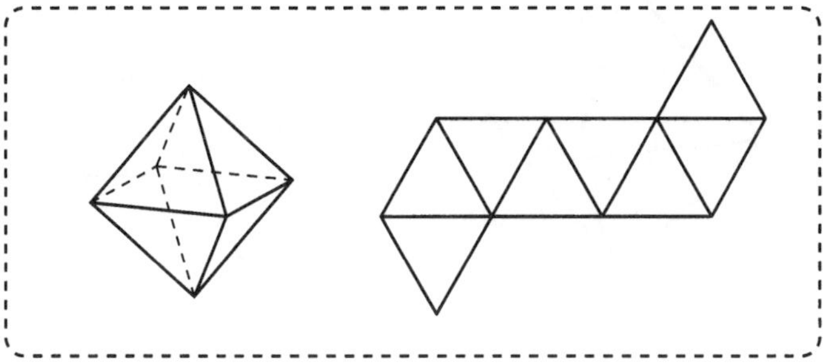

生徒：8 個の合同な正三角形で囲まれた立体で，頂点が 6 個，辺が [ア] 本あります。

先生：そうですね。では，正八面体の体積を立方体を使って求めてみましょう。**図2**のように，立方体のそれぞれの面の対角線の交点を A，B，C，D，E，F とするとき，この 6 個の点を頂点とする正八面体ができます。このとき，四角形 AEFC，ABFD，BCDE は合同な正方形です。立方体を正方形 BCDE を含む平面で切った切り口は**図3**のようになり，正方形 BCDE の対角線の長さは，立方体の 1 辺の長さと等しいことが分かります。立方体の 1 辺の長さを 4 cm として正八面体 ABCDEF の体積を求めてみましょう。

図2

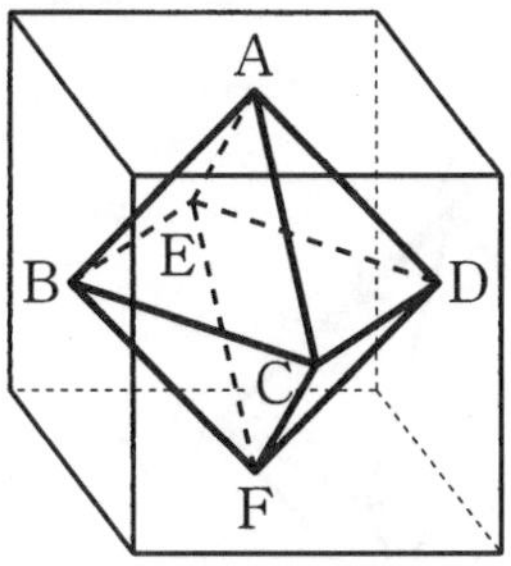

図3

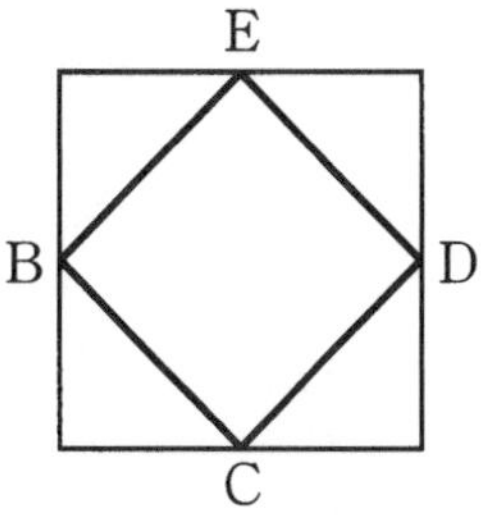

生徒：正方形BCDEの面積は [イ] cm^2 だから，正四角すいABCDEの体積は [ウ] cm^3 です。この正四角すいの体積の 2 倍が正八面体の体積となります。

先生：立方体を使うと，体積が求めやすくなります。正八面体の特徴にもよく気がつきました。では，次の問題はどうでしょうか。

先生：**図4**の1辺の長さが6 cmの正八面体において，点Bから辺AC，CD，DFを通って点Eまで，1本の糸をかけます。糸の長さが最も短くなるようにかけたときの，糸の長さは何 cmか，**図5**の展開図を使って求めてみましょう。

図4

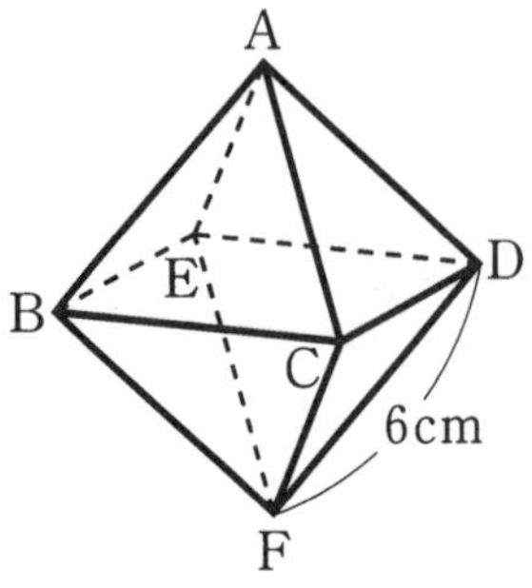

図5

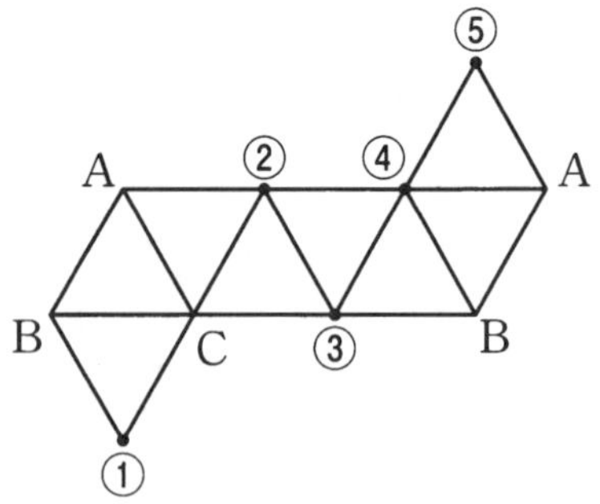

生徒：**図5**の①～⑤の中で，点Eにあたる番号は，[エ]です。かけた糸のようすを**図5**にかき入れて考えてみると，最も短くなるときの糸の長さは，[オ] cmとなりました。

先生：そうですね。展開図にかき入れると，かけた糸のようすが分かりやすくなります。
最後は，正八面体の中に作られた立体の体積の変化の問題です。**図6**の1辺の長さが6 cmの正八面体の辺上を，毎秒1 cmの速さで6秒間だけ動く2点P，Qがあります。2点P，Qは点Aを同時に出発し，点Pは辺AB上を点Bに向かって，点Qは辺AD上を点Dに向かって動きます。三角すいCPFQの体積が正八面体ABCDEFの体積の$\frac{1}{6}$となるのは，2点P，Qが点Aを出発してから何秒後のことか，考えてみましょう。

図6

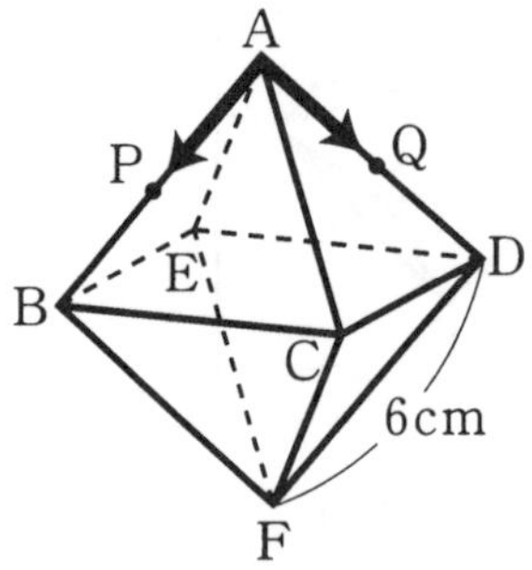

2　**1**の会話文中の下線部について，何秒後か求めよ。ただし，2点P，Qが点Aを出発してからt秒後のこととして，tについての方程式と計算過程も書くこと。

令和４年度　公立高校入試実戦問題　第１回　理　科

（解答…220P）

1　次の各問いに答えなさい。答えを選ぶ問いについては記号で答えなさい。

1　植物と動物のからだは細胞からできている。細胞のつくりについて述べている文として最も適当なものはどれか。

ア　核は，植物の細胞だけに見られる。

イ　細胞壁は，動物の細胞だけに見られる。

ウ　細胞膜は，植物と動物の細胞に共通して見られる。

エ　葉緑体は，植物と動物の細胞に共通して見られる。

2　れき岩，泥岩，砂岩は何をもとにして分けられているか。

3　200mLメスシリンダーに水を入れたところ，**図１**のようになった。水の体積を読みとる水面の位置と，このときの体積を組み合わせたものとして適当なものは，**表**の**ア**～**エ**のどれか。ただし，１mL＝１cm^3とする。

図１

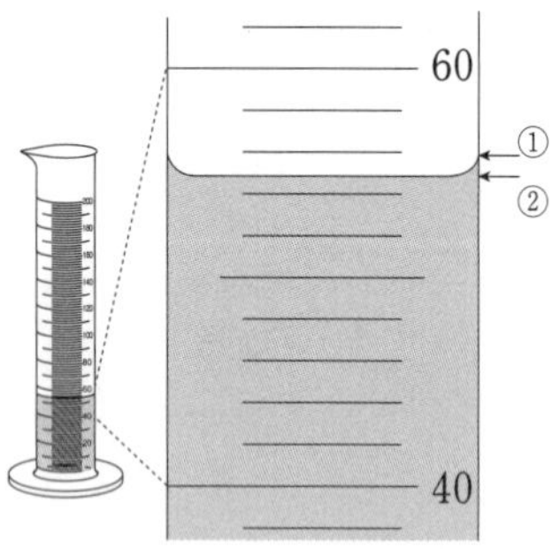

表

	水の体積を読みとる水面の位置	このときの体積
ア	①	55.8cm^3
イ	①	47.9cm^3
ウ	②	54.8cm^3
エ	②	47.4cm^3

4　たかしさんは，風のない夜に，花火大会で打ち上げられた花火を会場から離れた場所で友人たちと一緒に見た。

⑴　花火が開いた瞬間に光と音は同時に発生したが，たかしさんたちには，花火の光が見えてから少し時間がたった後に音が聞こえた。その理由を書け。

⑵　たかしさんたちが同時に見た花火について，光が見えてからその音が聞こえるまでの時間を，同じ場所でそれぞれがストップウォッチを用いて測定し，平均を求めたところ，2.5秒であった。花火が開いた場所から，たかしさんたちが測定した場所までの距離は何mと考えられるか。ただし，音の速さを毎秒340 mとする。

5　北半球における低気圧付近の大気の動きを正しく表したものはどれか。

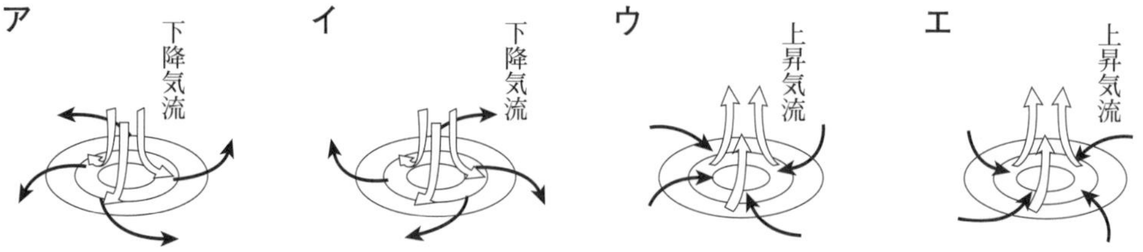

6　**図２**は，カキの実を縦に半分に切ったときの断面をスケッチしたものである。**図２**中のAで示した種子は，カキの花の何が変化したものか。

7　水の電気分解のようすを化学反応式で書け。

図２

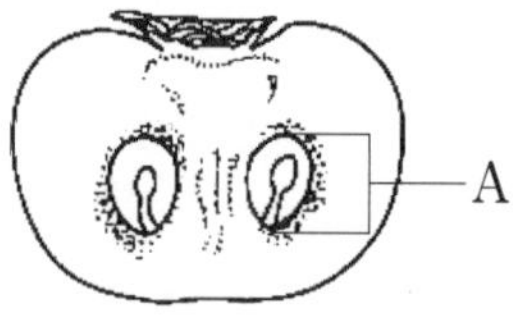

2 次のⅠ，Ⅱの各問いに答えなさい。答えを選ぶ問いについては記号で答えなさい。

Ⅰ　電流と磁界について調べるために，コイルをスタンドからつり下げ，電源装置，スイッチ，電流計，５Ωの抵抗器をつないで回路をつくり，次の**実験１**と**実験２**を行った。

実験１　**図１**のように，切りこみを入れた厚紙にコイルを通して台に固定した。その厚紙の上に方位磁針をおき，電流を流したときに磁針のＮ極が指す向きを調べた。

実験２　**図２**のように，コイルの下側をはさむようにＵ字型磁石をおき，電流を流したときのコイルのふれを調べたところ，**図３**のように，コイルがふれた。

図１

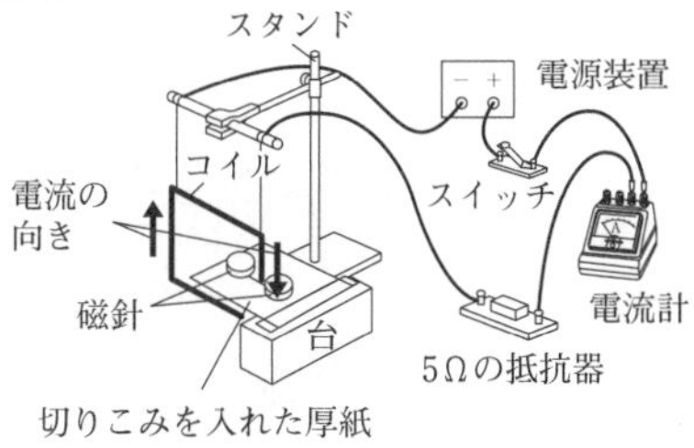

図２

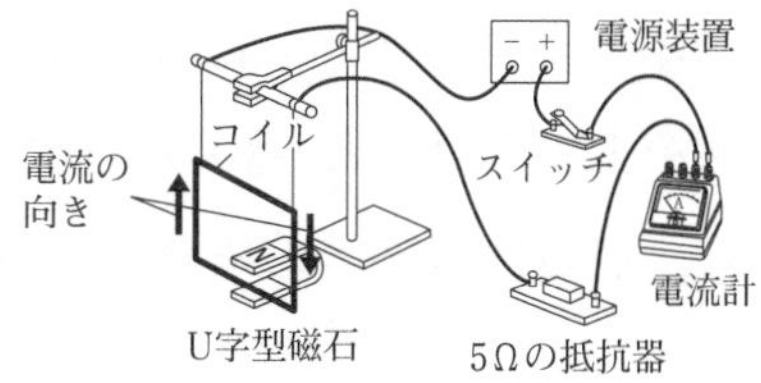

図３

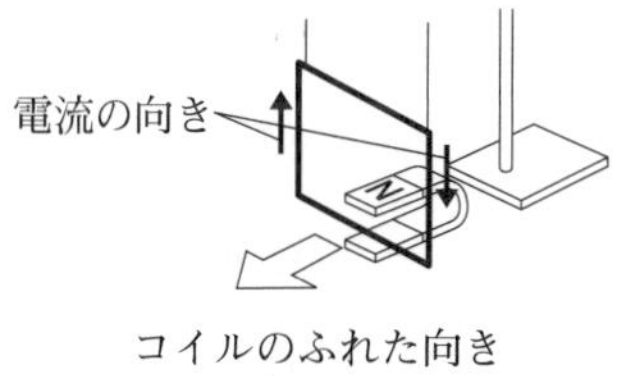

１　**実験１**で回路に電流を流したときに，厚紙上の磁針を真上から見た状態の模式図として正しいものはどれか。ただし，磁針はＮ極を黒くぬって示している。

ア
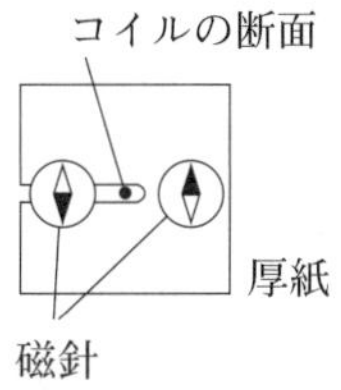

イ
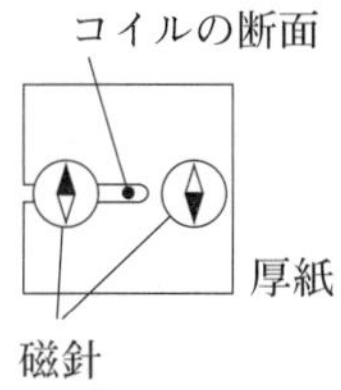

ウ
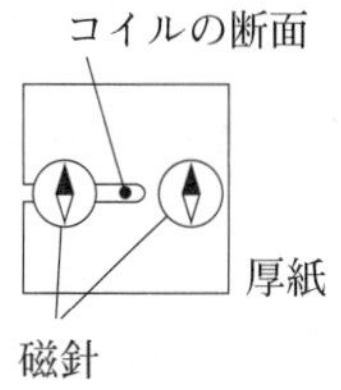

エ
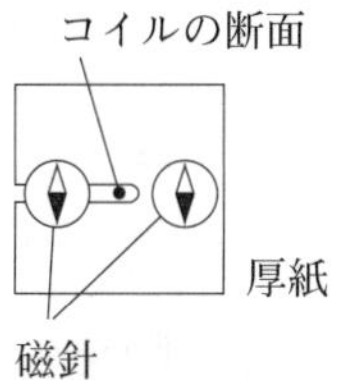

２　**実験１**では，電流計の指針が 1.2 Ａを示した。**実験１**で抵抗器に加わった電圧の大きさは何Ｖか。

３　**ア**～**エ**のように，回路をつなぎかえるとき，**実験２**と反対の向きにコイルがふれるものをすべて選べ。

ア
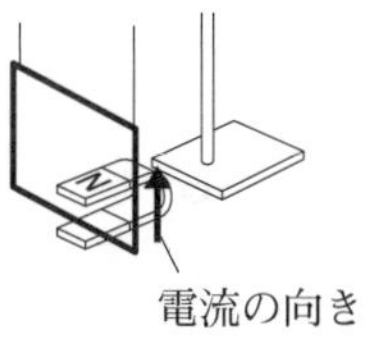

イ
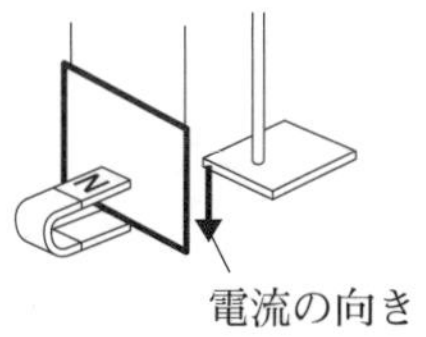

ウ
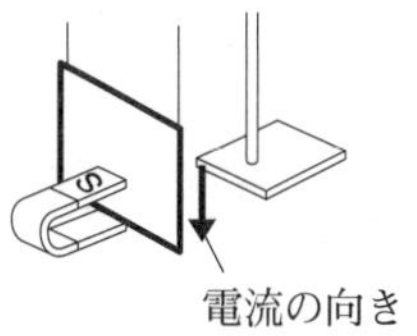

エ
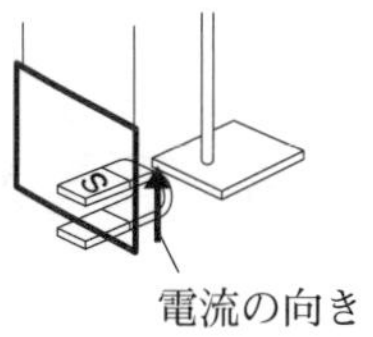

４　**実験２**で，コイルとＵ字型磁石は変更せずにコイルのふれを大きくするには，どのような方法があるか。１つ書け。

Ⅱ　光の進み方について調べるために，次の**実験１**と**実験２**を行った。

実験１　**図１**のように，点**A**から光を入射させると，空気とレンズの境界面で光の進む方向が変わり，屈折して進む光と，反射して進む光の２方向に分かれた。入射角をだんだん大きくしていくと，光は１方向のみに進んだ。**図２**の矢印は，そのときの入射した光を示している。ただし，**図１**の**ＦＤ**は空気とレンズの境界面，**ＥＧ**は**ＦＤ**に対する垂線を示している。

図１

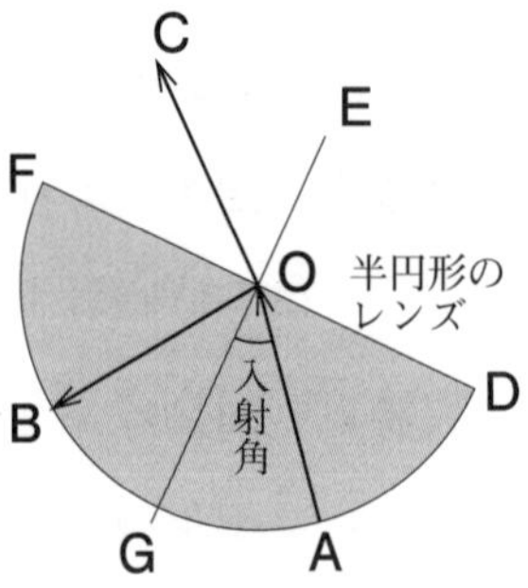

実験２　**図３**のように，光学台のはしに鉛筆を立て，少し離れた位置に直方体の厚いガラスを斜めに置いた。**図４**は，この装置を上から見たときの模式図であり，点**P**は鉛筆の位置，点**Q**は観察者の位置をそれぞれ表している。

図２

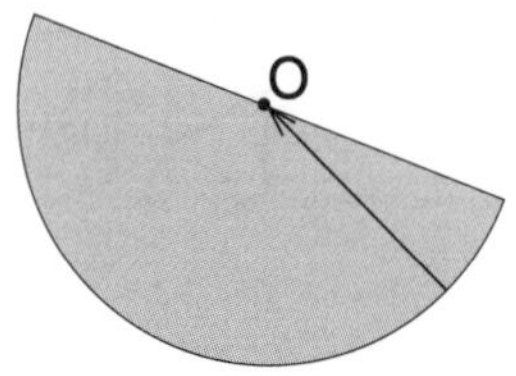

図３

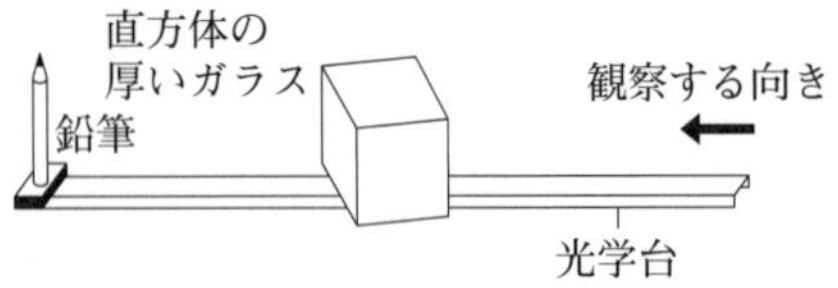

図４

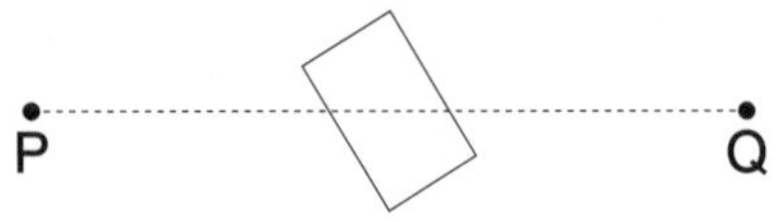

１　**図１**での入射角を∠**ＡＯＧ**と表すと，屈折角はどのように表されるか。

２　**図２**のときに光が半円形レンズから出るまでの道すじを，解答欄の図に矢印でかき加えよ。ただし，**図５**の点線は10°ごとの角度を示したものである。

図５

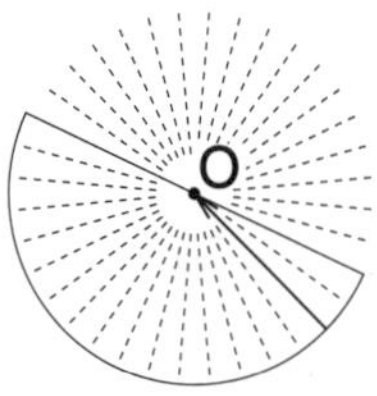

３　**実験２**で，鉛筆を観察者が見たところ，**図６**のように見えた。このとき，**P**から出た光のうち，ガラスを通って**Q**に達した光の道すじを，正しく示しているものはどれか。

図６

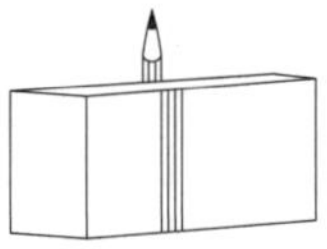

ア

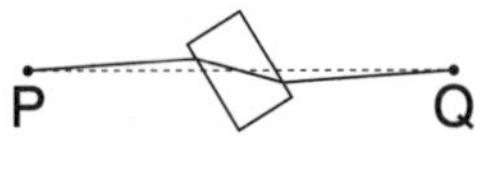

イ

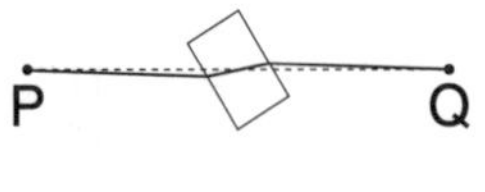

ウ

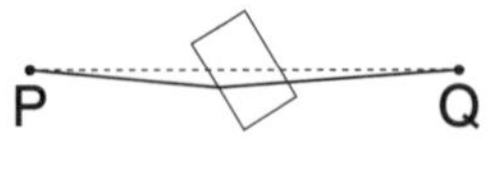

エ

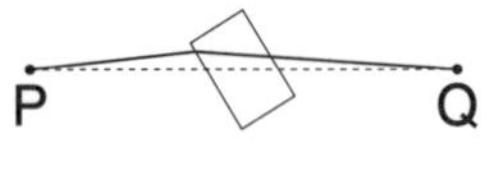

４　光の屈折と関係の深い現象はどれか。

ア　鏡を使うと，自分の姿を見ることができる。

イ　光ファイバーを用いると，光を遠くまで送ることができる。

ウ　光を不透明な物質でさえぎると，かげができる。

エ　ルーペを使うと，物体を拡大して見ることができる。

3 次のⅠ，Ⅱの各問いに答えなさい。答えを選ぶ問いについては記号で答えなさい。

Ⅰ　次の文章は，理科室で先生とたかしさんが交わした会話の一部である。

たかしさん：先生，アブラナの花のつくりを詳しく見てみたいです。
先　　　生：虫めがねを使ってみてごらん。
たかしさん：おしべやめしべが大きく見えて，よくわかります。
先　　　生：①虫めがねを使うと，大きな像を見ることができますね。理科の観察では，②虫めがね以外にも，顕微鏡や双眼実体顕微鏡などを目的や観察するものの大きさに合わせて使っているんだよ。

1　図は，アブラナの花を4つの部分に分けてスケッチしたものである。図のA～Dのうち，おしべはどれか。

図

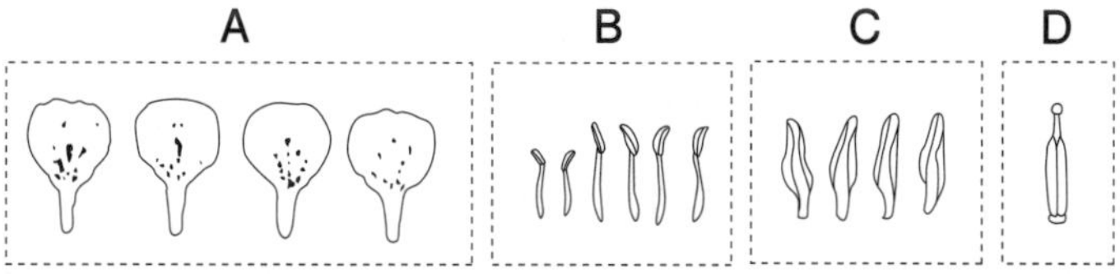

2　下線部①について，虫めがねを右手にもって，左手にもった花を観察するときの操作として最も適当なものはどれか。

ア　虫めがねを花に近づけて，顔を前後に動かす。
イ　虫めがねを花に近づけて，虫めがねと花を一緒に動かす。
ウ　虫めがねを目に近づけて，花を前後に動かす。
エ　虫めがねを目に近づけて，虫めがねと顔を一緒に動かす。

3　下線部②について，虫めがねで観察するものとして適当なものはどれか。

ア　ヒトのほおの内側の粘膜の細胞のようす
イ　オオカナダモの葉の葉緑体のようす
ウ　発芽したダイコンの種子に見られる根毛のようす
エ　イヌワラビの胞子のようす

Ⅱ　表は，ヒトのからだのさまざまな器官を，はたらきに着目して分類したものである。

表

	器官	関係する物質など
X	鼻，気管，肺	酸素，二酸化炭素
循環	心臓，血管	血液
Y	口，食道，胃，小腸，大腸	栄養分
排出	じん臓，肝臓，ぼうこう	アンモニア，尿，尿素
神経系	せきずい，脳，目，皮膚《ひふ》	刺激の信号，命令の信号

図

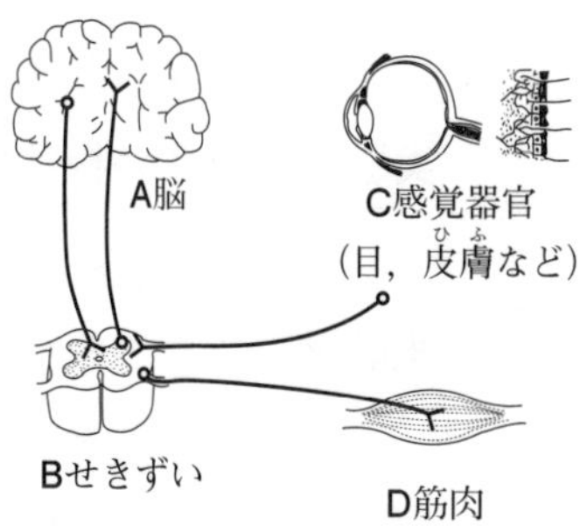

1　表のX，Yにあてはまる最も適当なことばを書け。

2　肝臓は，排出のグループに分類されているが，排出においてどのようなはたらきをしているか。

3　神経系のはたらきの例として，「熱いヤカンにふれたとき，熱いと感じる前に手を引っこめる」反応がある。この反応が起こるとき，信号はどのように伝わるか。図のA～Dから選び，信号の伝わる順にならべよ。

4 次のⅠ，Ⅱの各問いに答えなさい。答えを選ぶ問いについては記号で答えなさい。

Ⅰ　物質の状態変化について調べるために，次の**実験１**～**実験３**を行った。

実験１　**図１**のように，同じ質量の２つのビーカーに，加熱して完全にとかした液体のロウと水をそれぞれ同じ体積だけ入れ，それぞれの質量をはかったところ，ロウの方が質量が小さかった。

図１

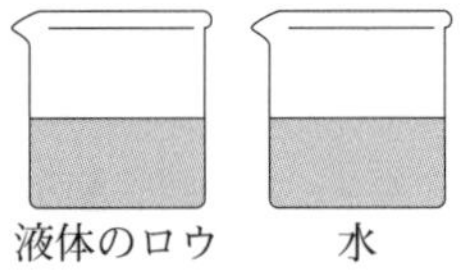

実験２　**実験１**の２つのビーカーの液面の位置に，**図２**のように印をつけた。この２つのビーカーを冷やしていくと，それぞれ固体になり，体積は変化したが，質量は**実験１**のときと変わらなかった。

図２

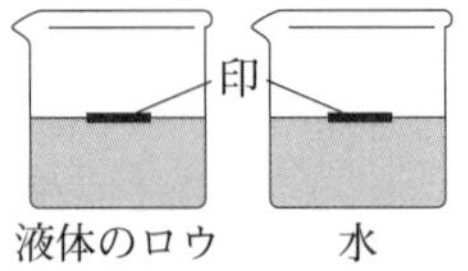

実験３　**図３**のように，ビーカーに氷を入れ，ガスバーナーで加熱していくと，氷はとけて水となり，さらに加熱を続けると，沸騰《ふっとう》が始まった。**図４**はこのとき加熱した時間と，温度の関係を示したものである。

図３

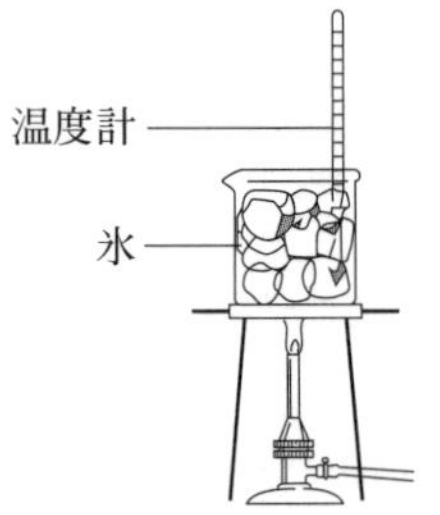

図４

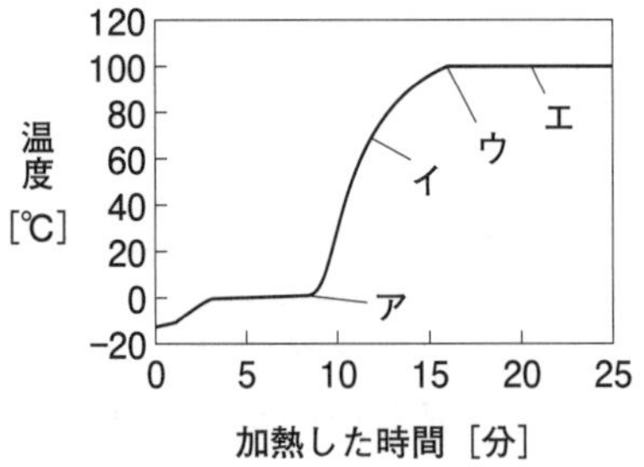

１　**実験１**から，液体のロウの密度は，水の密度と比べてどうであるとわかるか。

２　**実験２**で，ロウと水が固体になったとき，ロウと氷の体積はそれぞれどのようになったか。

３　**実験３**で，沸騰が始まったのはいつか。**図４のア**～**エ**から選べ。

４　実験のように物質のすがたは，温度によって変化する。**表**の物質**Ａ**～**Ｄ**のうち，20℃のときに液体である物質はどれか。

表

物質	融点［℃］	沸点［℃］
A	−218	−183
B	−39	357
C	63	360
D	801	1413

Ⅱ　マグネシウムと酸素の反応について調べるために，次の**実験１**と**実験２**を行った。

実験１　うすい板状のマグネシウムをガスバーナーで直接加熱したところ，強い光を出しながら燃えた。

実験２　マグネシウムを**図**に示した装置で加熱して，十分に加熱した後の，ステンレス皿の中の物質の質量をはかった。**表**は，マグネシウムの質量を変えて実験し，完全に反応したときの酸化マグネシウムの質量を示したものである。

図

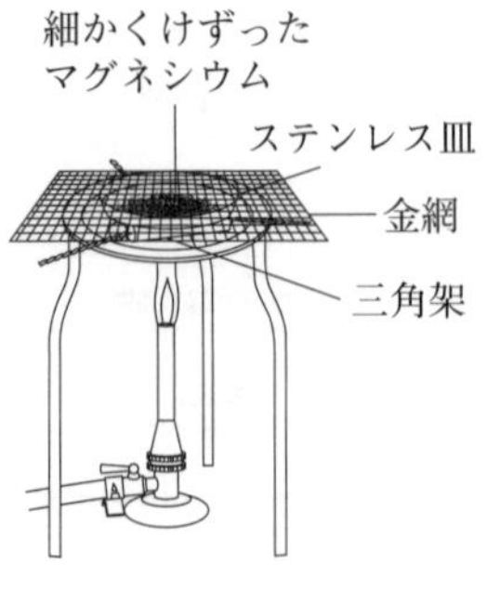

表

マグネシウムの質量［g］	0.40	0.60	0.80	1.00	1.20
酸化マグネシウムの質量［g］	0.67	1.00	1.33	1.67	2.00

1　次の文中の［a］，［b］にあてはまる最も適当なことばを書け。

> 実験のように物質が熱や光を出しながら激しく酸素と化合することを特に［a］といい，実験でできた酸化マグネシウムの色は［b］色である。

2　次のア～エのうち，物質が酸素と化合している反応はどれか。

ア　炭酸水素ナトリウムを加熱すると，二酸化炭素が発生する。

イ　水を加熱すると，水の中に泡ができる。

ウ　銅を空気中においておくと，さびができる。

エ　鉄と硫黄の混合物を加熱すると，硫化鉄ができる。

3　**実験２**の結果から，マグネシウムの質量と，マグネシウムと化合した酸素の質量の関係を表すグラフをかけ。ただし，マグネシウムの質量［g］を横軸，マグネシウムと化合した酸素の質量［g］を縦軸とし，縦軸には目盛りの数値を書くこと。また，実験から求められる値を「•」で記入すること。

5　次のⅠ，Ⅱの各問いに答えなさい。答えを選ぶ問いについては記号で答えなさい。

Ⅰ　空気中の水蒸気について調べるために，次の**実験１**と**実験２**を行った。

実験１　室温が20.0℃の部屋で，アルミかんでつくったカップにあらかじめくんでおいた水を半分ぐらい入れ，カップに少しずつ氷水を入れてよくかき混ぜた。すると，水温が15.0℃になったとき，カップの表面に水滴がつき始めた。

実験２　アルミかんでつくったカップに０℃の氷水を入れ，ラップシートでふたをした。これを０℃に保ったまま，**図１**のように，電子てんびんの上に10分間おいておき，カップの表面についた水滴の質量を測定した。

図１

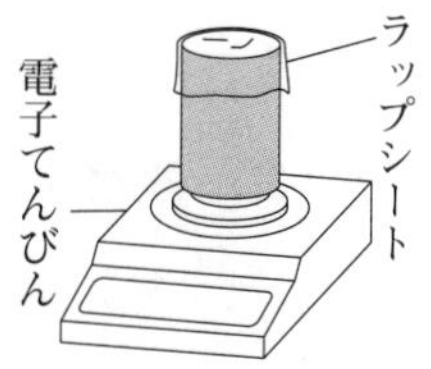

1　**実験１**で，カップの表面に水滴がつき始めたときの温度を何というか。

2　**実験１**を行ったときの室内の湿度は何％か，整数で答えよ。なお，**表**は，各気温における飽和水蒸気量を示したものである。

表

気温　［℃］	5.0	10.0	15.0	20.0	25.0
飽和水蒸気量　［g/m³］	6.8	9.4	12.8	17.3	23.1

3　**図２**はある日の気温と湿度の変化を表したものである。この日の10時と23時に**実験２**を行った場合，２つの実験結果を比べると，どのようになるか。次の**ア**～**ウ**から選び，その理由を，「湿度」「水蒸気量」の２つのことばを使って書け。

図２

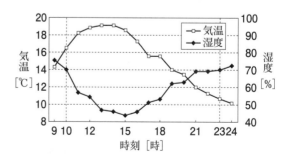

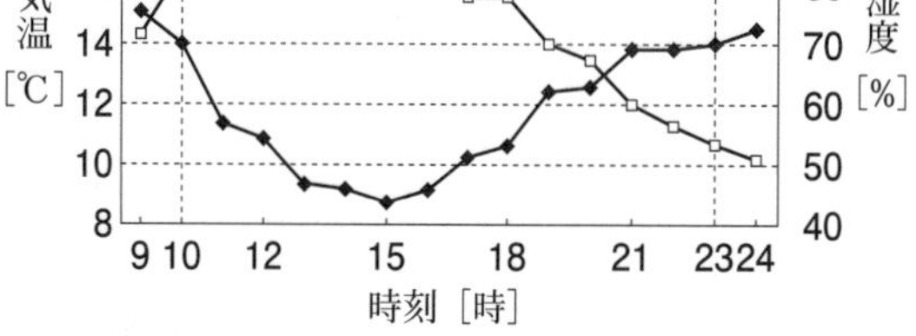

ア　10時のときの方が大きくなる。

イ　等しくなる。

ウ　23時のときの方が大きくなる。

Ⅱ　ひろみさんは，火山灰について興味をもち，次の**観察１**と**観察２**を行った。

観察１　別々の場所で採取した火山灰Ｘ，Ｙを，それぞれ少量ずつ蒸発皿にとり，ある操作をくり返し行って，別の容器に移して乾燥させた。その後，それぞれを双眼実体顕微鏡で観察すると，**図１**のように，火山灰Ｘには長石《ちょうせき》などの白っぽい粒が多くふくまれており，火山灰Ｙには黒雲母《くろうんも》などの黒や濃い色の粒が多くふくまれていた。

図１

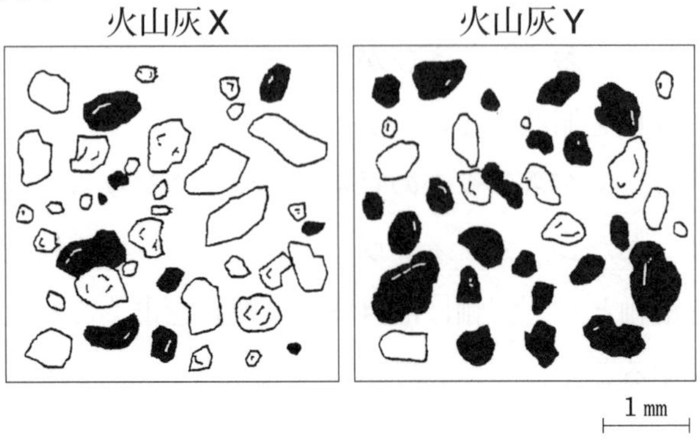

観察２　地層Ａと，そこから数km離れた地点にある地層Ｂの観察を行い，柱状図で表したところ**図２**のようになった。この２つの地点で見られた火山灰の層は，どちらも火山灰Ｘと似た火山灰でできており，ひと続きの層であることがわかった。

図２

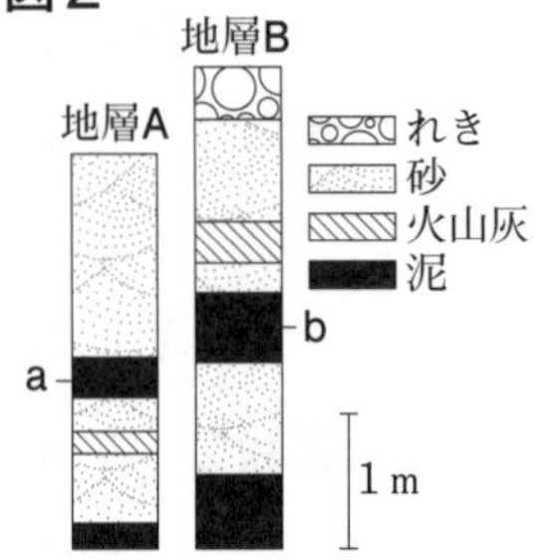

1　下線部のある操作とは，どのような操作か。

2　**観察１**で見られた，長石や黒雲母などの結晶状の粒のことを何というか。

3　火山灰Ｙを噴出した火山について述べた次の文中の①，②について，それぞれ正しいものはどれか。

> 火山灰Ｙを噴出した火山のマグマのねばりけは①(**ア**　大きく　　**イ**　小さく)，噴火のようすは②(**ア**　爆発的　　**イ**　おだやか)だと考えられる。

4　**図２**の泥の層ａ，ｂのうち，先に堆積したのはどちらか。また，そのように考えた理由を書け。

5 下は、健太さんが職場体験でお世話になった松元さんに宛てたお礼の手紙である。あなたは手紙の【　】の部分について、健太さんに助言をすることになった。次の(1)～(5)の条件に従って、作文を書きなさい。

条件

(1) 二段落で構成すること。

(2) 第一段落には、手紙の【　】の部分について不適切な部分を一か所指摘し、どのように改めたらよいのか、そう考えた理由を含めて書くこと。

(3) 第二段落には、第一段落の内容を踏まえて、お礼の手紙に限らず、手紙を書く際に大切なことについて、あなたの考えを書くこと。

(4) 六行以上八行以下で書くこと。

(5) 原稿用紙の正しい使い方に従って、文字、仮名遣いも正確に書くこと。

拝啓

晩秋の候、松元様は、その後いかがお過ごしでしょうか。

【さて、先日は職場体験学習でとてもお世話になり、ありがとうございました。

この体験学習で、私はいろいろなことを学びました。

これからは私もしっかりやっていこうと思いますので、松元様もがんばってください。】

それでは、どうぞお体を大切になさってください。

敬具

十一月五日

○○中学校三年一組　鈴木健太

松元一郎様

かすれたような声で言った。

（横沢彰「ふぁいと！卓球部」による）

（注）岩島さん＝部員ではないが、よく倉庫に出入りする三年生。

1 本文中の□にあてはまる慣用表現として、最も適当なものを次から選び、記号で答えよ。

ア 口ごもった　**イ** 目をむいた

ウ 肩を落とした　**エ** 腹をくくった

2 ——線部①「沢田先生は、首をかしげた」とあるが、このときの沢田先生の様子を説明したものとして、最も適当なものを次から選び、記号で答えよ。

ア 幸平の異議をたしなめようとしている様子。

イ 幸平の予想外の反応を不審《ふしん》に思っている様子。

ウ 幸平の本当の気持ちを確認しようとしている様子。

エ 幸平のさしでがましい態度を不快に思っている様子。

3 次の文は、——線部②「床を見つめながら、今度ははっきり言った」における拓の気持ちを説明したものである。□に二十五字以内の言葉を考えて補い、文を完成させよ。

> うまくまとまらないままに口に出た、「もっと、練習したい」という言葉が自分の気持ちであると気づいて、情けない試合をしたことが悔しく、□と決意を固めている。

4 ——線部③「ぼくも、もう一度勝負して、ちゃんとした形で体育館に出たいと思ってる」からうかがえる幸平の気持ちを表す言葉の組み合わせとして、最も適当なものを次から選び、記号で答えよ。

ア 部長としての気負いと見栄。

イ 負けた悔しさと部員への怒り。

ウ 女子卓球部への遠慮《えんりょ》と嫉妬。

エ 自分の意地と部員への期待。

5 登場人物についての説明として**適当でないもの**を次から一つ選び、記号で答えよ。

ア 小山は、体育館が使えることを単純に喜んだが、幸平の部への思いを聞いてしぶしぶながら頑張ろうと思った。

イ 拓は、はからずも幸平の気持ちを代弁したかたちとなり、それをきっかけに部員の気持ちがまとまっていった。

ウ 純太は、幸平の不用意な発言や小山と幸平の対立に心を痛め、なんとか穏《おだ》やかに事が収まるよう配慮した。

エ 幸平は、そうなるように期待するところもあったが、部長として皆の意見を聞いた上で最終結論を出した。

6 次の文は、——線部④「沢田先生は、はっとしたような表情で顔を赤らめていた」について、先生は部員たちについてどういうことに気づいたのか説明したものである。□に四十字以上五十字以内の言葉を考えて補い、文を完成させよ。

> 部員たちが、□ということ。

「拓も、賛成？」と、幸平くんが、拓を見た。
「あ、はあ……」と、拓は［　　］。
「ぼくは……」と、言いながら拓は考えた。さっきから、何かもやもやしている。もやもやというか、いらいらというか、うまく言葉にできないけれど、どうもおさまりのつかない気持ちが心の底にころがっていた。
　幸平くんは黙ったまま、拓を見つめている。ずいぶん考えてもまとまらないままに、拓の口に出たのは、「もっと、練習したい」という言葉だった。みんなが、きょとんとした顔をした。
　拓は口にしたその気持ちが、いま心の底にころがっているものだと気づいた。そして、言葉にしたら、その気持ちがより強くなった。とにかく、今、すぐにでも打ちたい気がした。あんな形で女子に負けたままでいるなんて、くやしいと改めて思った。一番負けたくない相手の亜美《あみ》に負けてしまった。いや、負けたこと以上に、汗びっしょりかいて震えていた手で戦っていた亜美に対して、緊張のあまりかたくなって情けない卓球をしてしまった自分が腹立たしかった。
「練習して、もういっぺん、試合したいです」
　②床を見つめながら、今度ははっきり言った。
「うん……」と、幸平くんは静かにうなずいてから、「瀬倉、どうだ？」と、見た。
　瀬倉くんは、前髪の中で口元だけがにやりとしていたが、「もう、いっぺん……」と、低い声で言った。
「おし、瀬倉、よく言った」と、言ったのは、マットの上の(注)岩島さんだった。

「負けたまんまでいるってのは、おれも性にあわねんだよな」
　岩島さんの方は見ないで、幸平くんは、③「ぼくも、もう一度勝負して、ちゃんとした形で体育館に出たいと思ってる」と、自分の気持ちを言った。
「せっかく、女子がいいって言ってくれてんのにっ」
　小山くんは、いらだった。
「あの、ぼく、どっちでもいいです」
　純太は幸平くんと小山くんを交互に見ながら、小さな声で言った。
「あのさ……」と、幸平くんはみんなの顔を一人ひとり見て、静かに言った。
「おれたち、この三週間、変わってきたよな。今の気持ち大事にしていけばさ、きっとほんとにいい部になると思うんだ」
　しばらく沈黙《ちんもく》があった。
　はああっと、深いため息を小山くんはついた。
「じゃあ、いいよ。ぼくもがんばってみる」と、それだけ言って口を結んだ。
　幸平くんはみんなの顔を見わたしてから、「よし。じゃ、決まりな」と言った。
「来週、もう一回リベンジってことで、いいか」と、確認するように言った。みんな黙《だま》ってうなずいた。
「先生、いいですか？」
　幸平くんは、沢田先生を見上げた。④沢田先生は、はっとしたような表情で顔を赤らめていた。
「ごめん……」とつぶやいてから、「まちがうところだった……」と、

1 ——線部②「ふるまひ」を現代仮名遣いに直して書け。

2 ——線部①の後には、舅がむこにたずねた内容が省略されているが、「これ」の指す内容を明らかにし、舅がむこにたずねたことを十五字程度の現代語で書け。

3 ——線部③の本文中での意味として、最も適当なものを次から選び、記号で答えよ。

ア 後から用意してこい。　**イ** 後から調査してこい。

ウ 後から追跡してこい。　**エ** 後から相談してこい。

4 ——線部④はだれの動作か。最も適当なものを次から選び、記号で答えよ。

ア むこ　**イ** 舅　**ウ** 家の子　**エ** 一族

5 次は、本文について話し合っている生徒同士の会話である。［Ⅰ］・［Ⅱ］に適当な言葉を補って会話を完成させよ。ただし、それぞれ十字程度でふさわしい内容を考えて現代語で答えること。

生徒A「この話は笑い話だけれど、最後の一文があることで、この話の面白さが一段と増しているね。」

生徒B「それはどういうこと?」

生徒A「『塩鯛に当たり参らせた』というのは、変でしょう?」

生徒B「ああ、そうか。［Ⅰ］ことは、たしかにありえないね。」

生徒A「そうそう。だから、この最後の言葉で、実際にはむこが［Ⅱ］ことがはっきりとわかるよね。そうすると、『来る途中の道で射留めたという最初の雁も、もしかすると…。』と、周りの人が思うかもしれない。そこがこの話の面白いところだよ。」

生徒B「そういうことだったのか。たしかに面白いね。」

4

次の文章を読んで、あとの**1**～**6**の問いに答えなさい。

> 亀が丘中学校の男子卓球部《たっきゅうぶ》は、三年で部長の幸平と瀬倉、二年の小山、一年の拓と純太の五人で倉庫で練習している。女子に勝てば体育館で練習できるという条件で、試合に臨んだが惜敗した。

「いい試合だったね。みんな、力をつけたよ」

笑みを浮かべて、沢田先生は一人ひとりの顔を見た。

「でも、また、倉庫になっちゃいました」

幸平くんが、力なく笑った。

「そのことなんだけどさ……」と、沢田先生は、言った。

「女子顧問《こもん》の泉先生が、男子もがんばってきてるから体育館で練習したらどうかと言ってくださってるんだ。三台くらいなら出せる余裕《よゆう》もあるって言われてるんだけど」

ええっと、みんなが驚いた。

「ほんとですかっ」

大声を上げたのは、小山くんだった。

「やったーっ。倉庫からの脱出だっ」

沢田先生は笑顔で、小山くんを見た。

「じゃ、あしたから……」と、沢田先生が言おうとした時、「あの、ちょっと、待ってください」と、幸平くんが口をはさんだ。

「ん?」と、①沢田先生は、首をかしげた。

「一年生は、どう思ってんのかな」と、幸平くんが純太を見た。

「えっ?」と、純太はきょとんとした顔をして幸平くんを見てから、

「あ、ぼくも、賛成です」と、すぐに答えた。

2　本文中の［　　］にあてはまる語として最も適当なものを次から選び、記号で答えよ。

ア　つまり　**イ**　しかし　**ウ**　だから　**エ**　しかも

3　――線部①とあるが、筆者は何が個別の種の「絶滅と繁栄の分かれ目」を決めると考えているか。――線部①より前の本文中から五字で抜き出して書け。

4　次の文は、――線部②で筆者が述べている「共進化」について、具体的にどうすることか説明したものである。［　　］に三十字以内の言葉を、――線部②より後の本文中の語句を用いて補い、文を完成させよ。

異なる生物が、申し合わせたように［　　］こと。

5　――線部③とあるが、筆者がそのように思う理由として最も適当なものを次から選び、記号で答えよ。

ア　人間だけが、自然に対応して生活のあり方を変えざるをえなかったことは、公平ではないと考えているから。

イ　人間に恵みを与えてくれる自然に対して、人間はなんらかの方法で、お礼をしなければならないと考えているから。

ウ　人間が生活するうえで、人間の手が加わっていない自然の姿を守ることは、当然の義務であると考えているから。

エ　人間の手が加わり変化した自然も、多様な自然のありようの中では、一つの自然の姿であると考えているから。

6　――線部④とあるが、「本末転倒」になってしまう理由を、「人間」「自然」の二語を用いて五十字以内で書け。

3

次の文章を読んで、あとの**1**～**5**の問いに答えなさい。

むこあり。舅《しうと》のかたへ見舞ふ（所へ行く）とて、ある町を通りしが、新しき雁《がん》(注)を棚に出し（（店の）棚に出して）置きたり。二百文にて買ひ、矢を通し家の子(注)に持たせ行く。舅出合ひ（出迎えて）雁を見て、「①これは。」と問ふに、「われ等《ら》の道にてつかまつりたる（来る途中の道で射留めました）。」とあれば、大いに悦喜《えつき》し、一族皆寄せて披露し（手柄を言いふらし）、②ふるまひわめきけり。

むこ勝つにのり（調子に乗り）、「今一度もたせ参らせん（もってきましょう）。」といひおき、家の子にしめしあはせ、「われは先へゆかん。③後より調《ととの》へ来《き》たれ。」と命ず。むこ、まづ舅にあふと同じく（すぐに）、「異な仕合せ（不思議なめぐりあわせ）にて、また雁をつかまつりて候《さぶらふ》（射留めました）。」といふ。舅勇みほこれり（ますます喜んだ）。かの内の者、塩鯛《しほだい》(注)に矢をつらぬき④持ち来たれり。むこ「して、今の（今度の）矢は当たらなんだか（当たらなかったのか）。」といへば、「さればは雁には外《はづ》れて、塩鯛に当たり参らせた（当たりました）。」と答ふ。

（「醒睡笑」による）

(注)　雁＝渡り鳥。　家の子＝使用人。　塩鯛＝塩づけの鯛のこと。

別の種、それも植物と鳥が、まるで相談し合ったようにお互いの姿を変えるとは、どんな自然界の意志があったのだろうか。この共進化の事実こそ、私は自然界の偉大なる(注)妙味だと思っている。

自然界と人間は、まさに共進化を遂げてきたのではなかろうか。自然は人に与えるばかりではなく、人間の活動の影響を受けて変わってきた。人も自然の変化に合わせて自らの生活を変えてきた。だから人は自然に合わせて生活を変える一方で、自然も人に合わせる面があってもよいと思えるのだ。③花咲く春と、紅葉の秋を守るために人が自然に手を加えることを非難する気になれない。

自然と人の関わりを考察しているうちに、「自然とはシステム」だと考えることはできないか、と思いついた。自然を定まった存在としてではなく、常にいくつもの条件が絡《から》み合い変化するシステムとして見るのだ。

そこでは自然と人間社会を厳密に線引きするのではなく、自然が成立する一要素として人間の活動も含まれる。たとえば降水の量や年間を通した気温の変化は、自然界を作り上げるのに重要な役割を果たしている。同じく人間の活動も、自然の成立に大きな影響を与えていることを認めてしまおう。人と自然を対立させることなく、人間の活動も自然の一部として見れば、人の暮らしそのものが生態系を作り出す要素だと見ることもできる。

人と自然は持ちつ持たれつである。どちらが優位に立っているとも言えない。

ただ気をつけないといけないのは、現在の生態系は、光、水、気温など実に様々な要素が極めて複雑に作用することで、形作られている。そこには人の知恵では予想もしないつながりが、まだ隠れているかもしれない。

それだけに人間の行動には慎重さが要求される。人の活動も自然の一部なら、自然をコントロールすることもできるといった思い上がった意識を持つのは危険だろう。人の都合にいいようにとか、環境によかれと思って行った行為にもかかわらず、逆の結果を引き起こすことも少なくない。

たとえば害虫を殺そうと殺虫剤を撒《ま》くと、害虫の天敵も殺してしまう。その反面、害虫は薬剤への(注)耐性を身につけて薬が効かなくなることもある。すると、殺虫剤を撒けば撒くほど害虫が大発生するという④本末転倒の事態が起きるのだ。

乾燥地や荒れ地を緑化するために、生長の早い草や乾燥に強い木などを地域外から持ち込んだところ、(注)在来の生物を圧迫してしまう事例もある。それがきっかけで、地域の自然がガラリと変わってしまうことも起こり得るのである。

(田中淳夫「森林からのニッポン再生」による)

(注)
変容＝姿や形を変えること。
妙味＝優れた味わい。
耐性＝薬剤に対して、生物が示す抵抗力。
在来＝以前から存在していたこと。

1　――線部「られ」と文法的に同じ意味・用法のものを、次の――線部から一つ選び、記号で答えよ。

ア　すっかり春を感じられる。　**イ**　お客様が家に来られた。
ウ　私は何でも食べられます。　**エ**　部屋を掃除させられた。

令和四年度　公立高校入試実戦問題　第一回　国語

（解答…219P）

1

次の1・2の問いに答えなさい。

1　次の――線部のカタカナは漢字に直し、漢字は仮名に直して書け。

(1)　手術でユケツが必要になる。

(2)　公平にサバく。

(3)　大統領にシュウニンする。

(4)　木目の出た漆器。

(5)　難民に食糧《しょくりょう》を施す。

(6)　読者に迎合した記事。

2　「葉」という漢字を行書で次のように書いたときの特徴を、楷書で書いたときと比較して説明したものとして、適当なものをあとのア～エの中から**すべて**選び、記号で答えよ。

ア　一点一画がはっきりしている。

イ　点画の形や方向が変化している。

ウ　部首の部分の筆順に変化がある。

エ　全体が直線的で丸みがない。

2

次の文章を読んで、あとの1～6の問いに答えなさい。

人間が自然を破壊することに対して「自然は人間がいなくても何も困らないが、人間は自然なしには生きていけない」と語られることがある。

後半は、たしかにそのとおりだと思う。人は自然界に食べ物も住むところも、呼吸する空気も依存しているのだ。さらに自然物をすべて排除した環境で送る生活が精神に及ぼす影響を考えても、ぞっとするとしか言いようがない。人は自然なしに生きられない。［　　］、前半はどうだろう。人間がいなくなっても自然は何も困らないのだろうか。

人間の営みがなくなると、里山の生物のように生存が難しくなる動植物も少なくないはずだ。雑木林には雑木林の生態系に適応した動植物が生きている。それが天然林に変われば生息できなくなり、別の動植物が繁栄するかもしれない。傍目《はため》から見れば、同じ緑であり似たような昆虫と思うかもしれないが、①個別の種にとっては絶滅と繁栄の分かれ目である。

少なくとも現在そこにある自然は、人がいることで成り立っているものが少なくない。人為を受けながら存在している動植物は、人為が消えて生態系が変化を始めた際に生き残れない。

少し脱線するが、「進化」という言葉がある。生物も不変ではなく、長い年月をかけて変化していることが認められている。その過程を進化と呼び、その進化を引き起こす要因を考える進化論は、今も魅力的なテーマだ。

その中で最近よく耳にする言葉が、「共進化」である。②異なる生物が、ともに関係ある形で進化し、お互いが切っても切れない関係になることである。

たとえばランの一種は、あるハチドリだけに花のみつを吸わせる。ハチドリはこの花のみつを吸えるようにくちばしの形を変えた。ランは、この鳥のくちばしでないと、みつのあるところまで届かないように花弁を(注)変容させた。言い換えるとハチドリはみつを独占できる。ハチドリは同じ種類のランだけ訪問するから、ランの受粉の確率は、格段に高まった。これは、どちらかが先に進化して片方がそれに合わせたわけではない。示し合わせたように同時期にくちばしと花弁の形を変え、双方が利益を得るようにしたのだ。

令和４年度　公立高校入試実戦問題　第１回　英　語　（解答…222 P）

1　**聞き取りテスト**　放送の指示に従って，次の１～７の問いに答えなさい。英語は１～４は１回だけ放送します。５以降は２回ずつ放送します。メモをとってもかまいません。

1　これから，Mike と Keiko との対話を放送します。Mike の通学方法として，最も適当なものを，下のア～エの中から一つ選び，その記号を書きなさい。

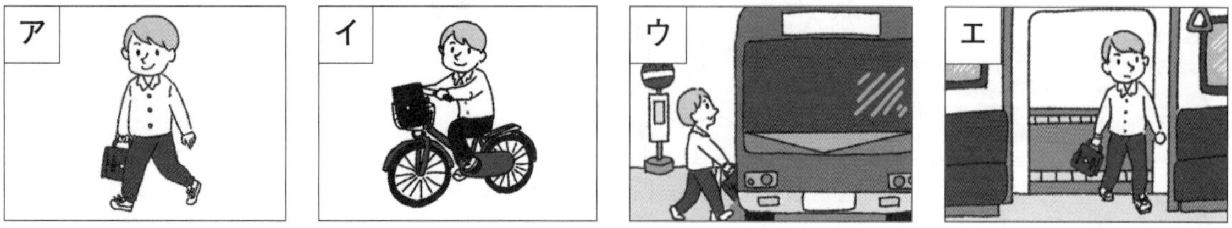

2　これから，Sam と Kumiko との対話を放送します。二人が話している内容として最も適当なものを，下のア～エの中から一つ選び，その記号を書きなさい。

ア　今日の予定　　　イ　家族の構成
ウ　宿題の内容　　　エ　旅行の計画

3　これから，中学生の Shinji と Maria との対話を放送します。下はその対話の後に，Maria が Maria の母親と話した内容です。対話を聞いて，（　　　）に適切な英語１語を書きなさい。

Maria : Mother, I will go to a festival with Shinji next Sunday. I will meet him at his house at six (　　　).
Mother : I see. I hope you will enjoy it.

4　これから，Yukari が授業で行った発表を放送します。Yukari は下の３枚の絵を見せながら発表しました。話の展開に従ってア～ウを並べかえ，その記号を書きなさい。

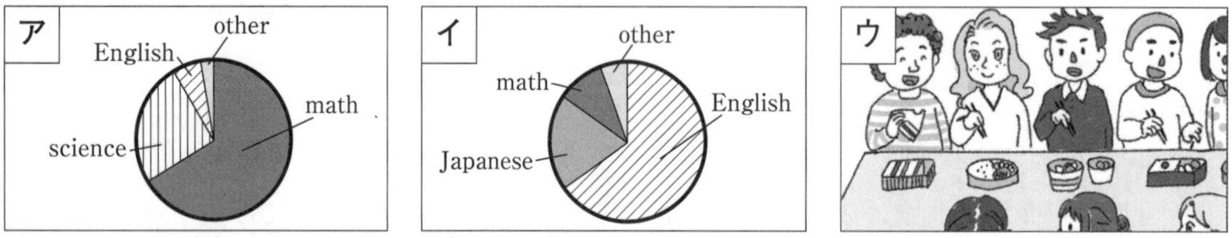

5　これから，Tatsuya が英語の授業で行ったスピーチを放送します。下のア～エの中からスピーチの内容にないものとして最も適当なものを一つ選び，その記号を書きなさい。

ア　大阪での滞在日数　　　イ　大阪市の取り組み
ウ　川の生態系　　　　　　エ　滞在２日目の行動

6　これから，Yumi が英語の授業で行ったスピーチを放送します。スピーチの後に，その内容について英語で二つの質問をします。(1)はその質問に対する答えとして最も適当なものを下のア～エの中から一つ選び，その記号を書きなさい。(2)は英文が質問に対する答えとなるように，［　　　］に入る適切な英語を書きなさい。

(1)　ア　He took a picture of a restaurant.　　イ　He talked about his favorite restaurant.
　　ウ　He opened his own restaurant.　　　エ　He went to a nice restaurant.

(2)　She ［　　　　　　　　］ when she was a student.

7　これから，中学生の Kevin と Chihiro との対話を放送します。その中で，Chihiro が Kevin に質問をしています。Kevin に代わってあなたの答えを英文で書きなさい。２文以上になってもかまいません。書く時間は１分間です。

2 次の**1**～**4**の問いに答えなさい。

1 次は，Miho と 留学生の Bill との対話である。下の①，②の表現が入る最も適当な場所を対話文中の〈 **ア** 〉～〈 **エ** 〉の中からそれぞれ一つ選び，その記号を書け。

① That's a good idea.　　　② Do you have time ?

Miho : Hi, Bill. I have a lot of questions about math. 〈 **ア** 〉

Bill : I'm sorry, but I must go home because I'm going to go shopping with my mother. 〈 **イ** 〉 You can ask Nancy your questions.

Miho : 〈 **ウ** 〉 She likes math very much. Thank you.

Bill : You're welcome. 〈 **エ** 〉 See you tomorrow.

2 次は，中学生の Yuko と ALT の Hill 先生が Yuko のクラスで行われたボランティア活動について話している時の対話である。二人の対話が活動報告の内容と合うように，（ ① ），（ ② ），（ ④ ）にはそれぞれ英語１語を，[③] には３語以上の英語を書け。

5月20日のボランティア活動報告

1　参加者数　37 人

2　活動状況

<table>
<tr><th>グループ</th><th>人数</th><th>活動の場所</th><th>活動内容</th></tr>
<tr><td>A</td><td>4 人</td><td>みどり公園</td><td rowspan="3">ゴミ拾い</td></tr>
<tr><td>B</td><td>9 人</td><td>しらゆり海岸</td></tr>
<tr><td>C</td><td>8 人</td><td>わかば通り</td></tr>
<tr><td>D</td><td>4 人</td><td>ふじ老人ホーム</td><td rowspan="2">お年寄りとの交流</td></tr>
<tr><td>E</td><td>7 人</td><td>きぼう病院</td></tr>
<tr><td>F</td><td>5 人</td><td>あおば幼稚園</td><td>園児との合唱</td></tr>
<tr><td colspan="2">合計 37 人</td><td colspan="2"></td></tr>
</table>

3　主な感想

・ボランティア活動はおもしろいと思う。
・身近な環境を大切にするべきだと思う。
・ゴミを捨てないようにしたい。
・お年寄りと楽しい時間を過ごした。
・園児たちの笑顔が印象的だった。

Mr. Hill : Hi, Yuko. I heard your class did volunteer work*. When did you do it ?

Yuko : We did it on (①) 20th. Thirty-seven students in our class did volunteer work in six places. I joined* Group B. I collected* trash* by the sea with the other (②) members.

Mr. Hill : I see. Did you collect a lot of trash ?

Yuko : Yes, we did. We felt* sad when we saw so much trash. But after the work, we were very happy.

Mr. Hill : Oh, that's good. What did the other students do ?

Yuko : Eleven students visited old people and talked with them. There are comments* about it on this paper. One of the students said, "We [③] with the old people." And one of my friends visited a kindergarten.* She enjoyed (④) with the small children. She said she was very glad because every child looked happy.

Mr. Hill : That's great.

注 volunteer work　ボランティア活動　　join　参加する　　collect　集める
trash　ゴミ　　felt　感じた　　comment(s)　感想　　kindergarten　幼稚園

3 次は，中学生の Takeshi と Mary との対話である。対話が成り立つように，[　　　　] に3語の英語を書け。

Takeshi : Hi, Mary. I found this pen. [　　　　] ?

Mary : It's Jim's.

4 中学生の Maiko は英語の授業で留学生の Kate について英語で紹介することになった。Maiko は次の内容を伝えるつもりである。

・名前：ケイト
・出身地：オーストラリア
①日本に来た目的：日本語を勉強するため
②なりたいもの：教師

Maiko になったつもりで，上の①，②の内容を，次の《スピーチ原稿》の [①]，[②] にそれぞれ書いて，英文を完成せよ。ただし，英語はそれぞれ5語以上書くこと。

《スピーチ原稿》

Hello, everyone. I'm going to tell you about my friend. This is Kate. She is from Australia. [①] [②] Thank you.

3

次のⅠ～Ⅲの問いに答えなさい。

Ⅰ 次は，英語の授業で，Emi のグループのメンバーがお互いにインタビューをした結果を表にまとめたものである。これをもとに，**1**，**2**の問いの答えとして最も適当なものを，それぞれ下の**ア**～**エ**の中から一つ選び，その記号を書け。

What did you do in your free time last weekend ?

Group __A__ Name __Emi__

If your group members did an activity*, please put "○" in the box under their names.

Activities ＼ Group members		Your Name: Emi	Kota	Shiho	Taku	Miho
at home	read		○	○	○	
	use the Internet		○		○	○
	do housework*	○			○	
outside* the home	play sports	○		○		○
	go shopping	○	○		○	
	do volunteer work			○		○

注 activity(ies) 活動　housework 家事　outside 外で

1 How many members played sports ?

ア One.　**イ** Two.　**ウ** Three.　**エ** Four.

2 Who did more activities at home than activities outside the home ?

ア Emi and Kota did.　**イ** Shiho and Miho did.
ウ Kota and Taku did.　**エ** Taku and Miho did.

Ⅱ　Becky が書いた次の英文を読み，あとの問いに答えよ。

My name is Becky Brown. Last week was my 14th birthday. My father and mother had a party for me at our house. They invited* my best friends and my uncle, John. Everyone brought a nice present for me. My father and mother bought me a sweater, and some of my friends gave me a book and a bag. But Uncle John's present was the best for me. He gave me a box of colored pencils*. There were a lot of beautiful colors. Uncle John said, "You liked drawing* when you were small. I remember that. I hope you will draw something special with them."

Now I practice drawing after school every day. My father and mother like my pictures very much. Uncle John likes them, too.

I have a big dream. I want to see my pictures in a famous museum someday*. So I practice every day, and maybe my dream will come true*.

注　invited　招待した　　colored pencil(s)　色鉛筆　　draw　描く　　someday　いつか
come true　実現する

1　次の(1)，(2)の質問に対する答えを英文で書け。

(1)　Who gave the best present to Becky ?

(2)　What is Becky's dream ?

2　下の英文が下線部を具体的に表した内容となるように，［　　　］に英語を書け。

Uncle John remembers that ［　　　　　　　　　］.

Ⅲ　次の英文は，高校生の Masato が行ったスピーチである。これをもとに，Masato がスピーチの際に見せた見取り図として最も適当なものを，下のア～エの中から一つ選び，記号で書け。

My dream is to be an astronaut*. Last summer, my father took me to the Space Center*. It teaches us a lot of things about space. When we arrived at the gate*, we saw a museum between two laboratories*. Behind* those buildings*, there was something tall and white. "What's that ?" I asked. "That is a model* of the H-Ⅱ Rocket*. It is fifty meters tall and weighs* one hundred and thirty tons*. The real* H-Ⅱ Rocket is as tall as the model and weighs two hundred and sixty tons," my father said.

At the museum, an attendant* told us the history of the Earth and the moon. I asked her many things and learned a lot. I hope I can go to space and find something exciting there someday.

注　astronaut　宇宙飛行士　　Space Center　宇宙センター　　gate　出入り口
laboratory(ies)　研究所　　behind　後ろに　　building(s)　建物　　model　模型
rocket　ロケット　　weigh　重さが～ある　　ton(s)　トン(重さの単位)　　real　本物の
attendant　案内係

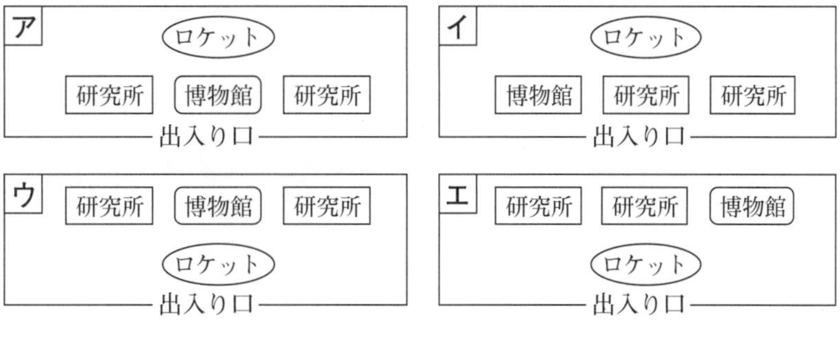

4　次の英文を読み，１～７の問いに答えなさい。

Saori is a junior high school student. Her dream is to work for the people around the world. Last summer, she went to Australia and stayed at a Korean* family's house.

Before she left Japan, her English teacher, Mr. Brown, said to her, "Life with foreign people will be a surprise* for you. I hope it will be a good surprise."

Saori started her homestay with a lot of hope. But things didn't go well* for her. Her host family's way of living was very different from* hers. They got up and went to bed early, and they finished dinner in the early evening. Saori couldn't have dinner with them, and she didn't have enough time to talk with them. Another problem was the language. Her host family usually used Korean in the house. She felt* sad and [①].

One evening, after Saori took a shower*, her host mother said to her, "Your shower is too long. Save* water." Saori was surprised and ran* to her room. Then, her host father came and said to her with a smile*, "Are you OK, Saori ? She is (②) angry*. Saving water is very important in Australia. She says the same* thing to everyone in the family. So you don't have to worry too much. Here, you're one of the family. What can you do as a family member ? You should think about it." Saori was happy when she talked with her host father. She said to herself, "I thought that my host family would do a lot of things for me. ③<u>I was like a little child</u>."

From the next day, Saori changed*. She got up and came home earlier to have time with her host family. Dinner with them was much better. She learned many things about Australia and Korea* by talking with them. She also tried new things : she learned Korean and taught* them Japanese. Her host mother was happy because Saori changed a lot. She said to Saori, "The important thing in foreign cultures* is to know the differences and live together. ④<u>Now, you can do it</u>."

After she went back to Japan, Saori said to Mr. Brown, "I was worrying about how to* understand foreign people, but just thinking about it never* gave me an answer." Mr. Brown asked, "So, what did you do ?" Saori answered*, "Well, I stopped worrying and tried every little thing. Then my homestay became much better." "You enjoyed your homestay," Mr. Brown smiled.

注　Korean　韓国人の，韓国語　　surprise　驚き　　go well　うまくいく　　different from ～　～とは違う
felt　感じた　　shower　シャワー　　save　節約する　　ran　走った　　smile　ほほえみ，ほほえむ
angry　怒った　　same　同じ　　changed　変わった　　Korea　韓国　　taught　教えた
culture(s)　文化　　how to ～　～の仕方　　never　決して～ない　　answered　答えた

1　次のア～ウの絵は，本文のある場面を表している。話の展開に従って並べかえ，その記号を書け。

2　[　①　]に入る最も適当なものを下のア～エの中から一つ選び，その記号を書け。

ア　tried to teach them Japanese　　イ　wanted to go back to Japan
ウ　talked with Mr. Brown　　エ　went to a lot of countries

3　（　②　）に入る最も適当なものを下のア～エの中から一つ選び，その記号を書け。

ア　maybe　　イ　really　　ウ　always　　エ　not

4　下線部③の具体的な内容として最も適当なものを，下のア～エの中から一つ選び，その記号を書け。

ア　自分の意見を押し通そうとすること。　　イ　長い時間シャワーを浴びたがること。
ウ　人のために何かをしようとすること。　　エ　人に何かをしてもらおうと思うこと。

5　下線部④で，ホストマザーが Saori ができるようになったと述べているのはどのようなことか。その内容を 20 字程度の日本語で書け。

6　本文の内容に合っているものを下のア～オの中から二つ選び，その記号を書け。

ア　Saori had some problems when she started her homestay.
イ　The host family never save water when they take a shower.
ウ　The host father's words changed Saori's way of thinking.
エ　Saori didn't learn Korean during her homestay in Australia.
オ　Mr. Brown went to Australia and gave Saori an answer to her question.

7　次は本文の最後の場面から数日後の Saori と 友人の Mary との対話である。 Saori に代わって，[　　　]に 15 語程度の英語を書け。２文以上になっても構わない。なお，下の[　　　]の指示に従うこと。

Saori : Hi, Mary.
Mary : Hi, Saori. Welcome back ! Did you enjoy your homestay ?
Saori : Yes, I did.
Mary : Did you have any problems ?
Saori : I did. I couldn't understand the differences between Japan and other countries.
Mary : Really ? Were you OK ?
Saori : Yes. I learned the important thing in foreign cultures is to know the differences and live together.
Mary : I see. What else can we do to understand people in other countries ?
Saori : [　　　　　　　　　　　　　　　　]
Mary : I think so, too.

※　一つの下線に１語書くこと。
※　短縮形（I'm や don't など）は１語として数え，符号（ , や ? など）は語数に含めない。
（例）　No, I'm not.［３語］

令和４年度　公立高校入試実戦問題　第１回　社　会　（解答…225Ｐ）

1　次のⅠ～Ⅲの問いに答えなさい。答えを選ぶ問いについては一つ選び，その記号を書きなさい。

Ⅰ　次の略地図や資料を見て，１～６の問いに答えよ。

略地図１

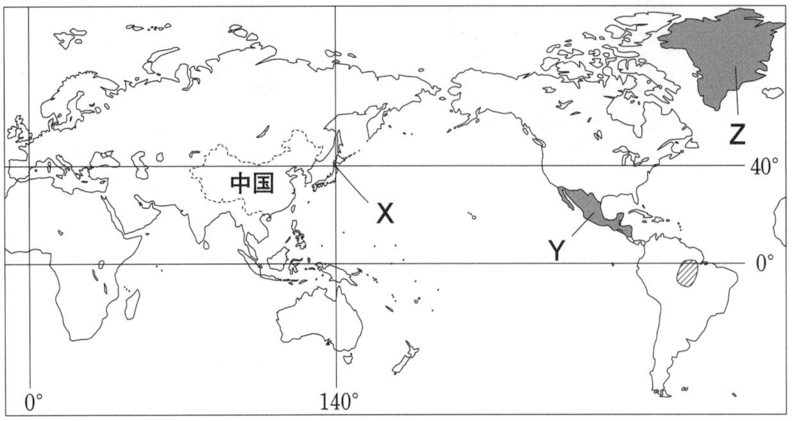

略地図２

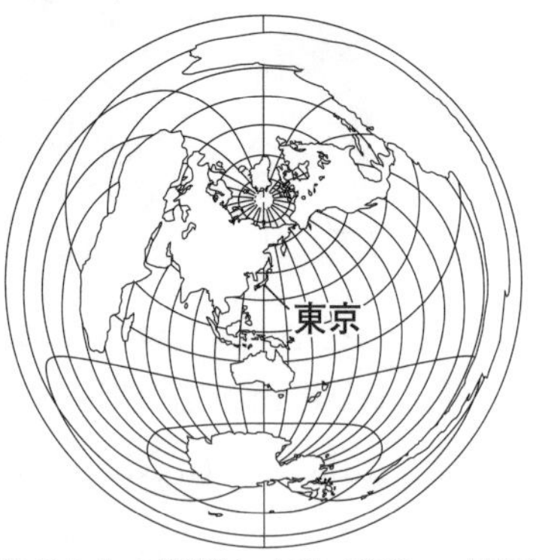

東京からの距離と方位が正しい地図

１　**略地図１**中の**Ｘ**は，40度の緯線と140度の経線が交わる地点である。**Ｘ**の緯度と経度を正しく表しているものとして，最も適当なものはどれか。

ア　（北緯 40 度　　東経 140 度）　**イ**　（北緯 40 度　　西経 140 度）

ウ　（南緯 40 度　　東経 140 度）　**エ**　（南緯 40 度　　西経 140 度）

２　**略地図２**に関して，飛行機が東京から真東に飛んだときに最初に通過する大陸名を書け。

３　**略地図１**中の 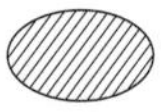 でおきている環境問題の内容として，最も適当なものはどれか。

ア　地球の温暖化によって，照葉樹林の破壊が進んでいる。

イ　乾燥が進んだことによって，砂漠が拡大している。

ウ　酸性雨によって，針葉樹林の破壊が進んでいる。

エ　大量伐採によって，熱帯林の破壊が進んでいる。

４　**略地図１**中の  で示した**Ｙ**と**Ｚ**の二つの地域を比較したとき，地球儀で比較した場合とは異なる点について書け。ただし，**面積**ということばを使うこと。

５　**資料１**の**ア**～**エ**は，ロシア，アメリカ，サウジアラビア，中国のいずれかがあてはまる。**資料１**中の**ア**～**エ**のうち，アメリカの統計資料として，最も適当なものはどれか。

資料１

項目／国	人口（万人）	日本への輸出額（億円）	日本からの輸入額（億円）	原油産出量（万 kL）
ア	32,677	90,149	154,702	63,560
イ	3,355	37,329	4,541	59,927
ウ	141,505	191,937	158,977	21,920
エ	14,397	17,227	8,055	64,738

（日本国勢図会 2019/20 年版から作成）

６　**略地図１**中の**中国**について，⑴，⑵の問いに答えよ。

⑴　次の文は，中国に進出する日本企業についてまとめたものである。次の文の［　　　］に適することばを補い，これを完成させよ。

> 中国に進出する日本企業が多いのは，**資料２**，**資料３**から［　　　］ためである。

資料２

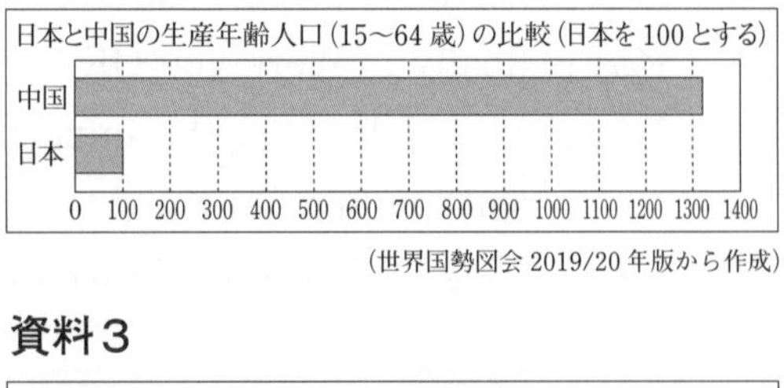

（世界国勢図会 2019/20 年版から作成）

資料３

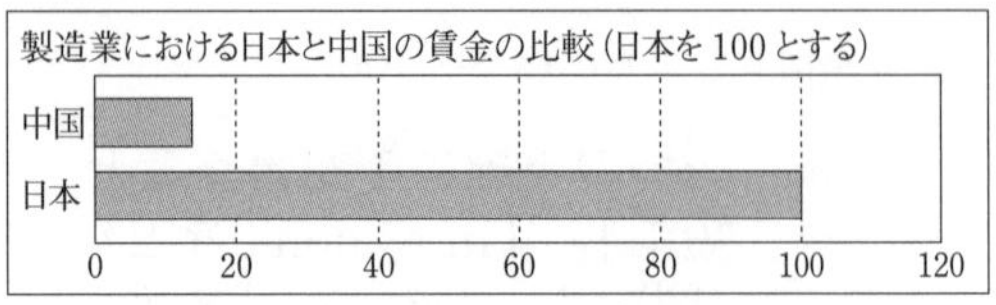

（世界国勢図会 2019/20 年版から作成）

⑵　中国に進出する日本企業のように，生産や販売など，複数の国で大規模に経済活動を行っている企業のことを何というか。

Ⅱ　次の略地図や**資料**を見て，１～５の問いに答えよ。

１　略地図中のＸには，人口が集中し工業が発達している地域が多い。このＸを何というか。

２　略地図中の　　は，東シナ海を中心とした水深200mまでの海域を示している。この海域の海底は，沿岸から緩やかに傾斜した地形が多い。このような地形を何というか。

３　略地図中の　　は，2016年における，ある項目の上位５道県を表している。この項目として，最も適当なものはどれか。

ア　自動車生産台数　　イ　乳用牛（生乳）産出額

ウ　漁獲量　　エ　果実産出額

４　北海道の農業の特色は，山梨県に比べて，大型の農業機械を使って大規模に行われていることである。その理由について述べた次の文の＿＿＿に適することばを補い，これを完成させよ。

資料から，北海道は，山梨県より＿＿＿ためである。

資料

	耕地面積(ha)	農家数(戸)
北海道	1,145,000	35,800
山梨県	23,700	15,600

（日本国勢図会 2019/20 年版から作成）

５　**地形図**は，山梨県の一部を表した地形図である。(1)，(2)の問いに答えよ。

(1)　**地形図**中のＡからＢまでの標高差として，最も適当なものはどれか。

ア　約220ｍ　　イ　約270ｍ

ウ　約320ｍ　　エ　約370ｍ

(2)　美し森山の三角点から羽衣池に向かって歩くときの登山道（ - - - - - - - - ）とその周辺のようすについて述べたものとして，最も適当なものはどれか。

ア　美し森山の三角点から羽衣池には，北東の方角に向かって歩くことになる。

イ　美し森山の三角点から羽衣池までの直線距離は3.5㎝なので，実際の直線距離は1,750ｍである。

ウ　登山道の周囲には果樹園が広がっている。

エ　最初はゆるやかな道だが，羽衣池の手前で傾斜が急になる。

地形図

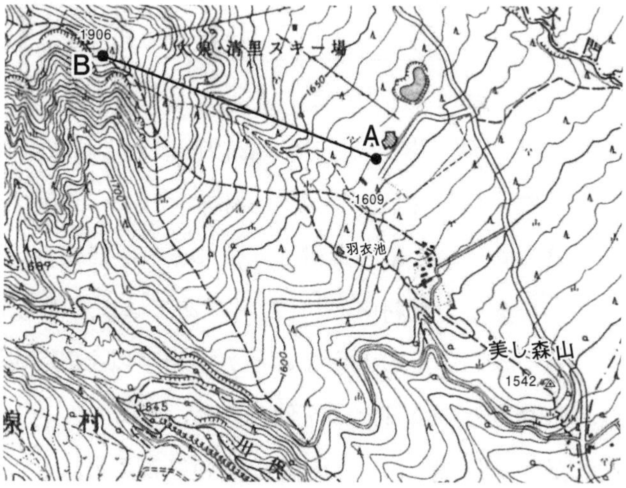

（国土地理院平成 13 年発行　1：25,000「八ヶ岳東部」原図から作成）

Ⅲ　ある中学生は，気球の燃料がプロパンガスであることを知り，エネルギー資源に興味を持った。**資料**は，日本が自国で確保しているエネルギーの割合を表したものである。**資料**を見て調べ学習を行うとき，考えられる適当なテーマを，解答欄に合わせて書け。

資料　日本のエネルギー自給率の近年の推移

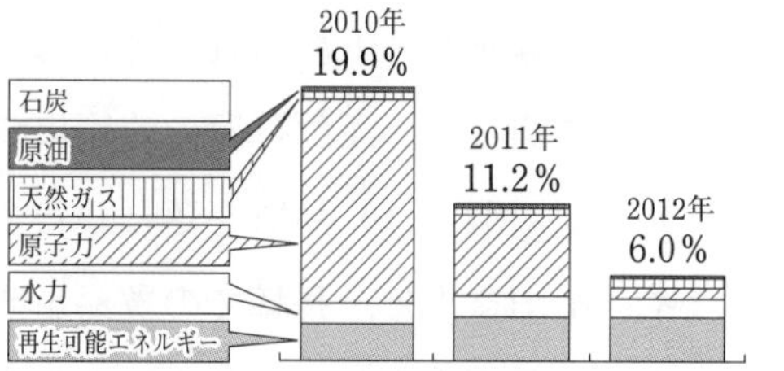

（注１）石炭はごくわずかであるため表示されていない
（注２）原子力は国際エネルギー機関の定義により自国で確保されたエネルギーとして表示されている

（経済産業省ホームページから作成）

2 次のⅠ～Ⅲの問いに答えなさい。答えを選ぶ問いについては一つ選び，その記号を書きなさい。

Ⅰ　次は，古代から近世までの法律やきまりの説明の一部を，それらが出された時代の古い順に並べたものである。これを読んで，**1**～**6**の問いに答えよ。

十七条の憲法	推古天皇の X であった聖徳太子が，天皇の命令に従うべきことなど，役人の心構えを示した。
ⓐ御成敗式目	承久の乱ののち， Y の北条泰時は，それまでの武士の慣習などにもとづき，法律を定めた。これは，長く武士の政治のよりどころとなった。
分国法	戦国大名が領国の支配を行うため，独自の分国法を定め，ⓑ下剋上を防ごうとした。
① 令	ⓒ豊臣秀吉が，農民や寺の反抗を防ぐ目的で出したもので，農民や寺から刀・弓・やり・鉄砲などの武器を取り上げた。
武家諸法度	ⓓ幕府は，大名を厳しく統制するために，武家諸法度を定めた。また，後に，一年おきに江戸と領地を往復する ② の制度も整えた。

1　表の ① ， ② にあてはまる最も適当なことばを書け。ただし， ① は，**漢字２字**で書くこと。

2　表の X ， Y にあてはまる役職の組み合わせとして，最も適当なものはどれか。

ア（X　摂政　　Y　管領）　**イ**（X　関白　　Y　管領）

ウ（X　摂政　　Y　執権）　**エ**（X　関白　　Y　執権）

3　ⓐについて，**資料**は，これを一部要約し，現代語に訳したものである。**資料**中の Z にあてはまる最も適当なことばを書け。

資料

一　諸国の Z の仕事は，国内の御家人を京都の警備にあたらせること，謀反や犯罪人を取りしまることである。 一　二十年の間その地を支配していれば，土地はその者の所有になる。

4　ⓑとはどのようなことか，**15字以上25字以内**で書け。ただし，**身分**ということばを使うこと。

5　ⓒに関して，⑴，⑵の問いに答えよ。

⑴　ⓒが行った朝鮮出兵について述べた文として，最も適当なものはどれか。

ア　朝鮮半島の加羅（任那）地方に分立していた小国と結んで，高句麗などと戦った。

イ　朝鮮の各地でおこった民衆による抵抗や，李舜臣の率いる水軍の攻撃にあい苦戦した。

ウ　百済救援のための軍を送ったが，白村江の戦いで敗れ，朝鮮半島から手を引いた。

エ　朝鮮半島との交流が盛んになり，朝鮮半島から日本列島に渡来人が増えた。

⑵　ⓒはキリスト教の宣教師に対してどのようなことを行ったか書け。

6　ⓓに関して，江戸幕府の政策について述べた次の**ア**～**エ**のできごとを年代の古い順に並べよ。

ア　徳川綱吉は，品質を落とした金貨や銀貨を発行した。

イ　田沼意次は，長崎での貿易を盛んにして，銅や海産物の輸出に力を入れた。

ウ　大名や大商人は，幕府から朱印状を与えられ，銀を輸出するなどの貿易を行った。

エ　禁教・貿易統制，外交独占のための鎖国の体制が固まった。

Ⅱ　次の略年表を見て，１～６の問いに答えよ。

年代	主なできごと
1837	大阪で大塩の乱（大塩平八郎の乱）がおこる（X の始まり）
1854	ⓐ日米和親条約が結ばれる
1858	ⓑ日米修好通商条約が結ばれる
1868	戊辰戦争がおこる（X の終わり）
1922	ⓒ世界で初めての社会主義国家が誕生する
1956	日本が［　　　］に加盟する
1972	ⓓ日中の国交が正常化する

１　略年表中の［　　　］にあてはまる最も適当な組織名を**漢字４字**で書け。

２　略年表中の**X**の時期の次の**ア**～**エ**のできごとを年代の古い順に並べよ。

ア　ペリーが浦賀に来航する。
イ　薩長同盟が結ばれる。
ウ　桜田門外の変がおこる。
エ　大政奉還が行われる。

３　ⓐによって下田とともに港が開かれた場所は，**略地図**中の**ア**～**エ**のうちどれか。

略地図

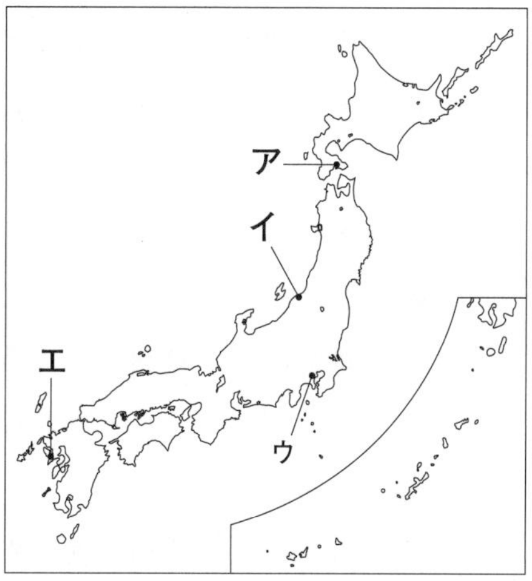

４　ⓑは，日本に不利で不平等な内容をふくむものだった。不平等な内容のうち，**資料**と関係の深い内容について書け。

資料

５　ⓒの国名を書け。

６　ⓓに関して，冷戦下にあったこの頃の日本の対外関係についてまとめた次の文の**A**，**B**の（　　　）からあてはまるものをそれぞれ選べ。

> 1951年に結ばれたサンフランシスコ平和条約によって，わが国は主権を回復したが，沖縄は引き続き**A**（**ア**　イギリス　　**イ**　アメリカ）の統治の下におかれ，その後1972年に返還された。また，1949年に中国共産党の**B**（**ア**　蒋介石　　**イ**　毛沢東）を主席として成立した中華人民共和国とわが国とは国交がなかったが，1972年に日中共同声明を発表して，国交が正常化した。

Ⅲ　琉球王国が15世紀から16世紀前半に栄えた理由についてまとめた次の文の［　　　］に適することばを補い，これを完成させよ。

> 琉球王国が栄えたのは，**資料１**，**資料２**から，［　　　］ことで利益をあげたためである。

資料１
明への朝貢回数

国名・地域名	回数
琉球王国	171
安南（あんなん）（ベトナム北部）	89
チャンパー（ベトナム南部）	74
シャム（タイ）	73
朝鮮	30
日本	19

明からの返礼品（貢《みつ》ぎ物のお返し）
生糸・絹織物・陶磁器など

資料２
琉球王国と諸国との交易ルート

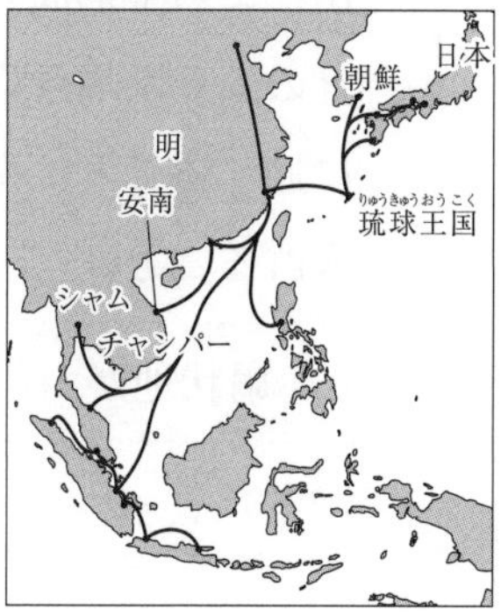

3　次のⅠ～Ⅲの問いに答えなさい。答えを選ぶ問いについては一つ選び，その記号を書きなさい。

Ⅰ　次の略地図に示した ━━━ は，鹿児島中央駅から東京駅までをつなぐ九州新幹線，山陽新幹線，東海道新幹線を表している。１～６の問いに答えよ。

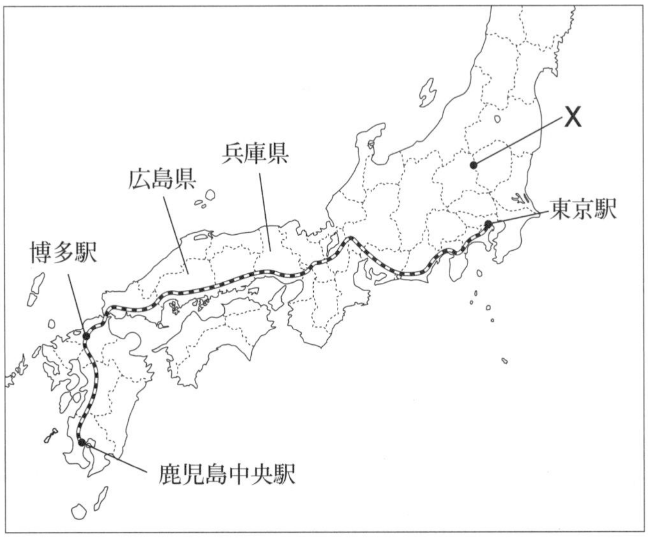

１　次は，鹿児島中央駅から東京駅へ向かうときに新幹線が通る県の一部を示したものである。［　　］に，新幹線が通る順番にあてはまる県名をそれぞれ書け。

岐阜県→［　　］県→［　　］県→神奈川県

２　略地図中のXで示したあたりには，かつて操業していた銅山があり，この銅山から流れ出た鉱毒が渡良瀬川流域の人々や自然環境に大きな被害をあたえた。明治時代，衆議院議員であった田中正造が操業停止などを訴えたこの銅山を何というか。

３　博多には，元の軍が攻めてくるのを防ぐために海岸に築かれた石塁などの防備があった。元の軍が二度にわたって日本に攻めてきたできごとを，あわせて何というか。

４　兵庫県には，**資料１**のような壮大な天守閣をもつ姫路城がある。このような城がつくられた時期の文化について述べたものとして，最も適当なものはどれか。

資料１

ア　雪舟は，墨で自然をえがく水墨画を完成させた。
イ　井原西鶴は，町人の喜びや悲しみを小説にえがいた。
ウ　運慶らは，金剛力士像などの力強い彫刻作品を生み出した。
エ　千利休は，質素なわび茶の作法を大成させた。

５　**資料２**のア～エは，神戸港，関西国際空港，名古屋港，成田国際空港のいずれかを示している。関西国際空港を表しているものは，**資料２**のア～エのうちどれか。

資料２

空港・港	ア		イ		ウ		エ	
主要輸出品目と輸出金額(百万円)	自動車	3,116,513	プラスチック	372,344	集積回路	791,577	科学光学機器	705,569
	自動車部品	2,186,874	建設・鉱山用機械	352,246	科学光学機器	409,306	金(非貨幣用)	595,975
	金属加工機械	544,339	内燃機関	181,269	電気回路用品	350,854	集積回路	504,595

（日本国勢図会 2019/20 年版から作成）

６　**資料３**は，広島市街地のようすを表したものである。広島市街地は河川によって形成された地形の上に開けている。**資料３**のような地形は，どのような場所にできるか。扇状地と比較して，次の文の［　　］に適することばを補い，これを完成させよ。ただし，この地形の名称も入れること。

扇状地が山地との境にできるのに対し，［　　］。

資料３

2022年受験用 鹿児島県

高校入試問題集

公立編

2022

公立高校入試 3年分

実 戦 問 題 2 回 分

解答用紙集

目 次

令和３年度　鹿児島県公立高校入試………………　１Ｐ

令和２年度　鹿児島県公立高校入試………………　６Ｐ

平成31年度　鹿児島県公立高校入試………………11Ｐ

令和４年度　公立高校入試実戦問題　第１回…16Ｐ

令和４年度　公立高校入試実戦問題　第２回…21Ｐ

※国語・理科・英語・社会の解答用紙はＢ４に，数学の解答用紙はＡ３に拡大コピーしていただきますと，実物大になります。

令和３年度　鹿児島県公立高校入試

令和三年度　鹿児島県公立高校入試問題

国語解答用紙

1

1 (1) (2) す (3) (4) (5) (6) ぐ

2 画

2

1

2

3 Ⅰ Ⅱ

4

5

3

1

2

3

4 Ⅰ Ⅱ Ⅲ

4

1

2 Ⅰ Ⅱ

3

4

5

5

選択した特徴

1 2 3 4 5 6 7 8

受検番号	

合計得点	

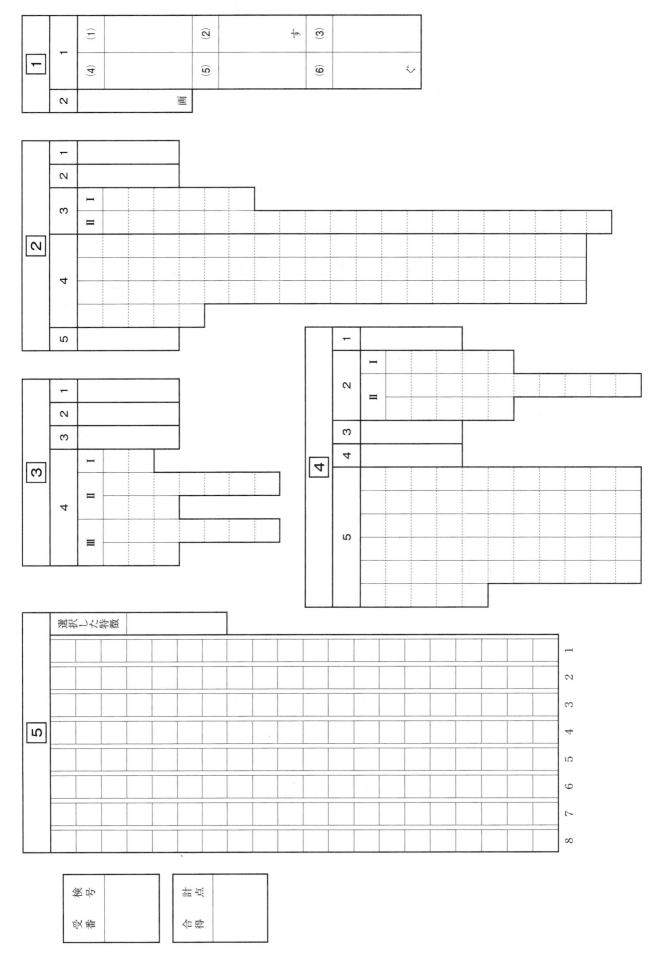

令和３年度　鹿児島県公立高校入試問題

理　科　解　答　用　紙

1	1						
	2						
	3	a		b		c	
	4						
	5						
	6						
	7	①		②			
	8	力の大きさ	N	距離	cm		

2	I	1		
		2	X ＋ ● → Y ＋ Z	
		3		
		4	質量	g
			物質	
	II	1		
		2		
		3		
		4	a	b

3	I	1			
		2			
		3	①	②	
		4			
	II	1			
		2	(1)		
			(2)	a	
				b	
				c	
		3			

4	I	1		
		2		
		3		
		4		
	II	1		
		2	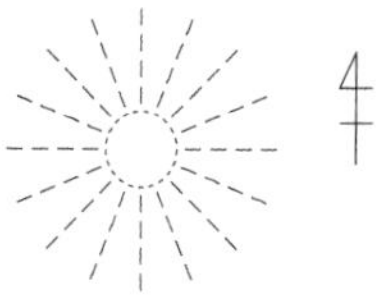	
		3	a	b
		4		

5	I	1	g/cm^3	
		2	N	
		3	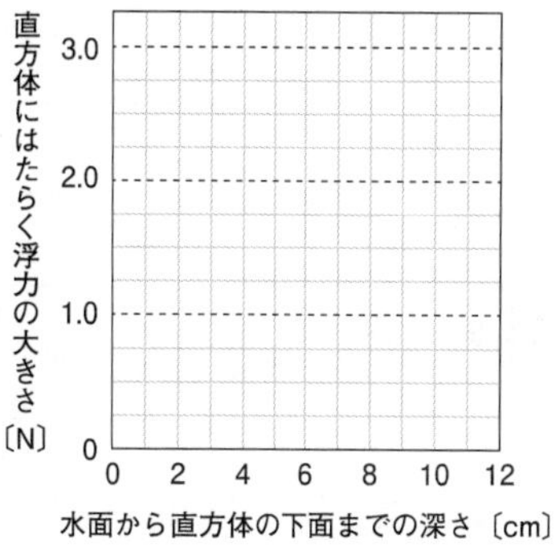	
		4	記号	
			理由	
	II	1		
		2		
		3	電圧　V	電力　W
		4		

受検番号		合計得点	

令和３年度　鹿児島県公立高校入試問題

英　語　解　答　用　紙

1	1	
	2	
	3	
	4	→ →
	5	
	6	(1) (2) He has learned it is important to .
	7	
2	1	① ②
	2	① ② ③
		④ But at Minato Station by eight forty.
	3	do you have in a week ?
	4	20
3	Ⅰ	1 2
	Ⅱ	1 (1)
		1 (2)
		2
	Ⅲ	１番目 ２番目
4	1	→ →
	2	
	3	• •
	4	
	5	
	6	
	7	15

受検番号	

合計得点	

令和３年度　鹿児島県公立高校入試問題

社　会　解　答　用　紙

1	Ⅰ	1	
		2	
		3	
		4	
		5	
		6	Y
			Z
	Ⅱ	1	市
		2	
		3	(果実)
			(県)
		4	
		5	
	Ⅲ		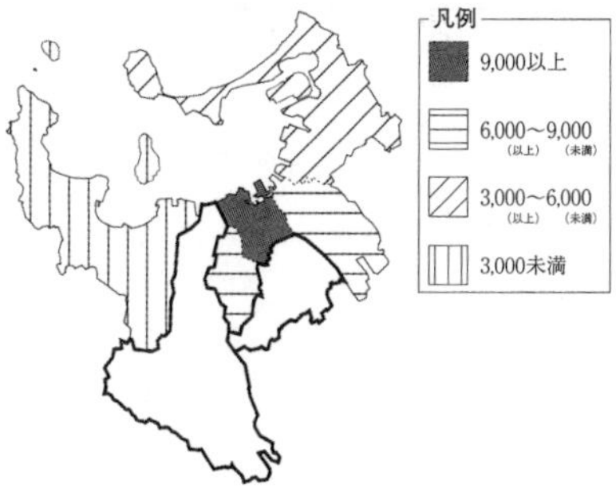

2	Ⅰ	1	
		2	
		3	→　→　→
		4	
		5	
		6	
		7	
	Ⅱ	1	①
			②
		2	
		3	
		4	→　→
		5	
		6	
	Ⅲ		

3	Ⅰ	1	
		2	→　→
		3	核兵器を
		4	内閣総理大臣は
		5	
	Ⅱ	1	
		2	
		3	
		4	
		5	失業した労働者に対して
	Ⅲ		40

受検番号		合計得点	

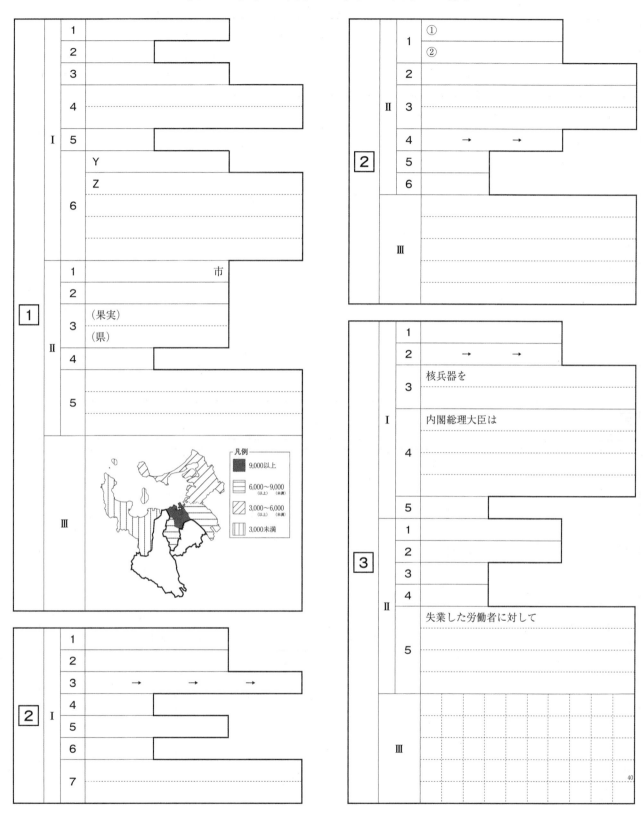

令和３年度　鹿児島県公立高校入試問題

数　学　解　答　用　紙

1	1	(1)	
		(2)	
		(3)	
		(4)	時速　　km
		(5)	本
	2		$a=$
	3		cm^3
	4		$n=$
	5		
2	1		度
	2		
	3		
	4		（証明）
	5		（式と計算） 答　Mサイズのレジ袋　　枚， Lサイズのレジ袋　　枚
3	1	a	
		b	
	2		冊
	3	(1)	
		(2)	

4	1	ア	
	2	イ	（　，　）
		ウ	（　，　）
	3	(1)	
		(2)	（求め方や計算） 答 同じ面積になる　・　同じ面積にならない
5	1		
	2		
	3	(1)	cm
		(2)	cm^2
		(3)	（式と計算） 答　　秒後

受検番号	

合計得点	

令和２年度　鹿児島県公立高校入試

令和二年度　鹿児島県公立高校入試問題

国語解答用紙

1

1　①　ましい　②　③　って　④　⑤　⑥　った

2　画

2

1

2

3

4　Ⅰ　Ⅱ

5

3

1

2

3

4　Ⅰ　Ⅱ　Ⅲ

4

1

2　Ⅰ　Ⅱ

3

4

5

5

1　2　3　4　5　6　7　8

受検番号

合計得点

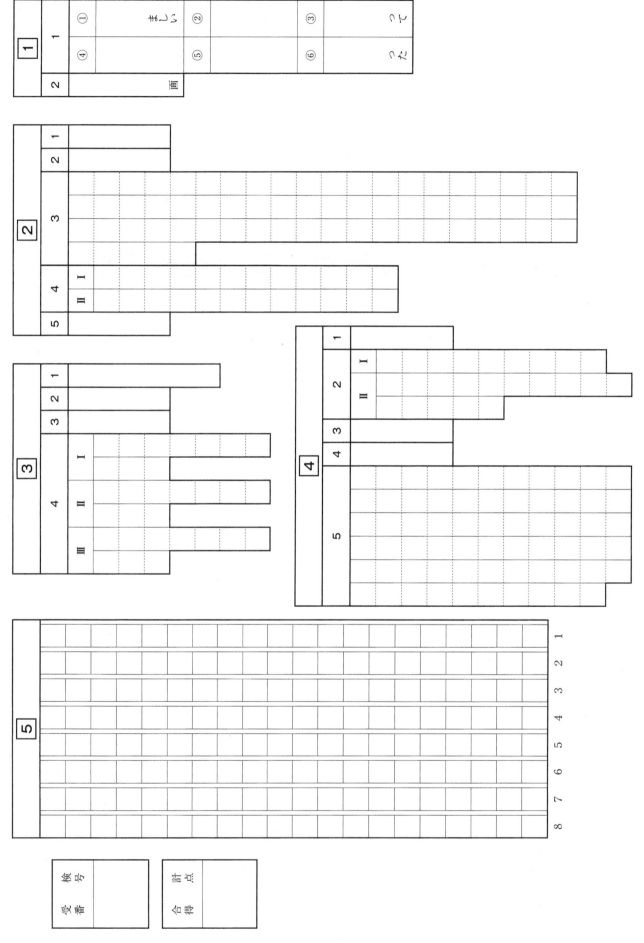

令和２年度　鹿児島県公立高校入試問題

理　科　解　答　用　紙

大問		番号	解答欄
1		1	類
		2	
		3	
		4	①　　　②
		5	
		6 (1)	
		6 (2)	①　　　②
		7	

大問		番号	解答欄
2	Ⅰ	1	
	Ⅰ	2	
	Ⅰ	3	→　→　→
	Ⅱ	1	
	Ⅱ	2	
	Ⅱ	3 (1)	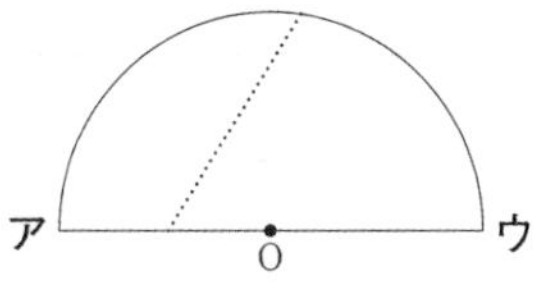
	Ⅱ	3 (2)	

大問		番号	解答欄
3	Ⅰ	1	
	Ⅰ	2	a　　　b
	Ⅰ	3	Cは，水溶液の温度を下げると，
	Ⅰ	4	g
	Ⅱ	1	
	Ⅱ	2	
	Ⅱ	3 (1)	電池
	Ⅱ	3 (2)	化学式　　　分子の個数　　　個

大問		番号	解答欄
4	Ⅰ	1	
	Ⅰ	2	ア →　→　→　→
	Ⅰ	3	
	Ⅰ	4	
	Ⅱ	1	
	Ⅱ	2	
	Ⅱ	3 (1)	
	Ⅱ	3 (2)	
	Ⅱ	4	

大問		番号	解答欄
5	Ⅰ	1	°
	Ⅰ	2	
	Ⅰ	3	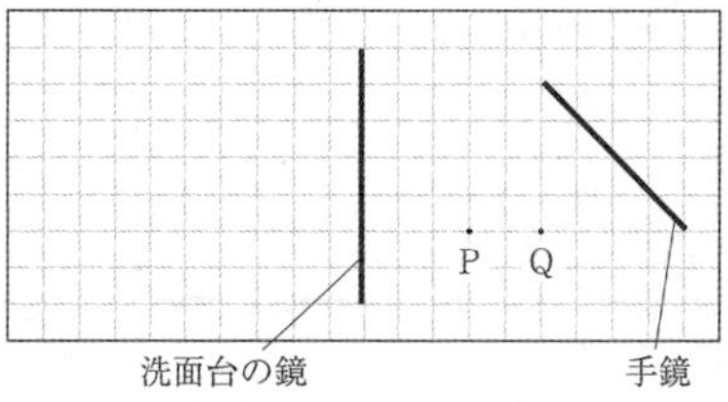
	Ⅱ	1	J
	Ⅱ	2	
	Ⅱ	3	
	Ⅱ	4	cm
	Ⅱ	5	

受検番号	

合計得点	

令和２年度　鹿児島県公立高校入試問題

英　語　解　答　用　紙

1	1		
	2		
	3		→ →
	4	①	②
	5	(1)	(2)
		(3)	He began to .
	6		
2	1	①	②
	2	①	
		②	
		③	Then, .
		④	
	3		?
	4		
3	I	①	② ③
	II	1 (1)	
		1 (2)	
		2	
	III	1	
		2	
4	1		→ →
	2		30
	3		?
	4		
	5		
	6		
	7		

受検番号	

合計得点	

令和２年度　鹿児島県公立高校入試問題

社　会　解　答　用　紙

1	Ⅰ	1	山脈
		2	
		3	
		4	
		5	
		6	(1)
			(2)
	Ⅱ	1	
		2	
		3	
		4	
		5	
		6	
	Ⅲ	X	経路あ　　経路い
		Y	

2	Ⅰ	1	
		2	
		3	
		4	
		5	
		6	(　　)→(　　)→(　　)→(　　)
	Ⅱ	1	①
			②
		2	
		3	(　　)→(　　)→(　　)
		4	
		5	
		6	
	Ⅲ		25

3	Ⅰ	1	
		2	
		3	
		4	
		5	
		6	
	Ⅱ	1	
		2	
		3	
		4	
		5	(1)
			(2)
	Ⅲ	X	
		Y	30

受検番号	

合計得点	

令和２年度　鹿児島県公立高校入試問題

数　学　解　答　用　紙

1

1 (1)　　(2)　　(3)　　(4)　　(5)

2 $y =$　　3　　4　　5

2

1 　　度　　2　　3 $x =$

4

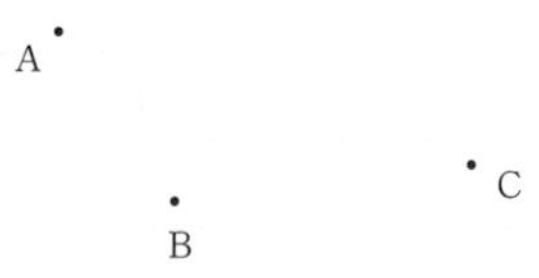

5 （式と計算）

答　A さんが最初に持っていた鉛筆　　本,

B さんが最初に持っていた鉛筆　　本

3

1 　　点　　2 (1) ア　　イ　　(2)　　点　　3　　点

4

1 ア

イ

2 （証明）

3 (1)　　度

$t =$

(2)　　m^2

5

1 Q(　　,　　)

2 $t =$

3 (1) R(　　,　　)

3 (2) （求め方や計算）

答

受検番号	

合計得点	

平成31年度　鹿児島県公立高校入試

平成三十一年度　鹿児島県公立高校入試問題

国語解答用紙

1

1　(1)　(2)　た　(3)　(4)　しい　(5)　く　(6)

2

2

1

2　Ⅰ　Ⅱ

3

4

5

3

1

2

3　Ⅰ　Ⅱ　Ⅲ　Ⅳ

4

1

2

3　Ⅰ　Ⅱ

4

5

5

1
2
3
4
5
6
7
8

受検番号

合計得点

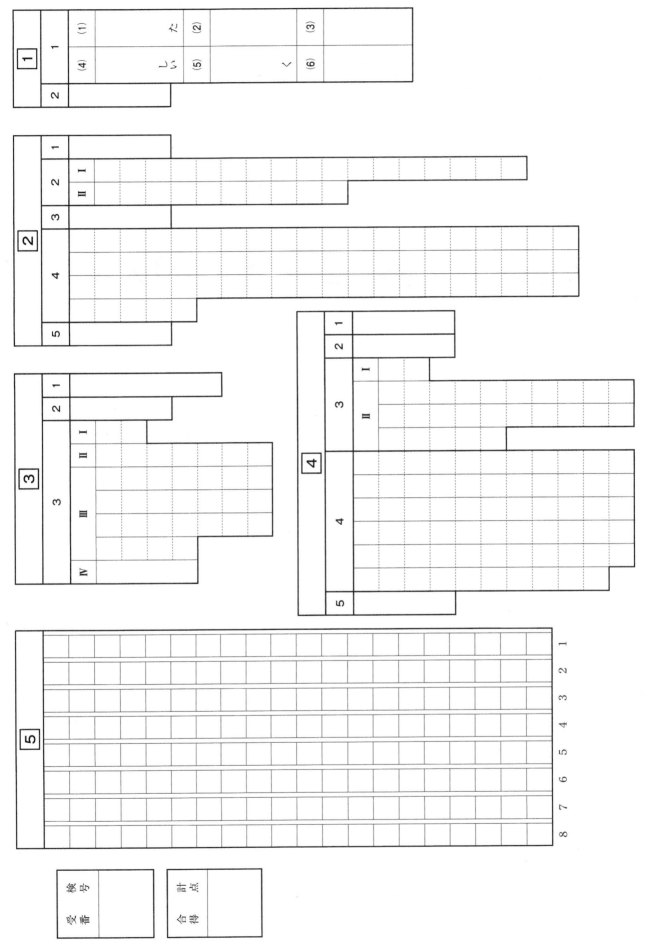

平成31年度　鹿児島県公立高校入試問題

理　科　解　答　用　紙

1	1		
	2	記号	名称
	3		
	4		
	5		
	6		
	7		
	8	①	②

2	Ⅰ	1		神経
		2		
		3		
	Ⅱ	1		
		2		
		3	(1)	
			(2)	cm^3

3	Ⅰ	1			
		2			
		3	(1)		
			(2)	①	②
	Ⅱ	1		Ω	
		2	(1)	mA	
			(2)		
		3	a		
			b		

4	Ⅰ	1	①	②
		2	リトマス紙	
			イオンの名称	
		3	$Ba(OH)_2$ + H_2SO_4 →	
	Ⅱ	1	(1)	
			(2)	
			(3)	
		2	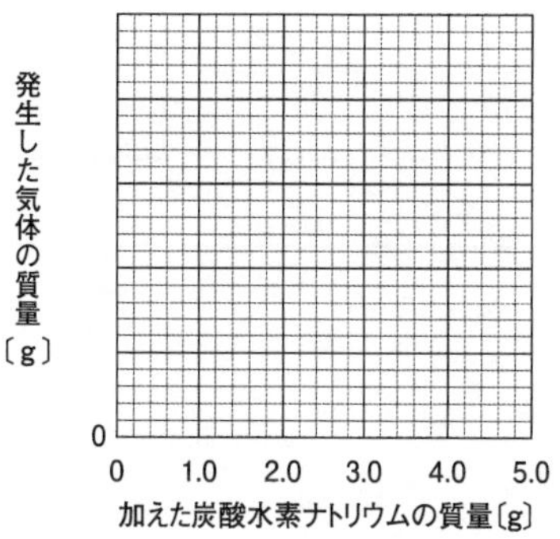	
		3	%	

5	Ⅰ	1	
		2	
		3	
	Ⅱ	1	
		2	
		3	
		4	

受検番号	

合計得点	

平成31年度　鹿児島県公立高校入試問題

英　語　解　答　用　紙

1	1	
	2	
	3	①　②
	4	(1)
		(2)　(3) He .
	5	
2	1	①　②
	2	①
		②
		③
		④ with you ?
	3	?
	4	
3	I	①　②　③
	II 1	
	II 2	
	III 1	(1)
		(2)
	III 2	30
4	1	ア　イ　ウ
	2	
	3	
	4	30
	5	
	6	
	7	

受検番号	

合計得点	

平成31年度　鹿児島県公立高校入試問題

社 会 解 答 用 紙

1	I	1	州
		2	
		3	度
		4	（記号） （特徴）
		5	
		6	
	II	1	
		2	
		3	
		4	
		5	大泉町に多く住む
		6	
	III		50

2	I	1	① ②
		2	（　　）→（　　）→（　　）→（　　）
		3	
		4	
		5	
		6	
	II	1	① ②
		2	
		3	
		4	（1899年） （理由）
		5	
		6	（　　）→（　　）→（　　）
	III		

3	I	1	
		2	
		3	
		4	
		5	30
		6	（当選者数）　人 （特徴）小選挙区制に比べ
	II	1	
		2	(1) (2)
		3	
		4	
		5	
	III		（記号） （しくみ）

受検番号	

合計得点	

平成31年度　鹿児島県公立高校入試問題

数　学　解　答　用　紙

1	1	(1)		(2)		(3)		(4)		(5)
	2	度	3		4	倍	5			

2

1　P（　　　，　　　）

2

3

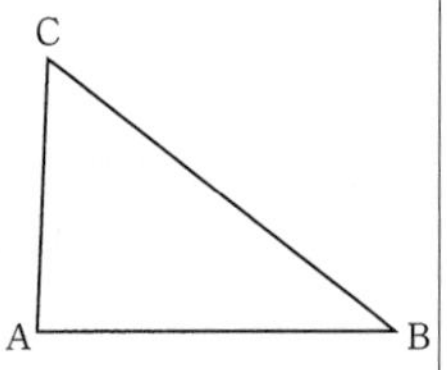

4　（証明）

5　（式と計算）

答　120円のりんご　　個，

100円のりんご　　個，

80円のりんご　　個

3	1	点	2	人	3	(1)	点	(2)	

4

1　$a =$

2　(1)　（証明）

2　(2)　ア

イ

ウ

5

1　ア

イ

ウ

エ

オ

2　（式と計算）

答　　　秒後

受検番号	

合計得点	

令和４年度　公立高校入試実戦問題
第１回

令和四年度　公立高校入試実戦問題　第一回

国語解答用紙

1

1　(1)　(2)　く　(3)　(4)　(5)　す　(6)

2

2

1　2　3　4　5　6

3

1　2　3　4　5　Ⅰ　Ⅱ

4

1　2　3　4　5　6

5

1　2　3　4　5　6　7　8

受検番号

合計得点

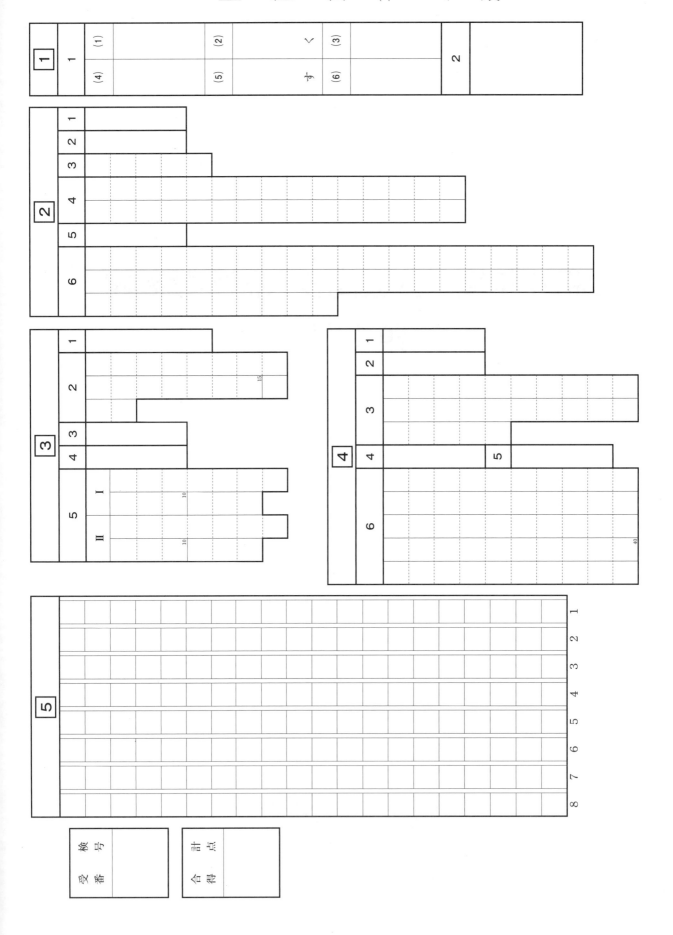

令和４年度　公立高校入試実戦問題　第１回

理　科　解　答　用　紙

1	1		
	2		
	3		
	4	(1)	
		(2)	m
	5		
	6		
	7		

2	Ⅰ	1	
		2	V
		3	
		4	
	Ⅱ	1	
		2	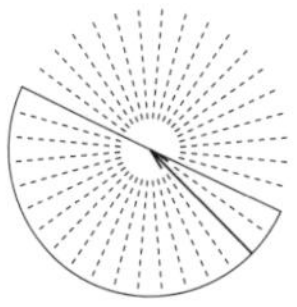
		3	
		4	

3	Ⅰ	1		
		2		
		3		
	Ⅱ	1	X	
			Y	
		2		
		3		

4	Ⅰ	1		
		2	ロウ	
			水	
		3		
		4		
	Ⅱ	1	a	
			b	
		2		
		3	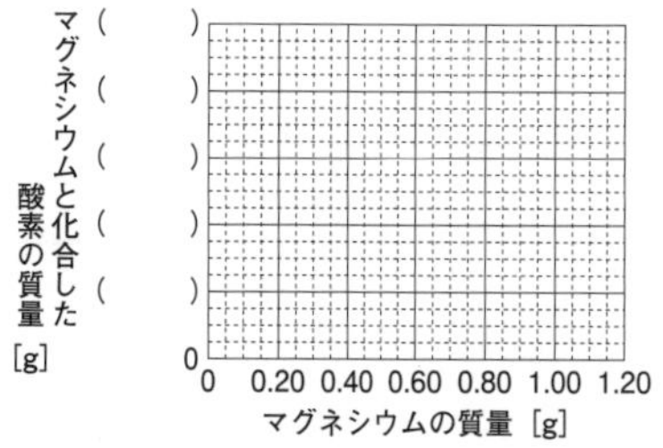	

5	Ⅰ	1				
		2		%		
		3	記　号			
			理　由			
	Ⅱ	1				
		2				
		3	①		②	
		4	記　号			
			理　由			

受　検 番　号	

合　計 得　点	

令和４年度　公立高校入試実戦問題　第１回

英　語　解　答　用　紙

大問	小問		解答欄
1	1		2
	3		
	4		→ →
	5		
	6	(1)	
		(2)	She　　　when she was a student.
	7		
2	1	①	②
	2	①	
		②	
		③	
		④	
	3		?
	4	①	
		②	
3	I	1	2
	II	1 (1)	
		1 (2)	
		2	
	III		
4	1		→ →
	2		
	3		
	4		
	5		20
	6		
	7		15

受検番号	

合計得点	

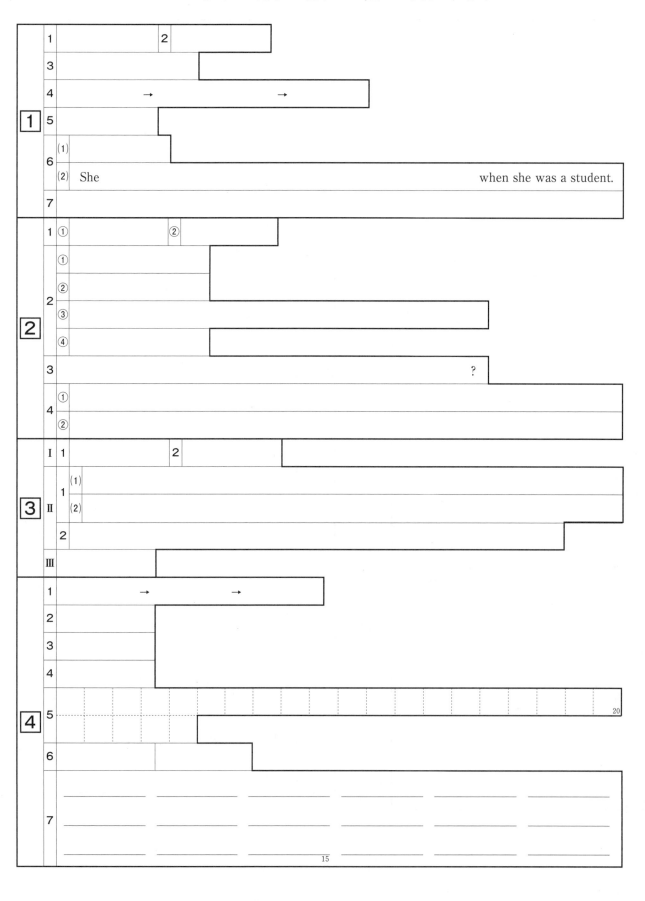

令和４年度　公立高校入試実戦問題　第１回

社　会　解　答　用　紙

1			
1	Ⅰ	1	
		2	大陸
		3	
		4	
		5	
		6	(1)
			(2)
	Ⅱ	1	
		2	
		3	
		4	
		5	(1)
			(2)
	Ⅲ		なぜ日本の　　のか？

2			
2	Ⅰ	1	①
			②
		2	
		3	
		4	15
		5	(1)
			(2)
		6	→ → →
	Ⅱ	1	
		2	→ → →
		3	
		4	
		5	
		6	A
			B
	Ⅲ		

3			
3	Ⅰ	1	県 → 県
		2	銅山
		3	
		4	
		5	
		6	
	Ⅱ	1	
		2	
		3	
		4	
		5	
		6	
	Ⅲ		55

受検番号		合計得点	

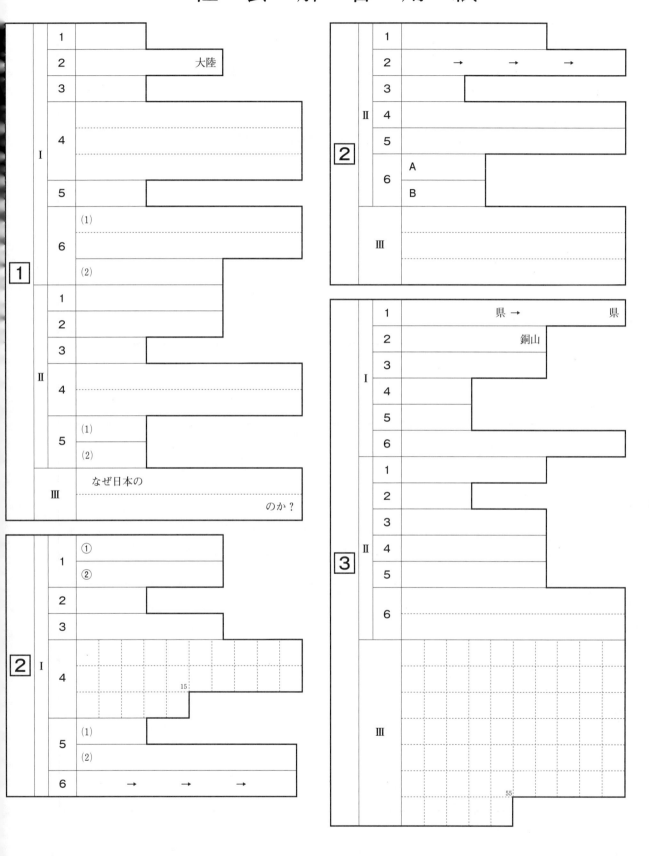

令和４年度　公立高校入試実戦問題　第１回

数　学　解　答　用　紙

1

- 1 (1)　(2)　(3)　(4)　(5) $x=$
- 2
- 3 $a=$
- 4 度
- 5

2

- 1
- 2 (1) 試合　(2) 試合
- 3

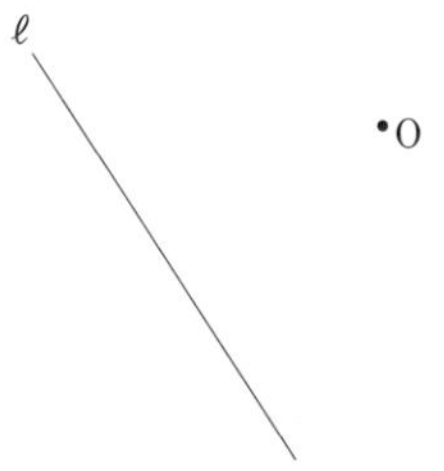

- 4 (式と計算過程)

答　今月の男子の人数　人，今月の女子の人数　人

3

- 1 ア　イ
- 2 (1) 冊
- 2 (2) (理由)

4

- 1
- 2 と
- 3 (1)

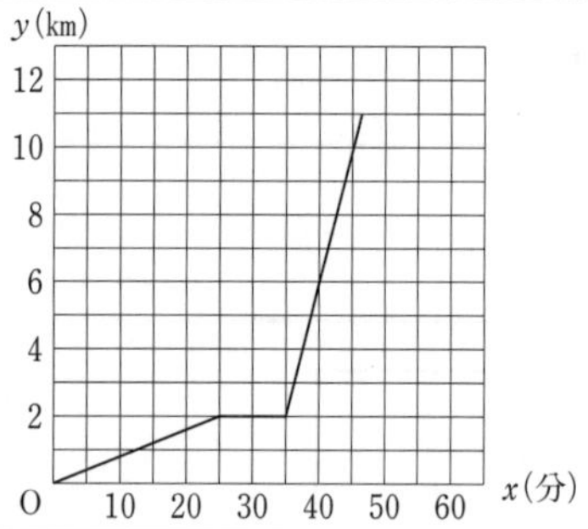

- 3 (2) 分

5

- 1 度
- 2 ア
- イ　ウ
- エ
- 3 (1) cm^2
- 3 (2) (求め方や計算過程)

答　cm^3

受検番号	

合計得点	

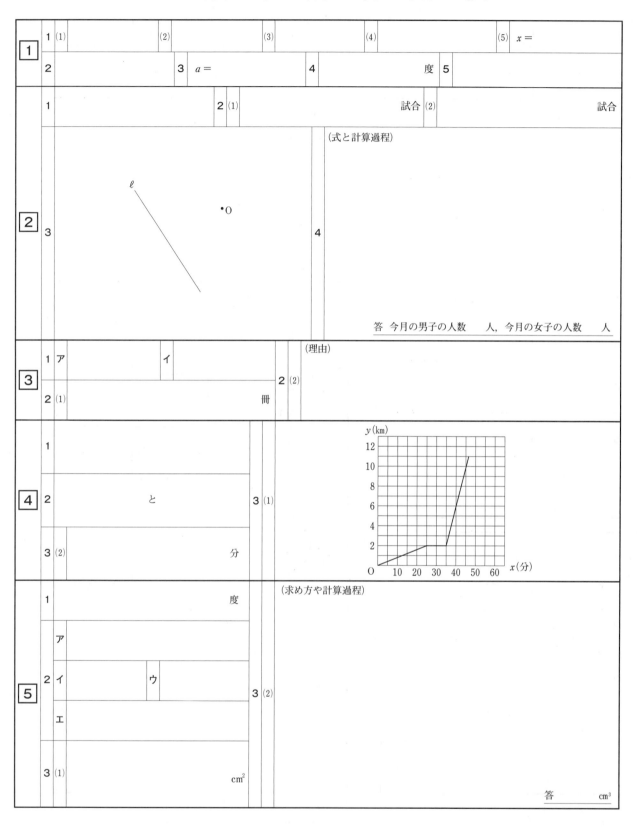

令和４年度　公立高校入試実戦問題
第２回

令和四年度　公立高校入試実戦問題　第二回

国語解答用紙

1

1　(1)　(2)　う　(3)　(4)　(5)　り　(6)

2

2

1

2　Ⅰ　Ⅱ

3

4

5

3

1

2

3

4　Ⅰ　Ⅱ

4

1

2

3

4

5

6

5

1　2　3　4　5　6　7　8

受検番号

合計得点

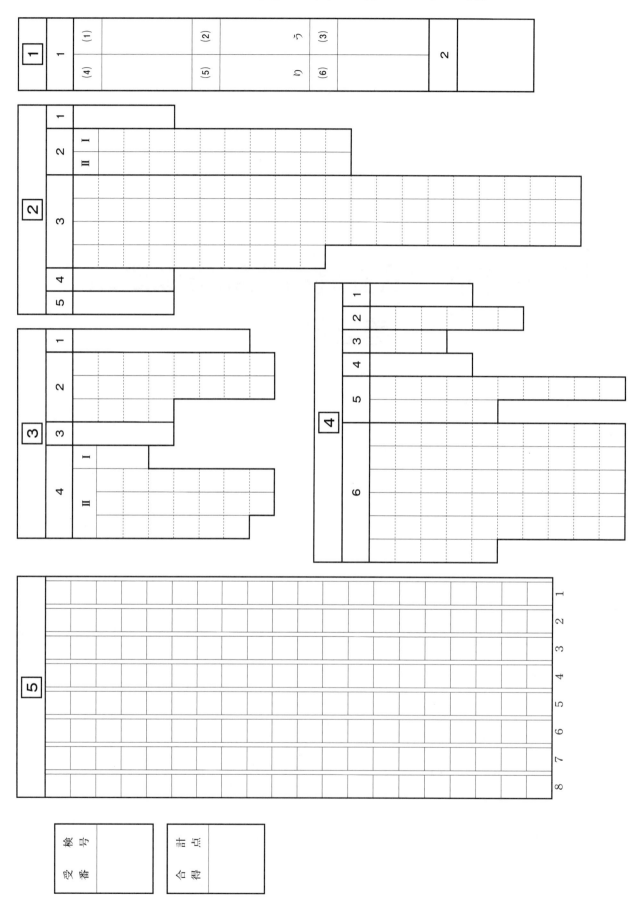

令和４年度　公立高校入試実戦問題　第２回

理　科　解　答　用　紙

1	1		
	2		
	3		回
	4	①	②
	5	a	
		b	
	6		
	7	水溶液	
		理由	
	8		

2	I	1	
		2	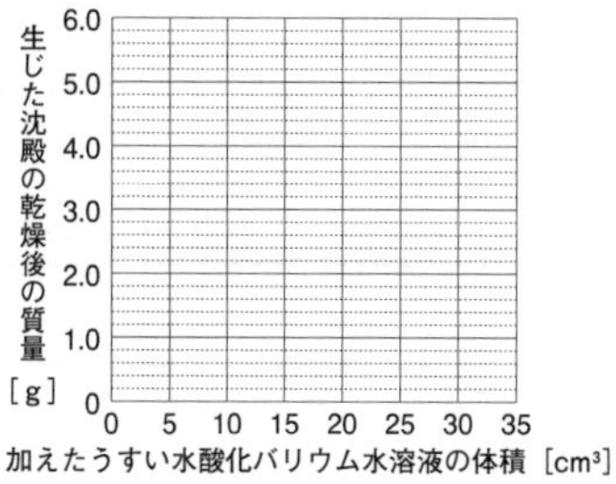
		3	cm³
		4	
	II	1	
		2	
		3	
		4	g

3	I	1	茎		葉		根	
		2						
		3						
3	II	1						
		2						
		3	①		②			
		4						
		5						

4	I	1		
		2		
		3		回
	II	1		
		2	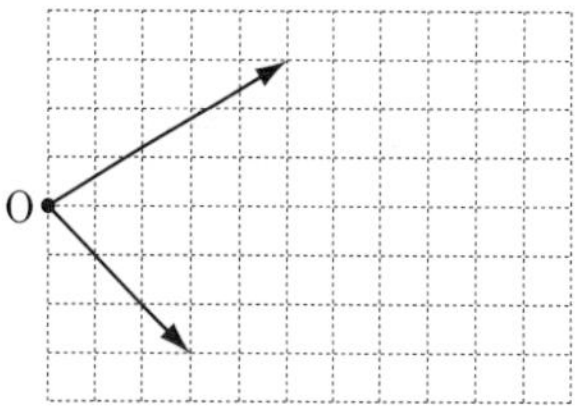	
		3	X	
			Y	
		4		

5	I	1	
		2	
		3	→　→　→
		4	
	II	1	
		2	
		3	
		4	座

受検番号	

合計得点	

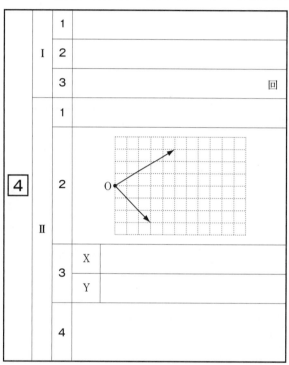

令和４年度　公立高校入試実戦問題　第２回

英　語　解　答　用　紙

1	1	2
	3	
	4	→ →
	5	
	6 (1)	(2) We　　　when we go to the lesson.
	7	
2	1 ①	②
	2 ①	②
	2 ③	After that,　　　.
	2 ④	
	3	?
	4	
3	Ⅰ 1	2
	Ⅱ 1 (1)	
	Ⅱ 1 (2)	
	Ⅱ 2	
	Ⅲ	
4	1	→ →
	2	
	3	
	4	
	5	
	6	
	7	

受検番号	

合計得点	

令和４年度　公立高校入試実戦問題　第２回

社　会　解　答　用　紙

1			
Ⅰ	1		
	2		
	3	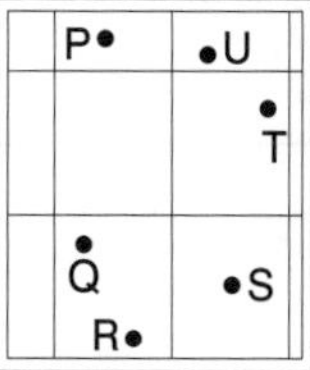	
	4	(小麦)	
		(米)	
	5		
	6		
	7	発展途上国Bは先進工業国Aに比べ,	
Ⅱ	1	(1)	県
		(2)	
	2	(1)	
		(2)	
	3	(1)	
		(2)	
Ⅲ		35	

2		
Ⅰ	1	
	2	
	3	
	4	
	5	→　→　→
	6	
	7	
Ⅱ	1	
	2	
	3	下関条約により,
	4	
	5	
	6	→　→
Ⅲ		

3		
Ⅰ	1	
	2	
	3	
	4	
	5	①
		②
Ⅱ	1	
	2	
	3	
	4	
	5	
	6	
Ⅲ		

受検番号	

合計得点	

令和４年度　公立高校入試実戦問題　第２回

数　学　解　答　用　紙

1

1	(1)		(2)		(3)		(4)		(5) cm
2	(,)	3		4		5	人		

2

1	度	2		3	$b=$

4

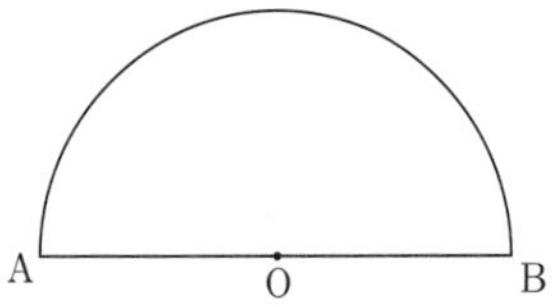

5 （式と計算）

答　ある数 x

3

1	cm
3	cm

2

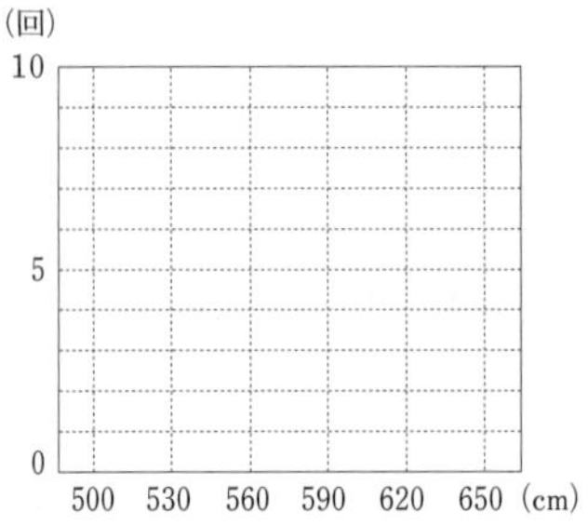

4 （説明）

4

1	ア		イ		ウ		エ

2 (1) （証明）

(2) オ

カ （求め方や計算）

答　cm²

5

1		2		3	B（ , ）	4	H（ , ）

受　検 番　号	

合　計 得　点	

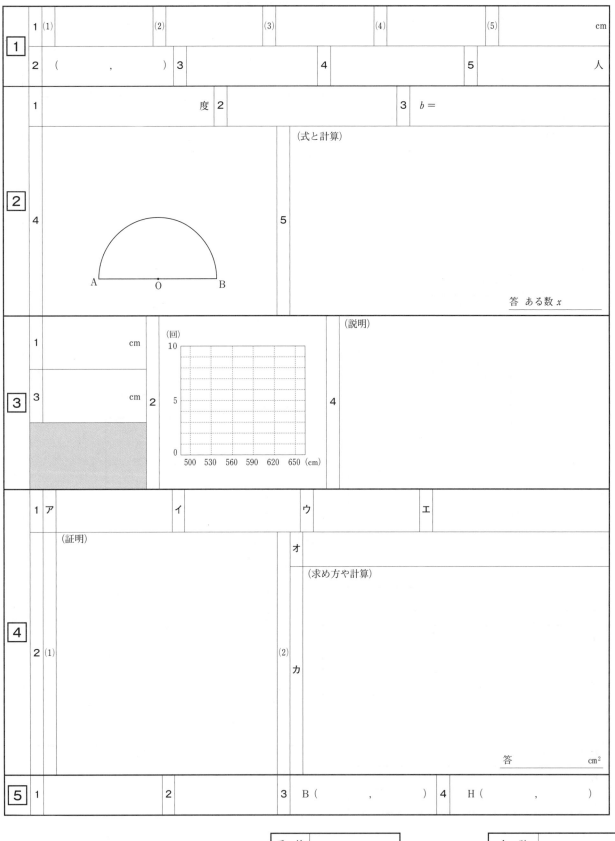

KYOUSHIN

中学校　3年　　組　　番
氏名

Ⅱ　次は，日本に来ている留学生たちが，自分の国について説明したものである。これを読んで，**1**～**6**の問いに答えよ。

インドからの留学生

私の国は，ⓐ人口が約13億人で，世界で二番目に多い国です。紀元前5世紀ごろにインドのシャカが説いた［　　　］は，現在でも世界の多くの人々に信仰されています。

イギリスからの留学生

私の国の首都は，ⓑ0度の経線が通っています。明治時代には，ⓒ日本からの使節団が私の国を訪れた記録が残っています。当時の人々は，イギリスの進んだ工業技術に大変驚かれたようです。

中国からの留学生

私の国は，古代から日本と交流があり，ⓓ私の国から日本に伝わったものもたくさんあります。9世紀末にⓔ日本との交流が途絶えた時期もありましたが，再び交流が始まると，さまざまな物品や文化が行き来しました。

1　インドからの留学生の説明の中の［　　　］にあてはまる最も適当な宗教名を書け。

2　ⓐについて，インドの人口は世界の人口の何分の1か。最も適当と考えられるものを選べ。

ア　約20分の1　　**イ**　約10分の1　　**ウ**　約6分の1　　**エ**　約3分の1

3　ⓑについて，この経線を特に何というか。

4　ⓒについて，**資料**は，この使節団がアメリカを訪れたときに撮影されたものである。この使節団を何というか。

資料

5　ⓓには，西方の影響が見られる工芸品も多くある。古代に東西文化の交通路となった，ローマ帝国と中国との間に開かれた中央アジアの砂漠を通る交通路の名称を書け。

6　ⓔについて，このころ，日本の都では寝殿造や大和絵に代表される文化がさかえた。この文化はどのような特色をもつ文化であったか。当時の日本と中国との関係の変化についてもふれて書け。

Ⅲ　明治政府が，富岡製糸場に求めた役割を，**資料**をもとにして**55字以上65字以内**で書け。

資料　富岡製糸場が建設されるまでの流れ

開国の影響 ⇒ 鎖国が終わって，外国との貿易が始まる ⇒ 生糸の輸出が急増し，生産が追いつかなくなる ⇒ 質の悪い生糸が輸出され，日本製生糸の評判が下がる。 ⇒ 富岡製糸場を建設

殖産興業 ⇒ 富国を実現させるためには，近代的な産業の育成が不可欠である。 ⇒ 外国人技術者を招き，外国の進んだ技術や機械を取り入れる必要がある。 ⇒ 各地から集めた工女に新しい技術を学ばせ，地元に戻し，技術者としたい。 ⇒ 富岡製糸場を建設

（「富岡製糸場ホームページ」から作成）

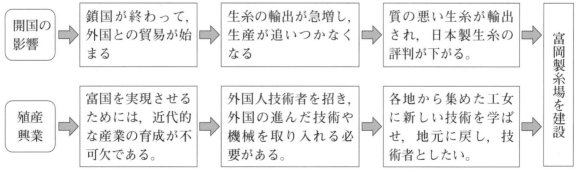

令和４年度　公立高校入試実戦問題　第１回　数　学　（解答…226Ｐ）

1　次の１～５の問いに答えなさい。

１　次の(1)～(5)の問いに答えよ。

(1)　$(3-5)\times 7$ を計算せよ。

(2)　$\frac{3}{4}-\frac{1}{6}\div\frac{2}{3}$ を計算せよ。

(3)　$3x^2y^3\times(-2y)^2\div 6xy^2$ を計算せよ。

(4)　$(x-3)(x-1)$ を展開せよ。

(5)　方程式 $x-3(2x+1)=17$ を解け。

2　$\sqrt{2}=1.414$として，$\sqrt{50}$の値を求めよ。

3　下の表は，yがxに反比例する関係を示したものである。このとき，aの値を求めよ。

x	…	-8	…	-4	…	2	…
y	…	a	…	-6	…	12	…

4　下の図は，△ABCを示したもので，△ABCの頂点Cにおける外角の大きさは135°，また，辺BC上にAB＝ADとなる点Dをとると，∠BAD＝40°である。このとき，∠xの大きさは何度か。

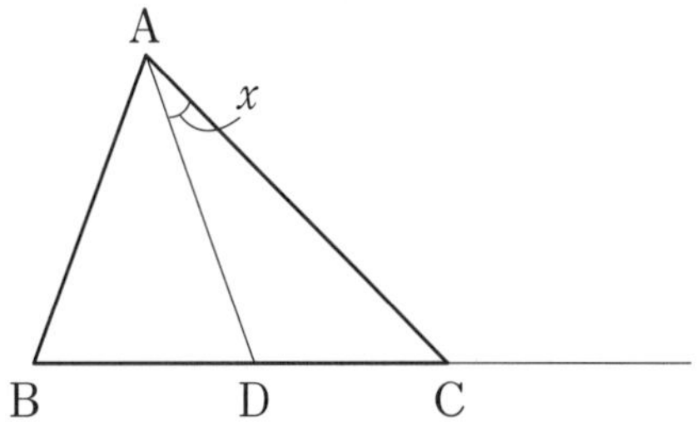

5　下の**ア**～**ウ**は，高さが等しい3つの立体の投影図を示したもので，**ア**，**イ**，**ウ**はそれぞれ，三角柱，四角柱，正四角すいを表している。**ア**～**ウ**で表される立体の体積を比べ，小さい順に左から並べ，記号で答えよ。

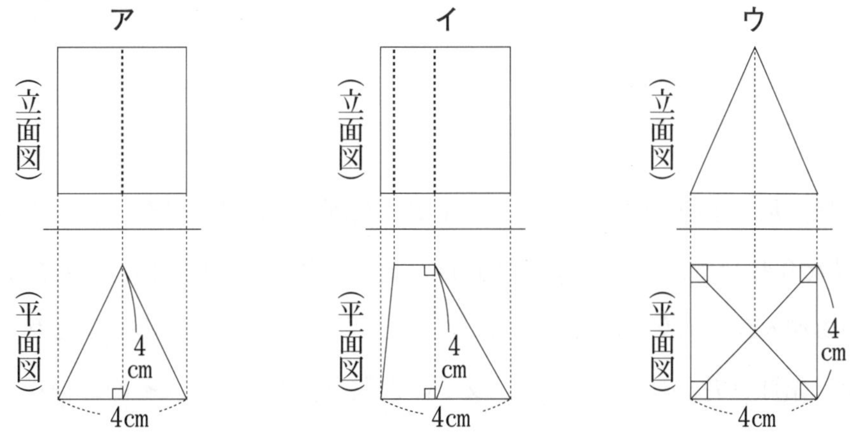

2　次の**1**～**4**の問いに答えなさい。

1　右の図のように，袋の中に1から6までの数字が1つずつ書かれた6個の玉が入っている。この袋の中から同時に2個の玉を取り出す。このとき，取り出した2個の玉に書かれた数の積が2けたの偶数となる確率を求めよ。

2　バレーボールの大会で，参加チームがそれぞれ1回ずつ対戦するような組み合わせを考える。例えば，A～Dの4チームが参加するときの対戦結果をまとめる表は右のようになり，総試合数は6試合となる。このとき，次の(1)，(2)の問いに答えよ。

	A	B	C	D
A				
B				
C				
D				

(1)　参加チーム数が6チームのとき，総試合数は何試合か。

(2)　参加チーム数がnチームのとき，総試合数をnを用いて表せ。

3　右の図は，直線ℓと点Oを示したもので，点Oを中心とする円Oが直線ℓと接するとき，円Oと直線ℓとの接点をPとする。このとき，点Pを定規とコンパスを用いて作図せよ。ただし，作図に用いた線は消さずに残しておくこと。

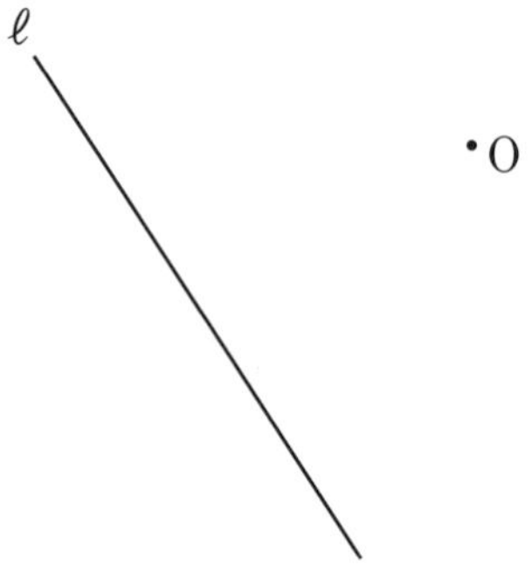

4　ある地域では，毎月1回，住民がボランティアで公園周辺の清掃活動を行っている。先月の参加人数は男女合わせて70人で，今月は先月と比べて男子は20％減り，女子は10％増えた結果，今月の参加人数は男女合わせて68人になった。このとき，今月の男子と女子の人数はそれぞれ何人か。先月の男子の人数をx人，女子の人数をy人として，その方程式と計算過程も書くこと。

3　右の表は，Kさんの通う中学校の図書委員会が，3年生70人に対して，夏休みの間に学校の図書館で借りた本の冊数について調べ，その結果をまとめたものである。次の**1**，**2**の問いに答えなさい。

	生徒数 (人)	冊数の 合計 (冊)	1人が借りた 本の冊数の平均値 (冊)
A組	34	85	2.5
B組	36	［ア］	6
学年	70	301	［イ］

1　表中の［ア］，［イ］にあてはまる数をそれぞれ求めよ。

2　下の文は，図書委員であるKさんとMさんの会話の一部である。

Kさん「表を見ると，夏休みの間に1人が借りた本の冊数の平均値は，A組が2.5冊で，B組が6冊ですね。」

Mさん「B組の方が，1人が借りた本の冊数の平均値が大きいから，1冊以上本を借りた人の割合は，B組の方がA組より大きいよね。」

Kさん「でも，借りた本の冊数と人数のヒストグラムをつくると，次のようになりましたよ。」

A組

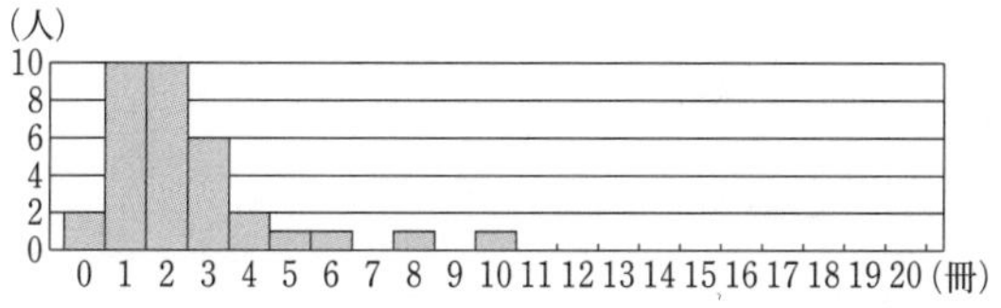

B組

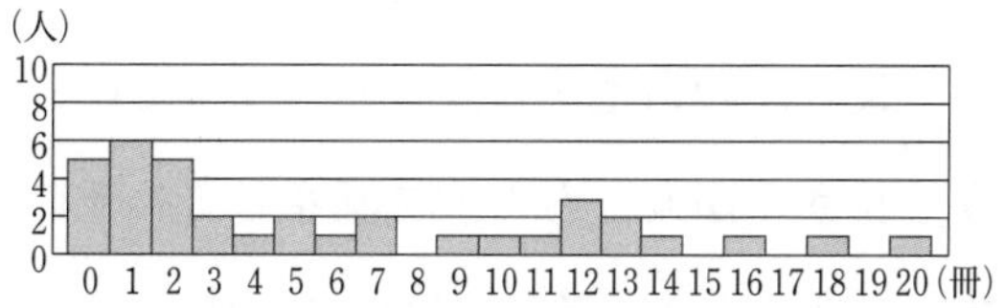

このとき，次の(1)，(2)の問いに答えよ。

(1)　ヒストグラムをもとに，3年生70人について，最頻値を求めよ。

(2)　Kさんは，ヒストグラムをもとに，下線部が正しいとはいえないことを次のように説明した。［　　　］に，下線部が正しいとはいえない理由を，根拠となる数値を用いて書け。

夏休みの間に，学校の図書館から

［　　　　　　　　　　　　　　　　　　　　　］

したがって，1冊以上本を借りた人の割合は，B組の方が，A組より大きいという判断は正しいとはいえないと思います。

4 Kさんは，自宅から歩いて友だちの家まで行き，友だちと話をしてから，一緒に友だちの父親が運転する自動車で映画館に向かった。右の図は，Kさんが自宅を出発してからの時間をx分，自宅からの道のりをy kmとして，Kさんが自宅を出発してから映画館に到着するまでのグラフを示したもので，3点(25, 2)，(35, 2)，(45, 10)を通る。なお，歩く速さや自動車の速さは一定とし，自動車の乗り降りにかかる時間は考えないものとし，

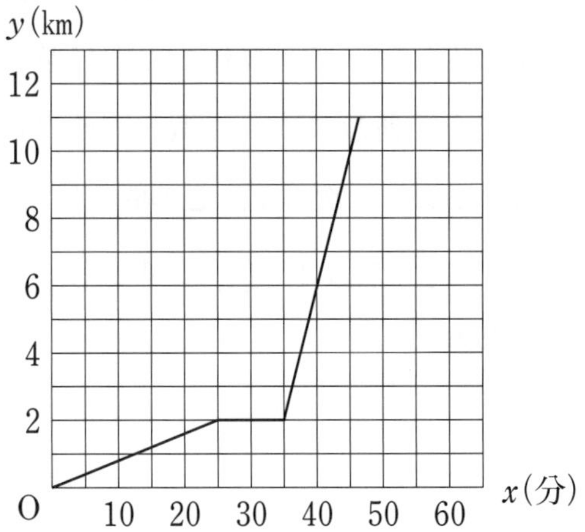

また，友だちの家はKさんの自宅と映画館までの道のりの途中にあるものとする。次の**1**～**3**の問いに答えなさい。

1 Kさんが歩いて友だちの家まで行くときのxとyの関係を表す式を求めよ。

2 次の**ア**～**オ**の中から，正しいものを2つ選び，記号で答えよ。

ア Kさんの歩いていた時間は2分間である。

イ Kさんの自宅から友だちの家までの道のりは2kmである。

ウ Kさんが友だちの家で話をしていた時間は35分間である。

エ Kさんの友だちの家から映画館までの道のりは11kmである。

オ Kさんの自宅からの道のりが6kmになったのは，自宅を出発してから40分後である。

3 Kさんの兄は，Kさんが自宅を出たのと同時に自宅を出発し，同じ道のりを自転車で映画館に向かった。最初は時速18kmの一定の速さで，途中からは時速12kmの一定の速さで進んだ。このとき，(1)，(2)の問いに答えよ。

(1) Kさんの兄は，出発してから50分後に映画館に着いた。兄が自宅を出発してから映画館に到着するまでのxとyの関係を表すグラフを，解答用紙の図中にかけ。

(2) Kさんの兄が，Kさんたちと同じ時刻に映画館に着くためには，最初に時速18kmで何分進めばよいか。

5 右の図は，∠ACB＝90°，AC＝BCの直角二等辺三角形ABCを示したもので，辺AC上の点をDとし，点Bと点Dを結ぶ。点Cを通り線分BDに垂直な直線と線分BDとの交点をE，点Aを通り辺BCに平行な直線との交点をFとし，点Bと点Fを結ぶ。このとき，次の**1**～**3**の問いに答えなさい。

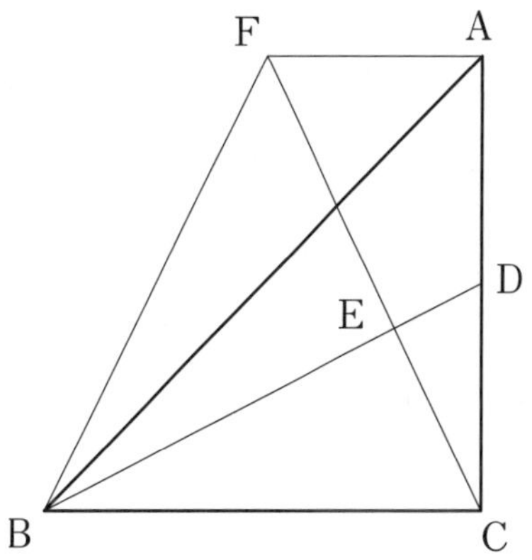

1　∠ACF＝25°のとき，∠AFCの大きさは何度か。

2　△AFC≡△CDBであることを，次のように証明した。［ア］～［ウ］には，あてはまる式や記号をそれぞれ書き，［エ］にはあてはまることばを書け。

> △AFCと△CDBにおいて，
> 仮定より，△ABCは直角二等辺三角形だから，
> 　　　　［ア］　　　……………………①
> AF // CB，∠ACB＝90°より，
> 　　∠［イ］＝∠BCD＝90°　………②
> △CDEにおいて，BD［ウ］CFより，∠DEC＝90°
> 三角形の内角の和は180°であることから，
> 　　　∠ECD＋∠CDE＝90°　………③
> また，△CDBにおいて，∠BCD＝90°より，
> 三角形の内角の和は180°であることから，
> 　　　∠DBC＋∠CDB＝90°　………④
> ③，④より，∠FCA＝∠DBC　　………⑤
> ①，②，⑤より，［エ］がそれぞれ等しいから，
> 　　△AFC≡△CDB

3　AC＝6cmのとき，次の(1)，(2)の問いに答えよ。

(1)　AD：DC＝1：1のとき，四角形AFBCの面積は何cm^2か。

(2)　AD：DC＝2：1とする。このとき，△AFBを，辺BCを軸として1回転してできる立体の体積は何cm^3か。ただし，円周率はπとし，求め方や計算過程も書くこと。

令和４年度　公立高校入試実戦問題　第２回　理　科　（解答…230P）

1　次の各問いに答えなさい。答えを選ぶ問いについては記号で答えなさい。

1　なべに水を入れて下から加熱すると，**図１**のように，あたためられた水が上部に移動するとともに，温度の低い水が下部に移動する。このように，気体や液体をあたためると物質が移動して，全体に熱が伝わる現象を何というか。

図１

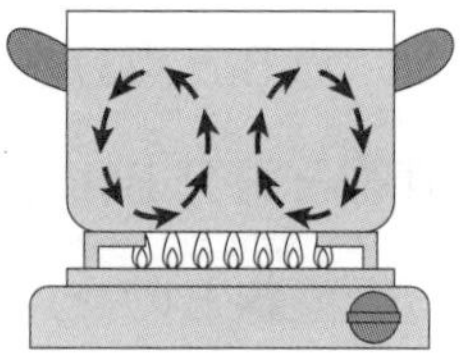

ア　伝導　　イ　対流　　ウ　放射　　エ　運搬

2　自然界で分解者としてはたらいている生物をすべて選べ。

ア　シイタケ　　イ　アブラナ　　ウ　ミミズ　　エ　バッタ　　オ　ワシ

3　２つのおんさX，Yがあり，Xは１秒間に330回振動する。**図２**は，Xをたたいたときの音を測定し，そのようすをコンピュータの画面に表したものである。←→で示した範囲の曲線は，おんさの１回の振動のようすである。**図３**は，Xのときと同じ条件のもとで測定したYの音のようすを画面に表したものである。Yは１秒間に何回振動したか求めよ。ただし，画面の縦軸は音の振幅，横軸は時間を表している。

図２

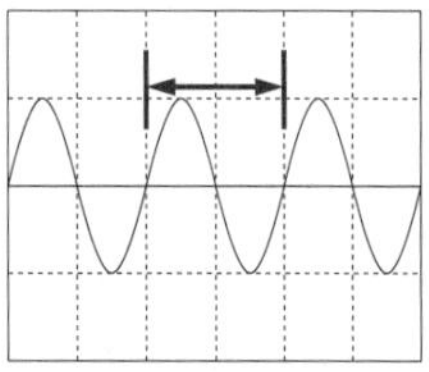

図３

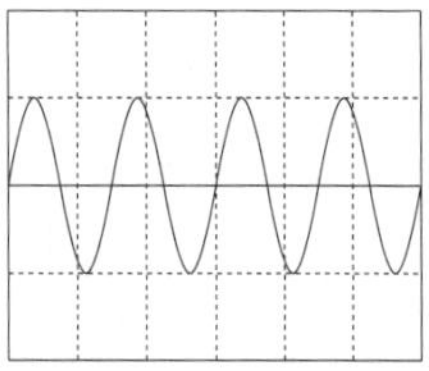

4　次の文は，台風の季節による進路の変化について述べたものである。文中の①，②について，それぞれ正しいものはどれか。

> 夏（６～８月）は①（ア　熱帯低気圧　　イ　太平洋高気圧）の南を通ってユーラシア大陸や日本海を進むが，秋（９～10月）になって①が弱まると，日本列島付近に北上して，②（ア　偏西風　イ　季節風）に流されて日本の南岸を東よりに進むようになる。

5　次の文中の［ a ］，［ b ］にあてはまることばをそれぞれ書け。

> 動物は背骨があるかないかによって２つのグループに分けることができる。**図４**に示した動物は背骨があるので［ a ］動物とよばれるグループのなかまである。また，［ a ］動物のうち，体表を羽毛でおおわれている動物は，［ b ］類である。

図４

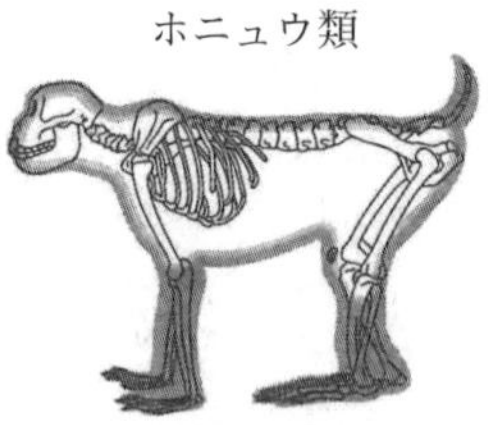

6　**図５**は，あるプラスチック容器についていたマークである。この容器に使われているプラスチックはどれか。

図５

ア　ポリエチレン　　イ　ポリプロピレン

ウ　ポリエチレンテレフタラート　　エ　ポリ塩化ビニル

7　**表**は，身のまわりの水溶液のうち，しょうゆ，牛乳，石けん水のpHを測定した結果を示したものである。**表**中のしょうゆ，牛乳，石けん水の中で，アルカリ性のものはどれか。また，その水溶液がアルカリ性だと考えた理由を，pHの値に着目して説明せよ。

表

水溶液	しょうゆ	牛乳	石けん水
pHの値	4.8	6.7	9.5

8　右のア～エのうち，花こう岩をルーペで観察しスケッチした図として，最も適当なものはどれか。

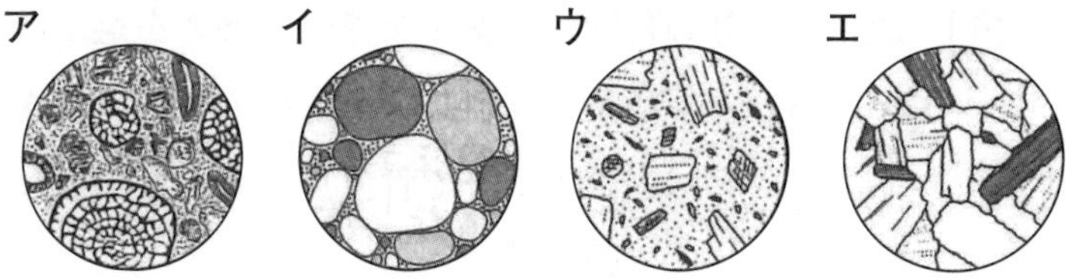

2

次のⅠ，Ⅱの各問いに答えなさい。答えを選ぶ問いについては記号で答えなさい。

Ⅰ　うすい硫酸25 cm^3 が入ったビーカーを７つ用意し，①～⑦の番号をつけた。ビーカー①に，うすい水酸化バリウム水溶液５ cm^3 を加えると，硫酸バリウムの白い沈殿が生じた。次に，その沈殿をろ過し，乾燥させて質量を測ったら1.2 gであった。同様にして，ビーカー②～⑦に，うすい水酸化バリウム水溶液をそれぞれ10 cm^3，15 cm^3，20 cm^3，25 cm^3，30 cm^3，35 cm^3 加え，生じた沈殿の乾燥後の質量を測った。**表**は，その結果をまとめたものである。

表

ビーカー	①	②	③	④	⑤	⑥	⑦
加えたうすい水酸化バリウム水溶液の体積［cm^3］	5	10	15	20	25	30	35
生じた沈殿の乾燥後の質量［g］	1.2	2.4	3.6	4.8	5.4	5.4	5.4

1　**図**は，ろ過の仕方を示したものであるが，誤りが１つある。正しい操作をするためにはどのようにすればよいか。

図

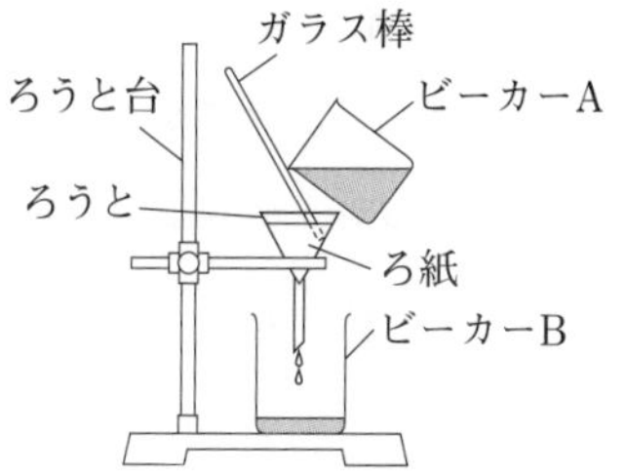

2　**表**をもとに，加えたうすい水酸化バリウム水溶液の体積と生じた沈殿の乾燥後の質量との関係を表すグラフをかけ。

3　うすい硫酸40 cm^3 と過不足なく反応するうすい水酸化バリウム水溶液の体積は何 cm^3 か。ただし，それぞれの水溶液は，どちらもこの実験で用いたものと同じ濃度とする。

4　うすい水酸化バリウム水溶液を加えた後のビーカー①～⑦のそれぞれに，同じ質量のマグネシウムリボンを同時に入れたとき，気体の発生のようすにどのような違いが見られたか。

Ⅱ　**図**のような装置を用いて，酸化銀を加熱すると，酸化銀は白っぽい銀に変わり，試験管の中には酸素がたまった。酸素が発生しなくなった後，十分に冷えた銀の質量を測定した。この操作を加熱する酸化銀の質量を変えながらくり返したところ，**表**のようになった。

図

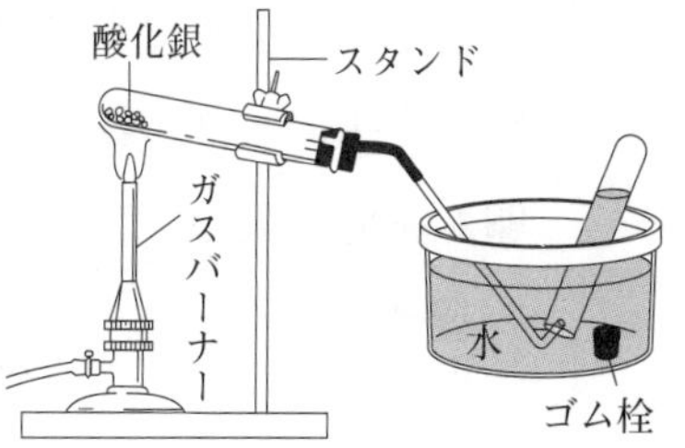

表

酸化銀の質量　〔g〕	1.5	3.0	4.5
残った銀の質量　〔g〕	1.4	2.8	4.2

1　**実験**のように，１種類の物質が２種類以上の別の物質に分かれる変化を何というか。

2　試験管にたまった気体が酸素であることを確かめる方法を１つ書け。

3　この実験の化学変化を化学反応式で書け。

4　酸化銀9.0 gを加熱すると，何gの酸素が発生するか。

3 次のⅠ，Ⅱの各問いに答えなさい。答えを選ぶ問いについては記号で答えなさい。

Ⅰ　いろいろな植物を採取して，各部のスケッチを行い，**図1**のA～Fのカードを作った。ただし，B，Eは赤いインクで着色したものを顕微鏡で観察したものである。

図1

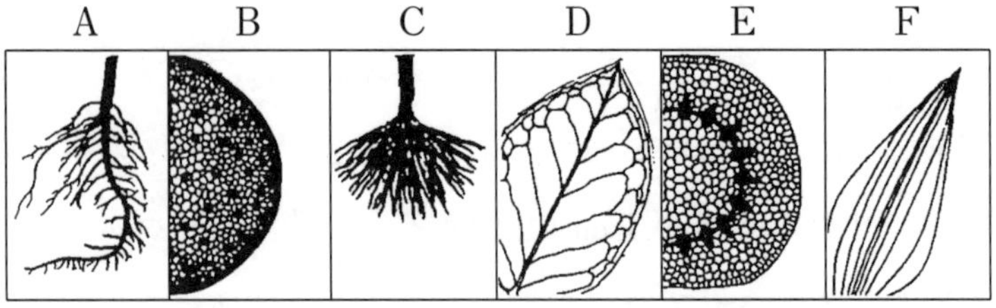

1　**図2**は，植物の模式図である。A～Fのカードを使って単子葉類の特徴を示す場合，**図2**の茎・葉・根に入るのは，どのカードか。**図1**のA～Fからそれぞれ1つ選べ。

図2

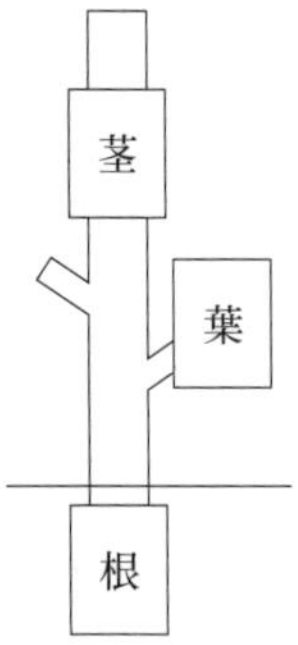

2　**図1**のBやEを顕微鏡で観察したときの手順で**誤っているもの**はどれか。

ア　三角フラスコに赤インクをとかした水を入れ，それに植物をさして，道管を着色する。

イ　茎を1㎝ほど切りとり，うすく縦切りにして，水を入れたペトリ皿につけておく。

ウ　できるだけうすく切れたものでプレパラートをつくる。

エ　対物レンズを最も低い倍率にして顕微鏡で観察する。

3　スケッチした植物は種子植物とよばれ，種子をつくってなかまをふやす，これに対して，コケ植物は種子をつくらない植物である。コケ植物の特徴として，正しいものはどれか。

ア　雄株に胞子のうができ，胞子でふえる。

イ　葉緑体をもっておらず，光合成を行わない。

ウ　維管束がない。

エ　根のように見える仮根があり，おもに水分の吸収をしている。

Ⅱ　**図1**は，ミカヅキモの分裂の過程を模式的に表したものである。また，**図2**は，カエルの生殖と発生の一部を模式的に表したものであり，Aは精子，Bは卵，Cは受精卵，DとEは受精卵が細胞分裂してできた細胞を示している。

図1

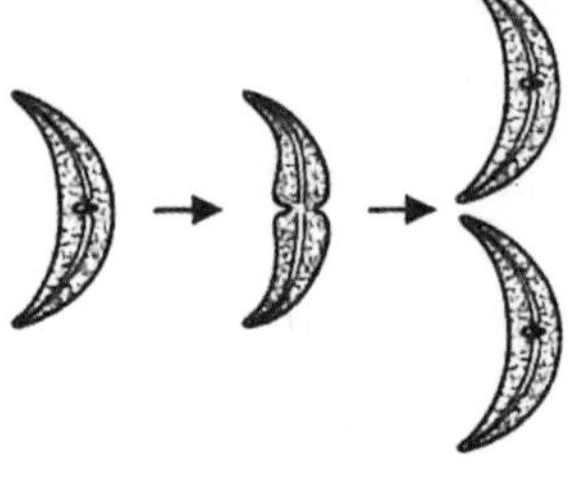

図2

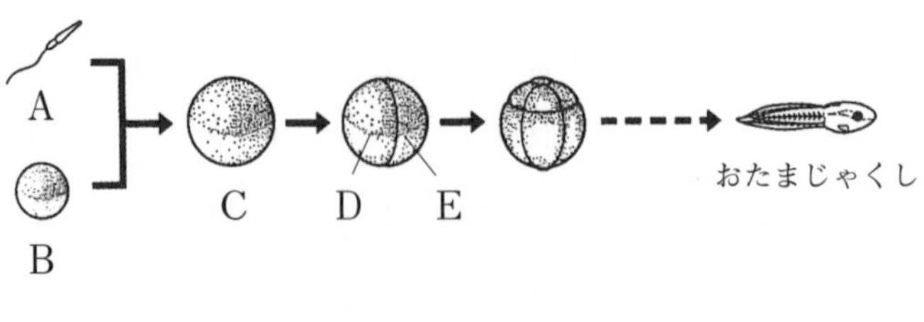

1　**図1**のミカヅキモのからだは，1個の細胞でできている。このような生物を何というか。

2　**図2**で生殖細胞はどれか，A～Eからすべて選べ。

3　次の文は，**図2**のB，C，Dにふくまれる染色体の数について説明した文である。文中の①，②について，それぞれ正しいものはどれか。

> Cの細胞にふくまれる染色体の数をx本とすると，Bの細胞にふくまれる染色体の数は①（**ア**　x　**イ**　$2x$　**ウ**　$\frac{1}{2}x$）本であり，Dの細胞にふくまれる染色体の数は②（**ア**　x　**イ**　$2x$　**ウ**　$\frac{1}{2}x$）本である。

4　**図2**で，受精卵が細胞分裂を始めてから，自分で食物をとることができるようになる前までの個体を何というか。

5　**表**は，ミカヅキモとカエルの生殖の方法と子にあらわれる形質の特徴についてまとめたものである。**表**の［　　　］にあてはまる文を「形質」ということばを使って書け。

表

	ミカヅキモ	カエル
生殖の方法	無性生殖	有性生殖
子にあらわれる形質の特徴	［　　　］	両親のどちらかの形質があらわれたり，どちらとも異なる形質があらわれたりする。

4　次のⅠ，Ⅱの各問いに答えなさい。答えを選ぶ問いについては記号で答えなさい。

Ⅰ　**図1**は，たかしさんの家庭に届いた電気料金明細書の一部である。

図1

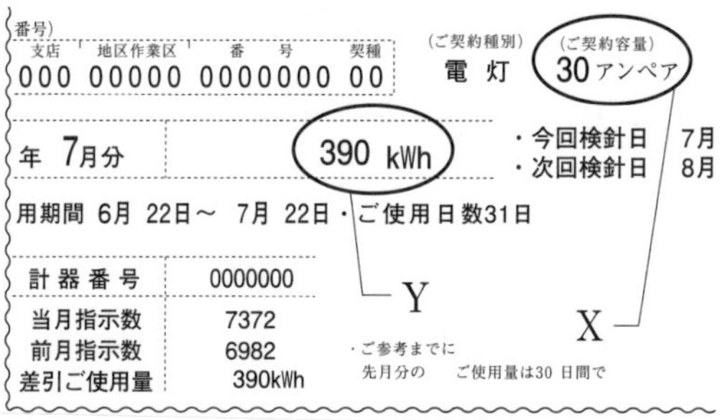

表

	電気器具	表示された電力
①	冷蔵庫	100 V－　200W
②	テレビ	100 V－　150W
③	扇風機	100 V－　60W
④	エアコン	100 V－ 1000W
⑤	洗濯機	100 V－　500W
⑥	電気ポット	100 V－　900W
⑦	トースター	100 V－ 1000W
⑧	ドライヤー	100 V－ 1200W

図2

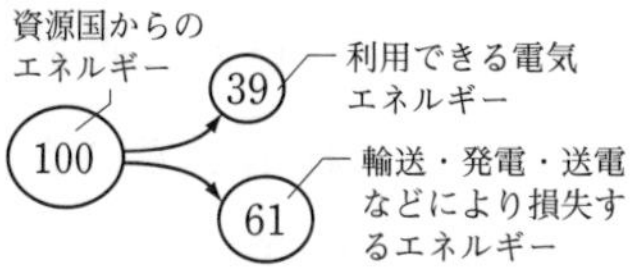

(注)　図中の値は，資源国からのエネルギーを100としたときの利用できる電気エネルギーと損失するエネルギーの割合を示している。

1　一般の家庭で使う電流は，電流の流れる向きや強さが周期的に変化する。この電流を何というか。

2　**図1**のXから，たかしさんの家庭で使用することのできる電流の最大の値は30Aであることが分かる。いくつかの電気器具を同時に用いたとき，流れる電流の合計がこの値を超えると，ブレーカーのはたらきによって，電流が遮断《しゃだん》される。たかしさんの家庭で，**表**の①～⑧の電気器具を，①から番号順に電源を入れ，同時に使用していくとき，電流が遮断されるのは，**表**の①～⑧のどの電気器具に電源を入れたときか。ただし，電気器具にはすべて100 Vの電圧が加わり，表示された電力で使用されたものとする。また，これらの電気器具は，電源に対して並列回路をつくっている。

3　**図2**は，エネルギー資源の利用効率の例（天然ガスの場合）を示したものである。**図1**のYから，たかしさんの家庭で1か月に使用した電力量は390 kWhであり，**図2**の割合のとおりに輸送・発電・送電などによりエネルギーが損失したものとする。たかしさんの家庭の風呂の湯を1回沸かす熱エネルギーを18000 kJとするとき，損失したエネルギーは，たかしさんの家庭の風呂の湯を何回沸かす熱エネルギーに等しいと考えられるか。ただし，損失したエネルギーはすべて，風呂の湯を沸かす熱エネルギーに移り変わるものとする。

Ⅱ　**図1**に示した装置を用いて，点Oの位置まで引いた輪ゴムにはたらく２力の合力を調べる実験をした。また，**図2**に示した装置を用いて，斜面上においた台車にはたらく斜面方向の力の大きさを調べる実験をした。

図1

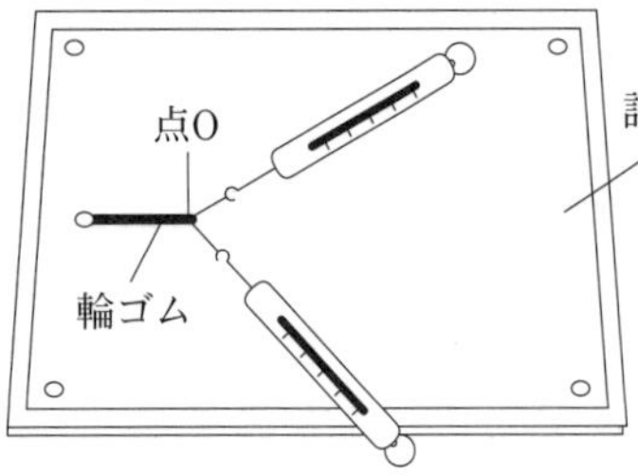

図2

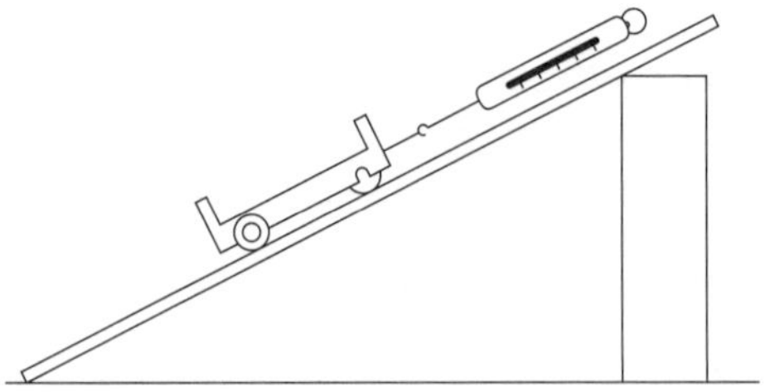

1　**図1**，**図2**の実験では，力の大きさを調べるために，いずれもばねの性質を利用している。ばねの性質について述べた次の文の［　　］にあてはまることばを書け。

> ばねには，ばねを引く力の大きさとばねの［　　］は比例するという性質がある。

2　**図3**は，**図1**の装置を用いて実験したときの記録用紙の一部を示したものである。**図3**中の２つの矢印は，点Oの位置まで引いた輪ゴムにはたらく２力をそれぞれ示している。**図3**中の点Oにはたらく力の合力を表す矢印をかけ。

図3

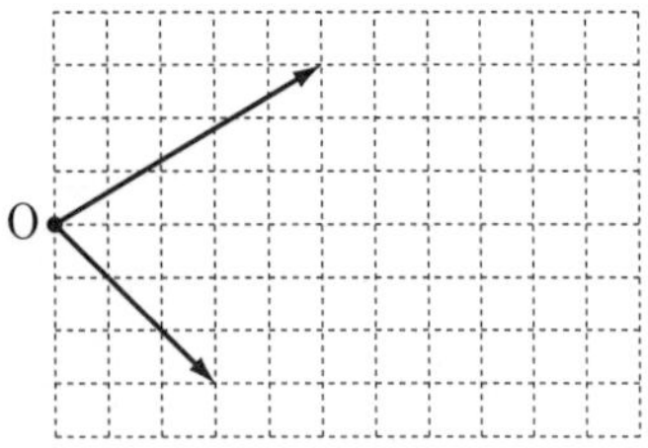

3　**図4**は，**図2**の装置の一部を示したものである。**図4**中の２つの矢印は，台車にはたらく斜面方向の力Xと台車にはたらく重力Yをそれぞれ示している。斜面のかたむきを大きくしたとき，XとYの力の大きさの変化として，最も適当なものをそれぞれ選べ。

ア　大きくなる　　**イ**　小さくなる　　**ウ**　変化しない

図4

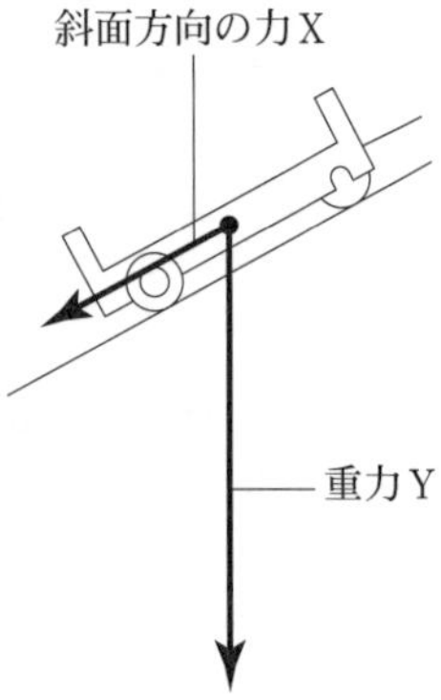

4　斜面上においた台車を斜面に沿って上向きに手で一瞬おしたところ，台車は斜面をのぼっていった。このとき，斜面をのぼる台車の速さはしだいにおそくなっていった。このように，台車の速さがおそくなるのはなぜか。その理由を，「運動」ということばを使って説明せよ。

5 次のⅠ，Ⅱの各問いに答えなさい。答えを選ぶ問いについては記号で答えなさい。

Ⅰ　前線のでき方と性質について調べるために，次のような**実験**と**資料**収集を行った。

実験

①　**図1**のように，水そう内に仕切りをした。片側の空気を氷水で冷やし，線香のけむりで満たし，ふたをした。反対側はあたたかい空気で満たし，ふたをした。なお，あたたかい空気の側には氷水が移動してこないように水そうの底に台を置いてある。

②　水そうの仕切りを上げると，**図2**のように冷たい空気があたたかい空気の下にもぐりこんだ。点Pは，あたたかい空気と冷たい空気の境界が，台と接している点である。

資料　**図3**は，日本付近を通過している低気圧とそれにともなう2つの前線からなる天気図で，点A～DおよびXは太平洋上の地点を示している。

図1

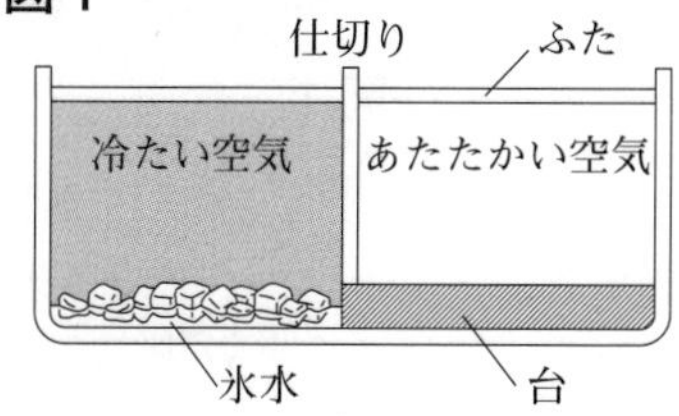

図2

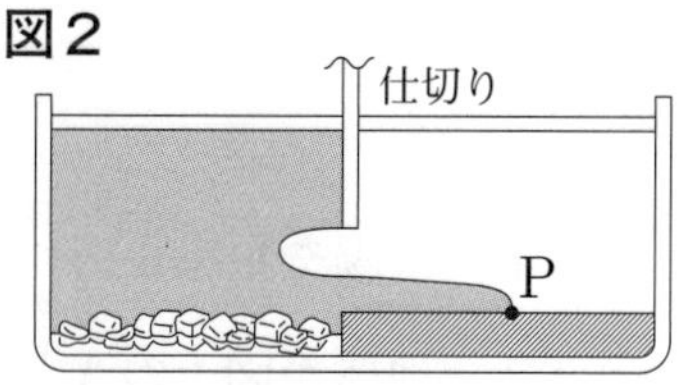

図3

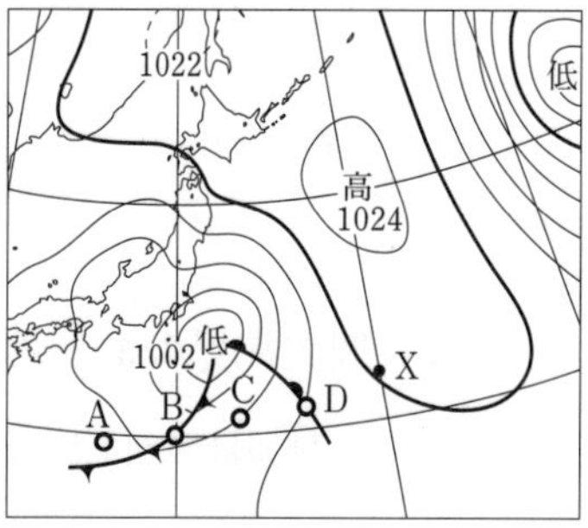

図4

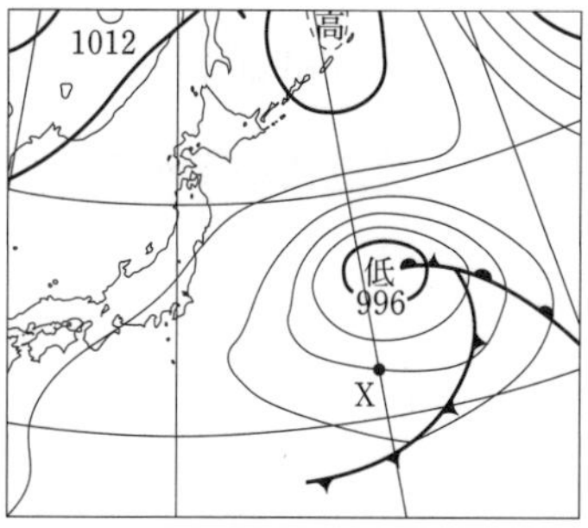

1　**図1**の冷たい空気とあたたかい空気は，大陸上や海上などにある，気温や湿度が広い範囲でほぼ一様な，空気の大きなかたまりのモデルである。大陸上や海上などにある，このような空気の大きなかたまりを何というか。

2　**図2**の水そうの底に置いた台の表面を地表と考えると，点Pに相当するのは**図3**の点A～Dのどこか。

3　次の**a**～**d**は，低気圧付近の雲のでき方を説明したものである。**a**～**d**を正しい順に並べかえよ。

a　空気が膨張する。　**b**　空気の温度が下がる。

c　空気が上昇する。　**d**　空気中の水蒸気が水滴になる。

4　**図4**は，**図3**から24時間後の天気図である。**図3**の地点Xでの降りはじめから30分ごとの降水量の変化を模式的に表したグラフとして，最も適当なものはどれか。

ア

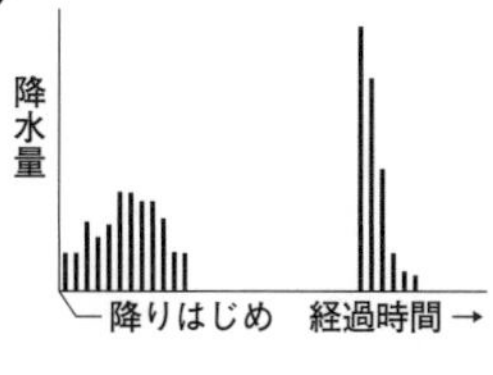

イ

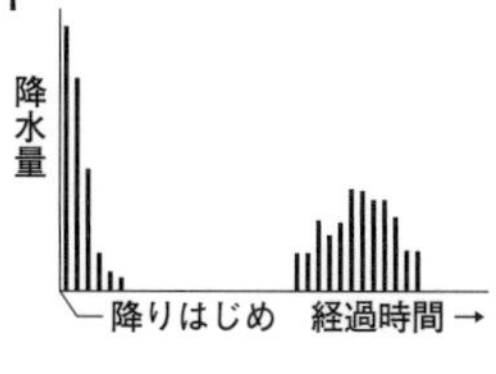

ウ

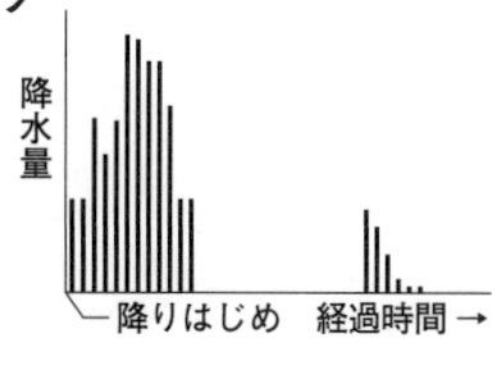

エ

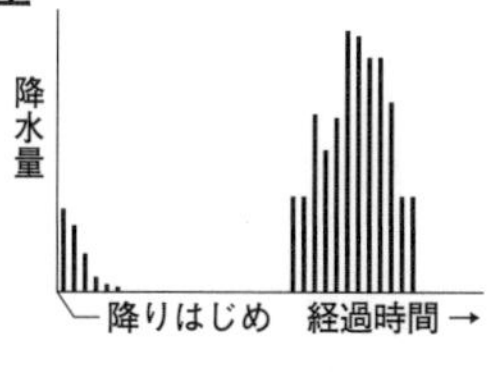

Ⅱ　**図1**は春分，夏至，秋分，冬至のいずれかの日の地球の位置と，太陽および黄道12星座，オリオン座の位置関係を模式的に表したものである。ただし，地球から見て星座を形づくる星の位置は太陽や月より非常に遠くにある。

図1

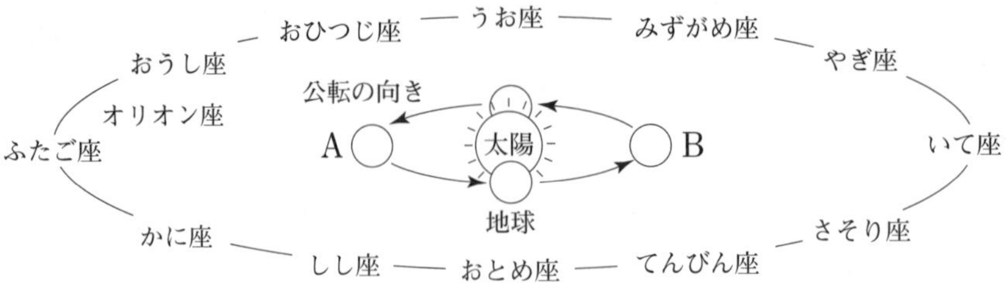

1　太陽や星座を形づくる星のように，自ら光や熱を出してかがやいている天体を何というか。

2　地球が**図1**のAおよびBの位置に来たとき，北極星の向きをそれぞれ矢印で示した図として最も適当なものはどれか。

ア

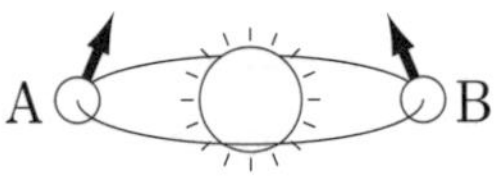

イ

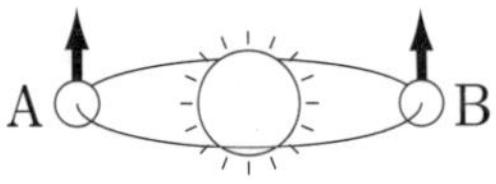

ウ

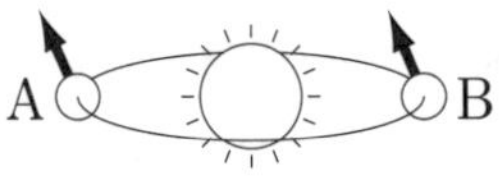

エ

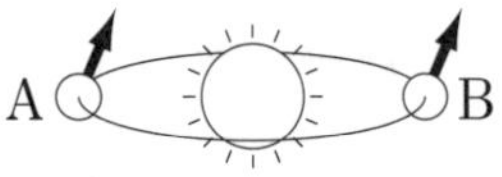

3　鹿児島県のある地点で天体観測を行ったところ，午前0時の南の空におとめ座が観測できた。観測した日から1か月後に南の空の同じ場所におとめ座が観測できるのは何時頃か。

ア　午後10時　　**イ**　午後11時　　**ウ**　午前1時　　**エ**　午前2時

4　地球が**図1**のAの位置に来たとき，鹿児島県のある地点で南の空に**図2**に示したような形の月が見えたとする。このとき，月はどの星座の向きに見えるか，最も適当なものを**図1**の黄道12星座から1つ選べ。

図2

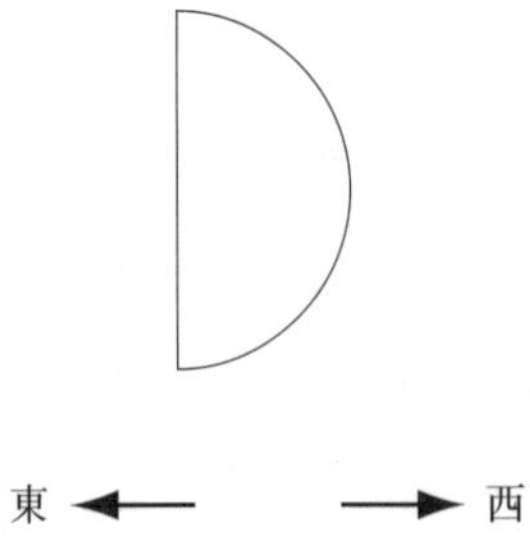

5 伊藤さんは、国語の授業で「伝えたい内容が上手く相手に伝わるようにするためにはどうすればよいか」を考えることになった。次の**資料1**は、その授業で読んだ本の一節である。また**資料2**は、その本に関する伊藤さんの班の話し合いの結果、班で作成した看板の改善案である。**資料3**は、話し合いの一部である。これらを読んで、次の(1)～(3)の条件に従って、あなたの考えを書きなさい。

条件

(1) 二段落で構成し、第一段落には、伊藤さんの班で作成した改善案の工夫点について書き、第二段落には、伝えたい内容がうまく相手に伝わるにはどうすればよいか、あなたの考えを書くこと。

(2) 六行以上八行以下で書くこと。

(3) 原稿用紙の正しい使い方に従って、文字、仮名遣いも正確に書くこと。

資料1

上田さんは、「カミーノ」という小さなカフェを開いています。雑誌で取り上げられたこともあり、初めてのお客さんが遠くから車で来ることもよくあります。

店の前には2台分の駐車スペースしかないので、30メートルぐらい離れた所に第2駐車場として6台分の駐車スペースを借りています。ところが、第2駐車場に入《い》れないで、路上駐車する車が多く、近所から苦情が出ています。「お客さんは第2駐車場に入れるのが面倒で路上駐車するのだろう」と上田さんは思っていますが、そうでしょうか。

この店では第2駐車場について、レジの横に次のような案内を掲示しています。

お知らせ

毎度、当店をご利用いただき、誠にありがとうございます。店の前の駐車場が狭くお客様には大変ご迷惑をおかけしております。近くに第２駐車場を確保していますので、どうぞご利用ください。場所はスタッフがご案内致します。スタッフ一同、よりよいお店になるように努力しております。またのご来店を心よりお待ち申し上げております。

店主

（野田尚史「なぜ伝わらない、その日本語」による）

資料2

伊藤さん 「この『お知らせ』では、なぜうまくお客さんに第2駐車場を案内することができないのでしょうか。」

福田さん 「この案内はレジの横に掲示されているとあります。車でこの店に来たお客さんは、駐車するときはこの案内を見ることができません。帰りにレジでこの掲示を見たお客さんも、次に来るときには覚えていないかもしれません。」

小林さん 「第2駐車場がどこにあるかが具体的に書いてありません。『場所はスタッフがご案内致します』と書いてありますが、わざわざ店の人に聞こうとする人も少ないと思います。」

田中さん 「この案内を見ても、第2駐車場の案内だとは気づかない人がいるのではないでしょうか。タイトルが『お知らせ』という抽象的な表現となっている上に、駐車場とは関係のないことがたくさん書いてあって、何の案内なのかがわかりにくいです。」

伊藤さん 「では、今の私たちの話し合いをもとに、どのような案内がよいか、私たちの班の改善案を作ってみましょう。」

資料3

伊藤さんの班で作成した改善案（看板）

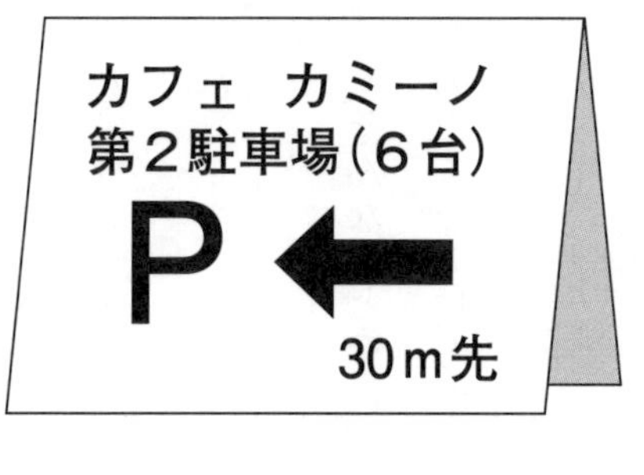

授業の間じゅう、ヒロトはおじさんから聞いたことを何度も心の中で繰り返した。

冷たい。だけど温かいお父さんの言葉。大人の言葉。

そういえば、と思いついた。

冷たいモノと温かいモノを混ぜるとぬるくなる。Bぬるい父さんは、きっと冷たいと温かいの両方でできているんだ。それが大人っていうものなんだ。

ヒロトはなんだか嬉しくなって、授業が終わったら、この発見についてサトシたちに話をしてみようと思った。

（相良翔「ぬるま湯父さん」による。一部省略等がある。）

1 ——線部①「食べ」と活用形が同じであるものを、次の——線部の中から一つ選び、記号で答えよ。

ア 今から送るので明日には着くと思います。
イ 家を出ようとしたとき、雨が降ってきた。
ウ たくさん勉強すれば、必ず合格できます。
エ 今夜はもう少しテレビを見てから寝ます。

2 ——線部②「おじさんがうなだれている」とあるが、これと対照的な「おじさん」の様子を表した最も適当な一文を、——線部②より後から探し、その最初の六字を抜き出して書け。

3 次の文は、——線部③「尻ぬぐい」の意味を説明したものである。□にあてはまる言葉を、——線部③より前から三字で抜き出して書き、文を完成させよ。

「他人の失敗の□をすること」という意味。

4 ——線部④「そんなことを言っちゃダメだ」を朗読するとき、「おじさん」のどのような気持ちが伝わるように読めばよいか。最も適当なものを次から選び、記号で答えよ。

ア ヒロトの身勝手な発言を否定し、しかりつけようとする気持ち。
イ ヒロトの思い違いを訂正し、丁寧な口調で諭そうとする気持ち。
ウ ヒロトの気遣いが嬉しく、心を込めて感謝しようとする気持ち。
エ ヒロトの悲しみに同情し、元気づけてあげようとする気持ち。

5 次の文は、——線部⑤「一番温かい言葉」とは「おじさん」にとってどのような言葉であるか説明したものである。□に十五字以内の言葉を本文中の語句を用いて補い、文を完成させよ。

頼みごとを断り、助けることもしないという点では冷たく思えるが、実は、大人として□を強く願う本心から言ってくれた、本当の意味で自分を思いやる言葉。

6 ═線部A、B「ぬるい」のそれぞれにおいて、「ヒロト」は「父さん」をどのように思っているか。「Aでは…、Bでは…と思っている。」という書き方で、五十五字以内で書け。

実の姉であるお母さんは、「三十過ぎてもテイショクにつかない。」とブツブツ言うが、仕事をしていないのに貧乏くさいところは全然ない。仲間のサトシもヤスオもクニヒロもみんなおじさんに憧れていて、ヒロトとしては鼻高々だ。

その日も家に来たおじさんは、学校帰りのヒロトたちに気前よく高いお菓子をおごってくれた。いつも夜になる前に帰ってしまうのに、その日は珍しく家に残って一緒に晩ご飯を①食べた。父さんの帰宅が遅く、いつもお母さんと二人で夕食をとっているヒロトは嬉《うれ》しくてたまらなかった。お風呂に一緒に入った後も、もっとおじさんと遊びたかったが、お母さんに怒られてしぶしぶ二階の自分の部屋に引き揚げた。

夜中にノドが渇いて目が覚めた。

水を飲みに一階に下りたら、リビングから話し声が聞こえた。ドアの隙間からそっとのぞくと、父さんとお母さんの前で②おじさんがうなだれている。

そんな頼りないかっこうのおじさんを見るのは初めてだったのでビックリした。

父さんがなにか話し始めた。これまで耳にしたことがないような厳しい口調だったから、ますますビックリした。

「明良くん。これまで女房が君の③尻ぬぐいをしていたことにはずっと目をつぶってきたが、もうこれ以上助けることはしないよ。君を甘やかすことにしかならないからね。自分の人生は自分で切り開いていかなければならない。それが大人っていうものなんだよ。」

テレビで可哀相《かわいそう》な話のニュースを見ると目をうるませて鼻をすすり、募金箱があれば必ず小銭を入れる気の優しい父さんが、よりによって自分の弟のようにかわいがっているおじさんの頼みを断っている。

ヒロトは大人たちに気づかれないようにそっと自分の部屋に戻った。

翌朝、おじさんは学校に行くヒロトと一緒に家を出た。バイクを押して黙って隣を歩くおじさんを横目で見ながら、迷いに迷ったあげく、ヒロトは思い切って口を開いた。

「昨日の夜ね、父さんたちが話をしているのを聞いちゃった。おじさんのことを助けてあげないなんて、父さんは冷たいね。ボク、父さんのこと嫌いになっちゃったよ。」

すると、おじさんはバイクを止め、ヒロトと目を合わせるようにかがみこんだ。

「④そんなことを言っちゃダメだ。ヒロトには冷たく聞こえたかもしれないけど、お父さんはこれまで誰も言ってくれなかった⑤一番温かい言葉を俺にくれたんだ。そのおかげで、俺はこれまでの自分が子供みたいなものだったことにやっと気がついた。これからはお父さんみたいな立派な大人になるように一生懸命がんばるよ。」

おじさんの目はまっすぐだった。

1 ――線部③「こたふるやうに」を現代仮名遣いに直して書け。

2 ――線部①「弓箭の冥加、尽きにけり」とあるが、頼政が「どうしようもない」と思ったのは鵺が小さい鳥であることに加えて、どのような理由からか。二十字以内の現代語で書け。

3 ――線部②「声をたづねて」の意味として最も適当なものを次から選び、記号で答えよ。

ア 八幡大菩薩の声を合図に　イ 人々の声を頼りにして

ウ 高倉院のご命令を待って　エ 鵺の鳴き声がする方向に

4 次は、本文の三段落目について話し合っている先生と生徒の会話である。［Ⅰ］・［Ⅱ］に適当な言葉を補って会話を完成させよ。ただし、［Ⅰ］には最も適当な言葉を本文中から漢字一字で抜き出し、［Ⅱ］には二十字以内でふさわしい内容を考えて現代語で答えること。

先生　「左大臣の上の句は、『雲まで届くほど高く飛ぶほととぎすのようにあなたも名声をあげましたね』という意味です。それに対して頼政はすぐに『射るのに任せて射たまでです』という下の句をつけました。この句には二つの意味を持たせる『掛詞』が使われているけれど、わかりますか。」

生徒A　「『いる』には弓を射るという意味と、［Ⅰ］が山の端に入るという意味があり、左大臣と同じように表面上は情景を表しています。」

先生　「そのとおりです。では、最後に『いみじかりけり』とありますが、これはどんな意味を持っているのでしょうか。」

生徒B　「見事な下の句をすぐに詠んだ頼政に対して、［Ⅱ］人物であったと称賛する筆者の言葉だと思います。」

先生　「そのとおりです。よく理解できていますね。」

---

4 次の文章を読んで、あとの1～6の問いに答えなさい。

「まったく、あなたって本当にぬるま湯のお風呂にも喜んでつかるような人ねえ。」

ひいひい祖母《ばあ》ちゃんから続くチャキチャキの江戸っ子である母親がボヤくのを常々聞かされているせいか、小学五年生のヒロトの父さんに対する評価は「ぬるい」（A）である。

父さんは「まあいいか」が口ぐせで、行列で目の前に割り込みされても怒らないし、レストランでさんざん迷ったあげく、注文したものと違うものが運ばれて来ても黙って食べる。人から頼みごとをされるとまず断れず、後始末を任されたお母さんがエキサイトし始めると、「もういいから」となだめにかかる。結局、母親が冒頭の文句を口にしてようやく一件落着するのがいつものことだった。

父さんとは違って明良《あきら》おじさんはとても「熱い」。

いつも革ジャンをビシッと決め、大きなバイクで家に遊びに来る。おじさんはいつも「人生は楽しむためにある。迷っているヒマなんかないぞ。」と言う。

その言葉どおり、おじさんは買うと決めたら決してためらわないし、さっとスマートに財布を出す姿がとてもカッコいい。ヒロトの友人たちを引き連れて、家でめったに食べられないようなケーキをおごってくれたり、ゲームを買ってくれたりする。

3　──線部②とあるが、人間は、どのような能力を持つ一方で、どのような理由からその能力が決して完成されたものではないと筆者は考えているか。本文中の語句を用いて七十字以内で書け。

4　本文を通して筆者が特に述べようとしていることとして、最も適当なものを次から選び、記号で答えよ。

ア　自分の現在を他者の過去の経験に関連させて確認していくことで、他者の思考内容を正確に理解していくことが大切である。
イ　過去を見失うことが未来への懐疑につながるので、過去の生き方を再点検したうえで未来を思考していくことが大切である。
ウ　未来に対する不安に支配される人間だからこそ、その不安を手掛かりに人類の共同財産を受け継いでいくことが大切である。
エ　過去の経験を手掛かりにして自己を認識し、歴史を学ぶことで自分や社会のより良いあり方を求めていくことが大切である。

5　本文の（一）〜（十一）の段落を、内容のまとまりから五つに分けるとき、段落の区切り方として最も適当なものを次から選び、記号で答えよ。

ア　(一)(二)―(三)―(四)〜(七)―(八)―(九)〜(十一)
イ　(一)(二)―(三)(四)―(五)―(六)(七)―(八)〜(十一)
ウ　(一)(二)―(三)(四)―(五)(六)―(七)―(八)〜(十一)
エ　(一)(二)―(三)〜(五)―(六)(七)―(八)―(九)〜(十一)

3　次の文章を読んで、あとの1〜4の問いに答えなさい。

高倉院《たかくらゐん》の御時、御殿の上に、(注)鵺《ぬえ》の鳴きけるを、「悪《あ》しき(不吉な)ことなり」とて、「いかがすべき」といふことにてありけるを、ある人、(注)頼政に射させらるべき由《よし》、申しければ、「さりなむ(その通りだ)」とて、召されて参りにけり。

この由を仰《おほ》せらるるに、かしこまりて、宣旨《せんじ》(天皇の命令)を承りて、心の中に思ひけるは、「昼だにも、小さき鳥なれば得がたきを、五月の空闇《やみ》深く、雨さへ降りて、いふばかりなし。われ、すでに①(注)弓箭《きゆうせん》の冥加《みやうが》、尽きにけり」と思ひて、(注)八幡大菩薩《はちまんだいぼさつ》を念じ奉《たてまつ》りて、②声をたづねて、矢を放つ。③こたふるやうに(手ごたえがあったように)おぼえければ、寄りて見るに、あやまたずあたりにけり。天気よりはじめて(院のご機嫌を初めとして)、人々、感嘆いふばかりなし。

後徳大寺《ごとくだいじ》左大臣、その時、中納言にて、(注)禄《ろく》をかけられけるに、かくなむ、「郭公《ほととぎす》(注)雲居《くもゐ》に名をもあぐるかな」頼政、とりもあへず、「(注)弓張月《ゆみはりづき》のいるにまかせて」と付けたりける、いみじかりけり。

（「十訓抄」による）

(注)　鵺＝トラツグミという鳥の別名。鵺という妖怪もいるとされており、その声はトラツグミと似ていると言われていたため不吉なものとされていた。
頼政＝源頼政。　弓箭の冥加＝武運。　八幡大菩薩＝源氏の氏神。
禄＝ほうび。　雲居＝雲のある遠くの空、宮中の意を掛けている。
弓張月＝弓に弦を張ったような形の月。半月。

自分の存在を過去、現在、未来のつながりのなかで意識していることを物語っています。年齢を意識する、この単純な事実にそのことがすでに示されています。（五）

私たちが現在を思考するということは、現在を過去と未来のつながりのなかに位置づけて理解しようとする思考——それを歴史的思考といってよいと思いますが——を自らに課するということにほかなりません。記憶喪失とは、このつながりを失った、したがって現在の位置確認ができない思考状態をいうのだと思います。（六）

人間は、自分の未来について自覚的に思考し、そのうえで行動を選択できる能力を持つ唯一の動物です。そういう能力は、人間が長い時間をかけて発達させてきたものであり、また②決して完成されたものではないことはいうまでもありません。人間がときとして、反理性的な、(注)常軌を逸した行動にはしる無数の事例は、歴史が教えておりますし、毎日のニュースが伝えています。そのことを認めたうえでなお、人間が相対的にそうした能力を最も高度に備えた動物である、あるいはそうありたいと願っている動物であることは、認めてよいかと思います。（七）

ところで、人間が未来を思考するとき、確実な手掛かりとなるものは何でしょうか。それは自分または他者の過去の経験です。（八）

歴史を学ぶとは、人間が自分の現在を自分または他者の過去の経験に関連させることで、自分がどこから来たのか、どこに向けて進んでいるのかの位置確認をより良いものにし、未来に向けてなにができるかの手掛かりを手中にしようとする思考作業です。あるいは、歴史とは、人間の自己認識の営みであり、自己を知るとは自身になにができるかを知ることであり、それは過去の経験を学ぶことによってなしうる、ということになります。（九）

ですから、人間とは他者の経験から(注)利得できる動物である、と定義できましょう。歴史とは、この利得を実際化する手段にほかなりません。（十）

人間の思想、芸術など過去の精神的創造は、人類の共同財産であり、個人の命運を超えた永遠性をもつのです。歴史を学ぶことは、この「共同財産」の分け前にあずかることであり、かつこの永遠に未完の遺産を、次の世代のために、より高い段階に向けて受け継いでゆくことにほかなりません。（十一）

（溪内謙「現代史を学ぶ」による。一部省略等がある。）

（注）アイデンティティ＝「自分はなにものか」という問いに自分で出す答え。
アメリカン・ウェイ・オヴ・ライフ＝アメリカの生活様式。
刹那的＝今のことしか考えないさま。
常軌を逸する＝普通と違った、常識外れのこと。
利得できる＝利益を得ることができる。

1 本文中の［　　］にあてはまる語として最も適当なものを次から選び、記号で答えよ。

ア 楽天的　**イ** 合理的　**ウ** 排他的　**エ** 革新的

2 次の文は、——線部①について、筆者がこのように考える理由を具体的に説明したものである。［Ⅰ］・［Ⅱ］に入る最も適当な言葉を、それぞれ十字以内で本文中から抜き出して書け。

> 筆者が、人間は自分がどんな存在であるのかということを理性的に知りたいという願望を持ち、［Ⅰ］の最も確実な方法が［Ⅱ］だと考えているから。

令和四年度　公立高校入試実戦問題　第二回　国語

1　次の**1**・**2**の問いに答えなさい。

1　次の――線部のカタカナは漢字に直し、漢字は仮名に直して書け。

(1) 偉人のコウセキを調べる。　(2) 勇気をフルう。

(3) 地下のコウミャクを探す。　(4) 病原菌の潜伏期間。

(5) ズボンのすそが擦り切れた。　(6) 心の琴線にふれる話。

2　次の**A**は楷書にひらがなを調和させて書いたもの、**B**は行書にひらがなを調和させて書いたものである。あとの**ア**～**エ**は、書き方の特徴を述べているが、**Bのみにあてはまるものとして**、最も適当なものを一つ選び、記号で答えよ。

A　親しい友と語ろう。

B　親しい友と語ろう。

ア　字形の整え方を意識し、一つ一つの点画をはっきり丁寧に書く。

イ　全体の文字の配列を考え、ひらがなを漢字よりやや小さく書く。

ウ　速く書くことができるように、点画を連続、省略させて書く。

エ　行の整え方を意識し、行の中心に文字の中心をそろえて書く。

2　次の文章を読んで、あとの**1**～**5**の問いに答えなさい。

〔(一)～(十一)は段落番号を示す。〕

ひとはなぜ過去の出来事に関心をよせ、過去を知ろうとするのでしょうか。個別的には、その理由・動機はさまざまで、画一化できないといえるかもしれません。しかし、①過去への関心には、共通する「なぜ」があるように思われます。(一)

（解答…229P）

人間は元来、自分がどんな存在であるのか、帰属する集団、社会、国家、世界をも含めて、理性的に知りたいという願望をもった動物です。過去を知るということは、自分とはなにかを確かめる唯一の方法とはいえないまでも、経験的にみて、最も確実な方法であることは否定できません。自分を確かめるための最も確実な手掛かりを与えるのは、過去の行為であり経験であるからです。過去を見失った人間がたちどころに自分の(注)アイデンティティを喪失するという事実が、このことを証明しています。(二)

見方を変えますと、自分の生き方について自信を失わせるような出来事に遭遇したとき、ひとは、自分の過去をふりかえることで自分のこれまでの生き方を再点検して、失われた自己を取り戻そうとするのです。個人にしても社会にしても、順風満帆の時代には過去への切実な関心は生まれにくいでしょう。未来にたいする不安や懐疑がないからです。過去への関心は、未来への関心ないし不安の一面です。(三)

社会科学において歴史不要論が流行したのは、五〇年代・六〇年代のアメリカにおいてでした。歴史は科学以前の無用の人文学として軽視されたのです。その背景には、現に享受している(注)アメリカン・ウェイ・オヴ・ライフが永遠の繁栄を保証するという［　　］な社会心理の支配がありました。そこには未来への不安はありませんでしたから、過去への切実な関心も生まれなかったのです。しかし、ヴェトナム戦争を転機としてアメリカ社会の思想状況が大きく変わったことはご承知のとおりです。(四)

過去への関心が、未来への関心ないし不安の別の表現である、ということは、人間がつねに過去と未来のあいだに今の自分の存在を位置づけることで自分を確かめていることを意味します。明日を考えない(注)刹那《せつな》的な生き方を異常と考えるのは、普通の人間は（そして社会も）

令和４年度　公立高校入試実戦問題　第２回　英　語

（解答…232 P）

1

聞き取りテスト　放送の指示に従って，次の１～７の問いに答えなさい。英語は１～４は１回だけ放送します。５以降は２回ずつ放送します。メモをとってもかまいません。

1　これから，Kenta と Lucy との対話を放送します。Kenta がほしいと思っているペットとして最も適当なものを下のア～エの中から一つ選び，その記号を書きなさい。

ア
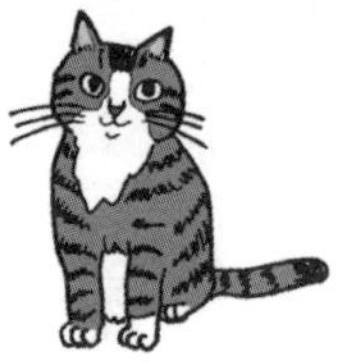

イ

ウ

エ

2　これから，Yuka と Mike との対話を放送します。二人がこれから最初にすることとして最も適当なものを下のア～エの中から一つ選び，その記号を書きなさい。

ア　英語の勉強　　　　イ　英語のテスト

ウ　数学の勉強　　　　エ　数学のテスト

3　これから，Billy と Emi との対話を放送します。下はその対話の後に，Emi が書いた日記の一部です。対話を聞いて（　　　）に適切な英語１語を書きなさい。

I talked with Billy today. He knew I would make a speech in the next class. He will help me when I（　　　）.

4　これから，ある英文を放送します。下のア～ウの人物はどのような順番で空港に着いたでしょうか。正しい順番になるようにア～ウを並べかえ，その記号を書きなさい。

ア　Kenji　　　　イ　Ben　　　　ウ　David

5　これから，Lisa が英語の授業で行ったスピーチを放送します。下のア～エの中から早起きするために必要なこととして最も適当なものを一つ選び，その記号を書きなさい。

ア　長時間睡眠をとること　　　　イ　日中よく運動すること

ウ　朝日を浴びること　　　　エ　寝る前に光を目にしないこと

6　これから，英語の校内放送を放送します。校内放送の後に，その内容について英語で二つの質問をします。(1)はその質問に対する答えとして最も適当なものを下のア～エの中から一つ選び，その記号を書きなさい。(2)は英文が質問に対する答えとなるように，［　　　］に入る適切な英語を書きなさい。

(1)　ア　Three hours.　　　　イ　Four hours.

　　ウ　Five hours.　　　　エ　Six hours.

(2)　We ［　　　　　　　　］ when we go to the lesson.

7　これから，Mami と James との対話を放送します。その中で，Mami が James に質問をしています。James に代わってあなたの答えを英文で書きなさい。２文以上になってもかまいません。書く時間は１分間です。

2 次の**1**～**4**の問いに答えなさい。

1 次は，留学生の Sam と Chika との対話である。下の①，②の表現が入る最も適当な場所を対話文中の〈 ア 〉～〈 エ 〉の中からそれぞれ一つ選び，その記号を書け。

① How about you ?　　② For example ?

Sam : Our vacation is coming soon, Chika.〈 ア 〉

Chika : Yes. There are a lot of things I want to do on this vacation.〈 イ 〉

Sam : Good.〈 ウ 〉

Chika : Well, I want to visit my grandmother's house in Okinawa.〈 エ 〉

Sam : I want to swim in the sea.

2 次は，野鳥観察会（bird-watching seminar）の案内の一部と，それを見ている Yuri と留学生の Jenny との対話である。二人の対話が案内の内容と合うように，（ ① ），（ ② ），（ ④ ）にはそれぞれ英語1語を，[③]には3語以上の英語を書け。

博物館　インフォメーション

■利用案内

開館時間：9:00 ～ 16:30
休 館 日：毎週月曜日（祝日を除く。）

■公開講座

講　座：野鳥観察会
日　時：①2月13日（土）9:30 ～ 11:30
　　　　②2月21日（日）9:30 ～ 11:30
　　　　（①,②の内容は同じです。）
内　容：博物館で日本で見られる鳥について学習し，公園で野鳥を観察します。

■案内図

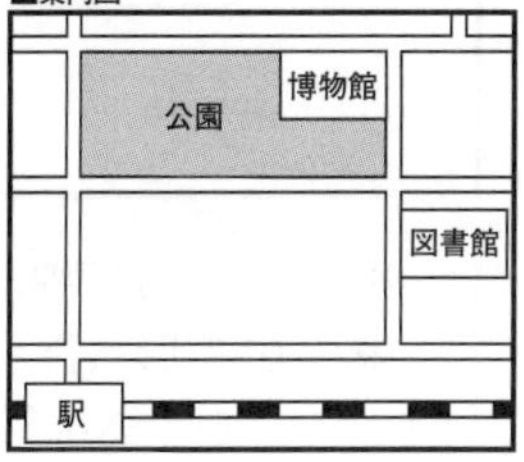

Yuri : The museum has a bird-watching seminar this（ ① ）.

Jenny : That sounds interesting. I love watching birds, but I will not be free on that day.

Yuri : Don't worry. We can join the other one. The museum has this seminar on the 21st, too. It also starts at 9:30. We can do the（ ② ）things at the seminar on the 13th.

Jenny : That's great. What will we do in the seminar ?

Yuri : We'll learn about birds seen in Japan. After that, [③].

Jenny : OK. Yuri, I don't know much about this city. Can you tell me how to get there ?

Yuri : Sure. Look at this map. You know this library, right ? The museum is near the library. When you walk from this library to the second corner*, you'll see it on your（ ④ ）.

Jenny : I see. Thank you. I can't wait for the seminar. See you then.

Yuri : See you.

注 corner　まがり角

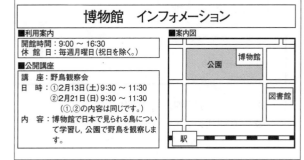

3　次は，中学生の Yuta と ALT の Smith 先生との対話である。対話が成り立つように，［　　　］に5語以上の英語を書け。

Yuta :　Ms. Smith.　I brought these books from your room.　［　　　　　　］？

Ms. Smith :　On this table, please.　Thank you.

4　中学生の Sayaka は ALT の White 先生にニューイヤーカードを送ることにした。Sayaka は次の内容を伝えるつもりである。

> **今年の抱負**
> ①　本を 10 冊以上読むこと。
> ②　今年は読書をするために毎朝早起きすること。

Sayaka になったつもりで，次の《**ニューイヤーカード**》の［　　　］に，上の①，②の内容を伝える 20 語程度の英語を書け。2文以上になっても構わない。なお，下の［　　　］の指示に従うこと。

《**ニューイヤーカード**》

> Dear Mr. White,
> Happy New Year !
> ［　　　　　　　　　　　　　　　　　　　　　　　　　　　　］
> Lots of love,
> *Sayaka*

> ※　一つの下線に1語書くこと。
> ※　短縮形（I'm や don't など）は1語として数え，符号（，や？など）は語数に含めない。
> （例）　No, I'm not.［3語］

3　次のⅠ～Ⅲの問いに答えなさい。

Ⅰ　次はブラウン家の家系図である。これをもとに，**1**，**2**の問いの答えとして最も適当なものを，下のア～エの中からそれぞれ一つ選び，その記号を書け。

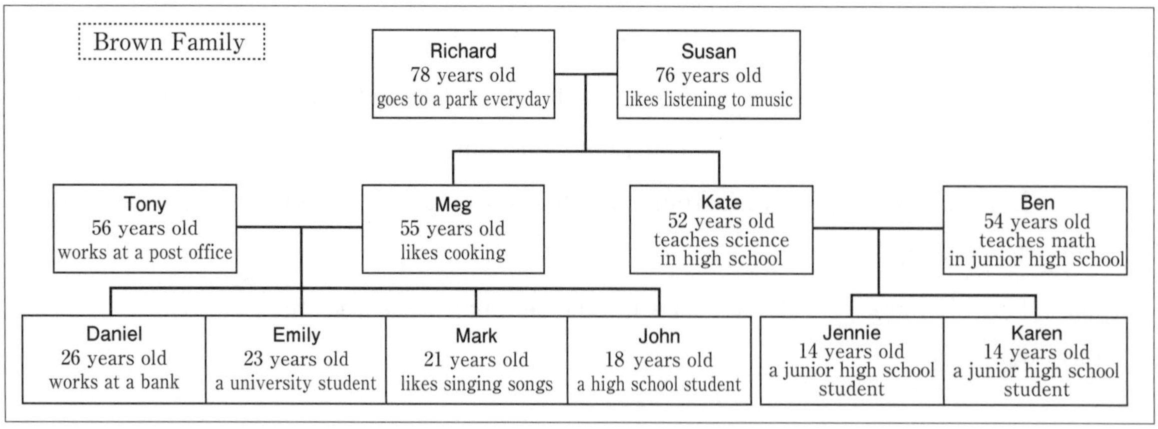

1　Who is Susan ?

ア　Richard's sister.　　　イ　A singer.

ウ　Jennie's mother's mother.　　　エ　Ben's daughter.

2　Who is at high school during the day ?

ア　Jennie and John.　　　イ　Ben and Jennie.

ウ　Kate and Ben.　　　エ　Kate and John.

Ⅱ　中学生の Haruto が書いた次の英文を読み，あとの問いに答えよ。

I sometimes think, "What should we do to make our society* better ?"

Last Sunday I saw a student when I was going to my friend's house by train. He ran into the train and sat near me. Soon he started to talk on his phone in a loud* voice. I didn't like that. A lot of people on the train didn't look happy, either*. I wanted to say to him, "You shouldn't talk on your phone on a train," but I couldn't.

Then an old man walked to the student and said gently*, "Excuse me, but could you stop talking on your phones ? Think about the people around you." The student looked at the people around him and [　　　　] on his phone. And he said, "Oh, I'm sorry. I didn't think about the people around me."

When people do the wrong* thing, we should tell them to stop doing it. I think we should have courage*. This is very difficult, but it's important for making a better society.

注　society　社会　　loud　(声，音などが)大きい　　either　～もまた　　gently　優しく
　　wrong　間違った　　courage　勇気

1　次の⑴，⑵の質問に対する答えを英文で書け。

⑴　Why were people not happy on the train ?

⑵　What is important when we tell people to stop doing the wrong thing ?

2　本文中の [　　　　] に入る英語２語を考えて書け。

Ⅲ　次の英文は，中学生の Rin が行ったスピーチである。これをもとに，スピーチで述べられている日本の玄関扉を表すイラストとして最も適当なものを，下の**ア**～**エ**の中から二つ選び，記号で書け。

I have been interested in doors for many years. The front doors* in Western* countries open inward*. But in Japan most of them open outward*. Have you ever thought about this ?

A young Japanese architect* gave me an interesting answer to this question. He said, "In Western countries, people open the doors inward to invite others into their houses. On the other hand*, in Japan, for many years we've used sliding doors*. Even now, many traditional Japanese houses still have sliding front doors. You know, in Japan we take off* our shoes when we go into our houses. If we try to open the front door inward, what will happen to all those shoes ? We open the door outward to make a place for* our shoes."

Our way of living has changed the doors in Japan. These doors are part of Japanese culture*.

注　front door(s)　玄関扉　　Western　西洋の　　inward　内側に　　outward　外側に
　　architect　建築家　　on the other hand　一方　　sliding door(s)　引き戸　　take off　脱ぐ
　　make a place for　～のために場所をあける　　culture　文化

4 次の英文を読み，１～７の問いに答えなさい。

Last December, Kate came to Hiroto's school from New Zealand*. She joined some classes and studied with Hiroto and his classmates for a week.

In the English class on the first day, Kate talked about her family, school and life in New Zealand. Kate also joined the calligraphy* class and wrote easy *kanji*. At lunchtime, Kate showed Hiroto and his friends some pictures. In a picture, Kate had a short stick* in each hand. Hiroto asked her about ①the picture. Kate answered, "This is a picture my friend took when I practiced the stick dance* at school. Did you know I'm going to do it tomorrow ?" "Yes, our teacher told us about that last week. I want to see it," said Hiroto.

On the second day, Kate explained* about the stick dance. "That is a traditional dance in New Zealand. It's not difficult. Let's dance together." Hiroto and his classmates practiced the dance with Kate. Hiroto couldn't dance well and sometimes dropped* the sticks. So Kate helped Hiroto. Hiroto thought that learning about the traditions* of another country was interesting. He said to Kate, "I'm (②) to learn about the stick dance. Do you practice the dance at school ?" "Yes," Kate answered. "We usually learn about it at school in New Zealand. I think [③], Hiroto." Hiroto found the students in both countries learned about part of their own culture at school.

Kate's last day came. At her farewell party*, Hiroto said, "We're going to play the *wadaiko* for you, Kate. Please enjoy our traditional music." Kate said, "I've never listened to the *wadaiko*." Kate was excited to listen to the powerful* sound. When Hiroto and his friends finished playing the *wadaiko*, Hiroto said to Kate, "Let's play the *wadaiko* together." She said, "I heard you were planning* a party to talk together." Hiroto answered, "Yes, but after the dance we changed the plan because we wanted to show you part of our culture ④in return*. So we decided to play the *wadaiko*. We played it at the school festival last month." Kate enjoyed the *wadaiko* and asked Hiroto many questions about it. But Hiroto couldn't answer her questions well. He thought, "Although* I knew a lot about New Zealand, I couldn't explain about Japan well." Then he noticed*. "Communication between people who have different cultures will be more interesting if I can explain more about Japan. It's important to learn about Japanese culture and to tell it to people from foreign countries."

注 New Zealand　ニュージーランド　　calligraphy　書写　　stick　棒
stick dance　スティックダンス　　explain　説明する　　dropped　落とした
tradition(s)　伝統　　farewell party　お別れ会　　powerful　力強い　　plan　計画する
in return　お返しに　　although　～だけれども　　noticed　気づいた

1　次のア～ウの絵は，本文のある場面を表している。話の展開に従って並べかえ，その記号を書け。

2　下線部①の指すものとして最も適当なものを下のア～エの中から一つ選び，その記号を書け。

ア　The picture was taken by Kate's friend, and Kate is using two sticks.

イ　The picture was taken by Kate while her friend was eating lunch at school.

ウ　The picture was taken by Kate's friend, and Kate is writing *kanji* with Hiroto.

エ　The picture was taken by Kate while her friend was practicing the stick dance.

3　（　②　）に入る最も適当なものを下のア～エの中から一つ選び，その記号を書け。

ア　sad　　イ　angry　　ウ　worried　　エ　happy

4　[　③　] に入る最も適当なものを下のア～エの中から一つ選び，その記号を書け。

ア　you can do the stick dance with me　　イ　that's like calligraphy for you

ウ　you should come to New Zealand　　エ　that's not easy for you

5　下線部④は，どのようなことに対するお返しか。その具体的な内容を 25 字程度の日本語で書け。

6　本文の内容に合っているものを下のア～オの中から二つ選び，その記号を書け。

ア　Kate stayed in Japan and joined some classes for a week.

イ　The stick dance is a Japanese traditional dance.

ウ　Kate and Hiroto learn part of their own culture at their own school.

エ　Kate and Hiroto played *wadaiko* together on Kate's first day.

オ　Hiroto could explain to Kate well about *wadaiko*.

7　次は本文の最後の場面から数日後の Hiroto と友人の Mari との対話である。Hiroto に代わって，[　　　] に 15 語程度の英語を書け。2 文以上になっても構わない。なお，下の [　　　] の指示に従うこと。

Hiroto : Hi, Mari.　I got a letter from Kate.

Mari : Hi, Hiroto.　What did she say ?

Hiroto : She said she was glad to learn about Japanese culture.　She learned calligraphy and listened to the sound of the *wadaiko*.　They are parts of Japanese culture.

Mari : She really enjoyed her stay.　If any students from other countries come to our school again, what parts of Japanese culture can we tell them about ?

Hiroto : I have a new idea.　[　　　　　　　　　　　　]

Mari : I see.　We can do that.

※　一つの下線に 1 語書くこと。
※　短縮形（I'm や don't など）は 1 語として数え，符号（，や ? など）は語数に含めない。
（例）　No, I'm not.［3 語］

令和４年度　公立高校入試実戦問題　第２回　社　会　（解答…235Ｐ）

1　次のⅠ～Ⅲの問いに答えなさい。答えを選ぶ問いについては一つ選び，その記号を書きなさい。

Ⅰ　次の略地図や資料を見て，１～７の問いに答えよ。

略地図１

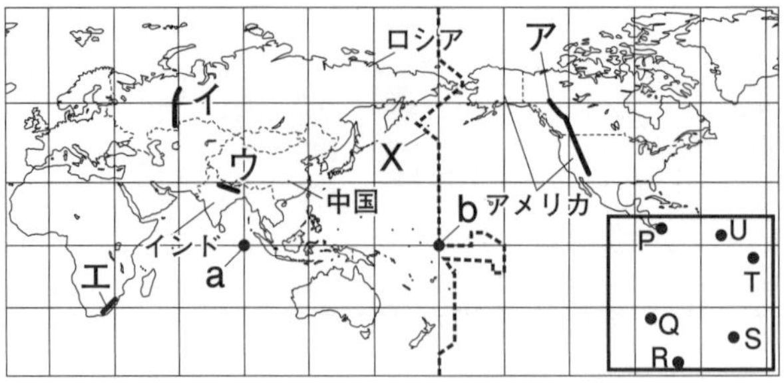

※地図中の緯線と経線は，いずれも30度間隔で表している。

略地図２
インドにおける小麦と米の主な栽培地域

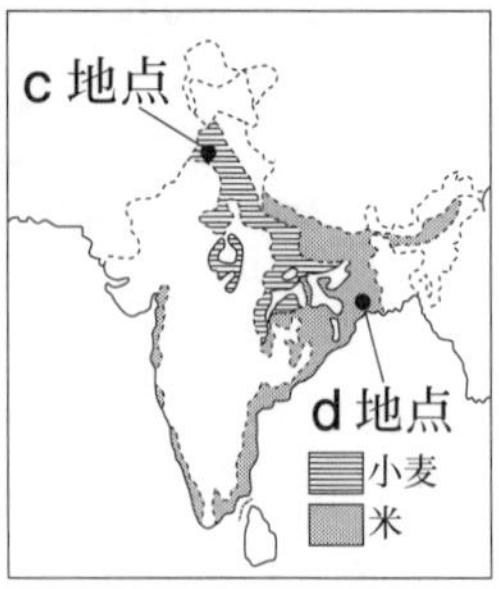

（グーズ世界地図から作成）

１　地点ａ，ｂ間の実際の距離として，最も適当なものはどれか。ただし，赤道の全周は，約４万kmとする。

ア　約5,000km
イ　約10,000km
ウ　約15,000km
エ　約20,000km

２　日本列島が属している造山帯と同じ造山帯に属する山脈として最も適当なものは，**略地図１**中の**ア**～**エ**のうちどれか。

３　**略地図１**の□で囲まれた区域にある大陸を，３本の直線を使った略地図でかけ。ただし，そのうちの２本は点Ｐとそれ以外の２点を選び，それぞれの点を直線で結んでかくこと。

４　**略地図２**で示したインドの小麦と米の栽培地域について，小麦の栽培期間におけるｃ地点の降水量と，米の栽培期間におけるｄ地点の降水量を比較して，小麦と米の栽培期間における降水量の特色を，**資料１**と**資料２**から読み取り，小麦と米のそれぞれについて書け。

５　**資料３**は，国際連合の加盟国数の推移を，世界の主な地域ごとに区分して表したものである。また，**資料３**中の**ア**～**エ**は，アジア，アフリカ，オセアニア，ヨーロッパ・旧ソ連のいずれかを示している。**ア**～**エ**のうち，アフリカを示しているものはどれか。

６　**資料４**は，**略地図１**中に示した国と日本についての統計を示したものである。**資料４**中の**ア**～**エ**は，ロシア，中国，インド，アメリカのいずれかにあてはまる。**ア**～**エ**のうち，ロシアにあてはまるものとして，最も適当なものはどれか。

７　**資料５**は，ある先進工業国Ａとある発展途上国Ｂの年齢別人口構成を表している。先進工業国Ａと発展途上国Ｂの年齢別人口構成の違いを，解答欄の書き出しに続けて書け。ただし，**年少人口**，**老年人口**ということばを使うこと。

資料１　ｃ地点，ｄ地点の月別降水量

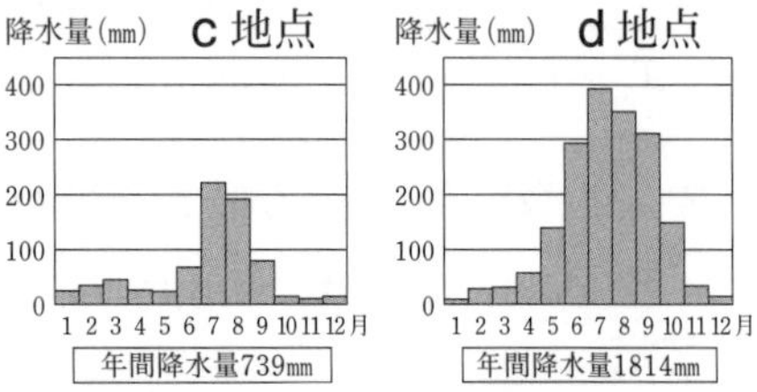

資料２　インドの小麦と米の栽培カレンダー

（■栽培期間　○種まき期　▲収穫期）

	1月	2月	3月	4月	5月	6月	7月	8月	9月	10月	11月	12月
小麦	■	■	■▲	■▲	■▲					■○	■○	■○
米	■▲				■○	■○	■○	■○	■	■▲	■▲	■▲

(注) 資料中の小麦と米は，インドにおいて最も生産量の多い品種である。

（農林水産省　海外食料需給レポートなどから作成）

資料３　国際連合の加盟国数の推移

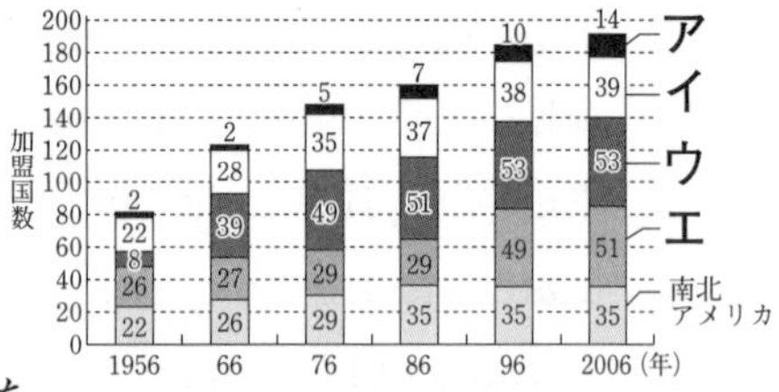

（国際連合広報センターホームページなどから作成）

資料４

	人　口（千人）	人口密度（人/km²）	国民一人あたりの国内総生産（ドル）
ア	329,065	33	61,247
イ	1,433,784	149	8,658
ウ	145,872	9	10,681
エ	1,366,418	416	1,902
日本	126,860	340	39,561

（世界国勢図会 2019/20 年版ほかから作成）

資料５

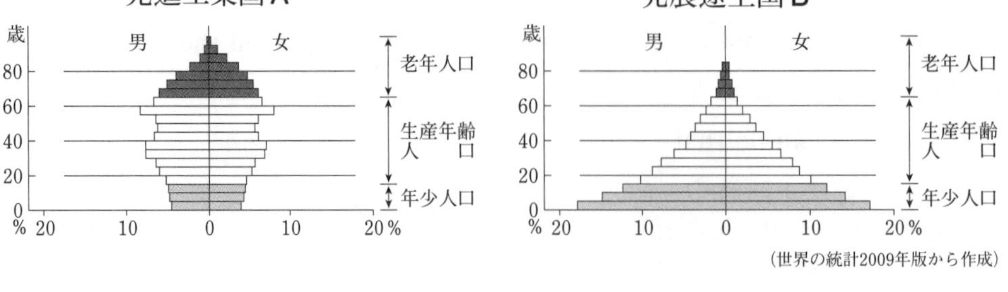

（世界の統計2009年版から作成）

Ⅱ　次の略地図や資料を見て，１～３の問いに答えよ。

１　**写真**，**略地図**について，⑴，⑵の問いに答えよ。

写真

略地図

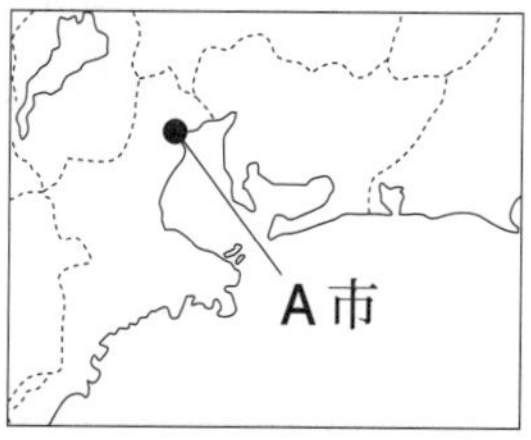

⑴　**写真**は，**略地図**のＡ市に見られる工業地域である。Ａ市のある県名を書け。

⑵　わが国では，**写真**のような臨海型の工業地域が形成されている。この工業地域の特徴について述べたものとして，最も適当なものはどれか。

ア　ファッションなどの流行の発信地となる大都市に近いため，繊維製品の工場が多い。
イ　焼き物に適した土が採れるため，陶磁器やファインセラミックスなどの工場が多い。
ウ　最新情報を早く入手できるため，印刷・出版工場が多い。
エ　海外から材料を運ぶ船の接岸できる港が近くにあるため，鉄鋼や石油化学などの工場が多い。

２　日本の人口について，⑴，⑵の問いに答えよ。

⑴　総人口に占める65歳以上の人口の割合を地域別に比較する地図として，最も適当なものはどれか。

ア

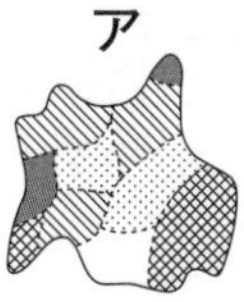

イ

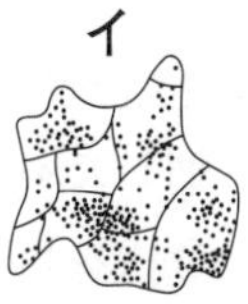

ウ

エ

資料　人口に関する資料

都県	人口増加率（%）	65歳以上の割合（%）	昼夜間人口指数
ア	− 0.39	29.4	99.8
イ	− 0.52	28.9	97.5
ウ	0.72	23.1	117.8
エ	0.14	27.5	89.7

※昼夜間人口指数とは，夜間の人口を100としたときの昼間の人口の割合

（日本国勢図会 2019/20 年版から作成）

⑵　**資料**中の**ア**～**エ**には，茨城県，群馬県，千葉県，東京都のいずれかが入る。千葉県にあてはまるものとして，最も適当なものはどれか。

３　**地形図**は千葉県の一部を表したものである。⑴，⑵の問いに答えよ。

地形図

（国土地理院　２万５千分の１地形図「習志野」の一部　1998年発行）

⑴　Ⓟ付近のようすについて述べたものとして，最も適当なものはどれか。

ア　同時期に建てられたと考えられる一戸建ての家が並んでいる。
イ　大きな住宅団地があり，学校や病院も見られる。
ウ　複数の工場があり，近くに果樹園も見られる。
エ　駅に近く，道路沿いには商店が多く見られる。

⑵　**○**で示した**Ｘ**の地域にある集落は，古くからある集落であることがわかる。そのことは，どのようなことからわかるか，**地形図**から読み取れることを一つ書け。

Ⅲ　ある中学生は，1970年と2016年の秋田県の工業生産額に占める割合の上位４品目を調べ，**資料１**にまとめた。そして，電子部品の割合が大きく増えていることに気づいた。電子部品をつくる工場が秋田県に進出するようになった背景を，**資料２**からわかることにふれて**35字以上45字以内**で書け。ただし，**原材料**，**製品**ということばを使うこと。

資料１

	１位	２位	３位	４位
1970年	木材・木製品 27.5%	食料品 18.3%	非鉄金属 15.1%	電気機械器具 9.1%
2016年	電子部品 27.5%	食料品 8.7%	生産用機械器具 6.4%	業務用機械 6.3%

（工業統計調査，データでみる県勢 2019 から作成）

資料２

1981年	秋田空港の使用開始
1991年	秋田自動車道の部分開通
1994年	秋田自動車道が東北自動車道と接続
1997年	秋田自動車道の全線開通
1998年	大館能代空港の使用開始
2001年	秋田自動車道が日本海東北自動車道と接続

（秋田県ホームページほかから作成）

2 次のⅠ～Ⅲの問いに答えなさい。答えを選ぶ問いについては一つ選び，その記号を書きなさい。

Ⅰ　次は，ある中学生が歴史の資料**A**～**D**について調べ学習を行い，調べたことを年代の古い順に表にまとめたものである。**1**～**7**の問いに答えよ。

	歴史の資料	調べたこと
A	和をとうとび，争うことのないようにせよ。あつく三宝を敬え。三宝とは，仏・法・僧である。	これは，ⓐ聖徳太子が定めたきまりで，役人の心構えを示すことばである。聖徳太子は天皇中心の政治をめざした。
B	源氏三代のⓑ御恩は，山よりも高く，海よりも深い。将軍家に奉公するのか，京都に味方するのか，今はっきりと申してみよ。	これは，源頼朝の妻である北条政子のことばである。ⓒ倒幕をめざす後鳥羽上皇の挙兵に際して，ⓓ武士に結束を訴えたものである。
C	諸国の百姓が刀やわきざし，弓，やり，鉄砲，そのほかの武具などをもつことは，かたく禁止する。	これは，豊臣秀吉が定めた刀狩令の内容である。豊臣秀吉は領土を広げるため，ⓔある王朝の征服を計画し，朝鮮侵略も行った。
D	白河の清きに魚のすみかねて もとの濁りの田沼こひしき	これは，ⓕ江戸時代に □ が行った寛政の改革を風刺した狂歌である。農村の立て直しや質素・倹約を目標とした。

1　□ にあてはまる人名を書け。

2　ⓐが活躍したころに建てられた法隆寺や，そのなかにある釈迦三尊像などに代表される当時の文化を何というか。

3　ⓑについて，鎌倉時代に将軍から御家人に与えられた御恩の内容として，最も適当なものはどれか。

ア　管領に任命されること。　　**イ**　先祖伝来の土地の保護を受けること。
ウ　口分田をあたえられること。　**エ**　摂政や関白に任命されること。

4　ⓒについて，幕府がこの挙兵を破った後，幕府の命令は西日本にもおよぶようになり，幕府の支配がいちだんと強くなった。その理由の一つに，ある機関を設置したことがあげられるが，何という機関を置き，その機関でどのようなことを行ったか説明せよ。

5　ⓓに関する次の**ア**～**エ**のできごとを年代の古い順に並べよ。

ア　織田信長が今川義元を桶狭間の戦いで破った。
イ　平清盛が武士で初めての太政大臣になった。
ウ　北条泰時が武士の法律である御成敗式目を定めた。
エ　平将門が関東で武士団を率いて反乱をおこした。

6　ⓔについて，豊臣秀吉はある王朝の征服をくわだて，その道筋にあたる朝鮮に大軍を派遣した。豊臣秀吉が征服をめざした王朝として，最も適当なものはどれか。

ア　元　　**イ**　宋　　**ウ**　明　　**エ**　清

7　ⓕには，**資料**のような農具が用いられるようになり，農業が発達した。これらは，農業の発達にどのような役割を果たしたか，書け。

資料

Ⅱ　次の略年表を見て，１～６の問いに答えよ。

年代	できごと
1872	ⓐ学制が公布される
1894	ⓑ日清戦争がおこる
1901	ⓒ八幡製鉄所がつくられる
1918	ⓓ原敬が内閣を組織する
1922	［　　　］が結成される
1945	ⓔポツダム宣言を受諾する

１　［　　　］は，部落差別の撤廃を求める人たちがつくった全国的な組織である。［　　　］にあてはまる最も適当なことばを**漢字５字**で書け。

２　ⓐのころ，文明開化の風潮が広まっていった。この時期のわが国のようすについて述べた文として，最も適当なものはどれか。

ア　「ええじゃないか」とおどるさわぎが全国各地に広がった。

イ　発行部数が100万部をこえる新聞があらわれた。

ウ　１日を24時間とする太陽暦（新暦）が実施された。

エ　米価が上がり，米騒動が全国に広がった。

略地図

３　ⓑについて，日清戦争後には，**略地図**の**X**の半島をめぐって，ロシアはフランスやドイツとともに，日本に，あることをせまったため，わが国のロシアに対する対抗心が強まった。ロシアはどのようなことをせまったのか。**X**の半島名を明らかにして，解答欄の書き出しに続けて書け。

４　ⓒに関して，次の**ア**～**エ**は，**資料**中の**A**～**D**の各期間のいずれかのようすを表している。**D**の期間について述べているものとして，最も適当なものはどれか。

ア　朝鮮半島で戦争が始まると，大量の軍需物資の調達が日本で行われるようになった。

イ　戦争の最中には，日本国内の軍事施設や工場だけでなく，住宅にも空襲による被害が及んだ。

ウ　他国で恐慌が始まると，日本経済も打撃を受け，都市だけでなく農村にも不景気の波が及んだ。

エ　ヨーロッパで戦争をしている間に日本の重工業は発展し，日本の輸出額は輸入額を上回った。

資料　**八幡製鉄所の粗鋼生産量及び全国に占める割合**

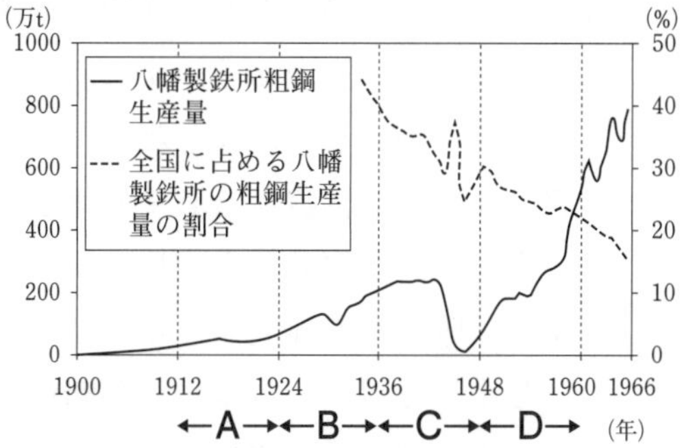

※粗鋼：板や棒などの形に加工する前の鋼鉄
※1933年以前の全国に占める八幡製鉄所粗鋼生産量の割合は統計がないため表示していない。
（八幡製鉄所八十年史から作成）

５　ⓓについて，原敬が組織した内閣とはどのようなものか。**衆議院**，**立憲政友会**ということばを使って書け。

６　ⓔ以降のできごとを次の**ア**～**エ**から三つ選び，年代の古い順に並べよ。

ア　大政翼賛会が結成された。　　　イ　日ソ共同宣言が調印された。

ウ　サンフランシスコ平和条約が結ばれた。　　　エ　東海道新幹線が開通した。

Ⅲ　ある中学生は，1905年に結ばれたポーツマス条約の内容に対して政府への批判が高まり，東京で日比谷焼き打ち事件がおきたことを学んだ。これについてまとめた次の文の［　　　］に適することばを補い，これを完成させよ。ただし，**増税**ということばを使うこと。

資料１

	日清戦争	日露戦争
死者数	約13,000人	約84,000人
戦　費	約2.0億円	約17.2億円
賠償金	約3.1億円	なし

（「ビジュアルワイド明治時代館」ほかから作成）

資料２
増税に泣く国民

（東京パックから作成）

資料１，**資料２**から，日露戦争で［　　　］ために，東京で日比谷焼き打ち事件がおこった。

3　次のⅠ～Ⅲの問いに答えなさい。答えを選ぶ問いについては一つ選び，その記号を書きなさい。

Ⅰ　次の図は，わが国の，国と地方公共団体における政治のしくみの一部を示そうとしたものである。1～5の問いに答えよ。

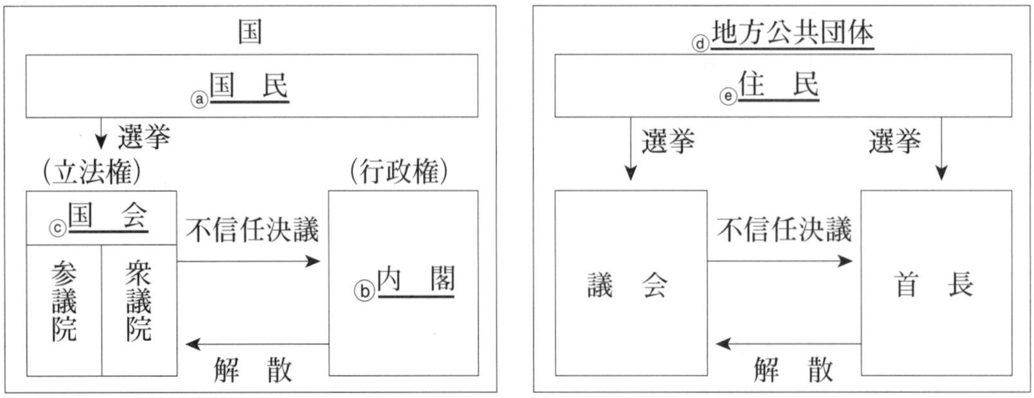

1　ⓐに関して，日本国憲法は議会制民主主義（代議制）のしくみをとっているが，国民投票によって直接意思を表すことができることも定めている。その具体的な内容として，最も適当なものはどれか。

ア　憲法の改正に関すること。　　イ　天皇の国事行為に関すること。

ウ　外国との条約の承認に関すること。　　エ　国の歳入と歳出に関すること。

2　ⓑに関して，内閣総理大臣の指名の際，衆議院と参議院の議決が異なり，両院協議会でも一致しなかった場合，どのようになるか。

3　ⓒによってつくられた法律や内閣が行う命令，規則，処分が憲法に違反していないかどうかを，裁判所は審査する。次の訴訟のうち，裁判所による違憲立法の審査にあてはまるものとして，最も適当なものはどれか。

ア　血友病の治療剤として使用された非加熱の血液製剤が原因で，エイズウイルスに感染した人々が，損害賠償を求めて訴訟をおこした。

イ　大阪空港を離発着する航空機のもたらす騒音等の公害に苦しむ周辺住民が，夜間の飛行差し止めと過去・将来の損害賠償の支払いを求めて訴訟をおこした。

ウ　ある衆議院議員選挙において，議員一人あたりの有権者数に約5倍の格差があるのは選挙権の平等に反するとして，選挙の無効を求めて訴訟をおこした。

エ　ある月刊誌に掲載された小説のモデルになった女性が，プライバシーを侵害されたとして，出版差し止めと損害賠償請求を求めて訴訟をおこした。

4　ⓓに関して，**資料**について述べた次の文の［　　］に適することばを書け。

> **資料**のように，市町村の全体の数が減少しているのは，地方分権を進めたり，行政の効率化を図るために，［　　］が行われたりしたためである。

資料　市町村の数

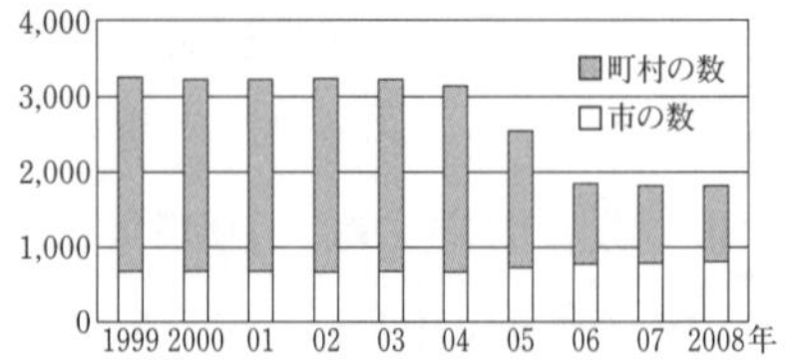

（住民基本台帳人口要覧から作成）

5　ⓔに関して，地方の政治では，住民が条例の制定を請求することができる。次の文は，ある中学生が住んでいる市で，住民が条例の制定を請求する際の手続きについて述べたものである。［①］，［②］にあてはまることばをそれぞれ書け。

> 私が住んでいる市の有権者数は30万人なので，［①］人以上の有権者の署名を集め，［②］に請求します。

Ⅱ　次の表は，ある中学校で調べ学習をしたときの内容について示したものである。**1**〜**6**の問いに答えよ。

班	調べた内容
A	日本銀行の役割について
B	日本国憲法について
C	環境への影響について
D	消費するということについて

1　A班に関して，日本銀行について述べた次の文の［　　　］にあてはまる内容として，最も適当なものは，下の**ア**〜**エ**のうちどれか。

日本の中央銀行である日本銀行は，［　　　］ことを通じて物価の安定をはかり，景気変動に対応している。

ア　国の予算を審議する　　**イ**　通貨の調節を行う
ウ　社会資本の整備をする　　**エ**　減税する

2　A班は，日本銀行は，「銀行の銀行」とよばれる役割があることを知った。この役割について簡潔に書け。

3　B班に関して，次の文は，中学校で使用されている教科書の裏表紙に書かれているものである。この文の内容と最もかかわりのある日本国憲法の条文は，下の**ア**〜**エ**のうちどれか。

この教科書は，これからの日本を担う皆さんへの期待をこめ，国民の税金によって無償で支給されています。大切に使いましょう。

ア　すべて国民は，勤労の権利を有し，義務を負ふ。
イ　すべて国民は，法律の定めるところにより，その能力に応じて，ひとしく教育を受ける権利を有する。
ウ　何人も，公共の福祉に反しない限り，居住，移転及び職業選択の自由を有する。
エ　信教の自由は，何人に対してもこれを保障する。いかなる宗教団体も，国から特権を受け，又は政治上の権力を行使してはならない。

4　C班に関して，法律で定められた制度により，事業者には，開発にあたって事前に環境への影響を調査することが義務付けられている。この調査を何というか。

5　D班に関して，現在，コンビニエンスストアなどでは，商品が購入されると同時に，商品名，数量など販売側にとって必要な情報を瞬時に読み取って集めるシステムが利用されている。この情報を瞬時に読み取るために使われているラベルとして，最も適当なものはどれか。

ア
●品名・麦茶（清涼飲料水）
●原材料名・大麦（カナダ），麦芽（オーストラリア），ビタミンC
●賞味期限・キャップに記載
●保存方法・直射日光を避けてください。
●内容量・500ml
●販売者・（株）○○○○

イ
お問い合わせは
お客様センター
フリーダイヤル
0120
000-000

ウ
1
PETボトル
プラ
キャップ
ラベル

エ
4 912345 678904

6　D班は，日本郵便が2019年10月の消費税増税に合わせて，郵便料金を値上げしたことを知った。郵便料金をはじめ，電気・ガス・水道の料金などの価格のように，国や地方公共団体が適切な水準で管理している価格を何というか。

Ⅲ　社会保障に関して，**資料1**から，2016年は2002年に比べて，社会保障財源の合計額は増加しているが，社会保障財源の合計額に対する社会保険料の割合は下がっていることが分かる。その理由を**資料2**から読み取って書け。

資料1　社会保障財源の合計額と社会保障財源の合計額に対する社会保険料の割合

	2002年	2016年
社会保障財源の合計額	88兆2,218億円	134兆9,177億円
社会保障財源の合計額に対する社会保険料の割合	63.3%	51.1%

（日本国勢図会 2006/07，2019/20 から作成）

資料2　年齢別人口の推移

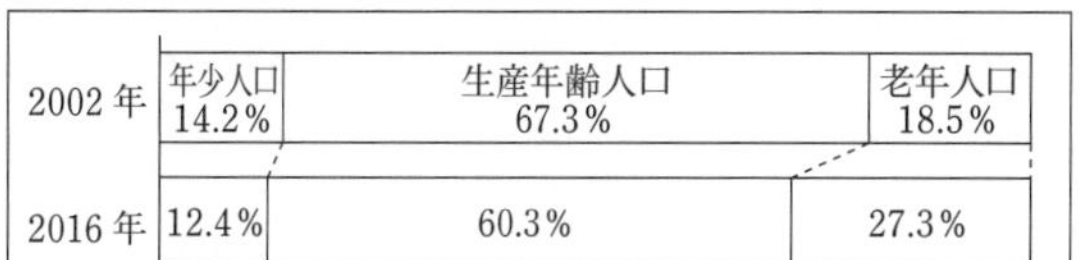

（日本国勢図会 2006/07，2017/18 から作成）

令和４年度　公立高校入試実戦問題　第２回　数　学 （解答…237Ｐ）

1　次の１～５の問いに答えなさい。

１　次の(1)～(5)の問いに答えよ。

(1)　$24-4\times5$ を計算せよ。

(2)　$\frac{2}{9}+\frac{5}{6}-\frac{5}{18}$ を計算せよ。

(3)　$8\sqrt{3}-\frac{45}{\sqrt{3}}+\sqrt{75}$ を計算せよ。

(4)　平行四辺形ABCDにおいて，次の**ア**～**エ**の中からいずれか１つの条件を加えるとひし形になる条件として正しいものをすべて選び，記号で答えよ。

ア　$\angle A=90^\circ$　　**イ**　$AC=BD$　　**ウ**　$AC\perp BD$　　**エ**　$AB=BC$

(5)　縦と横の辺の長さの比が３：４の長方形がある。この長方形の周の長さが84㎝のとき，長方形の縦の辺の長さは何㎝か。

2　x軸を対称の軸として，点$(-2,\ 3)$と対称な点の座標を求めよ。

3　からの状態から毎分3Lずつためると，20分で満水になる水そうがある。この水そうに毎分xLずつ水をためたときに水そうが満水になる時間をy分とするとき，yをxの式で表せ。

4　あるリボンの長さをはかり，小数第2位を四捨五入したところ，157.4cmとなった。このときの真の値を$a$cmとするとき，aの範囲を不等号を用いて表したものとして正しいものを次の**ア**～**エ**の中から1つ選び，記号で答えよ。

ア　$157.4 \leqq a \leqq 157.5$　　**イ**　$157.4 < a < 157.5$

ウ　$157.35 \leqq a < 157.45$　　**エ**　$157.35 < a \leqq 157.45$

5　ある図書館の入館者数について，先月の入館者数は2400人で，今月の入館者数は先月よりも15%増加していた。このとき，今月の入館者数は何人か。

2 次の１～５の問いに答えなさい。

1 下の図において，５点A，B，C，D，Eは円Oの周上にある。このとき，$\angle x$の大きさは何度か。

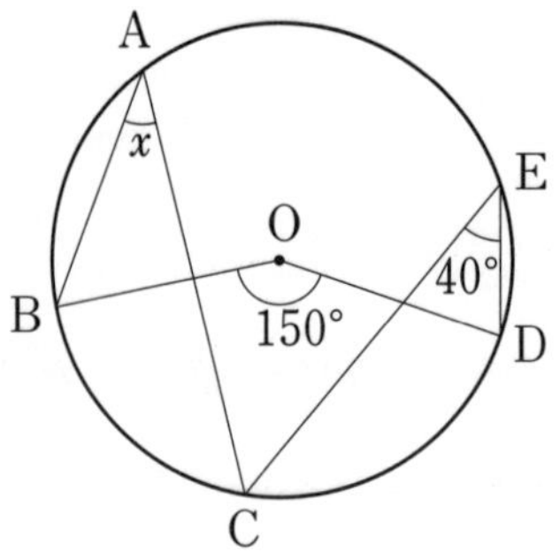

2 $3x^2y-6xy-24y$ を因数分解せよ。

3 a，b，cは連続する３つの偶数で，$0<a<b<c<100$である。$\sqrt{a+b+c}$が正の整数となるbのうち，最も大きな数を求めよ。

4 下の図のような，線分ABを直径とする半円Oの$\overset{\frown}{AB}$上に，$\angle AOC=135°$となるように点Cをとる。このとき，点Cを定規とコンパスを用いて作図せよ。ただし，作図に用いた線は消さずに残しておくこと。

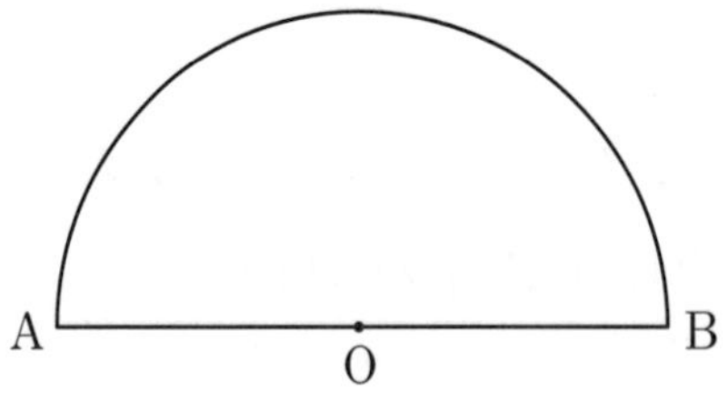

5 右の図は，ある月のカレンダーを示したものである。このカレンダーの中のある数をxとする。xの真下の数にxの左どなりの数をかけた数は，xに16をかけて28をひいた数と等しくなる。このとき，カレンダーの中のある数xを求めよ。ただし，方程式と計算過程も書き，xは，その真下と左どなりに数のある位置にあるものとする。

日	月	火	水	木	金	土
	1	2	3	4	5	6
7	8	9	10	11	12	13
14	15	16	17	18	19	20
21	22	23	24	25	26	27
28	29	30	31			

3　ある中学校の陸上部では，記録会で走り幅跳びに出場する代表選手を１人選ぼうとしている。右の表は，３人の代表候補の選手が，代表選手を選ぶために事前に行った練習の，５回分の記録を示したものである。次の**1**～**4**の問いに答えなさい。

記録(cm)	1回目	2回目	3回目	4回目	5回目
Aさん	505	550	640	535	545
Bさん	585	620	570	550	615
Cさん	610	545	595	605	535

1　Aさんの記録について，分布の範囲を求めよ。

2　上の表をもとに，階級の幅を30cmとして，３人のすべての記録をまとめたヒストグラムをつくりたい。最初の階級を500cm以上530cm未満とするとき，右のヒストグラムを完成させよ。

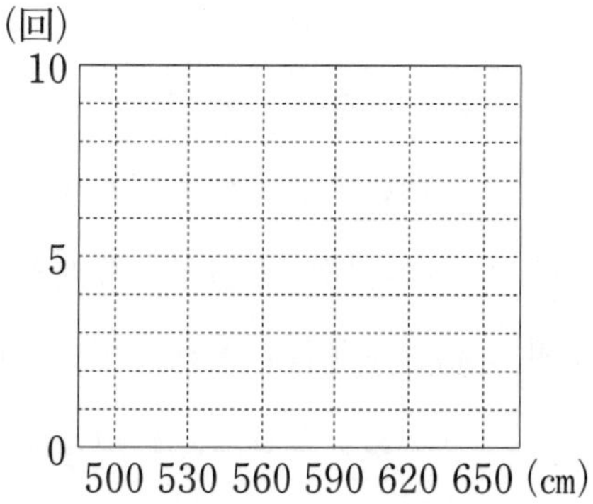

3　３人の15回分の記録について，四分位範囲を求めよ。

4　次の文は，３人の中から代表選手を選ぶにあたって，候補選手以外の陸上部員が行った会話の一部を示したものである。下の文中のMさんの□の部分に，MさんがBさんを選んだ理由が適切になるように，根拠となる代表値を示して説明せよ。

Kさん：わたしは，すべての記録の中で１番良い記録を残したAさんがよいと思います。

Mさん：わたしは，Bさんがよいと思います。なぜなら，

4 次の数学の授業中の先生と生徒の会話の一部を読んで，次の１，２の問いに答えなさい。ただし，円周率はπとする。

先　生：今日は空間図形について学習しましょう。私たちは様々な立体に囲まれていますね。

ゆうと：私は，円を底面とする立体に着目しました。食器や水筒，マスキングテープなど，円を底面とする立体は生活の中にいくつもありますね。

先　生：そうですね。では，円を底面とする次の３つの容器について考えましょう。Ｐは円錐の容器，Ｑは半球の容器，Ｒは円柱の容器で，底面の半径や高さは右の図の通りです。また，容器は底面が水平な状態にあり，容器の厚さはここでは考えないことにしましょう。

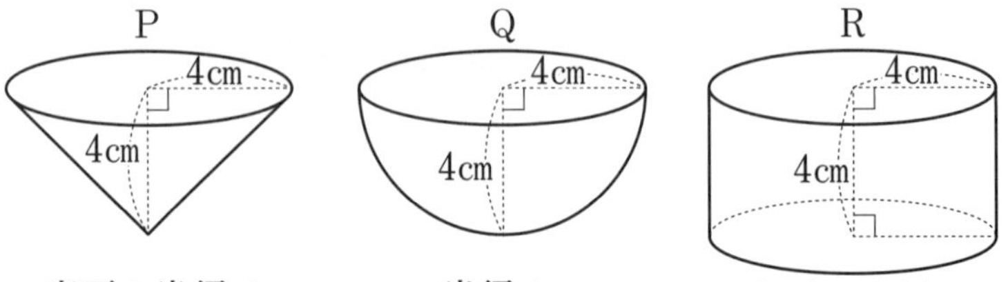

底面の半径 4 cm　高さ 4 cm（P）　半径 4 cm（Q）　底面の半径 4 cm　高さ 4 cm（R）

あいこ：どの容器の体積が一番大きいのかな。実際に水を入れてみようかな…

先　生：高さや半径がわかっているので，これまでにならった公式にあてはめて考えてみましょう。あいこさん，Ｐの容器の容積は何cm^3ですか。

あいこ：［ア］cm^3ですね。また，底面の半径と高さが等しいとき，円錐の体積は円柱の体積の$\frac{1}{3}$倍であることから，容器Ｒの容積もわかりました。

ゆうと：Ｑの容器については，球の体積を求める公式と，半球の体積は球の体積の$\frac{1}{2}$であることから求めることができました。

先　生：２人ともよくできました。では，実際に水を入れた場合について考えましょう。容器Ｐと容器Ｑに水をいっぱいに入れて，それらをすべて，からの容器Ｒに移し替えます。このときの容器Ｒの水の量を表した図として最も適当なものは，次の ①〜④ のどれだと思いますか。なお，それぞれの図の目盛りは，Ｒの高さを４等分したものです。

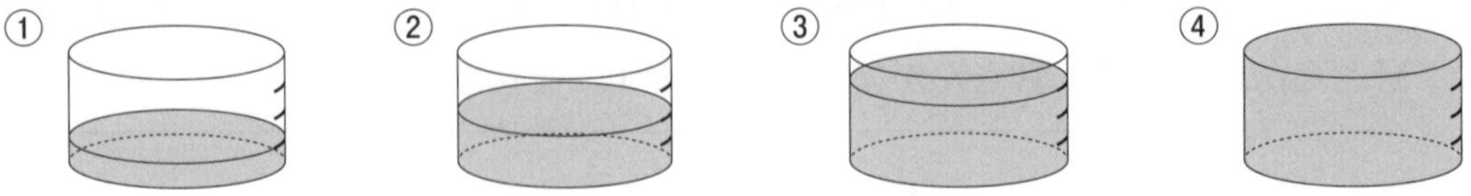

あいこ：［イ］ですね。３つの立体の容積の関係もわかりました。

先　生：正解です。では，少し違った視点で立体を見てみます。Ｐ，Ｑそれぞれの容器の深さの半分まで水を入れましょう。ゆうとさん，このときそれぞれの容器を真上から見ると，水面はどのような形になりますか。

ゆうと：底面と水面はいずれも相似な円になりますね。

先　生：よく気づきましたね。では，容器Ｐに入っている水の体積は，容器Ｐいっぱいに入れた水の体積の何倍でしょう。また，容器Ｐ，Ｑの水面の面積の比はどうなりますか。

あいこ：［ウ］倍ですね。相似比を活用しました。水面の面積比は…うーん。

ゆうと：水面の面積の比は，（容器Ｐ）：（容器Ｑ）＝１：［エ］です。

先　生：２人ともよくできましたね。では，次の問題に……授業終了の時間になったので，次の問題は次回までの宿題にしましょうか。

1　文中の［ア］～［エ］にあてはまる最も適当な数や番号をそれぞれ答えよ。

2　先生から出された宿題は次のようなものであった。また，次の会話文は，宿題について２人の生徒が考察しているものである。

> 右の図は，容器Ｑを容器Ｒに入れて，それを正面から見た図であり，四角形ABCDは，AB＝4 cm，AD＝8 cmの長方形であり，点Ａを中心とし線分ADを半径とする円と線分BCとの交点をＥとし，点Ａと点Ｅを結ぶ。線分ADを直径とする半円と線分AEとの交点をＦとし，点Ｄと点Ｆを結ぶ。このとき，$\overset{\frown}{DE}$，$\overset{\frown}{DF}$，線分EFで囲まれた色のついた部分の面積は何cm^{2}ですか。
>
> 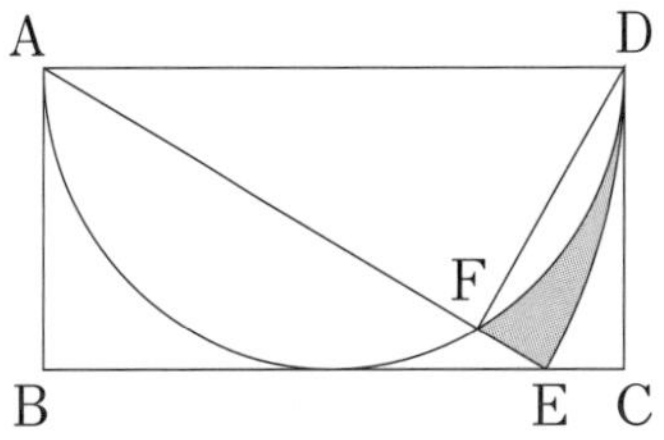
>

ゆうと：考え方はわかったんだ。でも，∠DAEの大きさがわからなくて…

あいこ：ゆうとさんすごいわね。わたしはどのように考えていいかわからなかったの。でも，<u>△ABE≡△DFAが証明できたら</u>，∠DAEの大きさがわかるよ。

ゆうと：なるほど，∠DAE＝［オ］°だね。ということは，ADの中点をＭとすると…

> カ
>
> 答＿＿＿＿＿＿cm^2

よし，これでいいはずだ。

(1)　下線部について，△ABE≡△DFAであることを証明せよ。

(2)　ゆうとさんの会話の［オ］にあてはまる最も適当な数を求めよ。また，［カ］には宿題の解答を求める計算過程の続きを書き，文を完成させよ。

5 右の図は，関数 $y = ax^2$ $(a > 0)$ …①のグラフを表したもので，点Aは x 軸上にあり，x 座標は6である。点Cを関数①のグラフ上の x 座標が正の部分に，点Dを，点A，原点O上をのぞく線分AO上にそれぞれとり，正方形ABCDをつくる。また，y 軸上に2点F，Gをとり，正方形CEFGをつくる。点Eの y 座標が点Cの y 座標より大きいとき，次の**1**～**4**の問いに答えなさい。

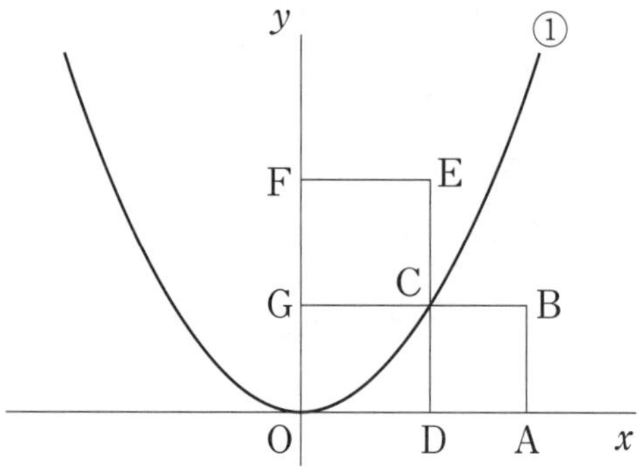

1　関数①について，x の変域が $-3 \leqq y \leqq 2$ であるときの y の変域を，a を用いて表せ。

2　点Fの y 座標を求めよ。

3　$a = 1$ のとき，点Bの座標を求めよ。

4　関数①のグラフ上にある点をHとする。点Fと点Hを結んでできる線分FHの中点が点Eと一致するとき，点Hの座標を求めよ。

2022年受験用

鹿児島県高校入試問題集

公立編

正答例と解説

令和三年度　鹿児島県公立高校入試問題　国　語

正答例

[1] 1 (1) 貯蔵　(2) 耕（す）
(3) 額　(4) えんがわ
(5) しょうち　(6) と（ぐ）
2 十（画）

[2] 1 ウ　2 イ
3 Ⅰ 勝てない場所
Ⅱ できるだけ競争しなくても生きられる
4 すぐに苦手だと決めてチャレンジをやめてしまうと，得意なことや本当の面白さに気づかず，自分の可能性を広げられなくなってしまうから。
5 エ

[3] 1 こう　2 イ　3 ウ
4 Ⅰ 賢人
Ⅱ 自分のものにしよう
Ⅲ 利益に執着している

[4] 1 エ
2 Ⅰ きつい言葉
Ⅱ 対等な立場で先生を説得する
3 ア　4 ウ
5 自分たちの意見を精一杯伝えたが，先生からなかなか返事が返ってこないため，説得がうまくいったかわからず不安な気持ち。

[5] （選択した特徴）　X

私はXのように主観的な感想があると、辞書を編集した人の考え方がわかるので、ただ調べ物をするだけではなく、読み物としてのおもしろさがある点がよいと思った。

しかし、感想は個性が出るので、だれもが共感できない内容が含まれる点が問題だ。言葉の説明とは別の箇所に、辞書を編集した人の感想として掲載したほうがよいと思う。

配　点

[1] 1　2点×6　2　2点　計14点
[2] 1　2点　2　3点　3Ⅰ　4点　Ⅱ　5点
4　7点　5　5点　計26点
[3] 1　2点　2　3点　3　3点
4　Ⅰ，Ⅲ　3点×2　Ⅱ　4点　計18点
[4] 1　3点　2　Ⅰ　3点　Ⅱ　4点
3　3点　4　3点　5　7点　計23点
[5] 9点

解　説

[1] ＜漢字＞

2 点画の省略，筆順の変化があるが，「被」という漢字である。「しめすへん」と「ころもへん」の行書は同じ形である。

[2] ＜論説文＞

1 ――線部①とウは連体修飾語であることを示す助詞の「の」である。アは主語であることを示す助詞の「の」である。「が」に置き換えることができる。イは連体詞「この」の一部，エは「〜のもの」と置き換えられる助詞の「の」である。

2 魚類の間での「戦いに敗れた敗者たち」が「他の魚たちのいない川」に逃げ延びたという事実に対して，[a]の後で「塩分濃度の低い川は棲めるような環境ではなかった」と他の魚たちがいなかった理由について当然の内容を挙げていることから，[a]は「もちろん」が適当。[b]は，直前で，両生類の進化について「未知のフロンティアを目指す闘志にみなぎっています」としているが，直後で両生類は「勇気あるヒーローではありません」と否定していることから，**打ち消しの意味を伴って使われる「けっして」**が適当。

3Ⅰ 空欄前後に着目する。「各々の生物たちが戦って」「見つけ」たものが何かを探すと，「たくさんのチャレンジをしていけば，たくさんの**勝てない場所**が見つか」るとある。

Ⅱ 戦いの結果「ナンバー1になれるオンリー1のポジション」を見つけて，「『できるだけ戦わない』という境地と地位にたどりついた」とあるので，この部分を指定字数内でまとめる。

4 第四段落で，学校で習う科目について，「得意な科目の中に苦手な単元があるかもしれませんし，苦手科目だからと言ってすべてが苦手なわけではなく，**中には得意な単元が見つかる**かもしれません」とし，第七段落では算数・数学について「計算問題が面倒くさいというだけで，『苦手』と決めつけてしまうと，数学の**本当の面白さに出会うことはない**かもしれません」として，「得意なことを探すためには，すぐに苦手と決めて捨ててしまわないことが大切」だと述べている。

5 筆者は「敗者が進化を遂げた」という考えについて，海水魚から淡水魚への進化，淡水魚から両生類への進化，そして赤ちゃんを産んで育児する哺乳類への進化，二足歩行をする人類への進化などの具体例を挙げている。**エ**は，生物が多く行き交うことで負けていた植物Dが，「踏まれても耐えられる葉や茎をもつ」という進化を遂げた点で筆者の考えに最も近いと言える。**ア**は進化における生物間の戦いの内容ではないので不適。**イ**は，本文中では生まれつきの性質については述べられていないので不適。**ウ**は持っていた性質が退化したという本文とは反対の内容なので不適。

[3] ＜古文＞

（口語訳） 中国の育王山の僧が二人，仏や僧に施す金銭や品物をめぐり争って騒いでいたので，ア その寺の長老である，大覚連和尚が，この僧二人を戒めて言うには，「イ ある俗人（出家していない人）が，他人の銀を百両預かって置いたところ，ウ この銀の持ち主が死んだ後，エ その（持ち主の）子にこれを与えた。子は，これを受け取らなかった。『親は，既に（私に）与えないで，① あなたに託したのだ。（銀は）あなたの物だ』と言った。その俗人は，『私はただ預かっただけだ。譲り得たわけではない。親の物は子の物になるべきだ』と言って，また（銀を）返した。② お互いに言い争って（銀を）取ることはなく，しまいには公の役所で判断をお願いすると，『共に賢人である』とした。『（どちらの）言うことも筋が通っている。するべき

こととして（銀は）寺に寄付して，亡くなった者の菩提を助けよ』と判断した。この話は，私が直接見聞きしたことである。僧にならず俗世間で生活する人が，何といっても利益に執着しない。欲望や執着を断ち切って僧になり，仏道修行をする人が，世俗の財産を争っている」として，寺の決まりに従って（二人を）追放した。

1　語頭以外の**ハ行**は**ワ行**に直す。

2　――線部①は，「かの主（親）」が銀を与えた人を指す。「子」が「親，既に与へずして」と自分に与えたわけではないという発言をしていることから判断する。

3　「かの主」が「ある俗」に預けた銀について，「子」は「親，既に与へずして，そこに寄せたり。それの物なるべし」とし，「ある俗」は「譲り得たるにはあらず。親の物は子の物とこそなるべけれ」として，お互いに相手の物だと考えている。**ア**は，「親の銀を少し譲ろう」が不適。**イ**は本文とは反対の内容なので不適。**エ**は「相手と平等に分け合いたかった」が不適。

4Ⅰ　「ある俗」と「子」に対する評価は，「官の庁」が下している。その場面に着目すると『共に賢人なり』とある。

Ⅱ　「ある俗」と「子」が銀を自分のものではないと互いに主張した様子と，僧二人が「布施を争」う様子が対比されていることから，僧二人は互いに自分のものだと主張していたといえる。

Ⅲ　「ある俗」と「子」が「利養を貪ら」ないのに対し，欲望を断ち切るべき人が布施を争っていることから，僧二人が利益に執着しているといえる。

4　＜小説文＞

1　「**食い下がる**」とは，**強い相手に粘り強く立ち向かう**という意味。冒頭にあるように，私や加奈たちは，文化祭の廃止の撤回を求めている。――線部①の前で加奈はだまりこんだが，「でも，私たち考えたんです」の後に，自分たちが考えたことを伝えていることから，廃止の撤回の交渉をしようとしている様子が読み取れる。**ア**は「取りつくろおう」とはしていないので不適。**イ**は「真意を質問しよう」，**ウ**は「反抗してさらに文句を言おう」がそれぞれ不適。

2Ⅰ　直後の「現状」とは，文化祭には予算があり，今の文化祭には見合う価値がないというものである。これについて，笹村先生は「あなたたちの文化祭の価値はゼロ円」ときつい言葉を投げかけている。

Ⅱ　直後の「きっかけ」と同じ意味の言葉を探すと，本文中に「とっかかり」とある。笹村先生は現状に気づかせた上で，「私たちが対等に話すとっかかり」を作ってくれたのである。

3　加奈は，「本当のことを言ってくれて，ありがとうございます」という私の言葉を聞いた後，「はっとしたように，先生を見上げ」て，「ご指摘，本当にありがとうございます。～私たちの向上心と，自主性」と言い，「声がいつもの調子に戻り」，先生の言葉にも返答していることから，落ち着いて対応している様子が読み取れる。**イ**は「杏に助けられたことが恥ずかしく」，**ウ**は「安心して得意げ」，**エ**は「不安を感じて周りが見えなくなっている」がそれぞれ不適。

4　――線部④の後に，生徒たちの不満そうな様子が描かれている。「『自分たちの文化祭なのにどうして』って気持ち」や「『やりたくない，めんどうくさい』と思いつつ『取り上げられるのはヘンだ』と思っていた」という様子から，面倒だが自分たちの文化祭を先生が取り上げるのはおかしいと思っていることが読み取れる。**ア**は「文化祭の廃止は賛成」，**エ**は「予算がないから中止にするのはおかしい」がそれぞれ不適。**イ**は「勉強しなくていい時間を奪うな」と思っている人もいるので不適。

5　私や加奈たちは，文化祭の廃止の撤回を求めて，先生方が廃止を決めた理由について自分たちなりに考えたことを話したり，文化祭を『やりたくないのに，やりたい』というほかの生徒たちの気持ちを踏まえてできることを伝えたりして，自分たちの思いをぶつけている。それを伝えた後，「**先生は長いことだまった。何を考えているのかは分からなかった**」とあることから，自分たちの思いが伝わったのか，先生は納得しているのかがわからず不安になっていると読み取れる。

5　＜作文＞

〰〰線部**Ｘ**・**Ｙ**の一つを選択し，特徴の良い点と問題点を書く問題である。太郎さんと母親の会話の内容や，これまで辞書を引いた時の体験や言葉の使い方に関して見聞きしたことを踏まえて考えると，まとめやすくなる。

［**採点基準の例**］

⑴　**第一段落**…４点
　選択した特徴の良いと思われる点を明確に書けているかを３段階に評価する。

⑵　**第二段落**…５点
　選択した特徴によって生じる問題点を明確に書けているかを３段階に評価する。

⑶　**段落指定を守っていないもの**…減点２点

⑷　**行数を満たしていないもの**…減点３点

⑸　**表記**…最大減点４点（一か所ごとに減点１点）
　①　原稿用紙の使い方の誤り。
　②　誤字脱字，符号の用法の誤り。
　③　用語や文の照応の不適切なもの。
　④　文体が常体または敬体で統一されていないもの。

［**別解**］

（選択した特徴）Ｙ

**　私は、時代の移り変わりに伴う言葉の変化が反映されている点がよいと思った。現代的な意味や用例が載っていることで、若者にも親しみやすい辞書になるだろう。**

**　しかし、本来の言葉の意味が薄れたり、現代的な意味や用例を知らない年代の人が混乱したりする点が問題だ。どの年代の人も理解できるよう使用場面を紹介するといいと思う。**

令和3年度　鹿児島県公立高校入試問題　理科

正答例

[1] 1　**地層**　　2　イ，ウ(順不同・完答)

3　a　**電子**　　b　**陽子**　　c　**中性子**(完答)

4　**全反射**　　5　**火成岩**　　6　C

7　①　イ　　②　ア(完答)

8　力の大きさ　**150**〔N〕　　距離　**80**〔cm〕(完答)

[2] Ⅰ　1　**二酸化炭素**

2

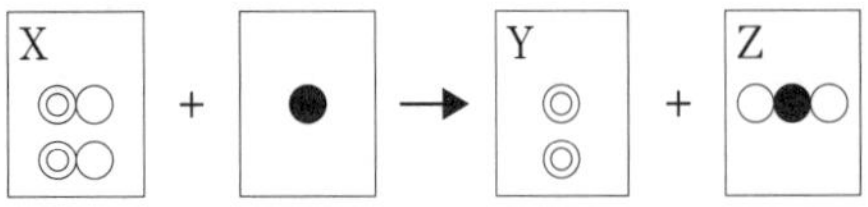

3　**試験管Aに空気が入り，銅が酸化されるのを防ぐため。**

4　質量　**5.10**〔g〕　　物質　**炭素，銅**(完答)

Ⅱ　1　エ　　2　$H^+ + OH^- \rightarrow H_2O$

3　NaCl

4　a　**変わらない**　　b　**ふえる**(完答)

[3] Ⅰ　1　**胞子**

2　**子房がなく，胚珠がむきだしになっている。**

3　①　ア　　②　イ(完答)　　4　ア

Ⅱ　1　**養分からエネルギーがとり出されている**

2(1)　ウ，エ(順不同・完答)

(2)　a　**肝臓**　　b　**尿素**

c　**じん臓**(完答)

3　**表面積が大きくなっているから。**

[4] Ⅰ　1　**衛星**　　2　エ　　3　d　　4　イ

Ⅱ　1　**温度計に日光が直接あたらないようにするため。**

2　右図

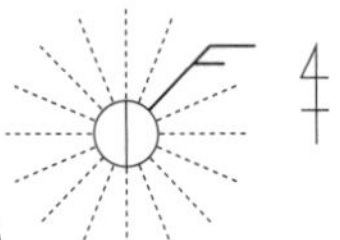

3　a　**膨張**　　b　**下**(完答)

4　**強い雨が，短時間に降る。**

[5] Ⅰ　1　**1.2**〔g/cm³〕　　2　**2.0**〔N〕

3

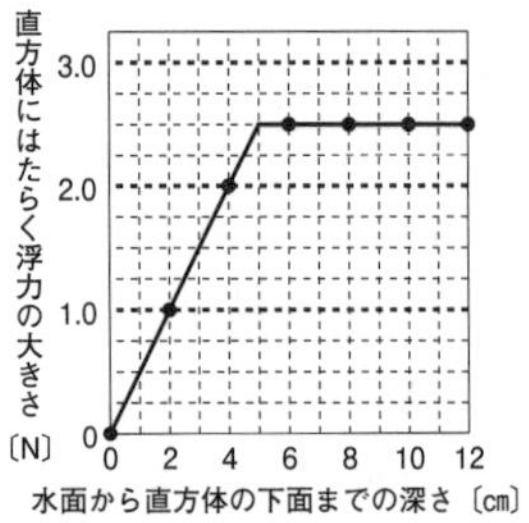

4　記号　ウ

理由　**直方体にはたらく重力が浮力より大きいため。**(完答)

Ⅱ　1　エ　　2　**オームの法則**

3　電圧　**3.0**〔V〕　　電力　**0.75**〔W〕(完答)

4　**大きな電流が流れ，発熱量が大きくなる**

配　点

[1]	3，8	3点×2	他	2点×6	計18点
[2]	Ⅰ4，Ⅱ4	3点×2	他	2点×6	計18点
[3]	Ⅰ4，Ⅱ2(2)	3点×2	他	2点×6	計18点
[4]	Ⅰ4，Ⅱ2	3点×2	他	2点×6	計18点
[5]	Ⅰ3，Ⅱ3	3点×2	他	2点×6	計18点

解　説

[1] **＜4分野総合＞**

2　**ア**の葉緑体，**エ**の細胞壁は，植物の細胞のみに見られるつくりである。

3　陽子を⊕，電子を⊖，中性子を●で表すものとすると，ヘリウム原子の構造は右の図のようになる。

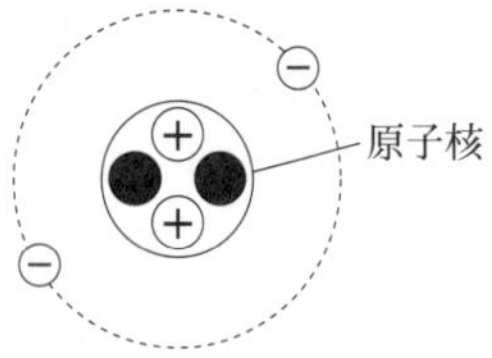

5　安山岩などの火山岩と花こう岩などの深成岩をまとめて火成岩という。

6　**質量パーセント濃度〔%〕＝$\frac{\text{溶質の質量〔g〕}}{\text{溶液の質量〔g〕}}$×100**

A　$\frac{2.0}{102} \times 100 = 1.96\cdots$〔%〕

B　$\frac{2.0}{100} \times 100 = 2$〔%〕

C　$\frac{3.0}{203} \times 100 = 1.47\cdots$〔%〕

よって，**C**の質量パーセント濃度が最も低い。

7　からだをつくる細胞が分裂する細胞分裂を，特に体細胞分裂という。有性生殖で生殖細胞がつくられるときに行われる特別な細胞分裂を減数分裂という。

8　**仕事〔J〕＝力の大きさ〔N〕×力の向きに動いた距離〔m〕**

20〔cm〕＝0.2〔m〕，40〔cm〕＝0.4〔m〕

仕事の原理より，てこを使った仕事で，物体がされた仕事と人がした仕事は等しい。物体がされた仕事は，300×0.2＝60〔J〕　棒の右はしに下向きに加えた力の大きさを x Nとおくと，$x \times 0.4 = 60$　$x = 150$

よって，150N　棒の右はしに下向きに力を加えている間，てこはつり合っているので，左のうでと右のうでの「力の大きさ×支点からの距離」は等しくなる。支点から棒の右はしまでの距離を y cmとおくと，

$300 \times 40 = 150 \times y$　$y = 80$　よって，80cm

[2] **＜化学変化と原子・分子・化学変化とイオン＞**

Ⅰ2　試験管Aの中で起こった化学変化の化学反応式は以下の通りである。

$2CuO + C \rightarrow 2Cu + CO_2$

4　**図2**より，酸化銅4.00gと炭素粉末0.30gが過不足なく反応し，3.20gの銅が生成され，1.10gの二酸化炭素が発生することがわかる。酸化銅6.00gと過不足なく反応する炭素粉末の質量を x gとおくと，4.00：0.30＝6.00：x　$x = 0.45$　よって，0.45g　また，酸化銅6.00gから生成される銅の質量を y gとおくと，4.00：3.20＝6.00：y　$y = 4.80$　よって，4.80g　つまり，酸化銅6.00gと炭素粉末0.45gが過不足なく反応し，4.80gの銅が生成されることがわかる。反応せず，試験管Aの中に残る炭素粉末の質量は，0.75－0.45＝0.30〔g〕　したがって，試験管Aの中にある加熱した後の固体の物質とは，銅と炭素であり，その質量は，

4.80＋0.30＝5.10〔g〕

Ⅱ1　塩酸は酸性の水溶液であり，酸性の水溶液にマグネシウムを入れると，水素が発生するので**エ**が適当。塩酸の溶質である塩化水素は，水にとかしたとき

に電流が流れる電解質なので**ア**は不適。無色のフェノールフタレイン溶液を赤色に変える，赤色リトマス紙を青色に変えるのはアルカリ性の性質なので**イ**，**ウ**は不適。

3　塩酸と水酸化ナトリウム水溶液とを混ぜ合わせて中性にした水溶液は塩化ナトリウム水溶液となる。このときに起こる化学変化の化学反応式は以下の通りである。$HCl+NaOH \rightarrow NaCl+H_2O$

4　塩化水素と水酸化ナトリウムの電離の化学反応式はそれぞれ以下の通りである。

$HCl \rightarrow H^{+}+Cl^{-}$　　$NaOH \rightarrow Na^{+}+OH^{-}$

塩酸に水酸化ナトリウム水溶液を加えていったときのイオンのモデルは下の図の通りである。

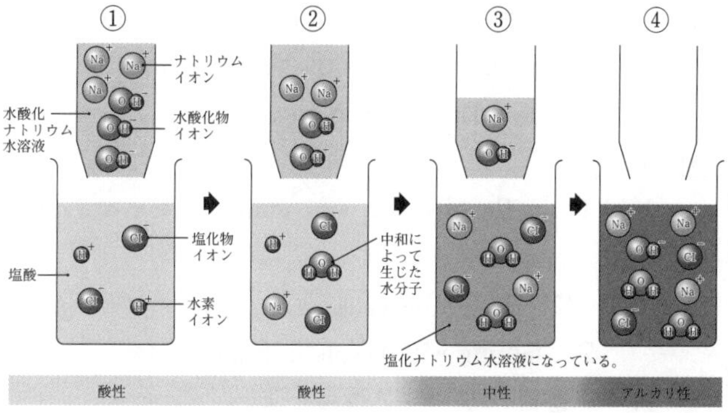

塩酸に水酸化ナトリウム水溶液を加えていくと，ビーカー内に存在している水素イオンは，水酸化物イオンと結びついて水分子になるため，水素イオンは減っていく。しかし，ナトリウムイオンがふえていくので，水溶液が中性になる(①～③)までビーカー内の溶液に存在している陽イオンの数は，はじめ(①)のビーカー内の溶液に存在している陽イオンの数から変化しない。中性になった後，さらに水酸化ナトリウム水溶液を加えていく(④)と，ナトリウムイオンの数がふえていくので，ビーカー内の溶液に存在している陽イオンの数は，はじめ(①)のビーカー内の溶液に存在している陽イオンの数よりふえる。

表より，加えたうすい水酸化ナトリウム水溶液の体積の合計が12.0 cm^{3}のとき，水溶液は中性になることがわかるので，12.0 cm^{3}までが上の図の①～③にあたり，12.0 cm^{3}より多いと④にあたる。

3 ＜生物総合・動物の生活と生物の変遷＞

Ⅰ　ゼニゴケはコケ植物，スギナはシダ植物，マツは裸子植物，ツユクサは被子植物の単子葉類，エンドウは被子植物の双子葉類の離弁花類に分類される。

2　被子植物は，胚珠が子房につつまれている。

3　単子葉類は子葉が1枚で，葉脈は平行に通り，茎の横断面を見ると，維管束はばらばらになっている。根は，たくさんの細いひげ根からなる。双子葉類は子葉が2枚で，葉脈は網目状に通り，茎の維管束は，輪の形に並んでいる。根は，太い1本の主根と，そこからのびる側根からなる。

4　Aaの遺伝子をもつ種子が，自家受粉をしたときの遺伝子の組み合わせは右の表の通りである。

	A	a
A	AA	Aa
a	Aa	aa

よって，aaの種子は，$800\times\frac{1}{4}=200$〔個〕

Ⅱ **1**　酸素を使って養分からエネルギーをとり出すとき，二酸化炭素と水ができる。

2(1)　**ア**のアミラーゼは，だ液にふくまれデンプンを分解する。**イ**のリパーゼは，すい液にふくまれ脂肪を分解する。**ウ**，**エ**はそれぞれすい液，胃液にふくまれる消化酵素である。

4 ＜地球と宇宙・天気とその変化＞

Ⅰ **2**　新月から月の形は以下のようになる。①が新月，③が上弦の月，⑤が満月，⑦が下弦の月である。月は地球のまわりを約1か月かけて反時計まわりに公転しているので，**図1**の月は，3日後新月となる。

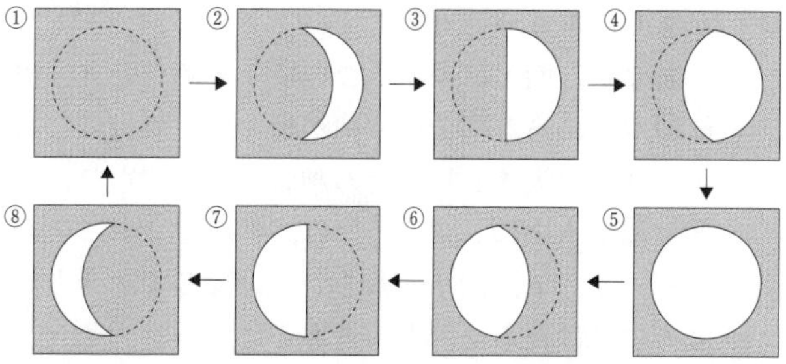

3　北の空の星は，北極星を中心に反時計回りに回転して見え，東の空の星は右ななめ上の方向に，西の空の星は右ななめ下の方向に移動して見える。

4　**図3**は，天体望遠鏡で観察した金星の像なので，実際は金星の左半分が光っている。また，金星が半分光っている形に見えるときは，地球と金星を結ぶ直線と太陽と金星を結ぶ直線がほぼ垂直に交わることから，金星は左下の図の位置にあると考えられる。

金星の公転周期は0.62年なので，0.62年で360°反時計回りに回転移動する。2か月($\frac{1}{6}$年)で移動する角度をx°とおくと，$0.62:360=\frac{1}{6}:x$　$x=96.7$…　2か月で金星は，およそ96.7°反時計回りに移動する。また，地球は2か月で$360\times\frac{1}{6}=60$°反時計回りに移動する。よって，2か月後の金星と地球は右下の図の位置にあると考えられる。2か月後，光って見える部分が大きくなり，地球と金星の距離は遠くなるため小さく見える。したがって，**イ**が適当。

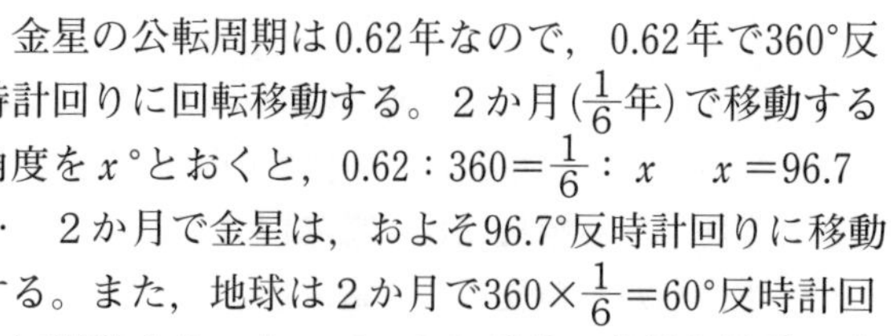

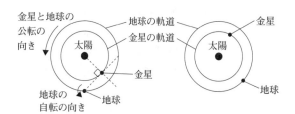

Ⅱ **2**　風向は風のふいてくる方向のことをさす。ひもが南西の方位にたなびいていることから，風は北東の方位からふいてきていると考えられる。天気・風力を表す記号は，右上の表の通りである。

天気	快晴	晴れ	くもり	雨	雪
記号	○	⦶	◎	●	⊗
雲量	0～1	2～8	9～10		

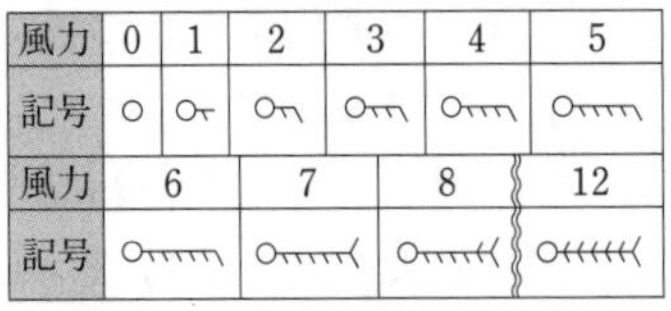

4　前線Xは温暖前線，前線Yは寒冷前線である。温暖前線の通過にともなって降る雨は，寒冷前線の通過にともなって降る雨に比べて，弱い雨が長時間降り続くことが多い。

5　**＜運動とエネルギー・電気の世界＞**

Ⅰ 1　**物質の密度〔g/cm³〕＝$\dfrac{\text{物質の質量〔g〕}}{\text{物質の体積〔cm}^3\text{〕}}$**

直方体の体積＝5×5×10＝250〔cm³〕

よって，$\dfrac{300}{250}$＝1.2〔g/cm³〕

2　質量300 gの物体にはたらく重力の大きさは3.0 Nである。**表**より，水面から直方体の下面までの深さが8 cmのときのばねばかりの値は1.0 Nなので，直方体にはたらく浮力の大きさは，

3.0－1.0＝2.0〔N〕

3　**表**より，面Xに糸をつないでしずめたとき，直方体の水中にある部分の体積が増すと，直方体にはたらく浮力の大きさは一定の割合で大きくなり，直方体全部が水中にしずんだ後は，変わらないことがわかる。よって，面Yに糸をつないでしずめたときの直方体にはたらく浮力の大きさは，一定の割合で大きくなり，水面から直方体の下面までの深さが5 cmのところで，直方体全部が水中にしずむので，直方体にはたらく浮力の大きさは変わらなくなる。

4　**図3**のとき，直方体は静止しているので，糸が直方体を引く力と直方体にはたらく浮力の2つの合力と直方体にはたらく重力がつりあっている。糸を切るので，糸が直方体を引く力がなくなり，直方体にはたらく重力が浮力より大きいため直方体はしずむと考えられる。

Ⅱ 1　**図1**のXは，抵抗に並列につないであるので電圧計であり，Pは電源の－極側なので－端子である。

3　**電圧〔V〕＝抵抗〔Ω〕×電流〔A〕**

電力〔W〕＝電圧〔V〕×電流〔A〕

図2より，抵抗器Aと抵抗器Bの抵抗の大きさは，

抵抗器A　$\dfrac{2.0}{0.1}$＝20〔Ω〕

抵抗器B　$\dfrac{3.0}{0.1}$＝30〔Ω〕

図4より，抵抗器Aに流れる電流の大きさは0.15 A。抵抗器Aに加わる電圧の大きさは，

20×0.15＝3.0〔V〕　**図3**は並列回路であり，並列回路では，各抵抗器にそれぞれ加わる電圧の大きさと回路全体に加わる電圧の大きさは等しいので，抵抗器Bに加わる電圧の大きさも3.0 V。抵抗器Bに流れる電流の大きさは，$\dfrac{3.0}{30}$＝0.10〔A〕　並列回路の回路全体に流れる電流の大きさは，各抵抗器を流れる電流の大きさの和になるので，

0.15＋0.10＝0.25〔A〕　よって，回路全体の電力は，3.0×0.25＝0.75〔W〕

令和3年度　鹿児島県公立高校入試問題　英語

正答例

1　1　ウ　　2　エ　　3　Tuesday

4　ウ→イ→ア　（完答）

5　イ

6　(1)　イ　　(2)　help each other

7　（例）I started cooking for my family.

2　1　①　エ　　②　ア

2　①　history

②　walk

③　choose

④　we have to arrive

3　How many English classes

4　（例）　November 15 is not good for our class because we have the school festival on that day. How about November 22 ?

3　Ⅰ　1　ア　　2　エ

Ⅱ　1(1)　Because he was going to leave Japan soon.

(2)　He felt nervous.

2　talking with people in English

Ⅲ　1番目　ウ　　2番目　エ

4　1　ウ→ア→イ　（完答）

2　ア

3　**・野鳥にえさを与えると，食べ物を探さなくなるから。**

・人間が食べる物の中には，野鳥にはよくないものもあるから。

4　エ

5　grow plants they like

6　イ，エ　（順不同）

7　（例）　We can recycle newspapers. If we stop cutting trees, we can protect the homes of wild animals.

配　点

1　7　4点　　他　3点×7　　計25点
2　2④，3　3点×2　　4　7点　　他　2点×5　　計23点
3　Ⅱ2，Ⅲ　3点×3　　他　2点×4　　計17点
4　2，4　2点×2　　3　4点　　7　5点　　他　3点×4　　計25点

解　説

1　**＜聞き取りテスト台本・訳＞**

＜チャイムの音四つ＞

これから，英語の聞き取りテストを行います。問題用紙の2ページを開けなさい。

英語は1番から4番は1回だけ放送します。5番以降は2回ずつ放送します。メモをとってもかまいません。

（約3秒間休止）

では，1番を始めます。まず，問題の指示を読みなさい。

（約13秒間休止）

それでは放送します。

Justin : Keiko, what do you want to be in the future ?

Keiko : I want to be a doctor in the future.

Justin : That's a nice dream !

Keiko : Thank you. I want to work at a hospital to help sick people.

(約 10 秒間休止)

訳 J：恵子，君は将来は何になりたいの？ K：私は将来医者になりたいわ。 J：それはすてきな夢だね！ K：ありがとう。私は病気の人々を助けるために病院で働きたいわ。

次に，**2**番の問題です。まず，問題の指示を読みなさい。 (約 13 秒間休止)

それでは放送します。

Yumi : Alex, hurry up ! Our bus will leave soon.

Alex : What time will the bus leave the station ?

Yumi : It will leave at 9:40.

Alex : OK. Let's go !

(約 10 秒間休止)

訳 Y：アレックス，急いで！ 私たちのバスはすぐに出発するわ。 A：何時にそのバスは駅を出発するの？ Y：それは 9 時 40 分に出発するわ。 A：わかった。行こう！

次に，**3**番の問題です。まず，問題の指示を読みなさい。 (約 20 秒間休止)

それでは放送します。

Saki : John, we will study at the library with Lucy on Monday.

John : I'm sorry, Saki. I'll be busy on that day. I want to go on Tuesday.

Saki : OK. You want to go on Tuesday, right ? I will ask Lucy about it later.

John : Thank you, Saki.

(約 15 秒間休止)

訳 S：ジョン，私たちは月曜日にルーシーと図書館で勉強するつもりよ。 J：ごめん，早紀。僕はその日は忙しいんだ。僕は火曜日に行きたいよ。 S：わかったわ。あなたは火曜日に行きたいのね？ 私はそれについて後でルーシーにたずねるわ。 J：ありがとう，早紀。

問題文の訳

S：こんにちは，ルーシー。ジョンは**火曜日**に図書館に行きたいの。あなたはその日に来られる？

L：いいわよ！

次に，**4**番の問題です。まず，問題の指示を読みなさい。 (約 15 秒間休止)

それでは放送します。

Hello, everyone. Please look at this picture. These are rice balls my grandfather and grandmother made. They are rice farmers. This summer, I went to their house. A small machine was flying over the rice field. Then, I remembered a lesson at school. The teacher said, "There are fewer farmers, so more machines will help farmers in the future." I think a lot of machines will work around us. We have to learn how to live with machines. (約 10 秒間休止)

訳 こんにちは，みなさん。この写真を見てください。これらは私の祖父母が作ったおにぎりです。彼らは米農家です。今年の夏，私は彼らの家に行きました。小さな機械が田んぼを飛び回っていました。そのとき，私は学校での授業を思い出しました。先生は「農家の人数が少ないので，将来はより多くの機械が農家を助けるでしょう」と言いました。私はたくさんの機械が私たちの周りで働くだろうと思います。私たちは機械とどのように暮らすかを学ばなくてはなりません。

次に，**5**番の問題です。まず，問題の指示を読みなさい。 (約 13 秒間休止)

それでは放送します。

You learned about problems of the Earth this week. Now I want you to make a speech. First, give your speech next Friday. Second, make a speech about something you can do for the Earth. Third, please use some pictures with your speech. Do you have any questions ? (3 秒おいて，繰り返す。) (約 10 秒間休止)

訳 あなたたちは今週地球の問題について学びました。さて，私はあなたたちにスピーチをしてもらいたいと思います。初めに，来週の金曜日にスピーチをしてください。二つ目に，あなたたちが何か地球のためにできることについてスピーチしてください。三つ目に，あなたたちのスピーチで何枚かの写真を使ってください。何か質問はありますか？

次に，**6**番の問題です。まず，問題の指示を読みなさい。 (約 20 秒間休止)

それでは放送します。

I want to talk about my father. He works at a space center. He started working there eight years ago. He works with a lot of people. Some people can speak English very well. Other people know a lot about science. Everyone helps each other when there is a problem.

One day, a woman at the space center had a problem with her computer. My father was able to help her because he knew a lot about computers. She was very glad.

From my father's story, I have learned it is important to help each other. Thank you.

Question (1) : How long has Kazuki's father worked at the space center ? (約 7 秒間休止)

Question (2) : Kazuki has learned an important thing. What has he learned ?

（約７秒間休止）

では，２回目の放送をします。

（最初から質問⑵までを繰り返す。）（約 15 秒間休止）

訳　私は私の父について話したいと思います。彼は宇宙センターで働いています。彼は８年前にそこで働き始めました。彼は多くの人々と働いています。とても上手に英語を話す人々もいます。科学について多くのことを知っている人々もいます。問題があるときは，みんながおたがいに助け合います。

ある日，宇宙センターの女性が彼女のコンピューターに問題を抱えました。私の父はコンピューターについて多くのことを知っていたので，彼女を助けることができました。彼女はとても喜びました。

私の父の話から，私はおたがいに助け合うことが大切だと学びました。ありがとうございました。

⑴　和樹の父親は宇宙センターでどのくらい働いているか？

ア　５年間。　　**イ**　**８年間**。

ウ　10 年間。　　**エ**　11 年間。

⑵　和樹は大切なことを学んだ。彼は何を学んだか？

（正答例の訳）　彼は**おたがいに助け合う**ことは大切だと学んだ。

次に，**７**番の問題です。まず，問題の指示を読みなさい。（約 15 秒間休止）

それでは放送します。

Olivia : During the winter vacation, I started reading English books.

Akira : Oh, really ? I also started doing something new.

Olivia : What did you do, Akira ?

Akira : (　　　　　　　　　　　　)

（約３秒おいて，繰り返す。）（約１分間休止）

訳　O：冬休みの間，私は英語の本を読み始めたわ。　A：おお，本当に？　僕も何か新しいことをし始めたよ。　O：何をしたの，明？　A：（正答例の訳）**僕は家族のために料理をし始めたよ。**

＜チャイムの音四つ＞

これで，聞き取りテストを終わります。次の問題に進みなさい。

2　**＜英文表現＞**

1　A：ケビン，私たちは来週の日曜日に博の誕生日パーティーをするつもりよ。②**私たちに参加する？**　K：うん，喜んで。　A：よかった。私たちは明日学校で彼のために誕生日カードを作るつもりよ。私たちはカードに私たちの写真を貼るわ。　K：いいね。僕の写真を持ってくるべきかな？　A:ええ，お願いするわ。K：わかった。①**他に何かある？**　A：いいえ，結構よ。彼にメッセージを書きましょう。またそのときにね。K：またね。

2　R：エミリー，次の土曜日はあなたが私たちの町である，みどり町に来てから最初の休日ね。　E：ええ。私はこの町の多くの場所に行きたいわ。　R：これを見てちょうだい。私たちは一緒にこの町のいくつかの場所を訪れることができるわ。　E：まあ，それはいいわ。梨花，このツアーについて私にもっと教えて。　R：いいわよ。初めに，私たちはひばり城に行くわ。私たちはその①**歴史**を学ぶことができるわ。私たちはたくさんの桜を見ることもできるわ！　そして，私たちはかみや商店街に行くわ。私たちは②**歩き**回って，買い物と昼食を楽しむことができるのよ。　E：おもしろそうね。そのあとに私たちは何をするつもりなの？　R：私たちはながはまビーチに行くつもりよ。私たちは魚釣り，バレーボール，サイクリングから一つの活動を③**選ぶ**わ。　E：わあ，私は待ちきれないわ。ああ，そのツアーは何時に始まるの？　R：９時よ。でも④**私たちは８時 40 分までにみなみ駅に着かないといけないわ**。　E：わかった。私はあなたと行くつもりよ。それは楽しいでしょうね。

3　E：雄二，あなたはとても上手に英語を話すわ。あなたは一週間に**いくつの英語の授業**があるの？

Y：僕たちは４つの英語の授業があります。僕は学校で英語を勉強することを楽しんでいます！

※ Yuji が英語の授業数を答えていることから，数を聞く表現が入ることがわかる。

4　親愛なるサイモン，

メールを送ってくれてありがとうございます，しかしビデオ通話の日を変更することはできますか？　**11 月 15 日に私たちは文化祭があるので，その日は私たちのクラスにとって都合がよくないのです。11 月 22 日はどうですか？**　すぐにお返事をください。

あなたの友人，陸

3　**＜英文読解・概容把握＞**

Ⅰ〈テレビ番組表〉

11：30　**Green Park**
赤ちゃんゾウが母親と歩くことを学ぶ。

12：30　**Visiting Towns**
有名なテニス選手が小さな町を訪れる。

14：00　**Music！ Music！ Music！**
人気歌手たちがたくさんの歌を歌う。

15：00　**Try It！**
リッキーが新しいサッカーチームを作ることを決める。

16：30　**Find Answers**
どちらのチームがゲームに勝つのか？

18：00　**News London**
ロンドンからのニュース，スポーツ，天気。

1　太郎は動物について学びたい。彼はどの番組を見るか？

ア　**Green Park**　　**イ**　Visiting Towns

ウ　Try It！　　**エ**　Find Answers

2　太郎はサッカーの試合のニュースについての番組

を見たい。何時にその番組は始まるか？

ア　11：30　　　イ　12：30

ウ　14：00　　　**エ　18：00**

※18：00からの「**News London**」では，スポーツについてのニュースが放送されるため，サッカーの試合についてのニュースを見るためには，その番組を見ればよいことがわかる。「**News London**」は18：00に始まるため，答えは**エ**になる。

Ⅱ　私の母は高校の英語の先生だ。彼女の友人のジョーンズさんがもうすぐ日本を発つ予定だった。だから彼女は来月私たちの家で彼のためのパーティーを計画した。彼女は私に「あなたはパーティーに参加する？」と言った。

私はうまく英語を話せないとわかっていたので，すぐにはいと言うことができなかった。私は人々と英語で話すことは私にとって難しいと思った。だから私は家で母と練習した。彼女は「あなたは質問が理解できないときは『Pardon？（何ですか？）』や『Would you say that again, please？（もう一度言ってくださいますか？）』と言わなくてはいけないわ。あなたが理解できないときに何かを言うことは大切よ」と言った。私はときどき母の質問が理解できなかったときに「Pardon？」と言った。彼女は質問の仕方も見せてくれた。

ついに，その日が来た！　パーティーの朝，私は自分の英語が上達していると思わなかったので，緊張した。ジョーンズさんが来て，午後2時にパーティーが始まった。

彼は私にたくさんの質問をした。私は彼の質問が理解できなかったとき，「Pardon？」と言った。彼は私にもう一度とてもゆっくりと質問をしたので，ついに私は理解した。そして，私は彼にいくつかの質問をした。彼は答えた！　私は彼と話をしてうれしかった。私の母もうれしそうだった。私は**人々と英語で話すこと**は難しくないと感じた。今，私は英語が大好きだ。

1(1)　なぜ武志の母はジョーンズさんのためのパーティーを計画したのか？

（正答例の訳）**彼がもうすぐ日本を出発する予定だったから。**

(2)　パーティーの朝，武志はどのように感じたか？

（正答例の訳）**彼は緊張した。**

Ⅲ　みなさん，おはようございます。あなたは電車とバスは好きですか？　私はそれらが大好きです。さて，私は2009年から2014年までにそれらを利用した人々の数について話します。このグラフを見てください。多くの人が鹿児島中央駅でＪＲを利用しました。私たちは2010年から2011年までに最も大きな変化を見つけることができます。2011年には，約1500万人が電車を利用しました。その年に鹿児島中央駅から博多駅まで九州新幹線が走り始めた。だから私は多くの人々が新幹線を利用し始めたのだと思います。さて，私はバスについて話します。次のグラフを見てください。多くの人々がバスを利用しましたが，バスの利用者の数はほぼ毎年減りました。私は多くの人々が車を使ったのだと思います。ご清聴ありがとうございました。

※小春が最初に示したグラフは，2010年と2011年との差が最も大きく，2011年に約1500万人になっているものである。２つ目に示したグラフは，ほぼ毎年数が減っていると述べていることから，右肩下がりになっているグラフを選ぶ。

4　＜長文読解＞

エイミーはオーストラリアの小さな町に住む中学生だった。彼女の父親がオーストラリアで働き始めたので，彼女は先月アメリカからやって来た。彼女は新しい学校に友達がいなかったのでうれしくなかったが，すぐに①**彼女は庭の木にそれを見つけた**。それは野生の鳥のゴシキセイガイインコだった。彼は体に，青，黄色，緑，オレンジの美しい色があった。彼はしばしばバルコニーに来た。ある週末，彼女は彼のために何切れかのパンをバルコニーに置いた。彼はそれらを食べに来た。エイミーはうれしかった。

次の月曜日に学校で，エイミーは木に何羽かの同じ種類の鳥を見つけた。彼女が彼らを見ていたとき，彼女のクラスメートの一人が彼女に話しかけに来た。「あれらの鳥は美しいね。君は鳥に興味があるの？　やあ，僕の名前はケンだよ。はじめまして。」「こんにちは，私はエイミーよ。私は私の庭でも一羽見つけたわ。私は彼をリトル・ピーターと名付けたの。私は彼が大好きよ」とエイミーは言った。「おお，そうなの？　君はその鳥を年中このあたりで見ることができるよ。彼らは花のミツと花粉を食べるんだ。僕は彼らが何の植物が好きかを知っているから，それらを僕の庭で育てているんだよ。ゴシキセイガイインコはとても友好的なんだ。」「そうなのね」とエイミーは言った。彼女はその鳥についてたくさん学んでわくわくした。

エイミーとケンはしばしば学校で動物について話した。彼らは仲の良い友達になった。エイミーはケンに，彼女とリトル・ピーターも仲の良い友達であることを知ってほしかった。だから，ある午後，彼女はケンに「リトル・ピーターは私のことが大好きなのよ。彼は私の手に乗るわ」と言った。「おお，彼は君を怖がらないの？」「ええ，怖がらないわ。リトル・ピーターはかわいくて，私は彼に毎日パンをあげるの。」ケンは驚いて「パンだって？　野生の鳥にパンをあげるのはよくないよ」と言った。エイミーはなぜケンがそう言うのか理解できなかった。彼女は「でもリトル・ピーターは私が彼にあげるパンが大好きなのよ」と言った。彼は「聞いて。君は野生の鳥に食べ物をあげるべきではないよ」と言った。「どういう意味？」と彼女は言った。ケンは「ええと，二つの理由があるよ。一つ目は，もし人々が野生の鳥に食べ物をあげたら彼らは食べ物を探すことをやめてしまうだろう。二つ目は，僕たちが食べるいくらかの食べ物は彼らにとって良くないんだ」と続けた。エイミーは「でもリトル・ピーターは私の友達よ。彼は私の手からパンを食べるの」と言った。「もし君が野生の鳥の本当の友達になりたいなら，君は彼らが好きな植物を育てるべきだよ。それが唯一の方法なんだ！」ケンは怒って教室を去った。エイミーはショックを受けた。

その夜，エイミーはバルコニーに行った。彼女は「ケンは怒っていたわ。もし私がリトル・ピーターにパンをあげ続けたら彼は病気になってしまうかもしれない。私はケンとリトル・ピーターの両方の友達を失うかもしれないわ」と思った。彼女は②不安になった。

翌朝学校で，エイミーはケンに会った。彼女は「ケンは野生の動物についてたくさん知っているわ。彼が正しいに違いない」と思った。彼女はケンのところに行き，勇気をふりしぼって「ごめんなさい，ケン。私が間違っていたわ。私は二度とリトル・ピーターに食べ物をあげないわ」と言った。ケンはほほえんで「いいんだ。君はただ知らなかっただけだよ」と言った。エイミーは「ゴシキセイガイインコは私たちのペットではないわ。今私は，③私たちは彼らの好きな植物を育てることだけをすべきだとわかるわ。そうしたら私たちは彼らと良い友達になれるわね」と言った。「その通りだよ。はいどうぞ。」ケンは彼女に野生動物についての本をあげた。「僕はこの本を毎日読んだけれど，今はもうそれは君のものだよ。もし君がこの本を読んだら，君は野生動物と友達になる方法を学ぶことができるよ。」「ありがとう，ケン」とエイミーはほほえんだ。

3　本文訳波線部参照。

6　ア　エイミーは野生動物が大好きだったのでオーストラリアに来た。

イ　エイミーはケンに，リトル・ピーターは彼女の友達であることを知ってほしかった。

ウ　ゴシキセイガイインコはときどき彼らの食べ物を見つけるために外国を旅する。

エ　ケンは，人々は野生動物と友達になることができると考えていた。

オ　リトル・ピーターはエイミーの庭から去って，エイミーは彼女の友達であるケンを失った。

7　A：私はあなたがくれた本を読んだわ。ありがとう。K：どういたしまして。それはおもしろかった？　A：ええ。私たちの生活の中で私たちが野生動物のためにできることたくさんのことがあるわ。　K：おお，君は新しい考えを得たんだね。僕に例をくれる？　A：**私たちは新聞をリサイクルできるわ。もし私たちが木を切ることをやめたら，私たちは野生動物の家を守ることができるわ。**　K：それはいい考えだよ，エイミー！僕たちは世界を野生動物にとってより良い場所にすべきだね。高校では，僕は動物保護について多くのことを勉強したいんだ。　A：私もよ！

令和３年度　鹿児島県公立高校入試問題　社　会

正答例

1 Ⅰ１　大西洋（漢字指定）　　２　イ

３　フィヨルド

４　季節風（モンスーン）の影響を受けて，降水量が多くなるから。

５　エ

６Ｙ　サトウキビ

Ｚ　原料になる植物が大気中の二酸化炭素を吸収しているため，大気中の二酸化炭素は増えない

Ⅱ１　明石（市）（漢字指定）

２　対馬海流（漢字指定）

３（果実）みかん　　（県）Ａ　　４　ア

５　64歳以下の世代の人たちを中心として，千里ニュータウンの人口が減っている

Ⅲ

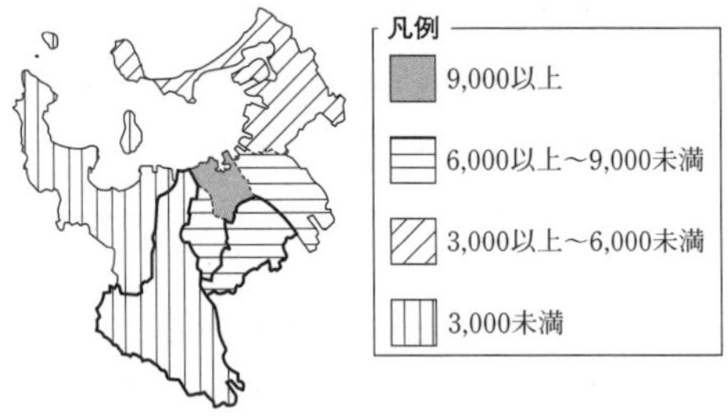

2 Ⅰ１　院政（漢字指定）　　２　前方後円墳

３　エ→イ→ア→ウ　　４　ウ

５　千利休　　６　ア

７　一揆の中心人物がわからないようにする

Ⅱ１　①　八幡製鉄所　　②　サンフランシスコ

２　日米和親条約（漢字指定）

３　アヘンを生産して，清に輸出した

４　イ→ア→ウ　　５　ア　　６　イ

Ⅲ　第一次世界大戦の反省から，国際協調が重視され，ワシントン会議などで世界的に軍備の縮小を進める動きが強まったため。

3 Ⅰ１　最高法規　　２　ウ→ア→イ

３（核兵器を）持たず，つくらず，持ちこませず

４（内閣総理大臣は）国会議員のなかから国会によって指名されるのに対して，知事は住民から直接選挙によって選出される。

５　イ

Ⅱ１　預金　　２　製造物責任法（ＰＬ法）

３　エ　　４　ア

５（失業した労働者に対して）技能を身につけ，再就職ができるように職業訓練の機会を提供する。/社会保険や公的扶助などの社会保障制度を整備して生活を保障する。

Ⅲ　空いているレジがないため無駄がなく効率がよく，また，並んだ順番に会計が済むため公正である。（45字）

配点

1 Ⅱ5 Ⅲ	4点×2	他 2点×12	計32点
2 Ⅱ4 Ⅲ	3点×2	他 2点×13	計32点
3 Ⅰ4，5 Ⅱ5 Ⅲ	3点×4	他 2点×7	計26点

解説

1 ＜地理総合＞

Ⅰ **A**－ナイジェリア，**B**－インド，**C**－中国，**D**－オーストラリア。

1 世界の三大洋は，**太平洋**，**大西洋**，**インド洋**。

2 略地図は，緯線と経線が直角に交わるようにかかれた**メルカトル図法**であるので，赤道から離れるほど，実際の面積よりも大きく示され，長さも長く示される。略地図中の**イ**は，エクアドルを通ることから，赤道の一部とわかるので，答えは**イ**。

3 Ⓧは**スカンディナビア半島**。もともと山地の谷であった部分に，海水が入りこんでできた**リアス海岸**と間違えないようにおさえておこう。

4 カンボジアは熱帯モンスーン気候に属し，**資料2**のように，大きく乾季と雨季のふたつの季節に分けられるため，**資料1**のように湖の面積が異なる。

5 **エ**－経済特区などの沿岸部の都市が成長する一方で，内陸部との格差が社会問題となっている。**ア**－**D**のオーストラリアは鉱産資源が豊富であり，鉄鉱石や石炭の輸出が多い。**イ**－**B**のインドには，アメリカなどの情報通信技術関係の企業が進出している。その理由として，英語が準公用語となっていることや，アメリカが夜のときインドは昼であるので，アメリカの企業が24時間対応可能なことが挙げられる。**ウ**－**A**のナイジェリアなどアフリカの多くの国々では，少ない種類の商品作物や鉱産資源を輸出して経済が成り立っている**モノカルチャー経済**である。モノカルチャー経済では，天候や景気によって商品の価格が大きく変動するため，輸出品の種類が少ないと，毎年安定した収入を得ることができないという課題がある。

6 バイオエタノールは，原料としてブラジルではさとうきび，アメリカではとうもろこしから主に作られている。植物は生長過程で二酸化炭素を吸収しており，燃やしても大気中の二酸化炭素の総量は増えないと考えられるため，地球温暖化対策になる燃料と考えられている。

Ⅱ 1 それぞれの国が定めている標準時子午線の経度が15度異なるごとに1時間の時差が生じる。

2 日本海側を流れる寒流は**リマン海流**，太平洋側を流れる暖流は**黒潮（日本海流）**，寒流は**親潮（千島海流）**。

3 和歌山県や**A**の愛媛県でみかんの生産が盛ん。**B**－高知県，**C**－香川県，**D**－徳島県。

4 **Z**の愛知県は，中京工業地帯があり，自動車などの輸送用機械の生産が盛んであることから，製造業の割合が最も高い**ア**が**Z**の愛知県。**Y**の京都府は，観光業が盛んであることから，宿泊・飲食サービス業の割合が高い**イ**が京都府，農林水産業の割合が高い**ウ**が**X**の島根県。

5 **資料3**から，千里ニュータウンの人口が減少していること，**資料4**から，0～14歳，15～64歳の人口の占める割合が減っていることが読み取れ，減少した人口の多くを0～64歳の人々が占めることがわかる。

Ⅲ 人口密度は，人口÷面積で求められる。南区の人口密度は，255,797÷31.0＝8251.5…。早良区の人口密度は，217,877÷95.9＝2271.9…。これをもとに凡例にしたがって地図を完成させる。

2 ＜歴史総合＞

Ⅰ 1 白河上皇の院政は1086年に始まった。

2 **大和政権（ヤマト王権）**とは，3世紀後半に，奈良盆地を中心とする地域に，王を中心に，近畿地方の有力な豪族で構成された勢力のこと。古墳が盛んにつくられた時代を古墳時代といい，古墳の表面にはさまざまな形の**埴輪**がおかれた。

3 **A**が始まったのは645年，**B**は1392年。**A**の後，中大兄皇子は**天智天皇**として即位した。天智天皇の没後，あと継ぎをめぐる大海人皇子と大友皇子の争い（**壬申の乱**）がおき，勝った大海人皇子が**天武天皇**として即位した（**エ**－飛鳥時代）→都の東大寺には，金銅の大仏が造られた（**イ**－奈良時代）→797年に坂上田村麻呂は征夷大将軍に任命された（**ア**－平安時代）→「平家物語」は源平の争乱での武士の活躍をえがいたもの（**ウ**－鎌倉時代）。

4 **ア**－江戸幕府の仕組み。**イ**－鎌倉幕府で行われた執権政治。**エ**－奈良時代における律令制の仕組み。

5 千利休は，禅宗の影響を受け，名誉や富よりも内面の精神性を重視し，質素なわび茶の作法を完成させた。

6 **B**は1392年。**C**は1590年。**B**と**C**の間には，鉄砲やキリスト教など，ヨーロッパの文化が伝来していることをおさえる。ルターが宗教改革を始めたのは1517年。彼らはカトリック教会ではなく聖書に信仰のよりどころを置き，**プロテスタント**と呼ばれた。カトリック教会もプロテスタントに対抗して改革を始め，その中心になった**イエズス会**は，**ザビエル**などの宣教師を派遣してアジアへの布教を行った。**イ**－1775年，**ウ**－610年ごろ，**エ**－936年。

7 18世紀になると，農村では，不正をはたらく役人の解任や年貢の引き下げのほか，商品作物の自由な売買などを，**百姓一揆**をおこして訴えた。特にききんのときには一揆が増えた。また，江戸や大阪では都市の貧しい人々が，米の売りおしみをする商人などをおそう**打ちこわし**を行った。

Ⅱ 1① 八幡製鉄所は，日清戦争で得た賠償金を基に建設され，1901年に操業を開始し，国内での鉄鋼生産の大部分を占め，後の重化学工業発展の基礎となった。

② **吉田茂**内閣によって結ばれた。サンフランシスコ平和条約と同時に，吉田内閣はアメリカと**日米安全保障条約**を結び，これによって，日本の安全と東アジアの平和を守るという理由から，占領終結後もアメリカ軍基地が日本に残された。

2　日米和親条約で下田と函館の２港が開港したことにより，鎖国政策はくずれ，開国した。1858年には，大老の**井伊直弼**によって**日米修好通商条約**が結ばれ，函館，神奈川（横浜），長崎，新潟，兵庫（神戸）の５港を開港した。この条約は，アメリカに**領事裁判権**を認め，日本の**関税自主権**がないなど，日本にとって不利な内容をふくむ不平等条約であった。領事裁判権は後に，陸奥宗光によって撤廃され，日本で罪を犯した外国人を日本の法律で裁くことができるようになった。関税自主権は1911年に**小村寿太郎**によって完全回復し，輸出入品に対して自由に関税を決めることができるようになった。

3　**資料**は1840年におきた**アヘン戦争**のようす。イギリスは，綿織物をインドに輸出し，インドでアヘン（麻薬）を栽培させて清に持ちこんで売り，茶などを買う**三角貿易**を行っていた。

4　明治時代は1868年～1912年。1873年→1890年→1905年。**エ**は大正時代。第一次世界大戦（1914年～1918年）で欧米列強のアジアへの影響が弱まると，1915年に日本は中国に対して二十一か条の要求を示し，大部分を強引に認めさせた。

5　日ソ共同宣言により，ソ連と国交が回復し，同年，日本はソ連の支持を受けて，国際連合に加盟し，国際社会に復帰した。北方領土は，北海道の東にある，歯舞群島，色丹島，国後島，択捉島のことで，ロシアによって不法に占拠されている。1972年に田中角栄内閣が日中共同声明によって中国と国交を正常化した。小笠原諸島は1968年に日本に復帰した。

6　日本の高度経済成長は1955年から1973年までの間。中国，ソ連の支援を受ける北ベトナムや南ベトナム解放民族戦線と，アメリカが，1965年から戦ったベトナム戦争では，世界各地で反戦運動が高まり，アメリカが中国との関係を改善し，1973年にベトナムから撤退した。**ア**－1945年10月，二度の世界大戦への反省から，国際連合が設立された。**ウ**－1989年にドイツで冷戦の象徴であったベルリンの壁が取り壊され，翌年，東西ドイツが統一し，1991年にはソ連が解体された。**エ**－湾岸戦争は，1991年に，石油資源をねらうイラクが，クウェートに侵攻したのをきっかけにおこった戦争。

Ⅲ　1914年から1918年にかけておきた第一次世界大戦の反省から軍備の縮小を目指す動きが強まり，1921年～1922年，アメリカの提案でワシントン会議が開かれた。日本は，海軍の主力艦の保有を制限する条約をはじめ，太平洋地域の現状維持や，中国の主権尊重・領土保全などを取り決めた条約に調印した。

３　＜公民総合＞

Ⅰ１　政治権力から人権を守り，保障していくために，憲法によって政治権力を制限するという考えを**立憲主義**という。

2　1789年。自由権や平等権が確立された。（**ウ**）→20世紀に入ると，人々の人間らしい生活を保障しようとする**社会権**が認められるようになり，1919年のドイツの**ワイマール憲法**は，社会権を取り入れた最初の憲法である。（**ア**）→第二次世界大戦後，人権は1948年の国際連合の世界人権宣言などによって国際的に保障されてきている。（**イ**）

3　日本は，1945年，広島と長崎に原子爆弾を投下された唯一の被爆国である。

4　地方公共団体の首長は，住民から直接選挙によって選ばれ，住民が首長と地方議員の２種類の代表を選ぶ**二元代表制**となっている。

5　Ⅰ区の有権者数が最も多い1000人，Ⅲ区の有権者数が最も少ない500人であることから，一票の格差の最大は２倍であることがわかる。**ア**－一つの選挙区で一人の代表を選ぶ**小選挙区制**であるので，○○党が３人当選することから，過半数の議席を獲得する。**ウ**－□□党は議席を獲得できない。**エ**－すべての選挙区をあわせた投票率は2400（得票数の合計）÷4000（有権者数）＝0.6となるので60％。

Ⅱ１　クレジットカード代金の支払いや企業からの給料の支払いなどは，多くの場合，銀行の預金で行われる。預金で支払いを行うことができるのは，預金そのものが貨幣（通貨）であるからで，現代の社会では銀行預金などの**預金通貨**も，紙幣や硬貨などの**現金通貨**と同様に，貨幣としての役割を果たしている。

3　逆に好景気のときには，公共投資を減らして民間企業の仕事を減らしたり，増税をして消費を減少させたりすることで，景気をおさえようとする。

4　現代では，企業は教育や文化，環境保全などで積極的に社会貢献を行う，企業の社会的責任（ＣＳＲ）を果たすべきだと考えられている。

5　日本の労働者の多くは非正規労働者であり，非正規労働者は正規労働者と同じ仕事をしても賃金は低く，経済が悪化すると雇用調整の対象になりやすいため，非正規労働者が正規労働者になれるように専門技能の習得を促すとともに，失業しても困らないように，社会全体で，生活保護や職業訓練などのセーフティーネットを整備していくことが必要である。

Ⅲ　無駄なく効率的に利用できているかという「効率」の考え方と，一部の人の不利益になることがないかという「公正」の考え方で解答をつくればよい。

令和３年度　鹿児島県公立高校入試問題　数学

正答例

1 1(1)　27　　(2)　$\frac{8}{15}$　　(3)　$\sqrt{3}$

(4)　(時速)12(km)　　(5)　6(本)

2　($a=$)3　　3　42(cm^3)

4　($n=$)7　　5　ウ

2 1　64(度)　　2　$\frac{11}{12}$

3　$(x-3)(x+7)$

4　(証明)

△AGLと△BIHにおいて,

△ABCは正三角形だから,

∠LAG＝∠HBI＝60°　　…①

∠ALG＋∠AGL＝120°　　…②

△DEFは正三角形だから，∠GDH＝60°

∠DGH＋∠DHG＝120°　　…③

対頂角は等しいから,

∠AGL＝∠DGH　　…④

②，③，④より,

∠ALG＝∠DHG　　…⑤

また，対頂角は等しいから,

∠DHG＝∠BHI　　…⑥

⑤，⑥より,

∠ALG＝∠BHI　　…⑦

①，⑦より，２組の角がそれぞれ等しいから,

△AGL∽△BIH

5　(式と計算)

$$\begin{cases} 5x+8y=70 & \cdots ① \\ 3x+5y=43 & \cdots ② \end{cases}$$

①×3　　$15x+24y=210$

②×5　$-)\ 15x+25y=215$

$-y=-5$

$y=5$

$y=5$を①に代入して,

$5x+40=70$

$5x=30$

$x=6$

答　(Mサイズのレジ袋)　6(枚)
　　(Lサイズのレジ袋)　5(枚)

3 1　a　6　　b　9(完答)

2　35.5(冊)

3(1)　0.35　　(2)　ア，ウ(順不同・完答)

4 1　18

2イ　(1，2)　　ウ　$\left(\frac{3}{2},\ \frac{9}{2}\right)$

3(1)　$2(t+2)^2$

(2)　(求め方や計算)

A(t，$2t^2$)，B($t+1$，$2(t+1)^2$)，

C($t+2$，$2(t+2)^2$)である。

L(t，0)，M($t+1$，0)，N($t+2$，0)

とおくと,

台形ALNCの面積は,

$\frac{1}{2}\times\{2t^2+2(t+2)^2\}\times 2$　…①

台形ALMBの面積は,

$\frac{1}{2}\times\{2t^2+2(t+1)^2\}\times 1$　…②

台形BMNCの面積は,

$\frac{1}{2}\times\{2(t+1)^2+2(t+2)^2\}\times 1$　…③

△ABCの面積は，①－(②＋③) より,

$\frac{1}{2}\times\{2t^2+2(t+2)^2\}\times 2$

$-\frac{1}{2}\times\{2t^2+2(t+1)^2+2(t+1)^2+$

$2(t+2)^2\}\times 1$

$=t^2+(t+2)^2-2(t+1)^2$

$=2$

答　2

(同じ面積になる)　・　同じ面積にならない

5 1　⑤

2

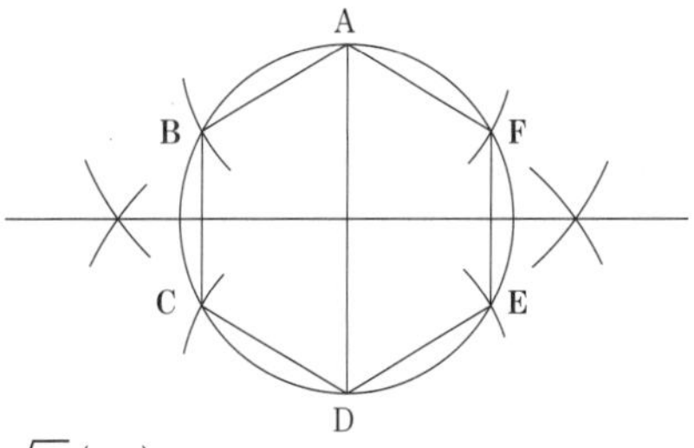

3(1)　$\sqrt{3}$(cm)

(2)　$10\sqrt{3}$(cm^2)

(3)　(式と計算)

AP＝t(cm)である。

点Mが辺CD上にあるから，$6\leqq t\leqq 8$

△MDPにおいて,

DP＝$8-t$(cm)，DP：MP＝1：$\sqrt{3}$より,

MN＝2MP＝$2\sqrt{3}(8-t)$(cm)

△AMNの面積が$8\sqrt{3}$cm^{2}であるから,

$\frac{1}{2}\times 2\sqrt{3}(8-t)\times t=8\sqrt{3}$

$t^2-8t+8=0$

解の公式より，　$t=\frac{8\pm 4\sqrt{2}}{2}$

$t=4\pm 2\sqrt{2}$

$6\leqq t\leqq 8$より，$t=4+2\sqrt{2}$

答　$4+2\sqrt{2}$(秒後)

配　点

1	3点×9	計27点
2	1，2，3　3点×3　　4，5　4点×2	計17点
3	3点×4	計12点
4	1，2イ，2ウ，3(1)　3点×4　　3(2)　5点	計17点
5	1，3(1)，3(2)　3点×3　　2，3(3)　4点×2	計17点

解　説

1 <計算問題・小問集合>

1(1)　×と÷の計算を，＋と－の計算より先にする。

$5\times 4+7=20+7=27$

(2)　×と÷の計算を，＋と－の計算より先にする。

$\frac{2}{3}-\frac{3}{5}\div\frac{9}{2}=\frac{2}{3}-\frac{3}{5}\times\frac{2}{9}$

$=\frac{2}{3}-\frac{2}{15}=\frac{10}{15}-\frac{2}{15}=\frac{8}{15}$

(3)　根号の中を最も簡単な数にしていく。また，分母に根号がある場合は分母を有理化する。

$\sqrt{6}\times\sqrt{8}-\frac{9}{\sqrt{3}}$

$=\sqrt{48}-\dfrac{9\times\sqrt{3}}{\sqrt{3}\times\sqrt{3}}$

$=\sqrt{4^2\times3}-\dfrac{9\sqrt{3}}{3}$

$=4\sqrt{3}-3\sqrt{3}=\sqrt{3}$

(4) 20分は20÷60＝$\frac{1}{3}$より，$\frac{1}{3}$時間
(速さ)＝(道のり)÷(時間)より，
$4\div\frac{1}{3}=4\times3=12$より，時速12km

(5) 正四面体は右図より，すべての面は正三角形で面の数は4つ，頂点の数は4つ，辺の数は6本である。

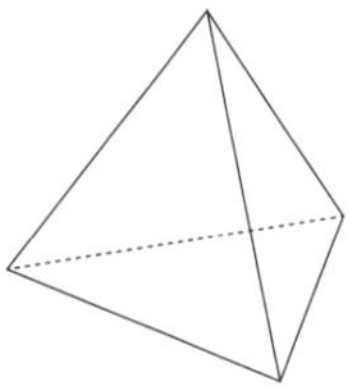

2 $7x-3a=4x+2a$に$x=5$を代入し，
$7\times5-3a=4\times5+2a$
$35-3a=20+2a$，$5a=15$，$a=3$

3 図の立体は三角柱である。この三角柱を三角柱ＡＢＣ－ＤＥＦとすると，△ＡＢＣにおいて，
三平方の定理より，

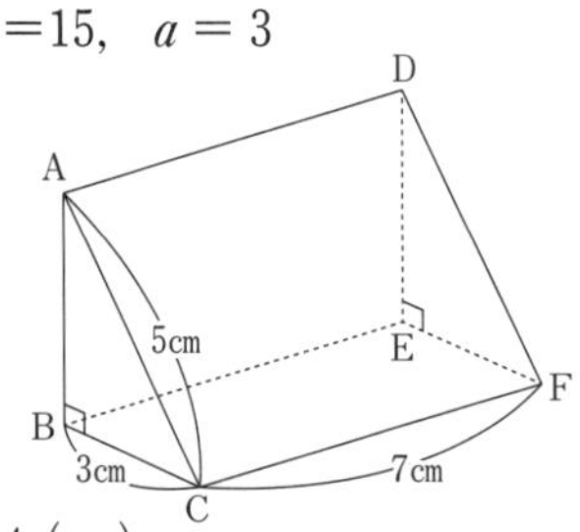

$AB=\sqrt{5^2-3^2}=\sqrt{16}=4$ (cm)
(角柱の体積)＝(底面積)×(高さ)より，
$\frac{1}{2}\times3\times4\times7=42$ (cm³)

4 ある自然数の2乗になる数は，素因数分解したとき，2乗の積で表すことができる。
28を素因数分解すると，$28=2^2\times7$
よって，できるだけ小さい自然数は，$n=7$

5 □にあてはまる年の桜島降灰量をxg/m²とすると，$x\times1.47=1193$が成り立つ。
$x=1193\div1.47=811\cdots$より，答えは**ウ**

[2] ＜円・確率・因数分解・証明・連立方程式＞

1 **半円の弧に対する円周角は90°**だから，
∠ＣＤＡ＝90°
∠ＡＣＤ
＝180°－90°－26°
＝64°
1つの弧に対する円周角はすべて等しいから，
∠x＝∠ＡＣＤ＝64°

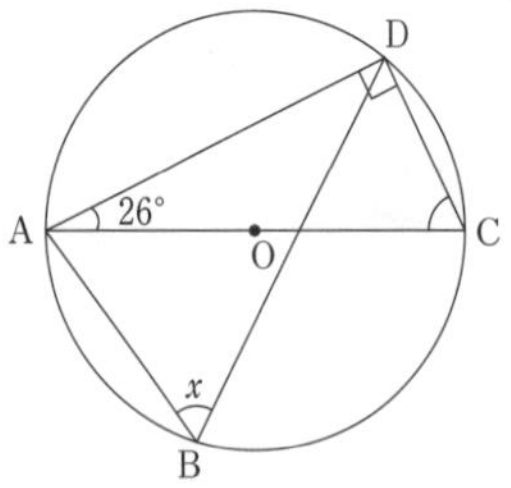

2 右図より，大小2つのさいころを投げるとき，すべての場合は全部で36通りあり，出た目の数の和が10以下となるのは○をつけた33通りあるから，
求める確率は，$\frac{33}{36}=\frac{11}{12}$

小＼大	1	2	3	4	5	6
1	②	③	④	⑤	⑥	⑦
2	③	④	⑤	⑥	⑦	⑧
3	④	⑤	⑥	⑦	⑧	⑨
4	⑤	⑥	⑦	⑧	⑨	⑩
5	⑥	⑦	⑧	⑨	⑩	11
6	⑦	⑧	⑨	⑩	11	12

※あることがらAの起こる確率がpであるとき，Aの起こらない確率は$1-p$である。
出た目の数の和が10より大きくなる確率は，
$\frac{3}{36}=\frac{1}{12}$より，求める確率は，$1-\frac{1}{12}=\frac{11}{12}$

3 $x+3$を1つの文字におきかえて考える。
$x+3$＝Mとおくと，
$(x+3)^2-2(x+3)-24$
$=M^2-2M-24$
$=(M-6)(M+4)$
$=(x+3-6)(x+3+4)$
$=(x-3)(x+7)$

4 正三角形の1つの角は60°であることや対頂角は等しいことを用いて，2組の角がそれぞれ等しいことを証明する。

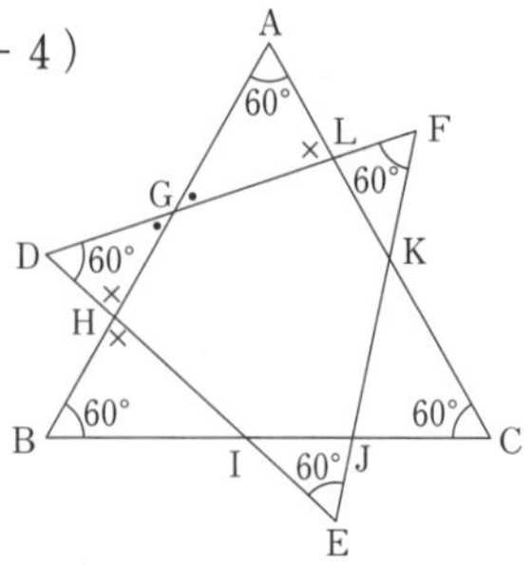

5 本数の合計が70本の場合と代金の合計が43円の場合の2通りの式をつくり，連立方程式を解く。

[3] ＜資料の整理＞

1 借りた本の冊数が20冊以上40冊未満の人数は16人，**表**より，借りた本の冊数が30冊以上40冊未満の人数は10人だから，20冊以上30冊未満の人数は，16－10＝6(人)より，［a］＝6
また，**表**の総度数から，40－(3＋5＋6＋10＋7)＝40－31＝9より，［b］＝9

2 **中央値**…調べようとする資料の値を大きさの順に並べたときの中央の値で，資料の総数が偶数のときは，中央に並ぶ2つの値の合計を2でわった値を中央値とする。
総度数は40人(偶数)，**表**から20冊未満の人数が8人おり，これと20冊以上40冊未満の16人の本の冊数より，小さい方から20番目の冊数は35冊，21番目の冊数は36冊だから，中央値は，$\frac{35+36}{2}=35.5$(冊)

3(1) **(ある階級の相対度数)＝$\dfrac{\text{(その階級の度数)}}{\text{(総度数)}}$**
図より，Aグループ20人について，40冊以上50冊未満の度数は7人だから，相対度数は，$\frac{7}{20}=0.35$

(2) **表**や**図**をもとにAグループとBグループについて，各階級における度数と度数の差を表にまとめると右図の通り。

階級(冊)	度数(人)			
	合計	A	B	AとBの差
以上 未満 0 ～ 10	3	1	2	1
10 ～ 20	5	2	3	1
20 ～ 30	6	2	4	2
30 ～ 40	10	6	4	2
40 ～ 50	9	7	2	5
50 ～ 60	7	2	5	3
計	40	20	20	

ア…0冊以上30冊未満の人数は，Aグループは1＋2＋2＝5(人)，Bグループは2＋3＋4＝9(人)より，正しい。

イ…どちらのグループも総度数は20人(偶数)だから，小さい方から10番目，11番目の冊数が含まれる階級を考える。Aグループは1＋2＋2＝5，5＋6＝11より，中央値が含まれるのは30冊以上40冊未満の階級，Bグループは

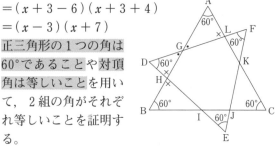

2＋3＋4＝9，9＋4＝13より，中央値が含まれるのは30冊以上40冊未満の階級だから，必ずしもいえない。

ウ…**最頻値**…資料の中で最も多く出てくる値で，度数分布表では，度数の最も多い階級の階級値を最頻値とする。最頻値はそれぞれ，Aグループが $\frac{40+50}{2}=45$(冊)，Bグループが $\frac{50+60}{2}=55$(冊)より，正しい。

エ…度数の差が最も大きい階級は，40冊以上50冊未満の階級だから，正しくない。

[4] ＜関数＞

1 $y=2x^2$に$x=3$を代入し，$y=2\times3^2=18$

2 3点A，B，Cの座標の関係をもとに考える。

イ…点Aのx座標が-1のとき，点Bのx座標は$-1+1=0$，点Cのx座標は$0+1=1$だから，$y=2x^2$に$x=1$を代入し，$y=2\times1^2=2$より，C(1，2)

ウ…直線ABがx軸と平行となるとき，2点A，Bのy座標は等しく，y軸について対称な点どうしである。右図より，点Bのx座標は$1\div2=\frac{1}{2}$だから，点Cのx座標は$\frac{1}{2}+1=\frac{3}{2}$

$y=2x^2$に$x=\frac{3}{2}$を代入し，$y=2\times\left(\frac{3}{2}\right)^2=\frac{9}{2}$より，C$\left(\frac{3}{2}，\frac{9}{2}\right)$

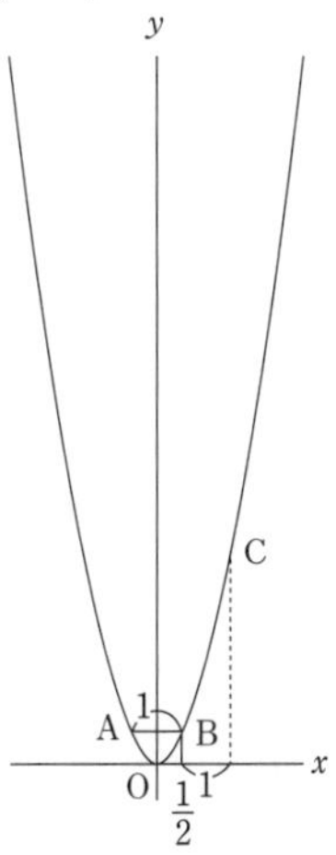

3(1) 点Aのx座標がtのとき，点Bのx座標は$t+1$，点Cのx座標は$t+2$である。

$y=2x^2$に$x=t+2$を代入し，

$y=2\times(t+2)^2=2(t+2)^2$

よって，点Cのy座標は$2(t+2)^2$

(2) 下図のように3点A，B，Cからそれぞれx軸に下ろした垂線とx軸との交点をL，M，Nとする。

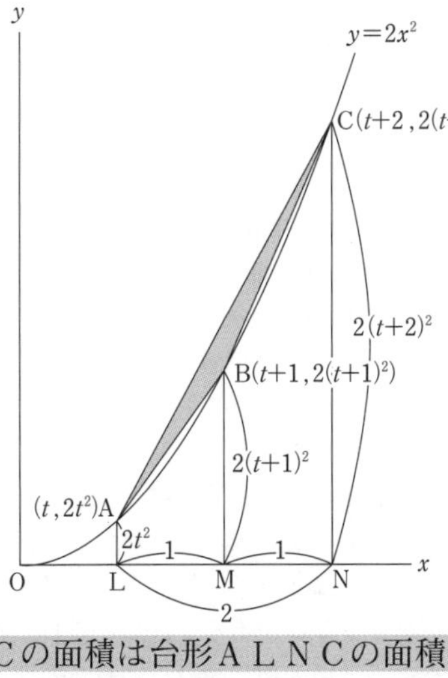

△ABCの面積は台形ALNCの面積から台形ALMBの面積と台形BMNCの面積との和をひけばよい。あとは，台形ALNC，台形ALMB，台形BMNCの面積をそれぞれtを用いて表し，△ABCの面積を求めればよい。このとき，求めた面積は2で，tの値に関係なく，変わらないことがわかる。

[5] ＜平面図形＞

1 **回転移動**…図形を，1つの点を中心として一定の角度だけ回転させる移動。

対称移動…図形を，1つの直線を折り目として折り返す移動。

図形①を，点Oを回転の中心として180°だけ回転移動させると，図形④に重なり，図形④の位置から直線CFを対称の軸(折り目となる直線)として対称移動させると図形⑤に重なる。

2 **図1**において，点Oを中心とし，半径がOAの円をかくと6点A，B，C，D，E，Fは円Oの円周上の点であり，正六角形ABCDEFの1辺の長さは円Oの半径と等しい。よって，**図2**において，

① 線分ADの垂直二等分線をひき，線分ADと垂直二等分線の交点(点O)を中心とし，半径がOAの円をかく。

② 点Aを中心とし，半径がOAの円をかき，円Oとの交点をB，F，点Dを中心とし，半径がODの円をかき，円Oとの交点をC，Eとする。

③ 6点A〜Fを順に線分で結び，六角形ABCDEFをかく。

3(1) 右図より，△OABは正三角形だから，

∠OAB＝60°

△AMPは30°，60°，90°の三角形より，

PM＝$\sqrt{3}$AP＝$\sqrt{3}$(cm)

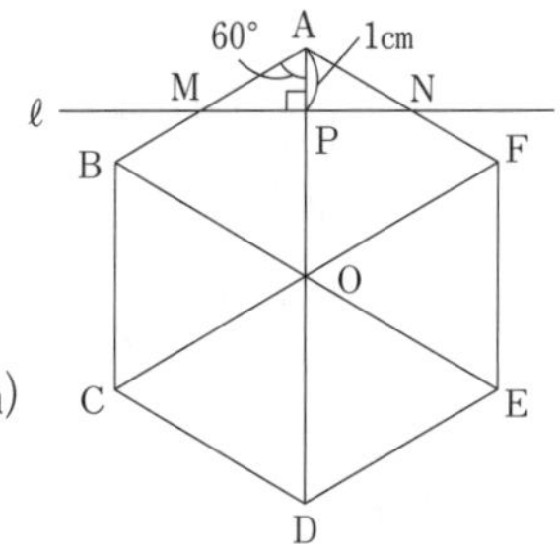

(2) 右図より，△AMNは二等辺三角形で，

PM＝PN

PMの長さは，正三角形OABの高さと等しいから，

PM＝$\frac{\sqrt{3}}{2}$AB

＝$\frac{\sqrt{3}}{2}\times4=2\sqrt{3}$(cm)

MN＝2PM＝$4\sqrt{3}$(cm)

よって，△AMN＝$\frac{1}{2}\times4\sqrt{3}\times5=10\sqrt{3}$(cm²)

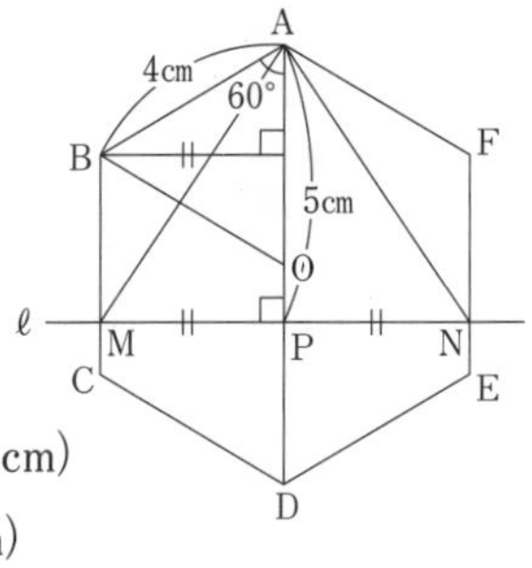

(3) 右図より，点Cから対角線ADに下ろした垂線と対角線ADとの交点をC′とすると，

△CDC′は30°，60°，90°の三角形だから，

C′D＝$\frac{1}{2}$CD

＝2(cm)

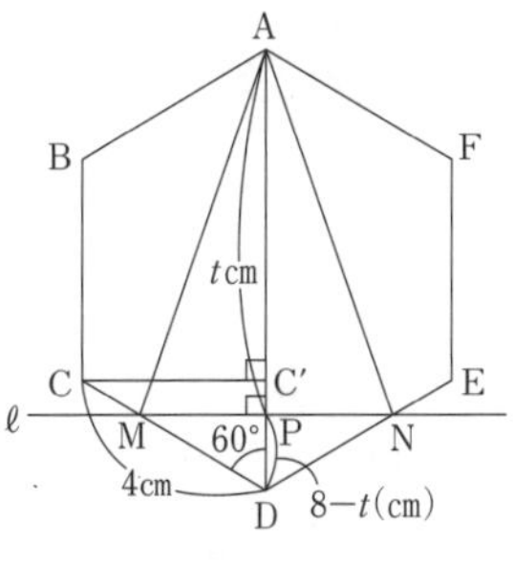

AC′＝8−2＝6(cm)より，6≦t≦8

あとは，△AMNの面積をtを用いて表し，方程式を立式して解けばよい。

令和二年度　鹿児島県公立高校入試問題　国　語

正答例

1
1　① 勇（ましい）　② かんしゅう
　③ いの（って）　④ 幕
　⑤ 冷静　⑥ ちか（った）
2　十一（画）

2
1　イ　2　ア
3　他者と相互的にやりとりをする中で把握され表現された自らのオリジナリティが，さまざまな人との間で共通了解されたと実感できたとき。
4　Ⅰ　個人と社会との関係を自覚
　Ⅱ　生きる目的としてのテーマ
5　ウ

3
1　おおいに　2　エ　3　ウ
4　Ⅰ　病さまざま癒ゆること
　Ⅱ　さらに大切に祭った
　Ⅲ　信仰心をなくした

4
1　ア
2　Ⅰ　つまらなそうだった
　Ⅱ　悔しそうに話しかけてきた
3　ウ　4　エ
5　山沢君との対戦をとおして，これからもライバルたちと競い合って実力を高め，絶対にプロ棋士になると決意し，気持ちが高ぶっている。

5
　二点目は古典の言葉を学習できないことです。確かにマンガはあらすじをおさえやすいですが、それだけで古典を読みきった気になってしまい、原典に当たらない人が多くなると思います。それでは古典の言葉の意味や文法を学ぶことはできません。このことは、古典の言葉を学習する機会を奪い、伝統的な文化の伝承が途絶えてしまう恐れがあります。

配　点

1	1　2点×6　2　2点	計14点
2	1　2点　2　3点　3　8点	
	4　4点×2　5　5点	計26点
3	1　2点　2　3点　3　3点	
	4　Ⅰ，Ⅲ　3点×2　Ⅱ　4点	計18点
4	1　3点　2　Ⅰ　3点　Ⅱ　4点	
	3　3点　4　3点　5　7点	計23点
5	9点	

解　説

1　＜漢字＞

2　点画の連続があるが，「率」という漢字である。

2　＜論説文＞

1　［a］は，空欄前で「相手にわかるように話すことと，自分のオリジナリティを追求すること」は「反対のこと」だと感じる人もいるかもしれないと述べており，空欄後では「この二つ（相手にわかるように話すことと，自分のオリジナリティを追求すること）は，それぞれバラバラに存在するものではない」と空欄前の事柄を否定しているので，**逆接**の接続詞が適当。よって，**ア**か**イ**に絞られる。［b］は，空欄前の「あなたの語る〜最終的な課題となります」の理由が，空欄後で述べられているので「なぜなら」が適当。「〜共通了解の実感だからです」とあるのにも着目する。よって組み合わせとして適当なのは**イ**である。

2　――線部①と**ア**は**連体詞**。**イ**は**名詞**（代名詞），**エ**は**副詞**。**ウ**は「説得力」が「ある」という述語になるので**動詞**であるが，「ある日」のように体言を修飾する場合は**連体詞**となるので注意する。

3　「この実感」が「個人としての存在意義をもたらす」とあり，「この実感」とは前の「『わかった，わかってもらった』という実感」を指すが，抽象的すぎるので言い換える必要がある。「『私』と問題とのかかわりが〜相互の『個』が理解に至」るということは，第五，第六段落に具体的に述べられているので，この内容をまとめる。また，「『わかった，わかってもらった』という実感」を，同じことを述べている「**共通了解の実感**」と言い換え，指定字数以内にまとめる。

4　「対話をデザインする」ことの効果が，第十三段落以降に述べられている。そこから空欄前後の文章を手掛かりに抜き出す箇所を探すとよい。
Ⅰ　本文に，「その問いは，市民としての社会参加という意識につなが」るとある。「その問い（＝「社会とは何か」という問い）」は，「個人と社会との関係を自覚」することで生まれるので，「個人と社会との関係を自覚」することは市民としての社会参加という意識をもつことにつながるのである。
Ⅱ　空欄後の「**発見**」という言葉をヒントにする。

5　**ウ**は第五段落の内容と一致する。**ア**は第一段落で「相手にわかるように話すことと，自分のオリジナリティを追求すること」は，「それぞれバラバラに存在するものではない」と述べているので，「矛盾した課題」以降が誤り。**イ**は「対話の前後で〜」以降の内容は本文では述べられていないので誤り。**エ**は第十一段落にある一般的な「対話」の内容。筆者は「ここでは，対話というものを〜」と否定しているので，誤りとなる。

3　＜古文＞

（**口語訳**）昔，汝南にいる人が，田んぼの中に網を張って，麞を捕ろうとした。そのうち麞が網にかかったけれど，その網の持ち主がまだ来ていなかったので，①通りすがりの人が麞を盗んでしまった。そうであっても人が取り得ただろうものを理由もなく取ってしまうのも罪深いと思って，その麞の代わりに，②手に持っていた鮑魚一つを網の中に入れて立ち去ったころに，ア例の網の持ち主が来て，鮑魚が網の中にあるのを見て，これ（鮑魚）はここにあるはずのものだとは思えない，どう考えても現神様が現れなさいましたのであろうと③たいそう不思議に思った。村の者たちが皆寄り集まって，そのうち祠を建てて入れなさって，イ鮑君と名づけなさった。村の者たちは病気などが癒えることがあると，このウ神様（鮑君）のお恵みによるものであるとさらに大切に祭り，お社をたくさん作り，賽の神楽の音が絶えることがなかった。本当にすばらしい神様であったことだ。七，八年ほどが過ぎ，エ例の鮑魚の持ち主がこのお社の辺りを通り過ぎて，「どのような神様がこのようにこの世にあらわれなさったのだろうか」と言って（見てみると），自分が置いていった鮑魚だった。「ああ驚きあきれたことだ，それは私が置いていったものなのになあ」と言ったので，例のご利益がたちまち止んでしまった。

1　語頭以外の**ハ行**は**ワ行**に直す。

2　主語の判別は，登場人物と話のおおまかな内容の整理が必要である。最初に登場する「汝南の人」は網を張って麏を捕ろうとしたので，**ア**「かの網の主」と同一人物。次に登場する「道行く人」は麏を盗んだ代わりに持っていた鮑魚を網に入れているので，**エ**「かの鮑魚の主」と同一人物であることがわかる。その鮑魚が人々の勘違いを経て，**イ**「鮑君」と名づけられ，**ウ**「御神」として祭られるようになったのである。

3　その理由は，――線部②の直前の「さりとも～罪深しと思ひて」で述べられている。だから，自分が盗んだ麏の代わりに鮑魚を入れたのである。

4 Ⅰ　人々が感じた「御利益」の内容が入る。

Ⅱ　お社をたくさん作り，賽の神楽の音が絶えないということは，それほど「鮑君」が大切にされていたということである。

Ⅲ　先生が最初に，御利益を生んだものは何かという，この話のテーマを説明しているので，「**信仰心**」という言葉を用いるのが適当。

4　＜**小説文**＞

1　――線部①直後に「**（よし。目にもの見せてやる）**」と意気込んでいることから，山沢君に勝つことへの意欲が読み取れる。冒頭のリード文に，山沢君との将棋の対戦に負けて悔しかったこと，そして研究を重ねていたことが書かれていることにも着目する。

2 Ⅰ　山沢君の対局前の様子が入る。対局に積極的だった「ぼく」に対して，山沢君は「つまらなそうだった」とある。

Ⅱ　「うまく返事ができなかった」のは，「まさか山沢君が話しかけてくるとは思わなかった」から。さらに，対局前は「つまらなそうだった」にもかかわらず，「悔しそうに」話しかけてきたのが「意外だった」のである。

3　時間切れで引き分けになった後「詰み筋を懸命に探し続け」ていた「ぼく」に対し，山沢君は「ぼく」が分からなかった詰み筋を理解している。「**メガネをかけた小学2年生の実力に感心していた**」とあるように，山沢君の実力を素直に認めていることが読み取れるので，**ア**「納得できないまましぶしぶ受け入れている」，**エ**「悔しさをこらえている」がそれぞれ不適。また，「山沢君にはかなわないとあきらめて」はいないので**イ**も不適。

4　「一緒に強くなっていけばいい」という言葉に着目する。

切磋琢磨＝学問や人徳をよりいっそう磨き上げること。また，友人同士が互いに励まし合い競争し合って共に向上すること。

大器晩成＝大きな器は完成するまでに時間がかかることから，真に偉大な人物も大成するのが遅いということ。大人物は遅れて頭角を現すということ。

呉越同舟＝仲の悪い者同士や敵味方が，同じ場所や境遇にいること。本来は仲の悪い者同士でも同じ災難や利害が一致すれば，協力したり助け合ったりするたとえ。

試行錯誤＝新しい物事をするとき，試みと失敗を繰り返しながら次第に見通しを立てて，解決策や適切な方法を見いだしていくこと。

5　「ぼく」は山沢君と対戦する前は，「自分以外はみんな敵だ」と思っていた。しかし山沢君との対戦ややりとりを通して，ライバルたちと「**勝ったり負けたりをくりかえしながら，一緒に強くなっていけばいい**」と気持ちが変化している。そしてそのことに「**ぼくの心ははずんでい**」るのである。またその後，プロになることが「**どれほど苦しい道でも，絶対にやりぬいてみせる**」と決意している。その気持ちが「かけ足で図書館にむかった」という行動にあらわれている。

5　＜**作文**＞

「古典をマンガで読むこと」を題に，資料を踏まえて山田さんの立場に立って考えを書く問題である。山田さんは「古典をマンガで読むこと」に反対の立場であり，そう考える理由の一点目に，**資料1**の「イメージの固定」を挙げていることをおさえる。つまり，**資料1**の「古典の言葉を学習できない」ことを二点目の理由として挙げ，その結果，□後にあるように，「伝統的な文化を伝えていくこと」についてどのような影響があるかを自分で考えて書けばよい。書き出しの指定があることや，敬体（です・ます調）で書くことに注意する。

［**採点基準の例**］

⑴　**理由**…4点

二点目の理由として「古典の言葉を学習できない」ことが明確に書けているかを4点（良い），2点（不明瞭），0点（書けていない）の3段階に評価する。

⑵　**考え**…5点

「古典の言葉を学習できない」ことでどのような影響があるかということを明確に書けているかを5点（優れている），4点（良い），2点（不明瞭），0点（書けていない）の4段階に評価する。

⑶　**一段落ではないもの**…減点1点

⑷　**行数を満たしていないもの**…減点3点

⑸　**表記**…最大減点3点（一か所ごとに減点1点）

①　原稿用紙の使い方の誤り。

②　誤字脱字，符号の用法の誤り。

③　用語や文の照応の不適切なもの。

④　文体が敬体でないもの。

⑹　**書き出しの条件を守れていないもの**…減点2点

令和２年度　鹿児島県公立高校入試問題　理科

正答例

1　1　**菌**(類)　　2　**偏西風**
　3　ア，エ，オ(順不同・完答)
　4　①　ア　　②　ウ(完答)
　5　イ，ウ(順不同・完答)
　6(1)　**交流**　　(2)　①　イ　　②　ア(完答)
　7　ウ

2　Ⅰ　1　**しゅう曲**
　　2　**東側の川岸に川原の堆積物があることから，東側が川の曲がっているところの内側となっているQである。**
　　3　イ→ウ→ア→エ
　Ⅱ　1　イ　　2　**日周運動**
　　3(1)　右図
　　(2)　**81.8°**

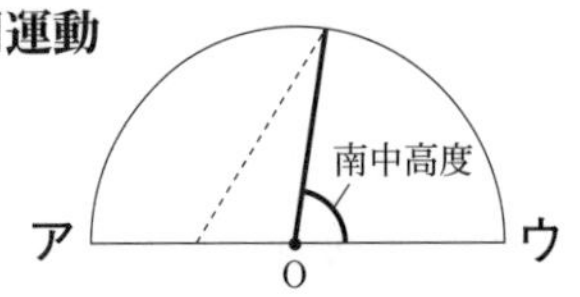

3　Ⅰ　1　イ
　　2　a　ミョウバン　　b　**ホウ酸**(完答)
　　3　(Cは，水溶液の温度を下げると，)**溶解度が小さくなり，とけきれない分が結晶として出てきたから。**
　　4　$\frac{30}{S}-10$〔g〕
　Ⅱ　1　$NaOH \rightarrow Na^{+}+OH^{-}$　　2　エ
　　3(1)　**燃料**(電池)
　　(2)　化学式　　O_2
　　　分子の個数　4〔個〕(完答)

4　Ⅰ　1　**酢酸オルセイン**
　　2　(ア)→オ→ウ→エ→イ
　　3　**根は，先端に近い部分で細胞の数がふえ，それぞれの細胞が大きくなることで成長する。**
　　4　**染色体が複製されるから。**
　Ⅱ　1　**対照実験**
　　2　**ヒトの体温に近づけるため。**
　　3(1)　**だ液のはたらきによってデンプンがなくなった。**
　　(2)　**だ液のはたらきによって麦芽糖などができた。**
　　4　③

5　Ⅰ　1　**30**〔°〕
　　2　エ
　　3　右図

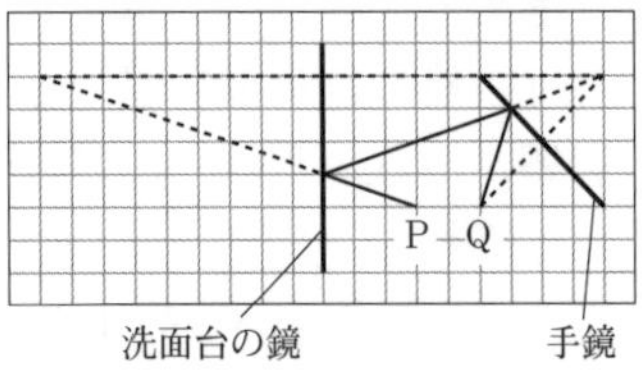

　Ⅱ　1　**0.02**〔J〕
　　2　ウ　　3　**作用・反作用**　　4　**12**〔cm〕
　　5　**小球の位置エネルギーの大きさは変わらないので，木片の移動距離は変わらない。**

配　点

1	3，7	3点×2	他	2点×6	計18点
2	Ⅰ1，Ⅱ1，2	2点×3	他	3点×4	計18点
3	Ⅰ4，Ⅱ3(2)	3点×2	他	2点×6	計18点
4	2点×9				計18点
5	Ⅰ3，Ⅱ5	3点×2	他	2点×6	計18点

解　説

1　**＜4分野総合＞**

1　分解者の役割を担っているのは，ミミズなどの土壌動物や，菌類，細菌類などの微生物である。カビやキノコなどの菌類のなかまは，からだが菌糸とよばれる糸状のものからできており，胞子でふえるものが多い。また，乳酸菌や大腸菌などの細菌類は，単細胞生物で分裂によってふえる。

2　偏西風は，北半球と南半球の中緯度帯(緯度が30°〜60°)の上空を西から東へ向かってふく西風で，地球を一周している。

3　**ア**：ハチュウ類，**イ**：鳥類，**ウ**：ホニュウ類，**エ**：魚類，**オ**：両生類である。変温動物は，環境の変化にともなって体温も変動する動物である。鳥類やホニュウ類は体温を一定に保つしくみをもち，環境の温度が変化しても体温はほとんど変化しない恒温動物である。

4　BTB溶液は，酸性(pHが7より小さい水溶液)では黄色，中性(pHが7の水溶液や水)では緑色，アルカリ性(pHが7より大きい水溶液)では青色になる。

5　融点は，固体の物質がとけて液体に変化するときの温度，沸点は，液体が沸騰して気体に変化するときの温度である。物質の状態は，温度が融点以下では固体，融点以上沸点以下では液体，沸点以上では気体である。**ア**の物質の沸点は－183℃なので，50℃では気体，**エ**の物質の融点は63℃なので，50度では固体である。

6(1)　交流の電圧は絶えず変化するため，オシロスコープで調べると波のような形を見ることができる。1秒あたりの波のくり返しの数を周波数といい，東日本では50Hz，西日本では60Hzである。また，乾電池による電流のように，一定の向きに流れる電流を直流という。

(2)　乾電池2個を直列につなぐと，豆電球の明るさは明るくなり，点灯する時間は短くなる。

7　台風は，熱帯地方で発生した熱帯低気圧が発達したものであり，北半球では右図のように，周辺部から中心部に向かって反時計回りに風がふく。問題文より，観測地点では，台風が近づいてくるときに東寄りの風が，最も近づいたときに南寄りの風が，台風が離れていくときに西寄りの風がふいているので，台風の進路は観測地点の西側を通過しているウと考えることができる。

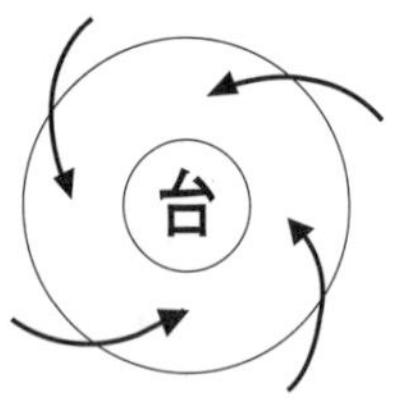

2　**＜大地の変化・地球と宇宙＞**

Ⅰ1　地層が堆積した後に，プレート運動によってその地層に大きな力がはたらくとしゅう曲ができる。

2　流れる水のはたらきには，侵食，運搬，堆積の3つがあり，水の流れが速いところでは運搬や侵食のはたらきが大きくなり，流れがゆるやかなところでは堆積のはたらきが大きくなる。川の曲がっている部分の外側は水の流れが速く，川岸や川底が侵食され，内側は水の流れが遅く，土砂が川原に堆積する。**図1**より，観察された場所では東側に堆積物が見られるので，東側が川の曲がっている部分の内側だと考えられる。よって，観察された場所は**図2**の**Q**である。

3　地層は，下から順に堆積していくので，浅い海で地層ができた後に火山灰が堆積して，海水と淡水が混ざる河口で地層ができたことがわかる。また，西側と東側の両方で同じ環境に生息する生物の化石が見つかっているので，これらの地層が堆積したときには断層はできておらず，地層が堆積した後に断層ができたことが読みとれる。

Ⅱ**1**　北半球では，太陽は東からのぼり，南の空を通って西にしずむので，**図**の**ウ**が南と読みとれる。

3(1)　天体が真南を通過することを南中という。このときの高さを南中高度といい，観測地点Oを中心に太陽の位置から南の地平線までの角度で表される。

(2)　**南中高度の求め方**

春分・秋分　**90°－その地点の緯度**

夏至　**90°－(その地点の緯度－23.4°)**

冬至　**90°－(その地点の緯度＋23.4°)**

北緯31.6°の地点での夏至の日の南中高度は

90－(31.6－23.4)＝81.8〔°〕　地球は公転面に対して垂直な方向から，地軸を23.4度傾けたまま公転をしている。そのため，北半球では，夏至のころは太陽の南中高度が高く，冬至のころは，太陽の南中高度は低い。また，日の出と日の入りの位置は，夏至のころには北寄りになり，冬至のころには南寄りになる。春分，秋分の日には，太陽は真東からのぼり，真西にしずむ。

3 ＜身のまわりの物質・化学変化とイオン＞

Ⅰ**1**　溶解度は溶媒の質量に比例しているので，10gの水にとける物質の質量は，100gの水にとける物質の質量の$\frac{1}{10}$と考えることがきる。**図1**より，塩化ナトリウムは，30℃の水10gに約3.6gとけるので，加えた塩化ナトリウム3.0gはすべてとける。また，塩化ナトリウムは電解質なので，水にとけると陽イオンと陰イオンに分かれる。

2　**図1**より，30℃の水10gにはミョウバンが約1.6g，ホウ酸が約0.6gとけるので，どちらも3.0g加えるととけきれないことがわかる。また，とけ残った質量はDの方がBよりも大きかったので，Bがミョウバン，Dがホウ酸とわかる。

3　温度による溶解度の差を利用して，溶液から溶質を結晶として取り出すことを再結晶という。

4　30℃の水10gにDがSgとけるので，Dを3.0gとかすために必要な30℃の水の質量をxgとすると，10：S＝x：3.0　$x=\frac{30}{S}$　水ははじめに10g入れてあるので，加える水の質量は$\frac{30}{S}$－10〔g〕

Ⅱ　水の電気分解では，陽極で酸素(気体B)が，陰極で水素(気体A)がそれぞれ発生している。

1　純粋な水は電気を流しにくいので，電気分解を行う際には水酸化ナトリウムなどの電解質を加えて電流を流しやすくする。

2　**ア**：酸化銅が炭素によって還元されて二酸化炭素が発生する。**イ**：酸化銀が熱分解して酸素が発生する。**ウ**：うすい塩酸を電気分解すると，陽極で塩素が，陰極で水素が発生する。**エ**：亜鉛板と銅板をうすい塩酸に入れてつくった電池では＋極で水素が発生し，－極では亜鉛がとけて亜鉛イオンになる。

3(2)　燃料電池の化学反応式は以下のようになる。

$2H_2+O_2 \rightarrow 2H_2O$

この化学反応式から，水素分子2個と酸素分子1個が反応して水分子2個ができることがわかる。水素(気体A)の分子が4個すべて反応するために必要な酸素(気体B)の分子をx個とすると，

2：1＝4：x　$x=2$　酸素分子が2個必要なので，酸素分子は6－2＝4〔個〕残る。

4 ＜生命の連続性・動物の生活と生物の変遷＞

Ⅰ**1**　酢酸オルセインの他にも酢酸カーミンや酢酸ダーリアなどでも核と染色体を染めることができる。

2　細胞が分裂の準備に入ると，それぞれの染色体が複製されて同じものが2本ずつできる。細胞分裂が開始されると，染色体は2本ずつがくっついたまま太く短くなり，これが2等分されて，それぞれが分裂後の細胞へと受け渡される。このため，新しくできた2個の細胞の核には，元の細胞と全く同じ数と内容の染色体がふくまれることになる。

Ⅱ**1**　対照実験を行うことによって，2種類の実験結果の違いが，その1つの条件によるものであることが明らかになる。

2　だ液はおもにヒトの体内ではたらくので，体温に近い約40℃の湯で試験管をあたためる。

4　①　すべての試験管に水が入っているので確認できない。

②　この実験では，それぞれの水溶液が何性であるかを調べていないので確認できない。

③　試験管の中，つまり体外で消化酵素がはたらいていることが確認できる。

5 ＜身のまわりの現象・運動とエネルギー＞

Ⅰ**1**　鏡の面に垂直な線と入射した光がつくる角を入射角といい，反射した光がつくる角を反射角という。**図1**で反射角は90－60＝30〔°〕　入射角と反射角は等しいので，入射角は30°である。

2　右図のように，**図2**の状態で鏡にうつる範囲は，目の高さから，鏡の上端と下端に引いた補助線と鏡をはさんで対

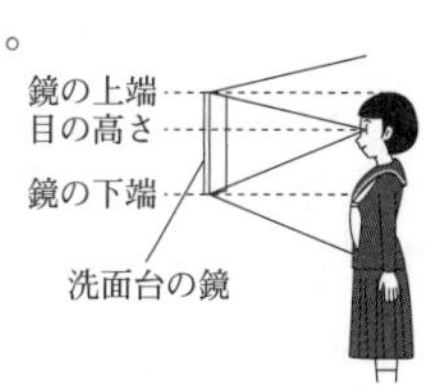

称な点までである。

3 鏡で反射する光を作図するときには，次の(1)〜(3)の手順で作図をする。

(1) 鏡を軸として線対称の位置に物体の像をかく。

(2) 像と目を補助線で結ぶ。

(3) 物体から出た光が，補助線と鏡が交わる点で反射するように実線を引く。

ひろみさんが鏡で見ている像は，手鏡にうつったQなので，下図の①〜⑤のようにQと手鏡について作図をした後に，手鏡にうつったQ′と洗面台の鏡について作図をする必要がある。

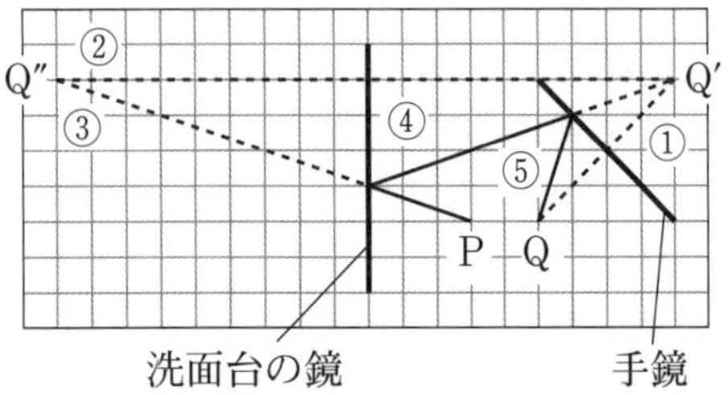

① 手鏡を軸として線対称の位置にQ′をかく。

② 洗面台の鏡を軸としてQ′と線対称の位置にQ″をかく。

③ Q″とPを補助線で結ぶ。

④ ③の線が洗面台の鏡と交わる点とQ′を補助線で結ぶ。

⑤ Qから出た光が，④で交わった点で反射した後③で交わった点で反射し，Pに届くように実線を引く。

Ⅱ 1 **仕事〔J〕＝物体に加えた力〔N〕×力の向きに移動させた距離〔m〕**

質量20gの小球を10cm持ち上げるので，

0.2 × 0.1 ＝0.02〔J〕

2 点Xを通過した後の小球は，木片に衝突するまで等速直線運動をする。等速直線運動をしている物体には，重力と垂直抗力だけがはたらいている。

4 **表**より，木片の移動距離は小球の質量と小球を離す高さにそれぞれ比例することがわかる。質量25gの小球を使ったときの木片の移動距離は，質量20gの小球を使ったときの$\frac{25}{20}=\frac{5}{4}$〔倍〕になるので，小球を高さ5cmから離したとき，木片は

$2.0\times\frac{5}{4}=2.5$〔cm〕移動する。木片の移動距離が6cmになるときの小球を離す高さをx cmとすると，

$5 : 2.5 = x : 6$　$x=12$　よって，12cm

5 同じ質量の物体であれば，位置エネルギーの大きさはその物体の高さによって決まる。小球とレールとの間の摩擦や空気抵抗を考えなければ，力学的エネルギー保存の法則より，点Xでの運動エネルギーの大きさは，小球を離したときの位置エネルギーと等しいので，**図2**のようにレールの傾きが変わっても，高さが同じであれば木片の移動距離は変わらない。

令和2年度　鹿児島県公立高校入試問題　英語

正答例

[1] 1 ア　2 ウ　3 ウ → ア → イ　(完答)

4 ① learn　② Thursday

5 (1) エ　(2) イ

(3) study English harder

6 We can give her some flowers.

[2] 1 ① ウ　② ア

2 ① stopped　② long

③ you can take a bus

④ twenty

3 Whose notebook is it ?

4 (例1) I want to live near a hospital. When my family and I get sick, we can go to the hospital quickly.

(例2) I want to live near a convenience store. There are many kinds of things in a convenience store. Also, I can go there early in the morning.

(例3) I want to live near a park. It is fun to play with my family in the park. I can enjoy walking there.

[3] Ⅰ ① エ　② ウ　③ イ

Ⅱ 1(1) Because they came from different high schools.

(2) She felt very happy.

2 Sharing our ideas

Ⅲ 1 ウ　2 エ

[4] 1 イ → ウ → ア　(完答)

2 自分がチームメートほど上手にサッカーをすることができなかったこと。

3 Why don't you come with me

4 ウ　5 エ　6 ア，イ　(順不同)

7 After I met John, I remembered it was important to enjoy soccer.

配点

[1]	1，5(1)，(2)　2点×3	6　4点	他　3点×5		計25点
[2]	2③，3　3点×2	4　7点	他　2点×5		計23点
[3]	Ⅱ2　3点	他　2点×7			計17点
[4]	2　4点	4，5　2点×2	7　5点		
	他　3点×4				計25点

解説

[1] **＜聞き取りテスト台本・訳＞**

＜チャイムの音四つ＞

これから，英語の聞き取りテストを行います。問題用紙の2ページを開けなさい。

英語は1番と2番は1回だけ放送します。3番以降は2回ずつ放送します。メモをとってもかまいません。

(約3秒間休止)

では，1番を始めます。まず，問題の指示を読みなさい。

(約13秒間休止)

それでは放送します。

Taro : Mary, I want you to help me with my homework tomorrow.

Mary : Sure. Let's study together in the library.

Taro : Great ! Shall we meet in front of the library at ten o'clock ?

Mary : OK. See you tomorrow. (約 10 秒間休止)

訳 T：メアリー，僕は君に明日宿題を手伝ってほしいんだ。 M：いいわよ。図書館で一緒に勉強しましょう。 T：よかった！ 10 時に図書館の前で会おうか？ M：わかったわ。明日ね。

次に，**2**番の問題です。まず，問題の指示を読みなさい。 (約 13 秒間休止)

それでは放送します。

George : Hi, Tomoko. Look at this picture !

Tomoko : Wow, it's Sakurajima ! It's very beautiful.

George : I drew it.

Tomoko : Oh, did you ?

George : Yes. I like Sakurajima, so I often draw it. This is my best picture, I think.

Tomoko : You did a good job ! (約 10 秒間休止)

訳 G：やあ，ともこ。この絵を見て！ T：わあ，それは桜島ね！ とても美しいわ。 G：僕がそれを描いたんだ。 T：まあ，あなたが？ G：うん。僕は桜島が好きだから，しばしばそれを描くんだ。これは僕の最高の絵だと思うよ。 T：あなたは上手に描いたわね！

次に，**3**番の問題です。まず，問題の指示を読みなさい。 (約 25 秒間休止)

それでは放送します。

Today I'm talking about jobs we do at home. I asked two questions. The first question was "Do you help your family at home ?" Thirty of us answered "yes" and ten of us said "no." Then I asked, "What jobs do you do at home ?" Cleaning the house is the most popular. Washing the dishes is as popular as taking care of pets. Two classmates cook dinner. I sometimes walk my dog. Look at this picture ! This is my dog, Jack. Now I know many of us help our families and I'll try to take care of Jack more.

(約 3 秒おいて，繰り返す。) (約 7 秒間休止)

訳 今日，私は私たちが家でする仕事について話します。私は２つの質問をしました。一つ目の質問は「あなたは家で家族の手伝いをしますか？」でした。私たちのうちの 30 人が「はい」と答え，私たちのうちの 10 人が「いいえ」と言いました。そこで私は「あなたは家で何の仕事をしますか？」とたずねました。家を掃除することが最も人気があります。食器を洗うことはペットの世話をすることと同じくらい人気です。２人のクラスメートは夕食を作ります。私はときどき私の犬を散歩させます。この写真を見てください！ これは私の犬のジャックです。今，私は私たちの多くが家族を手伝うことがわかり，もっとジャックの世話をしようと思います。

次に，**4**番の問題です。まず，問題の指示を読みなさい。 (約 15 秒間休止)

それでは放送します。

Peter : Thank you for coming to our concert today, Aki. How was it ?

Aki : Wonderful ! Everyone was great. You especially played the violin very well. I really enjoyed the concert.

Peter : I'm glad to hear that.

Aki : I want to play the violin, too. Can you teach me how to play it ?

Peter : Sure. I'm free every Thursday. Please come to my house and we can practice together.

Aki : That's nice ! Can I visit you next Thursday ?

Peter : Of course.

(約 10 秒おいて，繰り返す。) (約 15 秒間休止)

訳 P：僕たちのコンサートに来てくれてありがとう，亜紀。それはどうだった？ A：すばらしかったわ！ 全員がすばらしかった。あなたは特にバイオリンをとても上手に演奏したわ。私は本当にコンサートを楽しんだわ。 P：それを聞いてうれしいよ。 A：私もバイオリンを演奏したいわ。私にそれの演奏の仕方を教えてくれる？ P：いいよ。僕は毎週木曜日が暇だよ。僕の家に来てよ，そうしたら僕たちは一緒に練習できるよ。 A：それはいいわ！ 次の木曜日にあなたを訪ねてもいい？ P：もちろんだよ。

メールの訳

こんにちは，ピーター。私は今日コンサートを楽しんだわ。私はあなたからバイオリンの演奏の仕方を**学ぶ**①ことができるからうれしいわ。私はあなたの家で**木曜日**②に会うわね。

次に，**5**番の問題です。まず，問題の指示を読みなさい。 (約20秒間休止)

それでは放送します。

I went to Kyoto with my family last summer. We visited some famous temples like Kinkakuji. When we were walking around Kyoto, I saw many foreign people. They were talking with some Japanese volunteers. The volunteers were telling the foreign people about Kyoto in English. The foreign people looked very happy. I'm sure that they learned a lot about Kyoto.

After I came back to Kagoshima, I began to study English harder. I think Kagoshima also has a lot of places to visit. I want to tell people from foreign countries about these places in English.

Question (1) : Where did Shota go in Kyoto ?

（約７秒間休止）

Question (2)：What did the Japanese volunteers do for foreign people？ （約７秒間休止）

Question (3)：What did Shota begin after he came back from Kyoto？ （約７秒間休止）

では，２回目の放送をします。

（最初から質問(3)までを繰り返す。）（約 15 秒間休止）

訳 私は昨年の夏に家族と京都に行きました。私たちは金閣寺のようないくつかの有名な寺を訪れました。私たちが京都を散策していたとき，私は多くの外国人を見ました。彼らは何人かの日本人のボランティアと話をしていました。そのボランティアの人たちはその外国人たちに京都について英語で伝えていました。外国人たちはとてもうれしそうに見えました。きっと彼らは京都についてたくさん学んだと思います。

鹿児島に帰ってきた後，私は英語をより一生懸命に勉強し始めました。私は鹿児島にも多くの訪れるべき場所があると思います。私は外国からの人々にこれらの場所について英語で伝えたいです。

(1) 翔太は京都のどこに行ったか？

ア 有名な図書館に。　イ 歴史博物館に。

ウ 良いレストランに。　**エ いくつかの寺に。**

(2) 日本人のボランティアは外国人のために何をしたか？

ア 彼らは寿司を作った。

イ 彼らは京都について話した。

ウ 彼らはおもしろい本を見つけた。

エ 彼らはいくつかのプレゼントを買った。

(3) 翔太が京都から帰ってきた後，彼は何を始めたか？

（正答例の訳）彼は**より一生懸命に英語を勉強し**始めた。

次に，**６**番の問題です。まず，問題の指示を読みなさい。 （約 15 秒間休止）

それでは放送します。

Naomi : Our classmate Miyuki will leave Kagoshima and live in Fukuoka from next month. We have to say goodbye to her soon.

Sam : Really？ I didn't know that. I'm very sad.

Naomi : Me, too. Well, let's do something for Miyuki. What can we do？

Sam : (　　　　　　　　　　　　)

（約３秒おいて，繰り返す。）（約１分間休止）

訳 N：私たちのクラスメートの美由紀が鹿児島を去って来月から福岡に住む予定なのよ。私たちはすぐに彼女にさようならを言わなくてはいけないわ。　S：本当に？　僕はそれを知らなかったよ。僕はとても悲しいよ。　N：私もよ。ええと，美由紀のために何かしましょう。私たちは何ができるかしら？　S：**（正答例の訳）僕たちは彼女に花をあげることができるよ。**

＜チャイムの音四つ＞

これで，聞き取りテストを終わります。次の問題に進みなさい。

2 **＜英文表現＞**

1 L：もしもし。リンダです。かおりと話してもいいですか？　A：すみません。②**彼女は今家にいません**。L：彼女は何時に帰って来る予定ですか？　A：ええと，わかりません。あなたは彼女にあとで電話してほしいですか？　L：いいえ，大丈夫です。①**でも彼女にメッセージを残していいですか？**　A：いいですよ。　L：私たちは今夜６時に会う予定でしたが，私は時間を変えたいのです。彼女に７時に来るように伝えてもらえますか？　A：わかりました。彼女に伝えます。

2 H：こんにちは，ボブ。あなたは心配そうだわ。どうしたの？　B：やあ，ひかり。今日はここにたくさんの人がいるよ。何が起こっているんだ？　これはおそらく花山行きの電車についてのお知らせだけど，僕は日本語が読めないんだ。それが何と言っているか僕に教えてくれない？　H：わかったわ。その電車は大雨のために①**止まって**いるわ。　B：本当に？　その電車はいつまた走るの？　H：お知らせは言っていないから，私はあなたが次の電車をどのくらい②**長く**待てばいいのかわからないわ。　B：なんてことだ！　僕は今日花山に行かなくてはいけないんだ。　H：それなら，③**あなたはバスに乗ることができるわよ**。それは５番乗り場から出るわ。今 12 時 10 分だから，あなたは次のバスが出るまで④**20** 分あるわ。　B：僕を助けてくれてありがとう，ひかり。　H：どういたしまして。

3 ①　このノートには名前がないです。**それは誰のものですか**？

②　まあ，それは私のものです。ありがとうございます。

※②で「mine（私のもの）」と答えていることから考える。

4 教師：あなたたちは将来どこに住みたいですか？　黒板を見てください。一つの場所を選んで，私たちに理由を教えてください。始めてくれますか，春斗？

生徒：わかりました。

（正答例１の訳）私は病院の近くに住みたいです。私の家族と私が病気になったとき，私たちはすぐに病気に行くことができます。

（正答例２の訳）私はコンビニエンスストアの近くに住みたいです。コンビニエンスストアにはたくさんの種類のものがあります。また，私はそこに朝早く行くことができます。

（正答例３の訳）私は公園の近くに住みたいです。公園で家族と遊ぶことは楽しいです。私はそこを歩くのを楽しむことができます。

ありがとうございました。

教師：わかりました。ありがとう，春斗。

3 ＜英文読解・概容把握＞

Ⅰ　A：君は冬休みの間何をしていたのかい？　T：僕は3月の試験のためにたくさん勉強しました。①**あなたはどうですか？**　A：私かい？　私は甑島に行ったよ。それはそこの伝統的な行事の「甑島のトシドン」で有名なんだ。君はそれについて今までに聞いたことはあるかい？　T：はい，でも僕はそれについて多くは知りません。②**あなたはそれについてどうやって知ったのですか？**　A：甑島にいる私の友人がそれについて私に教えてくれたんだよ。それはユネスコ無形文化遺産リストに登録されたよ。毎年12月31日に，「トシドン」が子どもの健全な成長を願うために人々の家に行くんだ。③**君はこの行事に興味があるかい？**　T：はい。僕は将来社会の先生になりたいので，それのような行事について知りたいです。　A：君の試験の後にそのような行事についての本を読んでね。　T：はい，そうします。

Ⅱ　今年の夏，私は全国高等学校総合体育大会にボランティアの一人として参加した。これはボランティアとしての私の初めての経験だった。私たちは開会式で踊り，鹿児島弁で何曲か歌を歌った。

ボランティアは異なる高校から来ていたので，私たちは土曜日と日曜日だけ一緒に練習した。初めは，私たちはあまりにも緊張していておたがいに話すことができなかった。開会式の一か月前，私たちの先生が「君たち一人一人は一生懸命励んでいるけれど，チームとしては，君たちはおたがいにコミュニケーションをとるべきだ」と言った。その日に練習した後，すべてのボランティアは残って私たちの問題について初めて話をした。そして，私たちは毎回の練習の後に話し合いをすることに決めた。私たちの考えを分かち合うことで，私たちの演技はより良くなった。

開会式で，私たちは最善を尽くし，私たちの演技を見た多くの人々が盛大な拍手をした。それは私をとても幸せにした。私たちの先生は「君たちはよくがんばった！　君たちの演技はすばらしかった！」と言った。

この経験から，私は大切なことを学んだ。私たちが一緒に取り組むときに，**私たちの考えを分かち合うこと**は大切だ。もし私たちがそうしたら，私たちは何かをより良くすることができる。この経験は私の人生で役に立つだろう。

1⑴　ボランティアは週末だけ一緒に練習した。なぜか？

（正答例の訳）彼らが異なる高校から来ていたから。

⑵　開会式での演技の後，理子はどのように感じたか？

（正答例の訳）彼女はとても幸せに感じた。

Ⅲ　1　ケンは「僕は鶏肉と何か冷たいものが食べたいです」と言った。

ア　ハンバーガーとリンゴジュース

イ　スペシャルバーガーとグリーンサラダ

ウ　ライスバーガーとアイスクリーム

エ　チキンバーガーとフライドポテト(M)

※選択肢の中で鶏肉が使われているのは「ライスバーガー」と「チキンバーガー」。「アイスクリーム」が冷たい食べ物であるので，答えは**ウ**になる。

2　アンは「私は何か食べるものと飲むものがほしいけれど，牛肉は食べたくありません。私は6ドル50セントだけ持っています」と言った。

ア　ビッグバーガーとオレンジジュース

イ　チキンバーガーとリンゴジュース

ウ　チーズバーガーとコーヒー

エ　フィッシュバーガーと紅茶

※選択肢の中で牛肉が使われていないのは「チキンバーガー」と「フィッシュバーガー」。「チキンバーガー」4ドル50セント，「リンゴジュース」2ドル25セントで合計6ドル75セントとなり，アンの所持金を超えてしまう。「フィッシュバーガー」は4ドル，「紅茶」は1ドル50セントで合計5ドル50セントとなり，6ドル50セント以内で買うことができるので，答えは**エ**になる。

4 ＜長文読解＞

マイクは6歳のときにサッカーをし始めた。彼は彼の友達とサッカーをすることを楽しんだ。彼が中学校に入ったとき，彼は彼のチームで最もすばらしい選手の一人になった。彼と彼のチームメンバーが活躍して試合に勝ったとき，彼はとても幸せに感じた。3年目に，彼は最後のトーナメントのために一生懸命に練習した。しかしながら，4月のある日，彼がサッカーの練習のために自転車に乗っていた間，彼は転んで右脚の骨を折った。彼は動けなかった。そのため，彼は病院に運ばれた。医者はマイクに「君は2，3か月の間右脚を使えないよ」と言った。彼はそれを聞いてとても失望した。

3か月後，彼の脚は良くなり，彼はチームと一緒に再びサッカーの練習を始めた。しかし，マイクは彼のチームメンバーほど上手にサッカーができなかった。①**彼はこれについてとても悲しく感じ**，サッカーへのやる気を失い始めた。彼はときどき練習に行かなかった。そしてある日，コーチは彼に「マイク，お前は最後のトーナメントには選手として参加できない」と言った。彼はとてもショックを受けて，その日から練習に行かなかった。

一週間後，彼の父親はマイクに「今日，私は公園で小さな子どもたちによってプレーされるサッカーの試合を見に行くつもりなんだ。私は友人の息子を応援したいんだ。②**私と一緒に来ないかい？**」と言った。初め，マイクは「僕は行きたくない」と言ったが，彼の父親が何度も彼を誘ったので，ついに彼は応じた。

彼らは試合を見るために公園に行った。いくらかの子どもたちはとても良い選手で，その試合はとてもわくわくした。試合終了の5分ほど前，一人の少年が試合に加わった。マイクはその少年が何か違うことにすぐに気づいた。彼は素早く走ることができず，ときどき転んだ。マイクの父親はマイクに「あの少年が私の友人の息子のジョンだ。彼は右脚に問題を持って生まれたんだ。彼はうまく歩くことさえできない」と言った。マイクはとても驚いて「なぜ彼はサッカーをすることを選んだの？僕は，彼がもっと容易にできる多くの他のことがあると思うよ」と言った。彼の父親は「彼を見なさい。彼は彼のチームメンバーの中で一番一生懸命にボールの後を走っている。私は，③**サッカーは彼にとって何か特別なものなんだ**と思うよ」と答えた。

試合の後，マイクはジョンに話しかけた。マイクは「こんにちは，ジョン。僕はマイクだよ。君はサッカーをすることが好き？」と言った。ジョンは「うん，好きだよ。僕は素早く走れないけれど，ボールで遊ぶことはできる。僕はサッカーが大好きだよ。僕は友達とサッカーをするときはとても幸せなんだ」と答えた。マイクは彼の言葉を聞いてショックを受け，④**「僕は何をしているんだ？」と彼自身に問いかけた**。

その日はマイクにとって特別な日になった。彼は9年前に幸せだったことを思い出した。彼はその時にサッカーをし始めた。彼は小さかった時，本当にサッカーを楽しんだ。彼はこれはとても大切だと思い，彼のチームメンバーと再びサッカーを練習し始めた。彼は自分が最後のトーナメントでプレーできないであろうことはわかっていたが，彼の友達と走ってプレーすることを楽しんだ。

トーナメントで，彼はチームメンバーを手伝い，応援することに最善を尽くした。彼のチームメンバーといることは楽しかった。中学校での最後の試合の後，彼は充実感を覚えた。彼は高校でサッカーをすることを決めた。

6　**ア　マイクは自転車でサッカーの練習に行っているときに転んで，病院に運ばれた。**

イ　マイクは，最後のトーナメントでサッカーができないと聞いてとてもショックを受けた。

ウ　マイクは，彼の父親が小さな子どもたちによってプレーされるサッカーの試合について彼に伝えたときにわくわくした。

エ　ジョンが試合終了前に彼のチームメンバーに話しかけたので，マイクは驚いた。

オ　マイクは彼が幼かった日々を思い出し，再びサッカーを練習したかったができなかった。

7　F：トーナメントはどうだったかい？　M：僕はプレーできなかったけれど，充実感を覚えたよ。お父さん，僕たちは小さな子どもたちによってプレーされるサッカーの試合を見たよ。それを覚えている？　あの日は僕にとって特別な日だったんだ。　F：どういう意味だい？　M：僕が脚を骨折する前は，活躍して試合に勝つためだけにサッカーをしていたんだ。**僕がジョンに会った後，僕はサッカーを楽しむことが大切だと思い出したよ**。　F：お前は彼から大切なことを学んだんだね？　M：うん。ジョンは僕の小さな先生だよ。

令和２年度　鹿児島県公立高校入試問題　社会

正答例

1　Ⅰ　1　ヒマラヤ山脈

2　本初子午線（漢字５字）

3　ウ　　4　焼畑農業　　5　イ

6(1)　低い賃金で労働者を雇うことができ，費用を安くおさえた製品を生産できるから。

(2)　主な輸出品目が農産物や工業の原料から工業製品に変わり，輸出総額が増加した。

Ⅱ　1　シラス台地　　2　岐阜県　　3　い

4　大消費地に短い時間で輸送する

5　日本のエネルギー自給率を高めることができると考えられるから。

6　イがさいたま市である。理由は，昼間は通勤や通学で東京などへ人が移動していて，夜間人口に比べ昼間人口が少なくなると考えられるからである。

Ⅲ　X　経路あ　　経路い

Y　経路いは浸水予想地域の外に出るまでの距離が短く，河川の近くを通らずに避難することができる（完答）

2　Ⅰ　1　万葉集　　2　イ　　3　ア

4　イスラム商人が仲介していたために価格が高かったアジアの特産物を直接手に入れるため。

5　ウ　　6　B→A→C→D

Ⅱ　1　①　西南（漢字指定）　　②　沖縄

2　王政復古の大号令　　3　ウ→ア→エ

4　イ

5　労働者の賃金は上昇したが，それ以上に物価も上昇したため。

6　エ

Ⅲ　失業率を減らすために，ダムを建設するなどの公共事業を行った（29字）

3　Ⅰ　1　条例　　2　ウ

3　衆議院のほうが任期が短く解散もあるため，国民の意思をより反映すると考えられるから。

4　エ　　5　国際司法裁判所

6　これまで二酸化炭素を多く排出して地球温暖化の原因を作ったのは先進国だから，まず先進国が排出削減を行うべきである。

Ⅱ　1　ＡＰＥＣ（アルファベット指定）

2　イ　　3　ウ　　4　株式や債券を発行

5(1)　財政　　(2)　累進課税

Ⅲ　X　消費者庁

Y　不正な取引や製品等の事故といった消費

者トラブルが減少し，消費者が主役となる

(37字)（完答）

配　点

1	Ⅱ6　Ⅲ　3点×2		他　2点×12	計30点
2	Ⅰ4，5　Ⅲ　3点×3		他　2点×11	計31点
3	Ⅲ　4点	Ⅰ6　3点	他　2点×11	計29点

解　説

1　**＜地理総合＞**

Ⅰ　A－イギリス，B－中国，C－ニュージーランド，D－メキシコ。

1　ヒマラヤ山脈は，ヨーロッパのアルプス山脈からインドネシア東部までのびる**アルプス・ヒマラヤ造山帯**に属している。もう一つの造山帯は，太平洋を取り囲むように山脈や島々が連なる**環太平洋造山帯**。

2　本初子午線はイギリスのロンドンを通る０度の経線で，本初子午線より東を**東経**，西を**西経**という。

3　ウ－C国のニュージーランドのマオリと同じように，オーストラリアの先住民である**アボリジニ**の文化も尊重されてきており，オーストラリアではそれぞれの民族を尊重する**多文化社会**（**多文化主義**）を築こうとしている。ア－A国のイギリスは**西岸海洋性気候**であり，**暖流の北大西洋海流**と**偏西風**のため，緯度が高くても比較的温暖であり，降水量は年間を通して少ない，イ－B国の中国では南部を中心に，同じ作物を１年に２回栽培する二期作が盛んである，エ－D国のメキシコでは，フランス語ではなく，スペイン語を使用する人々の数が最も多い。

4　ブラジルのアマゾン川流域では，開発や牧場，畑などのために，森林を大規模に伐採して切り開いている。これが進行すると，自然が持つ生物多様性が失われるなどの環境破壊にもつながってくるので，経済の発展と環境の保護を両立し，**持続可能な開発**を進めていくことが課題である。

5　一般的に気候帯は，赤道付近から南北に，熱帯→乾燥帯→温帯→冷帯→寒帯と分布している。ウ－冷帯や寒帯などが含まれていることから，高緯度まで大陸が広がっている北アメリカ大陸。ア－熱帯の割合がイよりも低く，乾燥帯の割合が高いことから，大陸の大部分が乾燥帯であるオーストラリア大陸。イ－熱帯の割合がア・ウよりも高く，乾燥帯の割合も高いことから，世界最大の**サハラ砂漠**があり，大陸を赤道が通過するアフリカ大陸。

6(1)　**資料２**から，タイとマレーシアの月額平均賃金が安いので，製品生産のコストが安くなることを考えることが必要である。

(2)　**資料３**から，2013年の両国の輸出品目に機械類や石油製品などの工業製品が見られ，輸出総額も1982年から大幅に増加していることが分かる。

Ⅱ　ⓐ－仙台市，ⓘ－金沢市，ⓤ－高知市。

1　シラス台地は土地がやせていて水はけがいいため，稲作に適さず，畑作や畜産などが盛んである。

2　白川郷では，冬の積雪が多く，屋根から雪が落ちやすい三角屋根の合掌造りの集落が見られる。

3　X－冬の降水量が多いことから，北西の季節風による積雪が多いⓘの金沢市，Y－夏の降水量が多いことから，太平洋に面するⓤの高知市，Z－冬の気温が他の都市よりも低いことから，ⓐの仙台市。

4　略地図中の  で示された４県は，群馬県・栃木県・茨城県・千葉県であり，東京都周辺に位置していることに着目する。これらの県では，大都市近郊に位置するので，新鮮な野菜や果物を出荷することができる**近郊農業**が行われている。

5　**資料１**から，日本のエネルギー自給率は他国に比べてとても低く，メタンハイドレートの実用化によって，エネルギー自給率が上がることが考えられる。

6　さいたま市のある埼玉県が東京都に隣接していることから，昼間は東京都などへ人口が流出していると考えられる。よって，**資料２のイ**がさいたま市。**ア**は九州の中心都市である福岡市。

Ⅲ　**資料**は**防災マップ**（**ハザードマップ**）である。**資料**中の２つの避難経路について，この場合，浸水予想地域を通る距離が短く，水位が増し，氾濫が予想される河川のそばを通るリスクを避ける**経路ⓘ**が適切。

2　**＜歴史総合＞**

Ⅰ1　「万葉集」がまとめられた奈良時代には，神話や伝承，記録などを基にした歴史書の「**古事記**」と「**日本書紀**」，地方の国ごとに，自然，産物，伝説などを記した「**風土記**」もまとめられた。

2　イ－710年であり，唐の法律にならった**大宝律令**をもとに，全国を支配する仕組みが定められた。ア－文永の役は1274年，弘安の役は1281年（13世紀）であり，この二度にわたる元軍の襲来を**元寇**という，ウ－1404年（15世紀）であり，勘合貿易（日明貿易）は，正式な貿易船に，明から与えられた勘合という証明書を持たせ，朝貢の形で始められた，エ－239年（３世紀）であり，卑弥呼は魏の皇帝から「親魏倭王」という称号と金印を授けられたとされている。

3　ア－平等院鳳凰堂であり，藤原頼通によって建てられた。また，摂関政治は藤原道長とその子の頼通のころに最も安定して行われた。イ－弥勒菩薩像であり，日本で最初の仏教文化である**飛鳥文化**を代表するものの一つ，ウ－**足利義満**が京都の北山の別荘に建てた金閣であり，**北山文化**を代表するものの一つ，エ－**運慶**によって制作された金剛力士像であり，鎌倉文化を代表するものの一つ。

4　15世紀後半に**大航海時代**が始まり，ヨーロッパ人の目的は，キリスト教を世界に広めることと，アジアの特産，特に香辛料を直接手に入れること。

5X　御成敗式目は，鎌倉時代に執権の北条泰時が武士の裁判の基準を定めた制度。

Ｙ　徳川綱吉は，極端な動物愛護政策である生類憐みの令を出した。８代将軍徳川吉宗は**享保の改革**を行い，武士に質素・倹約を命じ，上げ米の制や**公事方御定書**という裁判の基準になる法律などを定め，庶民の意見を聞く目安箱を設置した。

６　Ｂ－奈良時代であり，鑑真は奈良に唐招提寺を建てた→Ａ－平安時代であり，最澄は805年に中国から帰国し，比叡山の延暦寺で天台宗を開いた→Ｃ－平安時代であり，菅原道真は唐のおとろえと往復の危険を理由に遣唐使の派遣の停止を進言し，894年に遣唐使の派遣が停止された→Ｄ－足利尊氏は1338年に征夷大将軍に任命されて室町幕府を開いた。

Ⅱ１①　**西郷隆盛**を中心として鹿児島の士族などがおこした西南戦争は，士族の反乱の中で最も大規模なものだった。

②　沖縄が日本に復帰した後も，今なお，沖縄島の面積の約19％がアメリカ軍施設であり，それに起因する事故，公害，犯罪などが問題となっている。

２　**大政奉還**は，幕府から朝廷に政権を返すことであり，このことにより，江戸幕府は滅びた。

３　1868年→1874年→1889年。普通選挙法の成立は1925年。

４　1858年の日米修好通商条約によって結ばれた不平等条約のうち，領事裁判権（治外法権）は1894年に**陸奥宗光**によって撤廃され，日本で罪を犯した外国人を日本の法律で裁くことができるようになった。関税自主権は1911年に**小村寿太郎**によって完全回復し，輸出入品に対して自由に関税を決めることができるようになった。

５　**資料２**中の物価を示すグラフと賃金を示すグラフの開きが年々大きくなっている点に着目する。

６　エ－1989年であり，アメリカのブッシュ大統領とソ連のゴルバチョフ書記長が地中海のマルタ島で会談し，冷戦の終結を宣言した。年表中に，翌年の1990年に東西ドイツが統一したことにも着目する。ア－1955年，イ－1993年，ウ－1949年。

Ⅲ　世界恐慌に対して，イギリスやフランスなどは植民地との関係を密接にし，それ以外の国の商品の関税を高くする**ブロック経済**という政策を採った。一方でソ連は五か年計画をたてるなど，独自の経済政策を採っていたため，世界恐慌の影響を受けなかった。

３　＜公民総合＞

Ⅰ２　ア－国会の仕事であり，憲法改正原案が，衆議院と参議院の総議員の３分の２以上の賛成で可決されると，国会は国民に対して憲法改正の発議をする，イ－国会の仕事であり，参議院が，衆議院と異なった議決をし，両院協議会でも意見が一致しないときは，**衆議院の優越**によって，衆議院の議決が国会の議決となる，エ－国会の仕事であり，裁判官としてふさわしくない行為をしたりした裁判官をやめさせるかどうかを判断するための裁判所。

３　国会は，参議院と衆議院の**二院制**であり，参議院が置かれているのは，国民のさまざまな意見を広く国会に反映させることができ，衆議院の行きすぎをおさえることができるからである。

４　エ－国や地方では**情報公開制度**が設けられ，人々の請求に応じて持っている情報を開示している。新しい人権は，ウのプライバシーの権利以外にも，**環境権**や**自己決定権**などがある。ア－人間らしい豊かな生活を保障する権利であり，生存権・教育を受ける権利・勤労の権利・労働基本権などが含まれる，イ－国民が政治に参加する権利であり，選挙権や被選挙権，憲法改正の国民投票権や最高裁判所裁判官の国民審査権なども含まれる。

５　オランダのハーグに本部がある国連の機関。

６　**資料４**から，約150年もの間，二酸化炭素の累積排出量の割合をほぼ占めているのは先進国であるにもかかわらず，**資料３**の先進国も発展途上国もすべての国が排出削減を行うべきという意見は，発展途上国の立場から見れば公正さに欠けており，対立が生じたと考えられる。

Ⅱ１　国家間の経済協力について，1967年に**東南アジア諸国連合**（ＡＳＥＡＮ），1993年に**ヨーロッパ連合**（ＥＵ），1994年に北米自由貿易協定（ＮＡＦＴＡ）が発足し，特定の地域で協調や協力を強めようとする動きである地域主義が世界各国で強くなっている。

２　ア－社会保険ではなく公的扶助，ウ－公衆衛生ではなく社会保険，エ－公的扶助ではなく公衆衛生。

３Ｘ　**資料１**から，低下していることが分かる。

Ｙ　経済成長率は国内総生産の増加率なので，**資料１**から０％よりもマイナスになっておらず，増加傾向にあるといえる。

４　間接金融は，銀行などを通じて資金を集めること。資金を集める借り手は銀行に対して，借り入れた金額（元金）を期限内に返済するだけでなく，一定期間ごとに**利子**（利息）を支払わなければならない。元金に対する利子の比率を**金利**（利子率，利率）という。銀行は貸し出し先から利子を取り（貸し出し金利），預金者には利子を支払う（預金金利）。貸し出し金利は預金金利を上回り，その差が銀行の収入となる。

５(2)　所得税に対して，消費税などの間接税は，その人の所得に関係なく，同じ金額の商品を購入したら同じ金額の税金を負担しなければならない。この場合，所得の低い人ほど所得にしめる税負担の割合が高くなる傾向（逆進性）がある。

Ⅲ　**資料２**から，消費者が行動をおこさなかった結果，消費者トラブルが続いているので，それをなくすためにも，**資料１**から，**自立した消費者**としての行動が必要であるということが読み取れる。

令和２年度　鹿児島県公立高校入試問題　数学

正答例

[1] 1 (1)　8　　(2)　2　　(3)　$4\sqrt{3}$
(4)　エ　　(5)　ア

2　$(y=)-\dfrac{6}{x}$　　3　3，4，5

4　4　　5　イ，ウ，キ

[2] 1　22(度)

2　$\dfrac{3}{8}$

3　$(x=)\ 2\pm\sqrt{3}$

4

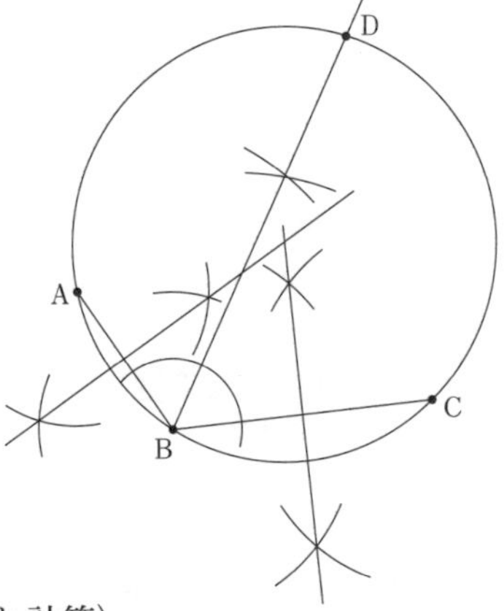

5　(式と計算)

$$\begin{cases} x+y=50 & \cdots① \\ \dfrac{x}{2}+\dfrac{y}{3}=23 & \cdots② \end{cases}$$

①×2　　$2x+2y=100$
②×6　$-)\ 3x+2y=138$
　　　$-x\quad=-38$
　　　$x=38$　…③

③を①に代入すると
$38+y=50$
$y=12$

答　(Aさんが最初に持っていた鉛筆)　38(本)
　　(Bさんが最初に持っていた鉛筆)　12(本)

[3] 1　60.6(点)

2 (1) ア　③　　イ　①
(2)　59.3(点)

3　51(点)

[4] 1　ア　10　　イ　$30\sqrt{3}$

2　(証明)
∠ACB＝∠aとする。
△OACは二等辺三角形であるから，
∠OCA＝∠OAC＝∠a
∠AOBは△OACの外角であるから，
∠AOB＝∠OCA＋∠OAC＝2∠a
したがって，∠AOB＝2∠ACB
すなわち，∠ACB＝$\dfrac{1}{2}$∠AOB

3 (1)　120(度)，$(t=)\ 5$
(2)　$675\sqrt{3}$ (m^2)

[5] 1　Q(2，2)

2　$(t=)\dfrac{3}{2}$

3 (1)　R(1，−1)
(2)　(求め方や計算)
(1)より，$t=1$であるから，Q$\left(1,\ \dfrac{1}{2}\right)$，
R(1，−1)である。よって，QR＝$\dfrac{3}{2}$
直線TRの方程式は，$y=-x$であるから，
直線TRと関数①のグラフとの交点のx座標は，
$\dfrac{1}{2}x^2=-x$，$x(x+2)=0$より，
$x=0$，$x=-2$
Tのx座標は　$x=-2$
よって，T(−2，2)
これより　TR＝$\sqrt{3^2+3^2}=3\sqrt{2}$
点Qから辺TRへ垂線QHをひくと
△QHRは∠HRQ＝45°の直角二等辺三角形となるので，
QH：QR＝1：$\sqrt{2}$
QH：$\dfrac{3}{2}$＝1：$\sqrt{2}$
これより　QH＝$\dfrac{3}{2\sqrt{2}}$
求める体積は
$\dfrac{1}{3}\times QH^2\times\pi\times TH+\dfrac{1}{3}\times QH^2\times\pi\times HR$
$=\dfrac{1}{3}\times QH^2\times\pi\times(TH+HR)$
$=\dfrac{1}{3}\times QH^2\times\pi\times TR$
$=\dfrac{1}{3}\times\dfrac{9}{8}\pi\times3\sqrt{2}=\dfrac{9\sqrt{2}}{8}\pi$

答　$\dfrac{9\sqrt{2}}{8}\pi$

配点

[1]	3点×9	計27点
[2]	1，2，3　3点×3　　4，5　4点×2	計17点
[3]	1，2(2)，3　3点×3　　2(1)　4点	計13点
[4]	1，3(1)　3点×3　　2，3(2)　4点×2	計17点
[5]	1，2　3点×2　　3(1)　4点　　3(2)　6点	計16点

解説

[1] <計算問題・小問集合>

1 (1)　×と÷の計算を，＋と−の計算より先にする。
$8\div4+6=2+6=8$

(2)　×と÷の計算を，＋と−の計算より先にする。また，約分を忘れない。
$\dfrac{1}{2}+\dfrac{9}{10}\times\dfrac{5}{3}=\dfrac{1}{2}+\dfrac{3}{2}=\dfrac{4}{2}=2$

(3)　根号の中を最も簡単な数にしていく。また，分母に根号がある場合は整理する。
$2\sqrt{3}+\sqrt{27}-\dfrac{3}{\sqrt{3}}$
$=2\sqrt{3}+3\sqrt{3}-\dfrac{3\times\sqrt{3}}{\sqrt{3}\times\sqrt{3}}$
$=5\sqrt{3}-\dfrac{3\sqrt{3}}{3}$
$=5\sqrt{3}-\sqrt{3}=4\sqrt{3}$

(4)　2数の積について，符号が同じ場合は正の数，異なる場合は負の数になる。$ab<0$より，aとbの符号は異なるから，イかエのいずれか。また，$abc>0$より，abとcの符号は同じ。abは負の数だから，cは負の数。つまり，エが正しい。

(5)　投影図において，正面から見た図を**立面図**，真上から見た図を**平面図**という。ア，イにおいて見えない線は破線で示すから，アが正しい。

2　**反比例だから，ｘｙ＝一定**が成り立つ。
$x=2$，$y=-3$ を代入すると，
$xy=2\times(-3)=-6$
$xy=-6$，$y=-\dfrac{6}{x}$

3　$2^2=\sqrt{4}$，$3^2=\sqrt{9}$ より，$2<\sqrt{7}<3$
また，$5^2=\sqrt{25}$，$6^2=\sqrt{36}$ より，$5<\sqrt{31}<6$
$\sqrt{7}$ より大きい数の中で最も小さい整数は3
$\sqrt{31}$ より小さい数の中で最も大きい整数は5
よって，この範囲にある数は3，4，5

4　1から6までの6つの数を1つのグループと考えると，100÷6＝16あまり4より，100番目の数は，17番目のグループの4つ目の数，つまり4である。

5　それぞれを1.5倍すると，次の表の通り。

	山名〈山頂名〉	標高	1.5倍
ア	紫尾山	1067	1600.5
イ	霧島山〈韓国岳〉	1700	2550
ウ	霧島山〈新燃岳〉	1421	2131.5
エ	御岳	1117	1675.5
オ	高隈山〈大篦柄岳〉	1236	1854
カ	高隈山〈御岳〉	1182	1773
キ	永田岳	1886	2829

※宮之浦岳の標高を1.5で割った値とそれぞれの標高を比較してもよい。1936÷1.5＝1290.6…
この値を標高が上回るのは，**イ**，**ウ**，**キ**の3つ。

2 ＜関数・確率・作図・証明・方程式＞

1　ＡＢ＝ＡＣより，
$\angle ACB=(180^\circ-42^\circ)\div2=138^\circ\div2=69^\circ$
下図において，$\angle y=180^\circ-47^\circ-69^\circ=64^\circ$
平行線の錯角は等しいから，
$\angle y=\angle x+42^\circ$，$64^\circ=\angle x+42^\circ$，$\angle x=22^\circ$

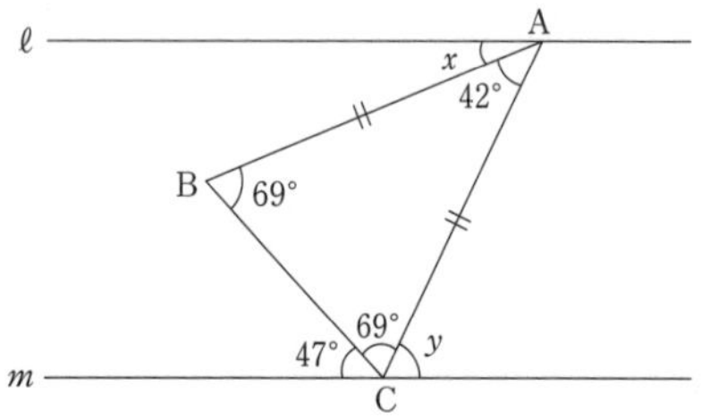

2　右の図のような樹形図をかいて考えると，すべての場合は8通りあり，そのうち，200ポイントになる場合は3通りある。
よって，ちょうど200ポイントもらえる確率は $\dfrac{3}{8}$

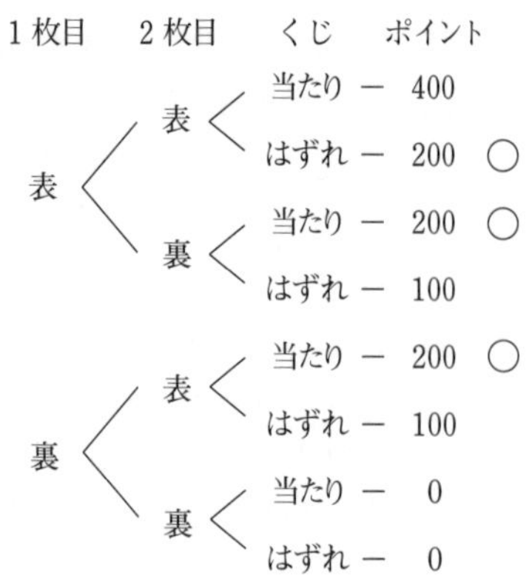

3　**比例式の内側の項の積と外側の項の積は等しい**ので，
$x^2=4x-1$，$x^2-4x+1=0$
解の公式$\left(x=\dfrac{-b\pm\sqrt{b^2-4ac}}{2a}\right)$より，
$x=\dfrac{4\pm\sqrt{(-4)^2-4\times1\times1}}{2}$
$=\dfrac{4\pm\sqrt{12}}{2}$
$=\dfrac{4\pm2\sqrt{3}}{2}$
$=2\pm\sqrt{3}$

4　①3点Ａ，Ｂ，Ｃを通る円を作図する。
線分ＡＢ，ＢＣ，ＡＣのいずれか2本の線分の垂直二等分線の交点を中心とする，点Ａ，Ｂ，Ｃを通る円を作図する。
②∠ＡＢＤ＝∠ＣＢＤ，つまり，∠ＡＢＣの二等分線を作図する。
③①と②の交点をＤとする。

5　本数の合計が50本の場合と23本の場合の2通りの式をつくり，連立方程式を解く。

3 ＜資料の整理＞

1　**平均値＝$\dfrac{\text{(各階級の階級値×度数)の和}}{\text{総度数}}$**
Ｂ組，Ｃ組それぞれに，(各階級の階級値×度数)の和を求めると，
Ｂ組は，54.0×20＝1080　Ｃ組は，65.0×30＝1950
Ｂ組とＣ組の人数の合計は，20＋30＝50(人)
平均値は，$\dfrac{1080+1950}{50}=\dfrac{3030}{50}=60.6$(人)
※ＢとＣの平均値の真ん中の値(59.5)を平均値としないこと。(ＢとＣは度数が異なる)

2(1)　**ア**…総度数が30となるのはＡ組とＣ組で，ヒストグラムの総度数が30となるのは③のみ。
イ…**中央値(メジアン)**…調べようとする資料の値を大きさの順に並べたときの中央の値で，資料の総数が偶数のときは，中央にある2つの数の平均値を中央値とする。
総数が20で偶数なので，小さい方から10番目と11番目の値をみると，①では，60点以70点未満の階級に含まれ，また，**表**の中央値とも対応しているから，①が正しい。
②は，10番目が40点以上50点未満，11番目が50点以上60点未満に含まれるので，Ｂ組を表している。

(2)　階級値を用いて平均値を求める。
$\dfrac{35\times4+45\times6+55\times5+65\times6+75\times6+85\times3}{30}$
$=\dfrac{140+270+275+390+450+255}{30}$
$=\dfrac{1780}{30}=59.33\cdots$ より，59.3点

3　Ｂ組の10番目の生徒の点数をx点とすると，11番目の生徒の点数は，$x-4$(点)
Ｂ組の中央値は，この2人の点数の平均値だから，
$\dfrac{x+(x-4)}{2}=49.0$ が成り立つ。
これを解くと，$2x-4=98$，$2x=102$，$x=51$
また，$51-4=47$
よって，10番目は51点，11番目は47点
ここに欠席した生徒を加えて11番目の値がＢ組のテ

ストの点数の中央値となる。欠席した生徒の得点は76点で，欠席した生徒を加える以前の10番目，11番目の得点よりも高いので，欠席した生徒を加える前の10番目の得点が，欠席した生徒を加えた21人の中央値となる。よって，このときの中央値は51点

4 **<平面図形>**

1 **ア**…円の中心と36個の点をそれぞれ結ぶと，円の中心角は36等分される。

よって，

$\angle \mathrm{XOY}=\dfrac{360}{36}$

$=10$(度)

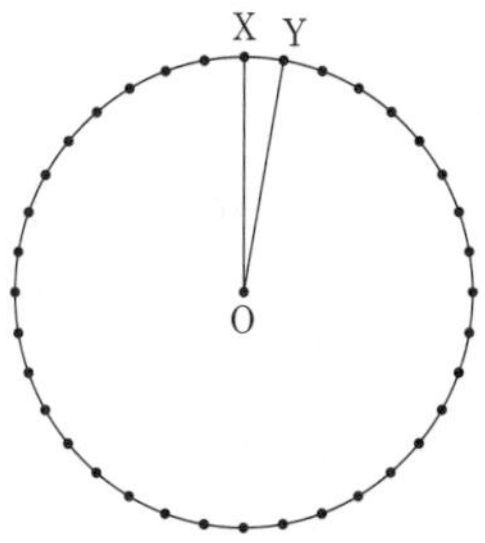

イ…1周が15分。

$\dfrac{5}{15}=\dfrac{1}{3}$より，

5分では円周の$\dfrac{1}{3}$だけ，つまり，

$360^\circ\times\dfrac{1}{3}=120^\circ$

移動することになる。このことから，

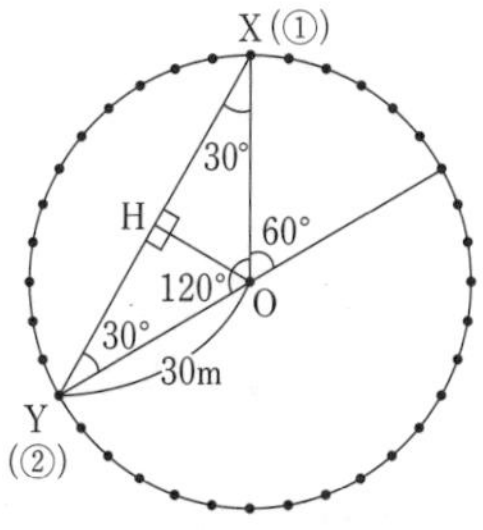

ゴンドラ①，ゴンドラ②の位置関係を見ると，上の図のようになる。

図より，2点間の距離は，頂角が120°の二等辺三角形の底辺にあたり，頂角から底辺に対して頂角の二等分線をひくと，角の大きさが30°，60°，90°の2つの合同な三角形に分けられる。

直径が60mだから，この三角形の斜辺は30m

30°，60°，90°の三角形の辺の関係より，

$\mathrm{XH}=\dfrac{\sqrt{3}}{2}\times30=15\sqrt{3}$(m)

2点間の距離は，$15\sqrt{3}\times2=30\sqrt{3}$(m)

2 図形の性質としてわかっていることを図の中にかきこんでいくことで手がかりを探っていく。

△OACに着目すると，△OACは二等辺三角形で，OA＝OC，∠OAC＝∠OCAであることと，∠AOBが△OACの外角であることがわかる。

3(1) **1のイ**より，∠QOP＝120°

また，QRは円Oの直径となるから，

∠POR＝180°－∠QOP＝60°

さらに，OP＝ORより，**△ORPは正三角形**。ここで，QRとP′R′が平行になるには，錯角である∠R′OQと∠P′R′Oが等しくなればよい。

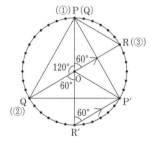

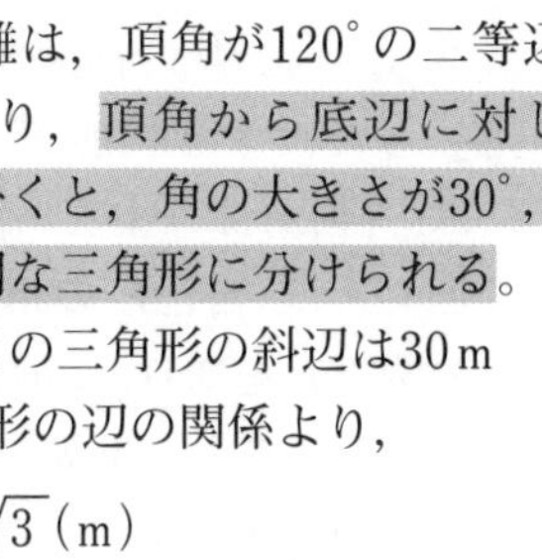

このとき，図は上のようになり，∠POP′＝120°

また，120°移動するのにかかる時間は5分だから，

$t=5$

(2) (1)の図のように，円周角の性質から，

∠PP′Q＝∠PQP′＝∠P′PQ

$=\dfrac{1}{2}\times120^\circ=60^\circ$より，**△PP′Qは正三角形**になり，

1のイより，1辺は$30\sqrt{3}$m，また，高さは45m

$\triangle \mathrm{PP'Q}=\dfrac{1}{2}\times30\sqrt{3}\times45=675\sqrt{3}$($\mathrm{m}^2$)

5 **<関数>**

1 点Qは，点Pを通りx軸に垂直な直線上にあるから，点Pとx座標が等しい。つまり，点Qのx座標はtである。また，Qは関数①のグラフ上の点だから，y座標は，$\dfrac{1}{2}t^2$となる。Q$\left(t,\ \dfrac{1}{2}t^2\right)$

これに$t=2$を代入すると，

x座標は2，y座標は，$\dfrac{1}{2}\times2^2=2$

よって，Qの座標は，(2，2)

2 1と同様に，点Rの座標をtを用いて表すと，

R$(t,\ -t^2)$

$\mathrm{QR}=\mathrm{QP}+\mathrm{PR}$

$=\dfrac{1}{2}t^2+t^2$

$=\dfrac{3}{2}t^2$

これが$\dfrac{27}{8}$となるから，

$\dfrac{3}{2}t^2=\dfrac{27}{8}$

$t^2=\dfrac{9}{4}$

$t=\pm\dfrac{3}{2}$

$t>0$より，$t=\dfrac{3}{2}$

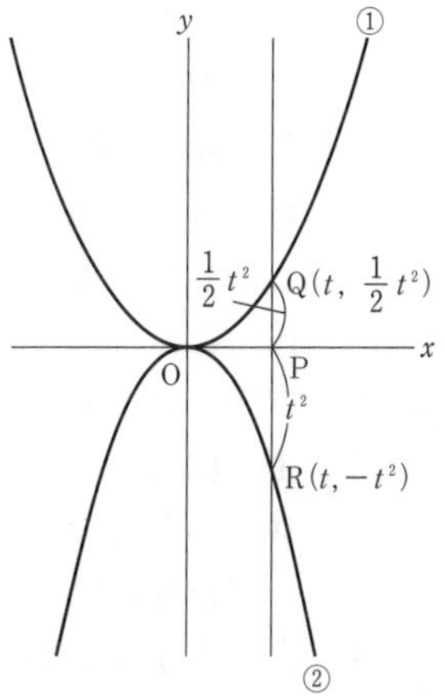

3(1) x軸と平行な直線上にあることから，この直線はy軸に対して垂直で，点Sは，点Rとy軸について対称な点となる。

y軸と直線SRが垂直であること，△OSRが直角二等辺三角形であることから，下図において，△AROも直角二等辺三角形となり，AR＝AO

つまり，点Rは関数②のグラフ上の点であるから，$t=t^2$が成り立つ。これを解くと，

$t^2-t=0$，$t(t-1)=0$，$t=0$，1

$t>0$より，$t=1$　また，$-t^2$に$t=1$を代入し，-1　R(1，-1)

(2) 下の図より，△QTRにおいて，線分TRを底辺とするときの高さQHを求めると，回転体を，QHを底面の半径とする2つの円すいに分けることができる。

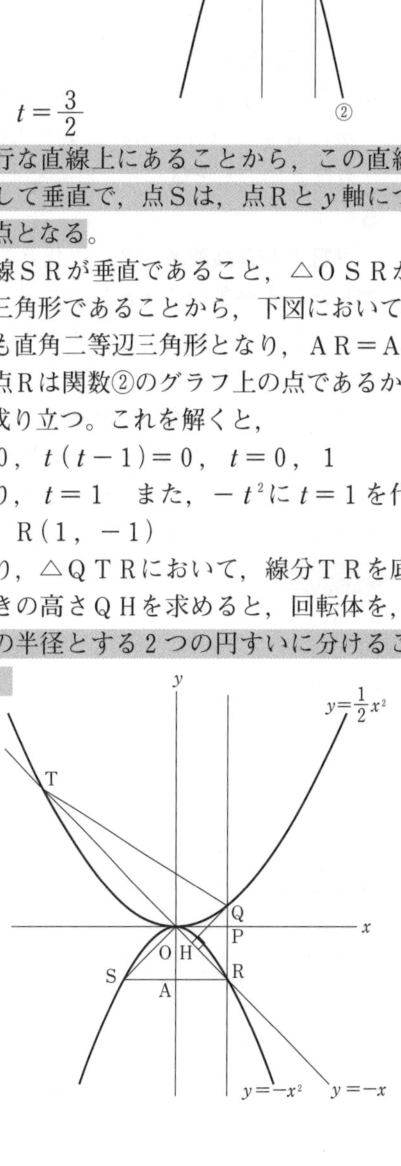

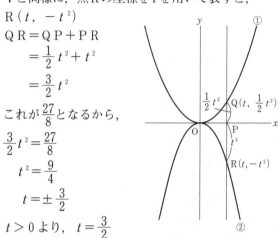

平成31年度　鹿児島県公立高校入試問題　国　語

正答例

1
1 (1) 似（た）　(2) 批評
(3) 混雑　(4) いちじる（しい）
(5) つ（く）　(6) しゅうそく
2 ア

2
1 ウ
2 Ⅰ 驚異に満ち，知る喜びにあふれている
Ⅱ 未知の世界を知りたい
3 イ
4 勉強や読書をすることで，自分を相対化するための新しい視線を得て，他者との関係や世界のなかで自分が存在する意味を考え直すこと。
5 D

3
1 とおりあわせ　2 ウ
3 Ⅰ 舞ふ
Ⅱ 茄子が枯れる
Ⅲ この言葉も茄子が成長しないことを連想させて不吉だ
Ⅳ エ

4
1 ウ　2 エ
3 Ⅰ 納得
Ⅱ わからないことがすごいことだと言われて意外に思う
4 自然を守ることが正しいかどうかではなく，自然に対する自分の素直な気持ちに従って行動すればよいのだと気づき，気が楽になったから。
5 イ

5
　資料１から高齢者は若い世代との交流に参加したい人が多いことが分かるが、資料２にあるように、70歳以上は「タメロ」「ガチ」などの若者言葉を聞いたことがない割合が高い。
　このことから、私は、高齢者とコミュニケーションをとる際は、あまり耳慣れないような言葉を使わずに、どんな人でも分かる言葉で話すことを心がけたいと考える。

配　点

1	1　2点×6　　2　2点	計14点
2	1　3点　　2　Ⅰ　3点　　Ⅱ　4点　　3　4点	
	4　7点　　5　5点	計26点
3	1　2点　　2　3点	
	3　Ⅰ，Ⅱ，Ⅳ　3点×3　　Ⅲ　4点	計18点
4	1　3点　　2　2点　　3　Ⅰ　2点　　Ⅱ　4点	
	4　7点　　5　5点	計23点
5	9点	

解　説

1 ＜漢字＞
　書き取りは，続け字にならないように楷書で一画一画丁寧に書くこと。
2 「風」の五画目と六画目，七画目と八画目に点画の連続が見られる。また，行書は筆脈を意識して書かれるので**ア**が適当。「風」には点画の省略は見られないので**イ**は誤り。また，**ウ**と**エ**は行書の特徴にあてはまらないのでそれぞれ誤りである。

2 ＜論説文＞
1 **ウ**は，終止形が「かわいい」で，言い切りの形が「い」で終わるので**形容詞**。**ア**・**イ**・**エ**は，用言を修飾するので**副詞**である。
2 Ⅰ 空欄の前に「**知らなかった世界は**」とあり，本文中に「自分がこれまで**知らなかった世界が**」とある。「**十七字**」が最大のヒント。
Ⅱ 空欄の後の「という思いにつながる」に着目すると，「**知ることに対する敬意，リスペクトの思いにつながる**」とある。この抽象的な表現を言い換えることが必要。
3 「〈 a 〉を知ることによって初めて〈 b 〉というものへの意識が芽生える」は，その前の「〈**他者**〉を知ることが，すなわち**自分という存在**を意識する最初の経験となる」の言い換えであることに気づくと， a には〈他者〉， b には〈自己〉があてはまる。また，後に「自分を外から見る」とあり，「**自分**」＝〈**自己**〉，「**外**」＝〈**他者**〉なので，**c**は〈他者〉，**d**は〈自己〉があてはまる。
4 「**ひとりよがりの自分**」とは，「自分が絶対」だと思ったり，「世界は自分のために回っているような錯覚を持」ったりする状態である。その状況を「抜け出す」には，「自分は〈まだ〉何も知らない存在なのだと知ること」＝「〈**自己**〉**の相対化**」によって，「相手と自分との関係」を知り，「世界の中での自分が存在する意味を考える」ことが必要なのである。そして筆者は，「〈自己〉の相対化」をするために，「**勉強をし，読書をする**」と述べている。この内容を踏まえてまとめる。
5 まず，筆者の学ぶことに対する考えをおさえる。筆者は，学ぶこと（勉強や読書をすること）は「知識を広げる」ことだけではなく，「**自分を客観的に眺めるための，新しい場所（＝視線）を獲得する**」ことが大切だと述べている。また，学ぶことで「**自分は〈まだ〉何も知らない存在なのだと知ること**」が大切だとも述べている。**A**は，「知識の量を増や」すことは前述の筆者の考え方とは合わないので不適。**B**は，「実際に見たり経験したりすること」に関して述べていないので不適。また**C**と**D**は，どちらも自分が今まで知らなかったことがあることを自覚しているが，**D**では「**身近な施設をバリアフリーの視線から見直し**」とあり，この点が「新しい視線を獲得する」という筆者の考えに，よりふさわしいので**D**が答えとなる。

3 ＜古文＞
（**口語訳**）一般に，茄子が枯れることを，農民はみな，舞うという。和泉でのことであるが，道のかたわらで茄子を植えている人がいた。いかにも下手そうな舞々が①とおりかかり，（舞々が）見れば，大きな徳利に杯が添えて

あった。(舞々は)②少し酒を飲ませてもらいたいと思ったのであろうか，畑に立ち寄って，「それでは一曲舞いましょう」と言う。農民は，門出が悪いとひどく腹を立てたけれど，(舞々は) なんやかんやと頼みこみ，(農民は) 酒を飲ませたが，(舞々は) 立ち行きざまに，「さきほどの立腹はお互い根も葉もおりません」と言った。

1　語頭以外の**ハ行**は**ワ行**に直す。

2　——線部②の「これ」とは，前の**「徳利」に入っている酒**のことである。よって**ウ**が適当。ちなみに，「なん（なむ）」は係助詞なので，係り結びの法則に従って文末の「けん（けむ）」は連体形となっている。

3ⅠⅡ　本文一行目に「茄子の枯るるをば，百姓（農民）みな，舞ふといふなり」とある。「舞ふ」という言葉を「茄子が枯れる」という意味にとったため，舞々の「さらばひとふし舞はん」という言葉に怒ったのである。

Ⅲ　農民は，舞々の「舞ふ」という言葉から「茄子が枯れる」という不吉なことを連想させられた上に，「根も葉もおりない」という言葉から「茄子の根も葉もおりない（＝成長しない)」と連想させられている。このことに「さらに腹が立ったのではないか」と**生徒C**は感じている。言葉の認識の違いですれ違っていく舞々と農民のやり取りがおもしろい。

Ⅳ　**生徒A**は，**生徒C**とは違い，「根も葉もおりない」という舞々の言葉に，農民が「**あきれたのではないか**」と感じている。舞々は「舞ふ」という「茄子が枯れる」ことを連想させることを言い，農民を怒らせたにもかかわらず，再び「根も葉もおりない」と，悪い連想をさせることを言っている。農民がどう感じるかを考えず発言しているので，舞々は「思慮（＝注意深く心を働かせて考えること）が足りない」人物だと考えたのである。

4　**＜小説文＞**

1　本文全体からではなく，══線部a・b・cからうかがえる人物像であることがポイント。══線部a・b・cでは，雄太は自然を守ることは「ぜったいに正しい」「大切なこと」「当たり前なこと」と信じて疑っていない。そのため，「自然」を「あるがままにそのままにしておけばいい」という他の考えを理解できないのである。

2　ホクは，前で自然に対する考えを雄太に話しており，「関西弁じゃない」「おまけに早口だ」から，真剣に発言しているのがわかる。それを「熱くなってるぞ」と長老に指摘されて，恥ずかしくなり，**照れ隠しのために「頭をかいた」のである。**

3Ⅰ　空欄の前が「**長老さんの言葉で，自然に対する彼らの思いは**」となっており，二字ちょうどの字数指定もあるのがヒント。「長老さんの言葉がすとんと胸に落ちた」と本文にあるように，雄太は長老の言葉に「**納得**」したのである。

Ⅱ　雄太が「今まで自分が否定的に考えていた」のは，「**わからないということ**」。それを「すごいこと」だとホクが言い，それを聞いて雄太は**意外に感じた**のである。

4　雄太ははじめ，「自然を守る」ことは「ぜったい正しい」と考えており，そのため「自然なんだからあるがままにそのままにしておけばいい」という意見があることが理解できなかった。しかし，ホクや長老，ユイの話を聞くにつれ，自然に対する考え方がわからなくなっていく。そんなとき，「**自分が素直に感じたこと。それを大切にしていきたい**」というユイの一言が頭をよぎり，「**この山はきれいだと素直に感じた〜すごく楽しい」という気持ちを「大事にすればいいんだ」と気づき，気持ちが楽になった**ので，「スコンと寝入っ」たのである。

5　長老は「おい，ホク，熱くなってるぞ」「おいおい〜きょとんとした顔してるぞ」から，**雄太がホクとユイの話を理解できていないことに気づいている**。そこで「なあ，雄太〜思わないか？」と，雄太にもわかりやすく，自分たちの自然への思いを話している。また，「**自分なりでいいんじゃないかな**」「**今はその気持ちを大事にすればいいんだ**」と，雄太が自分で考えられるように導いているといえる。**ア**は「自分の決意を積極的に語る」が，**ウ**は「他の人とは異なる意見」「自然についてさらに深く考える必要がある」が，**エ**は「自然を守ることの責任の重さを理解させる」がそれぞれ誤り。

5　**＜作文＞**

高齢者の世代間交流に関する資料と，世代間の言葉の意識に関する資料を踏まえて，高齢者とコミュニケーションを取る際に心がけることについて書く問題である。**資料1**からは，高齢者が若い世代との交流に意欲的であることが読み取れる。**資料2**からは，「タメ口」「ガチ」などの若者言葉を，70歳以上では聞いたことがないという割合が他の世代に比べて高いことが読み取れる。これらを踏まえて考えを書く。

［採点基準の例］

(1)　**読み取ったこと**…4点
　資料1及び**資料2**から読み取れることが明確に書けているかを4段階に評価する。

(2)　**考え**…5点
　資料から読み取ったことを踏まえて，高齢者とコミュニケーションをとる際に心がけたいことについての考えが明確に書けているかを5段階に評価する。

(3)　**表記**…最大減点4点（一か所ごとに減点1）
　①　原稿用紙の使い方の誤り。
　②　誤字脱字，符号の用法の誤り。
　③　用語や文の照応の不適切なもの。
　④　文体の不統一なもの。

(4)　**二段落構成でないもの**…減点2点

(5)　**行数を満たしていないもの**…減点3点

平成31年度　鹿児島県公立高校入試問題　理科

正答例

1　1　イ　　2　記号　エ　　名称　**反射鏡**(完答)
　3　**放射**
　4　**気体Xは水にとけやすく，空気より密度が大きい性質を持つ。**
　5　**風化**　　6　**Aa，aa**(完答)　　7　ウ
　8　①　ア　　②　イ(完答)

2　Ⅰ　1　**中枢**(神経)　　2　D，B，E　　3　ウ
　Ⅱ　1　**水面から水が蒸発するのを防ぐため。**
　　2　**葉の気孔の数は，葉の表側よりも葉の裏側の方が多い。**
　　3(1)　**Cの水の減少量には，茎からの蒸散量がふくまれていることを考えていなかったから。**
　　(2)　**6.5**〔cm^3〕

3　Ⅰ　1　**振動**　　2　ア
　　3(1)　ウ　　(2)　①　イ　　②　ア(完答)
　Ⅱ　1　**8.0**〔Ω〕　　2(1)　**500**〔mA〕　　(2)　ア
　　3　a　**磁界**　　b　**誘導電流**(完答)

4　Ⅰ　1　①　イ　　②　イ(完答)
　　2　リトマス紙　**赤色リトマス紙**
　　　イオンの名称　**水酸化物イオン**(完答)
　　3　$Ba(OH)_2 + H_2SO_4 \rightarrow BaSO_4 + 2H_2O$
　Ⅱ　1(1)　ア，エ(順不同・完答)
　　(2)　**容器のふたを閉めた。**(10文字以内)
　　(3)　**質量保存**
　　2　右図
　　3　80〔%〕

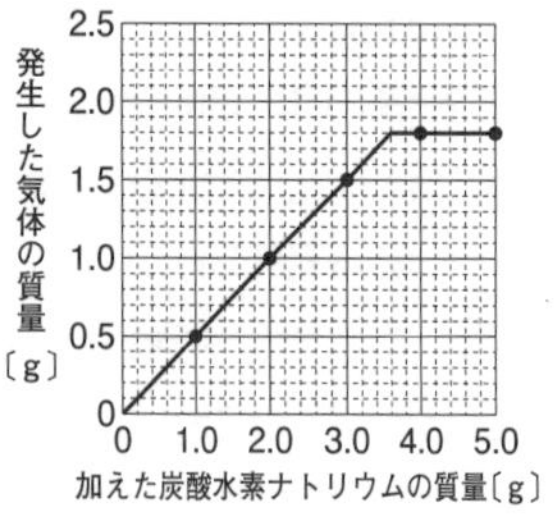

5　Ⅰ　1　イ
　　2　**気温が露点より高くなったから。**
　　3　8
　Ⅱ　1　**地球型惑星**　　2　イ
　　3　ウ　　4　ア

配　点

1	6，8	3点×2	他	2点×6	計18点
2	Ⅰ1，3　Ⅱ1	2点×3	他	3点×4	計18点
3	Ⅰ3(1)　Ⅱ2(1)	3点×2	他	2点×6	計18点
4	Ⅱ2，3	3点×2	他	2点×6	計18点
5	Ⅰ1　Ⅱ1，2	2点×3	他	3点×4	計18点

解　説

1　＜4分野総合＞

1　マグマが地下深いところでゆっくりと冷え固まってできた岩石を**深成岩**といい，マグマが地上や地表付近で急に冷え固まってできた岩石を**火山岩**という。おもな深成岩と火山岩の名称と色の特徴は下表のようになっている。

マグマのねばりけ	弱い	⟷	強い
色	黒っぽい	⟷	白っぽい
火山岩	玄武岩	安山岩	流紋岩
深成岩	はんれい岩	閃緑岩	花こう岩

2　アは接眼レンズ，イは対物レンズ，ウは調節ねじである。顕微鏡を使って観察を行うときは，はじめに対物レンズを一番低倍率のものにして，接眼レンズをのぞきながら，反射鏡を調節して，全体が均一に明るく見えるようにする。

3　熱の伝わり方には，**放射**の他に物質が移動せずに熱が伝わる**伝導**や，気体や液体をあたためるときのように，物質が移動して全体に熱が伝わる**対流**がある。電気エネルギーは比較的簡単に熱エネルギーに変わって移動してしまうため，有効に電気エネルギーを利用するためには，発熱を少なくする工夫が必要である。

4　水上置換法は，水にとけにくい気体を集めるときに用いられ，上方置換法は，水にとけやすく，空気より密度が小さい気体を集めるときに用いられる。

5　地層は，**風化**や**侵食**によってできたれきや砂や泥が，**運搬**されて**堆積**することでできる。

6　丸形の種子をつくる遺伝子の組み合わせはAAまたはAaの組み合わせであり，しわ形の種子をつくる遺伝子の組み合わせはaaである。AAとaaの組み合わせではしわ形の種子ができないので，Aaとaaの組み合わせによってAaとaaの遺伝子を持った種子ができると考えられる。

7　物体が斜面上にあるとき，物体に加わる重力は斜面に垂直な分力と斜面下向きの分力とに分けられる。これらの分力の大きさは斜面の傾きが同じ斜面上では変化しない。

8　**物質の密度〔g/cm^3〕＝$\dfrac{\text{物質の質量〔g〕}}{\text{物質の体積〔cm}^3\text{〕}}$**
　2つの異なる液体が上の層になるか下の層になるかは，その液体の密度によって決まる。密度は同じ体積あたりの質量を比べることで決めることができるので，**図2**より，液体Aの方が密度が大きく，上下の層に分かれたときに下の層になることが分かる。

2　＜動物の生活と生物の変遷・植物の世界＞

Ⅰ1　中枢神経に対して，中枢神経から枝分かれして全身に広がる神経を，**末しょう神経**という。末しょう神経には，感覚器官から中枢神経へ信号を伝える感覚神経や，中枢神経から運動器官へ信号を伝える運動神経などがあり，信号の伝達や命令などを行うこれらの器官をまとめて**神経系**という。

2　刺激を受けて，意識とは無関係に起こる反応を**反射**という。問題のように熱いものに手がふれると，手の皮膚で受け取った刺激は感覚神経を通ってせきずいに伝わる。この信号は脳に伝わらずに，せきずいから運動神経を通って手に伝わる。よって，このとき反応における刺激の信号は，意識に関係した脳の部分に伝わらない。

3　うでを曲げる場合には，筋肉Xはゆるみ，筋肉Yは縮む。

Ⅱ1　この実験のように，水が減少する原因を植物だけにしぼって調べるためには，それ以外の原因による

水の減少を極力減らす必要がある。このように，１つの条件以外を同じにして行う実験を**対照実験**という。

2　ＡとＢの実験では，葉の表側にワセリンがぬられているか，葉の裏側にワセリンがぬられているかという点だけが異なっているため，葉の表と裏の蒸散量が異なる→気孔の数が異なると考えることができる。

3⑴　Ｃの水の減少量が，すべての葉の表側と裏側からの蒸散量の合計であるとすれば，Ａは葉の裏側から，Ｂは葉の表側からの蒸散量と考えることができるが，ＡとＢの水の減少量の和はＣの水の減少量と等しくなっていないので葉の表と裏以外（茎）からの水の蒸散が起こっていると考えることができる。

⑵　**表**より，Ａは，葉の裏と茎からの蒸散量，Ｂは葉の表と茎からの蒸散量，Ｃは葉の表と裏と茎からの蒸散量を示している。よって，葉の表側と裏側からの蒸散量はＣ×２－(Ａ＋Ｂ)で求めることができ，その値は6.9×２－(5.2＋2.1)＝6.5〔cm^3〕

3 ＜身のまわりの現象・電気の世界＞

Ⅰ１　音は，空気のような気体だけではなく，水などの液体，金属などの固体の中も伝わるが，振動を伝えるもののない真空容器の中や宇宙空間では音が伝わらない。

2　**ア**は振幅，**イ**は一回分の振動を表している。

3　音をコンピュータを用いて分析すると，音の大きさは振幅で，音の高さは振動数で表される。よって，**図２**の音よりも高くて大きい音はコンピュータに振幅が大きく振動数の多い波として表示される。

⑴　**ア**：振幅は小さくなり，振動数は増えているので，**図２**よりも高い音が小さく聞こえる。**イ**：振幅は小さくなり，振動数は減っているので，**図２**よりも低い音が小さく聞こえる。**エ**：振幅は大きくなり，振動数は減っているので，**図２**よりも低い音が大きく聞こえる。

⑵　弦の振動する部分を短くしたり，弦の張りを強くするほど，高い音が出る。また，弦をはじく強さを強くするほど大きい音が出る。

Ⅱ１　**抵抗〔Ω〕＝電圧〔Ｖ〕÷電流〔Ａ〕**

問題より，抵抗器ａだけに電流を流すと，電圧計は2.0Ｖ，電流計は250㎃を示したので，抵抗器ａの抵抗は2.0÷0.25＝８〔Ω〕

2⑴　スイッチ１と２を入れると，回路は並列回路になる。並列回路では，各区間に加わる電圧の大きさと全体に加わる電圧の大きさが等しく，枝分かれする前の電流の大きさは，枝分かれした後の電流の大きさの和に等しく，再び合流した後の電流にも等しいので，抵抗器ａに流れる電流の大きさは2.0÷８＝0.25〔Ａ〕，抵抗器ｂは抵抗器ａと抵抗が同じ大きさで，加わる電圧も等しいので，流れる電流は0.25Ａ。よって，合流した後の電流の大きさは0.25＋0.25＝0.5〔Ａ〕＝500〔㎃〕

⑵　並列回路の全体の抵抗（合成抵抗）の大きさは，各部分の抵抗の大きさよりも小さくなるので，プロペラをつけたモーターに流れる電流の大きさもスイッチ２を入れる前より大きくなる。よって，モーターの回転の速さは速くなると考えられる。

3　磁界の変化にともないコイルに誘導電流が流れる現象のことを，**電磁誘導**という。このとき，ハンドルの運動エネルギーが電磁誘導によって電気エネルギーに変換されている。

4 ＜化学変化とイオン・化学変化と原子・分子＞

Ⅰ１　塩酸や硝酸カリウムのように，水にとかしたときに電流が流れる物質を**電解質**という。砂糖やエタノールのように，水にとかしても電流が流れない物質を**非電解質**という。硝酸カリウム水溶液でしめらせたろ紙の上に置いたリトマス紙がどちらも色が変化しなかったことから，硝酸カリウムが中性であることがわかる。

2　赤色リトマス紙はアルカリ性の水溶液に反応して青色に，青色リトマス紙は酸性の水溶液に反応して赤色に変化する。水酸化バリウム水溶液は電離すると，$Ba(OH)_2 \rightarrow Ba^{2+} + 2OH^-$のようになる。**図**のように，両端に電圧を加えると，陽極には陰イオンである水酸化物イオンが，陰極には陽イオンであるバリウムイオンが移動していく。よって，アルカリ性を示す物質は，赤色リトマス紙の色が青く変化した陽極側に移動した水酸化物イオンであるとわかる。

3　アルカリ性の水溶液に酸性の水溶液を加えると，水酸化バリウムの水酸化物イオンと硫酸の水素イオンがたがいの性質を打ち消しあって水となり，酸の陰イオンである硫酸イオンとアルカリの陽イオンであるバリウムイオンが結びついて硫酸バリウムという塩ができる。この塩は水にとけないため，沈殿が生じる。このような反応を**中和**という。

Ⅱ１⑴　**イ**はアンモニアなどの特徴，**ウ**は酸素の特徴である。**エ**は２種類以上の原子でできている物質のことである。

⑵　ひろみさんとたかしさんで，異なっている実験操作に着目する。化学変化では，物質をつくる原子の組み合わせは変化しても，原子が新しくできたり，なくなったりすることはないため，化学変化の前後では全体の原子の数は変化しない。

2　**表**より，うすい塩酸を入れたビーカー全体の質量と加えた炭酸水素ナトリウムの質量の和と，反応後のビーカー全体の質量との差から発生した気体の質量を求めると次の表のようになる。

加えた炭酸ナトリウムの質量〔g〕	1.0	2.0	3.0	4.0	5.0
発生した気体の質量〔g〕	0.5	1.0	1.5	1.8	1.8

このとき，加えた炭酸水素ナトリウムの質量が0～3.0 gでは発生した気体の質量が一定の割合で増加しているが，4.0 g以上では，発生した気体の質量が一定であることに注意が必要である。２本の直線の交点が気体の発生が一定になるときの炭酸水素ナトリウムの質量である。

3　問題の**表**より，1.0 gの炭酸水素ナトリウムがうすい塩酸と完全に反応すると，0.5 gの気体が発生することがわかる。1.2 gの気体を発生させるために必要な炭酸水素ナトリウムの質量をx gとすると，$1.0 : 0.5 = x : 1.2$　$x = 2.4$　よって，この混合物にふくまれていた炭酸水素ナトリウムの質量の割合は，$\frac{2.4}{3.0} \times 100 = 80$〔%〕

5 ＜天気とその変化・大地の変化＞

Ⅰ 1　小笠原気団は，夏の時期に発達するあたたかくて湿った空気のかたまりである。

2　空気中にふくまれる水蒸気の質量が変化しないものとすると，気温の低い朝の方が露点に達しやすいので霧が発生しやすい。

3　地球上の水は，太陽のエネルギーによって，状態を変えながら絶えず海と陸地と大気の間を循環している。これを**水の循環**という。陸地への降水によって移動した水は陸地からの蒸発や陸地からの流水によってすべて移動する。

Ⅱ 1　木星や土星のように大型で密度が小さい惑星を木星型惑星という。

2　皆既月食が起こるときの太陽と月と地球の位置関係は，太陽－地球－月が一直線上に並ぶ。このとき月の形は満月で，太陽によってできた地球の影に入ることで皆既月食が起こる。

3　火星は，地球の公転軌道よりも外側に存在する外惑星である。問題のように太陽から見て地球と火星が同じ方向にあるとき，太陽と地球をつなぐ線の延長線上に火星を観測することができる。午後12時の時点で火星は真南に観測できるので，午後９時ではそれよりも東の空で火星を観測できる。

4　金星は，地球の公転軌道よりも内側を公転する内惑星である。８月の時点では，太陽がしずんだ直後の夕方，西の空に金星を見ることが出来る。10月下旬に金星が観察できなくなったのは，金星が地球と太陽の間にあったからだと考えられる。11月下旬に金星が観察できたときの金星の位置は，**図**の金星の位置から，地球と太陽を結ぶ線をはさんで反対側付近にあると考えられるので，太陽が出る直前の明け方，東の空に金星を見ることができる。

平成31年度　鹿児島県公立高校入試問題　英語

正答例

1　1 イ　2 ア
3 ① February　② bring
4 (1) エ　(2) イ
(3) uses a dictionary
5 Because I want to clean a park as a volunteer.

2　1 ① ウ　② イ
2 ① animals　② give　③ pictures
④ Can I join this program
3 Do you have a smaller one ?
4 It's Flower Park Kagoshima.　There are many beautiful flowers every season.　My family often goes there and enjoys seeing them.

3　Ⅰ ① ア　② エ　③ ウ
Ⅱ 1 ウ
2 Experience is the best teacher.
Ⅲ 1 (1) Because he was only thirteen when he left Japan.
(2) She started reading an English newspaper every week.
2 医者になって，医者を必要としている国々で人々を助けること。

4　1 ア 3　イ 5　ウ 4　(完答)
2 エ　3 イ
4 合唱をすることに決まったのに18人しか練習に来ていなかったから。
5 they agreed　6 ウ，エ　(順不同)
7 It is important for us to talk with each other when we decide what to do together.

配　点

1　1，2，4(1)　2点×3　5　4点　他　3点×4　計22点
2　2④，3　3点×2　4　7点　他　2点×5　計23点
3　Ⅱ　3点×2　Ⅲ2　4点　他　2点×5　計20点
4　2，3　2点×2　4　4点　7　5点　他　3点×4　計25点

解　説

1 ＜聞き取りテスト台本・訳＞

＜チャイムの音四つ＞

これから，英語の聞き取りテストを行います。問題用紙の２ページを開けなさい。

英語は２回ずつ放送します。メモをとってもかまいません。　(約３秒間休止)

では，１番を始めます。まず，問題の指示を読みなさい。　(約12秒間休止)

それでは放送します。

Becky : Hi, Akira !　What did you do last weekend ?
Akira : I went to the city library and read books there. How about you, Becky ?

Becky : I played the piano with my younger sister at home.

(約３秒おいて，繰り返す。)（約３秒間休止）

訳　B：こんにちは，あきら！　先週末は何をしたの？　A：僕は市立図書館に行って，そこで本を読んだよ。君はどう，ベッキー？　B：私は家で妹とピアノを弾いたわ。

次に，**２**番の問題です。まず，問題の指示を読みなさい。（約 15 秒間休止）

それでは放送します。

Lucy : Takeshi, what are you doing ?

Takeshi : I'm writing an e-mail to a teacher in Australia because I'm going to study at school there next month. But I don't know what to write about. Would you help me ?

Lucy : All right. How about writing about your favorite sports, foods and subjects ?

Takeshi : That's a good idea ! Thank you, Lucy !

(約３秒おいて，繰り返す。)（約３秒間休止）

訳　L：たけし，あなたは何をしているの？　T：僕は来月にオーストラリアの学校で勉強する予定だから，オーストラリアの先生にＥメールを書いているところなんだ。でも僕は何について書くべきかわからないんだ。僕を手伝ってくれる？　L：いいわよ。あなたの好きなスポーツや食べ物や教科について書くのはどう？　T：それはいい考えだね！　ありがとう，ルーシー！

次に，**３**番の問題です。まず，問題の指示を読みなさい。（約 15 秒間休止）

それでは放送します。

Tom : Maki, one of my friends will come to Kagoshima next week. His name is John. He will visit your English class on February 15th.

Maki : Wow, that's exciting ! What are we going to do ?

Tom: How about showing him something Japanese ? He is very interested in Japan.

Maki : Something Japanese ?

Tom: Yes, well... Japanese traditional clothes like *kimono* or *yukata*, and toys like *kendama* or *otedama*. Will you ask your classmates to bring some of them ?

Maki : OK, I will. We will be happy to welcome John !

(約３秒おいて，繰り返す。)（約７秒間休止）

訳　T：真紀，私の友達の一人が来週鹿児島に来る予定なんだ。彼の名前はジョンだよ。彼は２月 15 日に君の英語の授業に訪れる予定だよ。　M：わあ，それはわくわくします！　私たちは何をするのですか？　T：彼に何か日本のものを見せるのはどうかな？　彼は日本にとても興味があるんだ。　M：何か日本のものですか？　T：うん，ええと…。着物やゆかたのような日本の伝統的な衣類とけん玉やお手玉のようなおもちゃだよ。君のクラスメートにそれらのいくつかを持ってくるように頼んでくれるかい？　M：わかりました，頼んでみます。ジョンを迎えられて私たちはうれしいでしょう！

ポスターの訳

トムの友人のジョンが私たちの英語の授業に参加します！

日にち：①**２月**15 日

彼は日本に興味があります。

日本の伝統的な衣類やおもちゃを授業に②**持ってきて**ください。

次に，**４**番の問題です。まず，問題の指示を読みなさい。（約 20 秒間休止）

それでは放送します。

Hello everyone. I have studied English for five years, and I like it very much. Today, I'm going to talk about two important points to remember when we study English.

First, we should not be afraid of speaking English. I didn't like talking with foreign people in English before because I thought my English was bad. But, one day, when I talked with our ALT in English, he said, "Your English is good ! I enjoy talking with you !" I was very happy to hear that. I have found that I can make friends with people from foreign countries.

Second, we should use dictionaries. When I find difficult words, my dictionary always helps me. It gives me a lot of information. Dictionaries can be a good teacher.

When we study English, we should remember that these two points will help us a lot.

Question (1) : How long has Kohei studied English ?

（約 10 秒間休止）

Question (2) : What is Kohei's first point ?

（約 10 秒間休止）

Question (3) : What does Kohei do when he finds difficult English words ?

（約 10 秒間休止）

では，２回目の放送をします。

（最初から質問(3)までを繰り返す。）（約 15 秒間休止）

訳　みなさん，こんにちは。私は５年間英語を勉強していて，それがとても好きです。今日，私は私たちが英語を勉強するときに覚えておくべき二つの大切な点について話します。

一つ目は，私たちは英語を話すことを恐れるべきではありません。私は自分の英語が下手だと思っていたので，以前は外国の人々と英語で話すことが好きではありませんでした。しかしある日，私が私たちのＡＬＴと英語で話したときに，彼が「君の英語は上手です！私は君と話すことが楽しいです！」と言いました。私はそれを聞いてとてもうれしかったです。私は外国の人々と友達になることができるということがわかりました。

　二つ目に，私たちは辞書を使うべきです。私が難しい単語を見つけたときは，私の辞書がいつも助けてくれます。それは私に多くの情報を与えます。辞書は良い先生になることができるのです。

　私たちは英語を勉強するとき，これらの二点が私たちを大いに助けるだろうということを覚えておくべきです。

⑴　康平はどのくらいの期間英語を勉強しているか？
ア　２年間。　イ　３年間。
ウ　４年間。　**エ　５年間。**

⑵　康平の一つ目の点は何か？
ア　多くの友達を作る。
イ　英語を話すことを恐れない。
ウ　英語を毎日勉強する。
エ　多くの間違いをしない。

⑶　康平が難しい英単語を見つけたときは彼は何をするか？
（正答例の訳）　彼は**辞書を使う**。

次に，**５**番の問題です。まず，問題の指示を読みなさい。　（約15秒間休止）
それでは放送します。

Jack : Mom, can I have breakfast at 6 tomorrow ?
Mother : It's Saturday tomorrow. Do you have classes ?
Jack : No, we don't have school, but I have to get up early.
Mother : Why ?
Jack : (　　　　　　　　　　)

（約３秒おいて，繰り返す。）（１分間休止）

訳　Ｊ：お母さん，明日は６時に朝食を食べてもいい？　Ｍ：明日は土曜日よ。あなたは授業があるの？　Ｊ：いいや，僕たちは学校はないけれど，僕は早く起きなくてはいけないんだ。　Ｍ：なぜ？　Ｊ：**（正答例の訳）僕はボランティアとして公園を掃除したいからだよ。**

＜チャイムの音四つ＞

これで，聞き取りテストを終わります。次の問題に進みなさい。

２　＜英文表現＞

１　Ｗ：大輔，今度の土曜日に何か計画があるの？　Ｄ：はい。僕は友達と野球の試合を見る予定です。　Ｗ：それはいいわね！　Ｄ：僕の好きなチームがこの町の野球場でプレーをするんです。②**でも僕はそこへの行き方がわかりません**。僕に教えてもらえませんか？　Ｗ：いいわよ。①**この地図を見て**。その野球場はここで，私たちの家はＡＢＣ公園の近くよ。あなたはＡＢＣ公園のバス停から市営バスに乗るべきよ。　Ｄ：わかりました。バスでそこに着くのにどのくらいの時間がかかりますか？　Ｗ：約20分よ。　Ｄ：わかりました。ありがとうございます。

２　Ｃ：こんにちは，直美！　こんにちは，健太！　あなたたちは何をしているの？　Ｎ：私たちは水族館での職場体験について読んでいるのよ。　Ｋ：僕たちはこの体験を選ぼうと計画しているんだ。　Ｃ：まあ，それはおもしろいわね。それについて私に教えて。　Ｎ：私たちは１日目に魚や海洋①**動物**について学ぶ予定よ。　Ｋ：そして２日目と３日目に，僕たちは水族館の従業員と一緒に働く予定なんだ！　Ｃ：まあ，本当に？　あなたたちはどんな仕事をするの？　Ｎ：私たちは魚にえさを②**あげて**，いくつかの水槽を掃除する予定よ。　Ｋ：僕たちはイルカショーの従業員を手伝うこともできるんだ。その後に，僕たちはイルカと③**写真**を撮ることができるんだよ！　Ｃ：すばらしいわね！　あなたたちと一緒に④**この体験に参加してもいい**？　Ｎ：もちろんいいわよ。１グループに３人必要だから，私たちはもう１人生徒が必要だわ。　Ｃ：よかったわ！
②　give+ A + B：AにBを与える
④　Can I ～？：～してもいいですか。

３　①　私はこのＴシャツが気に入りましたが，それは大きすぎます。**もっと小さいものはありますか**？
②　はい。少々お待ちください。
※～（形容詞）+er than …：…よりも～　【比較級】

４　教師：みなさん，こんにちは。私たちは今日新しいＡＬＴを迎えます。私は君たちが君たちの町について話す準備ができていることと思います。始めてくれますか，一郎？
生徒：わかりました。私は私の町の最もすばらしい場所の一つについて話します。
（正答例の訳）それはフラワーパークかごしまです。すべての季節に多くの美しい花があります。私の家族はしばしばそこへ行き，それらを見ることを楽しみます。
　私はこの場所がとても好きです。あなたも気に入るでしょう。ありがとうございました。
ＡＬＴ：ありがとう，一郎。

３　＜英文読解・内容把握＞

Ⅰ　Ｔ：こんにちは，グリーン先生。あなたは何を見ているのですか？　Ｇ：これは鹿児島県のウェブサイトよ。Ｔ：①**わあ，あなたはそれを英語で読んでいるのですか？**　Ｇ：ええ。あなたはそれを韓国語と中国語でも読むことができるのよ。　Ｔ：本当ですか？　②**なぜこのウェブサイトは外国語で書かれているのですか？**
Ｇ：それはいい質問ね。外国人は鹿児島についての多くの情報をこのウェブサイトから得ることができるのよ。例えば，彼らはいくつかの有名な場所，人気のある地元の食べ物，そしてその歴史について学ぶことができるわ。私は鹿児島に来る前に，このウェブサイトから多くを学んだのよ。　T:それはすばらしいですね。③**僕はたくさんの外国人に鹿児島について知ってほしいです**。　G：私もよ。放課後に外国人のための案内リーフレットを作るのはどうかしら？　T：それをしましょう！

Ⅱ　こんにちは，みなさん。私は私たちの生活の中で私たちを助けるであろう**大切なこと**について話します。

これを見てください。これは私が今年育てたトマトの一つです。私の兄は高校で農業を勉強していて，野菜を育てることを楽しんでいます。私はそれはおもしろいと思ったので，昨年私の菜園でトマトを育て始めました。私はそのトマトに毎日水をやりました。しかしながら，一か月後，それらの多くが病気になりました。そのとき私の兄は私に何の解決法も与えませんでしたが，彼は「お前はなぜそれらが病気なのかわかるか？お前はその理由を見つけようとしたか？」と言いました。

私は市立図書館に行って，トマトの栽培についての本を読みました。ついに，私はその理由を見つけました。トマトは毎日たくさんの水を必要としていないのです。その後，私は自分のトマトに必要以上の水をあげるのをやめました。

今年，私はまた挑戦し，私のトマトを上手に育てました！　経験は最も良い先生です。今，私は何をすべきか知っています。私は来年もっと多くのトマトを育てるつもりです。

1　ア　由紀子はトマトを食べることは彼女の健康に良いと考えている。
　イ　由紀子の兄は彼女にトマトの育て方を教えた。
　ウ　由紀子は昨年トマトを育てることに問題を抱えた。
　エ　由紀子は2年間上手にトマトを育てている。

Ⅲ　私が中学校に入ったとき，私は英語の勉強をするのが好きではなかった。それは難しく，私は多くの単語を理解できなかった。しかしながら，昨年の夏，私は**夢**を見つけた。

私の祖父が昨年の夏休みに，私をいちき串木野市の薩摩藩英国留学生記念館に連れて行った。薩摩藩の学生は150年以上前に英国に行った。外国に行くことはその時代ではとても危険だったが，彼らはそこで多くの新しいことを学び，日本に影響を与えた。「最も若い学生は，彼が日本を発ったとき，たったの13歳だったんだ」と祖父は言った。私はそれを聞いて驚き，「彼はすごいね！　たったの13歳？」と言った。私はその記念館を訪れた後，外国に行くことに興味を持った。

一週間後，私は外国で一生懸命に働いている日本人の医者についてのテレビ番組を見た。その国はもっと多くの医者を必要としていた。私は多くの国が十分な数の医者をもっていないことを知ってショックを受けた。私は病気の人々のために何かしたかった。私は医者になってそれらの国の人々を助けると決心した。

外国で働くために英語はとても重要だ。私はその番組を見て以来，毎週英語の新聞を読んでいる。それは簡単ではないが，私は私の英語を上達させるためにすべてのことをするつもりだ。

1(1)　京子が最も若い学生について聞いたとき，彼女はなぜ驚いたのか？
　(正答例の訳) 彼が日本を発ったとき，彼はたった13歳だったから。
(2)　彼女は夢を見つけたあと，何をし始めたか？
　(正答例の訳) 彼女は毎週英語の新聞を読むことを始めた。

4　＜長文読解＞

[1]　エイミーは中学生だ。ある日，彼女のクラスは会議をして，文化祭のステージで何をすべきかを話した。エイミーは「私は歌うことが大好きだわ。一緒に歌いましょう！」と言った。「ちょっと待って」とサムが言った。「僕は君たちに踊り方を教えることができるよ。踊ろう！」別の女子が彼女は演劇をしたいと言った。そしてサムは「①**僕たちはいくつかの異なる考えがあるよ**。どうやって決めようか？」と言った。

[2]　サムとエイミーは彼らのクラスメート全員にたずねた。14人の生徒が歌いたいと思い，11人が踊りたいと思い，8人が演劇をしたいと思い，6人が音楽を演奏したいと思った。エイミーはとても②**興奮**して，「ありがとう，みんな！　歌うことが多数派だわ。私たちは歌うことに決まったわ！　明日の放課後に音楽室で練習を始めましょう。私がいくつか美しい歌を選んで，あなたたちに歌い方を教えるわ」と言った。多くの生徒はうれしそうに見えなかったが，彼らは何も言わなかった。サムは怒って教室を去った。

[3]　翌日，18人だけが音楽室にいた。そこにサムはいなかった。彼らは練習をし始めた。エイミーは生徒たちの前に立って彼らにいくつかのアドバイスをした。彼らが練習をしている間，エイミーは「たった18人…これは問題だわ。③**私は理解できないわ**」と思った。そのときマークが彼女のところに来て，「君は悲しそうだよ。大丈夫？」と言った。彼は音楽を演奏したかったが，エイミーと歌の練習をしていた。エイミーは「私は何をすべきかわからないわ。私はただ一緒に歌いたいだけよ」と言った。マークは「僕は君がどう感じているかわかるよ，エイミー。でも多くの生徒はここにいない」と言った。エイミーは「そうなの。彼らは私たちが歌うと決めたときに何も言わなかったわ」と答えた。マークは「確かにそうだけれど，それは彼らが④**賛成した**という意味ではないよ。君は歌いたい。僕はトランペットを演奏したい。

いずれにせよ，僕たちのクラスは昨日は十分に話さなかった。もし僕たちがもっと話したら，たぶん僕たちは幸せになる方法を見つけられるよ」と言った。エイミーは「もっと話す…」と思った。

［4］　その夜，エイミーは早くベッドに入ってマークの言葉について考えた。彼女は「私たちは違うことをしたいわ。もし私たちがもっと話をしたらみんなが幸せになることができるわ…そうよ，私たちはもう一度話すべきよ」と思った。

［5］　翌朝，クラスは別の会議をした。エイミーは「昨日は18人の生徒だけが練習に来たわ。これは良くないわ。私たちはもっと話す必要があると思うの」とクラスに言った。サムは「確かにそうだよ。もう一度話そう」と言った。エイミーは「私は本当に歌いたかったから，他の人が何をしたいか考えなかったわ。でも昨夜，上演で幸せになることが私たち全員にとって大切だと気づいたの」と言った。マークは「僕は上手に歌うことはできないけれど，君たちの歌に合わせてトランペットを演奏することはできるよ。聴いて！」と言った。彼は演奏し始めた。生徒たちは「彼はすばらしい演奏者よ。彼は私たちのためにトランペットを演奏するべきよ！」と叫んだ。誰かが「僕は何ができるかな？」とたずねた。生徒たちはあちこちでおたがいに話し始めた。サムはしばらくの間考えて，「たぶん僕は君たちの歌に合わせて踊ることができるよ」と言った。他の誰かが「私はあなたたちの歌に合わせて演劇をすることができるわ！」と言った。エイミーはほほえんで「ありがとう，みんな。私はいいアイディアが浮かんだわ！　私たちはすべてを合わせることができるわ！　私たちは一つの上演の中で踊って，演劇をして，音楽を演奏して，歌うことができるわ。それはミュージカルよ！　私たちは文化祭でミュージカルをするのよ！」と言った。ついに，みんなが幸せになった。サムは「今日始めよう！」と言った。

6　ア　エイミーのクラスのすべての生徒は文化祭で歌いたかった。
　イ　エイミーとサムは最初の会議の後に歌の練習を始めた。
　ウ　最初の会議で踊ることは演劇をすることよりも人気があった。
　エ　マークは音楽室に来て，彼のクラスメートと歌の練習をした。
　オ　サムは歌うことに興味を持ったから，彼は最後にはエイミーに賛成した。

7　M：僕たちはよくやったね。君の素晴らしいアイディアをありがとう。　A：あなたは私たちをたくさん助けてくれたわ，マーク。私はクラス会議で大切なことを学んだわ。　M：おお，そうだったの？　それは何？　A：**私たちが一緒に何をすべきか決めるときは，おたがいに話をすることが私たちにとっては大切よ**。　M：そうだね。僕たちのクラスは今ではもっと良くなったよ。

平成31年度　鹿児島県公立高校入試問題　社会

正答例

1 Ⅰ 1　オセアニア　　2　エ　　3　西経100
　4　（記号）エ
　　（特徴）緯度が高いわりには，冬の気温が高い。（完答）
　5　イ
　6　石油は埋蔵量に限りがあり，価格の変動が大きく，安定した収入を継続して得られないから。
Ⅱ 1　リアス海岸　　2　琵琶湖
　3　㋑　　4　ア
　5　大泉町に多く住むブラジル人が生活しやすいようにするため。
　6　都市の中心部の気温が，都市化の進行によって周辺地域よりも高くなる現象。
Ⅲ　全国の空港に比べ，アジアの国や地域から訪れる人の割合が大きく，中でも国際線で結ばれた国や地域からの割合が大きい。（56字）

2 Ⅰ 1　①　かな　　②　豊臣秀吉（漢字指定）
　2　エ→ウ→ア→イ　　3　エ
　4　借金の帳消し（6字）　　5　ウ
　6　全国から大量に運びこまれた各藩の年貢米や特産物が取り引きされたから。
Ⅱ 1　①　原敬　　②　朝鮮
　2　領地と領民を天皇に返す　　3　エ
　4　（1899年）A　　（理由）イ　（完答）
　5　ウ　　6　イ→ア→エ
Ⅲ　ラジオや雑誌などのメディアが，情報や文化を大衆に広く普及させたこと。

3 Ⅰ 1　象徴（漢字指定）
　2　国民の自由や権利を守る
　3　イ　　4　ウ
　5　国会の信任にもとづいて内閣がつくられ，内閣が国会に対して責任を負うしくみ。（37字）
　6　（当選者数）1人
　　（特徴）小選挙区制に比べ議席を獲得できなかった政党や候補者に投じられた票が少なくなり，国民の多様な意見を反映しやすい。（完答）
Ⅱ 1　グローバル（カタカナ指定）
　2(1)　イ　　(2)　電子マネー　　3　エ
　4　短い期間で高齢化がすすんでいる
　5　火力発電に比べて発電にかかる費用が高いこと。
Ⅲ　（記号）ア
　（しくみ）発展途上国の生産者の生活を支えるために，発展途上国で生産された商品を一定以上の価格で取り引きするしくみ。（完答）

配点

1Ⅲ　4点　Ⅰ4，6　Ⅱ6　3点×3	他　2点×9	計31点
2Ⅱ4　3点	他　2点×14	計31点
3Ⅰ6　Ⅲ　3点×2	他　2点×11	計28点

解説

1 ＜地理総合＞

Ⅰ　A－アメリカ，B－ブラジル，C－スペイン，D－ケニア，E－アラブ首長国連邦，F－インド，G－オーストラリア。

1　世界の6つの州は，オセアニア州のほかに，アジア州，ヨーロッパ州，アフリカ州，北アメリカ州，南アメリカ州がある。

2　仏教は主に東アジア，東南アジアで信仰されている。仏教，キリスト教，イスラム教は**三大宗教**とも呼ばれる。メコン川は，東南アジアを流れる川。東南アジアは，季節風の影響を受けて降水量が多いため，大きな川の流域などでは稲作が盛んである。

3　**本初子午線**は，イギリスのロンドンを通る経度0度の経線であり，本初子午線より西が西経，東が東経である。Yは東経120度であり，略地図を見ると，本初子午線から東の方向にあるYの経線まで6つの経線が引かれているので，120度÷6＝20度。よって，20度間隔で経線が引かれていることが分かる。Xは本初子午線から西の方向にある5つ目の経線なので，20度×5＝100度。よって西経100度。

4　エ－**西岸海洋性気候**であり，**暖流**の**北大西洋海流**と**偏西風**のため，緯度が高くても比較的温暖。ア－温暖湿潤気候の東京であり，年間の降水量が多い，イ－冷帯気候のイルクーツクであり，冬は寒さが厳しく，短い夏は気温が上がり，夏と冬の気温の差が大きい，ウ－地中海性気候のケープタウンであり，気候が，北半球のものと比べて逆になっていることから，南半球の都市の気温となる。

5　ア－フィードロットではなく，センターピボット。フィードロットは，肉牛などに飼料を与えて肥育する施設。ウ－天然ゴムや油やしは熱帯地方で主に栽培されている。スペインは**地中海性気候**であり，夏の乾燥に強いオリーブ，オレンジ類などが栽培されている。エ－カカオではなく茶であり，**モノカルチャー経済**によって，その多くが輸出されている。

6　西アジアのペルシャ湾岸には石油が大量に存在しており，**資料1**からその埋蔵量に限りがあること，**資料2**から価格が安定しないことを読み取る。

Ⅱ　あ－長野県，い－静岡県，う－山梨県，え－神奈川県。A－京都市（京都府），B－鯖江市（福井県），C－瀬戸市（愛知県），D－富士市（静岡県）。

1　Xは若狭湾，Yは志摩半島。リアス海岸は多くの入り江と湾が形成され，天然の漁港として利用されることが多い。東北地方の太平洋側に面している三陸海岸もリアス海岸であり，三陸海岸の沖は暖流と寒流がぶつかる**潮目**となっており，たくさんの魚が集まる好漁場となっている。

2　日本最大の湖。

3　**写真**は茶畑を示しており，静岡県は日本を代表する茶の産地である。

4　ア－Bの鯖江市であり，北陸では，雪に閉ざされる長い期間の副業が盛んで，伝統産業として発達した。イ－「西陣織」や「清水焼」からAの京都市。ウ－Dの富士市であり，富士山の山麓の豊富な水資源を生かした製紙・パルプ工業が発展している。エ－Cの瀬戸市であり，岐阜県の多治見市とともに，焼き物に適する土が採れ，陶磁器やファインセラミックスの生産が盛ん。

5　ブラジルの公用語はポルトガル語。

6　自動車やエアコンの熱が気温を上げ，高層ビルで風通しが悪くなり，熱がこもるために起こる現象。

Ⅲ　鹿児島空港や熊本空港のある九州は，東アジアの中国や韓国，台湾や香港などと地理的に近い位置にあり，**資料1**，**資料2**からも，それらの国々や地域から鹿児島空港や熊本空港に入国する外国人の割合が多く，国際線も確保されていることがわかる。

2 ＜歴史総合＞

Ⅰ1①　かな文字は平安時代の**国風文化**の一つであり，漢字を変形させて，日本語の発音を表せるように工夫したもので，紀貫之の「古今和歌集」や清少納言の「枕草子」などもかな文字が使われている。紫式部や清少納言などの女性による文学作品が多く生まれたことも，国風文化の特色。

②　豊臣秀吉は，太閤検地によって全国の土地を**石高**という統一的な基準で全国の田畑の面積を調べ，刀狩によって，農民の武力による一揆を防ごうとした。これらの政策によって，武士と農民との身分の区別が明確になった（**兵農分離**）。

2　エ（紀元前2500年ごろ：縄文時代のころにさかえたインダス文明）→ウ（1世紀半ば：弥生時代に後漢の皇帝から授けられた**金印**）→ア（7世紀：天武天皇のころに作られた，日本で最初の銅の貨幣）→イ（8世紀：奈良時代に市などで使われた）。

3　エ－山口県下関市，ア－宮城県女川町，イ－神奈川県鎌倉市であり，源頼朝によって鎌倉幕府が開かれた，ウ－兵庫県神戸市であり，平清盛によって，中国の宋との貿易のために港が整備された。

4　**資料1**の現代語訳：1428年以前の借金は神戸四か郷では帳消しにする。

5　16世紀の後半になると，ポルトガルやスペインの商船が長崎や平戸など九州の港に来航し，さかんに貿易を行っていた。そのころポルトガル人やスペイン人は**南蛮人**と呼ばれていたので，このころ行われていた貿易を**南蛮貿易**という。よって，Xはポルトガル。輸入品は，中国産の生糸や絹織物などが中心だった。

6　このころ，大阪と，江戸，京都の三つの都市が大きく発展した。これを**三都**という。江戸は将軍の城下町で「将軍のおひざもと」といわれた。

Ⅱ 1①　原敬は，陸軍，海軍，外務の３大臣以外は全て，衆議院第一党（最も議員の数が多い政党）の立憲政友会の党員で組織する本格的な政党内閣をつくった。しかしながら，1932年の五・一五事件によって犬養毅首相が暗殺され，政党内閣の時代が終わった。

②　朝鮮戦争が始まると，大量の軍需物資が日本で調達され，日本の経済は好景気（**特需景気**）になった。

2　版籍の「版」は土地，「籍」は人民を意味する。これは中央集権国家を造るための政策であったが，藩の政治は元の藩主がそのまま行っていたので，改革の成果はあまり上がらなかった。そこで新政府は，1871年に**廃藩置県**を行い，藩主の代わりに中央から県令と府知事を派遣して治めさせた。

3　立憲政友会は伊藤博文によって結成され，大隈重信は立憲改進党を結成した。

4　まゆから生糸をつくることを製糸といい，綿花から綿糸をつくることを紡績という。日本は，製品である綿糸を多く輸入していたが，1890年代には，原料である綿花を多く輸入し，国内での綿糸生産量が輸入量を上回り，清や朝鮮にも輸出された。

5　欧米列強の植民地支配に苦しんでいたアジアやアフリカでは，民族の独立をめざす運動が高まった。当時ベトナムはフランスの植民地であった。

6　**高度経済成長**は，1955年から始まり，1973年の**石油危機**によって不況となって終わった。**イ**－1967年であり，**四大公害病**などの**公害問題**が深刻化したため制定された→**ア**－1978年であり，その前の1972年の**日中共同声明**によって国交を正常化した→**エ**－1992年であり，ＰＫＯ協力法は，国際平和協力法ともいう。**ウ**－1945年であり，戦後の民主化政策の一つ。民主化政策として，他には，**財閥解体**，選挙権が20歳以上の全ての男女に与えられたこと，日本国憲法が制定されたことなどがある。

Ⅲ　**X**はラジオ，**Y**は雑誌。ラジオは新聞と並ぶ情報源となった。また，こうしたメディアの発達とともに，大衆小説，映画，歌謡曲や野球などのスポーツが大衆の娯楽として定着していった。

3　＜公民総合＞

Ⅰ 1　日本国憲法において，天皇は主権者ではなく，国の象徴なので，国の政治についての権限を持たず，憲法に定められている**国事行為**のみを行う。

2　政治権力から人権を守り，保障していくために，憲法によって政治権力を制限するという考えが生まれた。これを**立憲主義**という。

3　団結権は労働基本権（労働三権）の一つであり，以下は労働三権についてまとめたもの。

- 団結権…労働組合を作る権利。
- 団体交渉権…労働組合が賃金その他の労働条件の改善を求めて使用者と交渉する権利。
- 団体行動権…要求を実現するためにストライキなどを行う権利。

ア－自由権の経済活動の自由の一つ，**ウ**－参政権の一つ，**エ**－自由権の身体の自由の一つ。

4　**ア**－下級裁判所は，高等裁判所，地方裁判所，家庭裁判所，簡易裁判所の４種類，**イ**－弾劾裁判は，国会から不適任と訴えられた裁判官について裁判する裁判，**エ**－裁判員制度は刑事裁判のみである。

5　議院内閣制において，もし内閣の仕事が信頼できなければ，衆議院は**内閣不信任の決議**を行う。内閣不信任決議が可決されると，内閣は10日以内に衆議院の解散をするか，総辞職しなければならない。

6　ドント式による比例代表制の議席配分により，各政党の得票数を１，２，３…の整数で割り数値の大きい順に定数までが当選となる。この場合，Ａ党が２，Ｂ，Ｃ党が１議席。小選挙区制とは，一つの選挙区で一人の代表を選ぶ選挙制度なので，議席を獲得できなかった政党や候補者に入れられた票（死票）が多い。

政党名	A党	B党	C党
候補者数	4人	3人	2人
得票数	1200	900	480
得票数÷1	1200	900	480
得票数÷2	600	450	240
配分議席	2	1	1

Ⅱ 1　グローバル化によって貿易が活発になり，日本企業が海外へ進出して，国内の工場が減り（**産業の空洞化**），働く場がなくなるなどの問題が生じている。

2(1)　**資料1**に関して，企業は政府に税金を払い，政府は企業に社会資本・公共サービスを提供するので，ⅱは「税金を納める」となる。企業が政府に税金を払うので，**X**は政府，**Y**は企業となる。家計は企業に労働力を提供し，政府に税金を納める。

3　**ウ**－日本銀行の金融対策。好景気のときは，政府は，公共事業をひかえたり増税したりして，景気の過熱をおさえようとする。日本銀行は，日本銀行がもつ国債を銀行に売って代金を吸い上げ，通貨の量を減らす。

4　日本が超高齢化社会になった原因として，医療技術の発達で平均寿命がのびたこと，少子化がすすんだことなどが考えられる。

5　再生可能エネルギーの課題として，他には，太陽光発電と風力発電は電力の供給が自然条件に左右されること，地熱発電は自然や観光施設との共存が必要であることなどがあげられる。

Ⅲ　フェアトレードは，発展途上国の人々の自立を促し，貧困問題を解決するための取り組みの一つである。

平成31年度　鹿児島県公立高校入試問題　数学

正答例

[1] 1 (1) 20　(2) $\frac{7}{4}$　(3) $\sqrt{7}-\sqrt{5}$
(4) ウ　(5) ア，エ
2 110(度)
3 9
4 4(倍)
5 イ

[2] 1 P(1，−5)
2 5　3

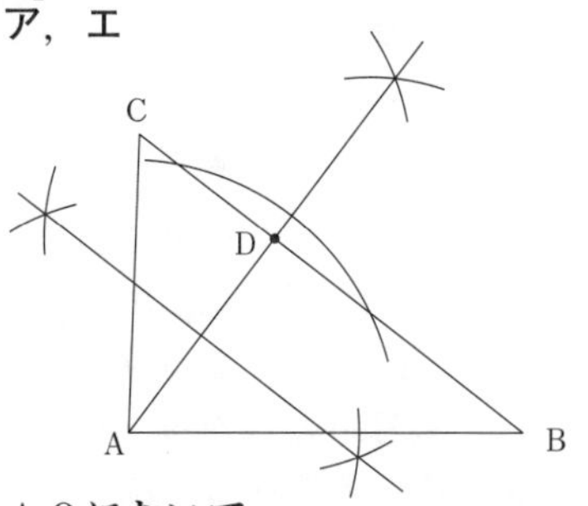

4 (証明)
△ABPと△CAQにおいて
仮定から　$\angle APB=\angle CQA=90^\circ$　…①
△ABCは，$\angle BAC=90^\circ$の直角二等辺三角形だから
$AB=CA$　…②
$\angle CAD+\angle DAB=90^\circ$
$\angle DAB+\angle BAP=90^\circ$ だから
$\angle CAD=\angle BAP$　…③
$\ell /\!/ n$より，平行線の錯角は等しいから
$\angle CAD=\angle ACQ$　…④
③，④から　$\angle BAP=\angle ACQ$　…⑤
①，②，⑤より，直角三角形の斜辺と1つの鋭角がそれぞれ等しいから
$\triangle ABP\equiv\triangle CAQ$

5 (式と計算)
80円のりんごの個数は$3x$個と表される。
$$\begin{cases} x+y+3x=17 & \cdots① \\ 120x+100y+80\times 3x=1580 & \cdots② \end{cases}$$
①より　$4x+y=17$　…③
②より　$360x+100y=1580$　…④
③×10　$40x+10y=170$
④÷10　$-)\ 36x+10y=158$
$4x=12$
$x=3$　…⑤
⑤を③に代入して
$12+y=17$
$y=5$
答　(120円のりんご)　3(個)
(100円のりんご)　5(個)
(80円のりんご)　9(個)

[3] 1 8(点)　2 6(人)
3 (1) 7(点)　(2) イ，エ

[4] 1 $(a=)\ x-10$
2 (1) (証明)
$a=x-10$，$b=x-8$
$c=x+8$，$d=x+10$
と表されるから
$M=(x-8)(x+10)-(x-10)(x+8)$
$=(x^2+2x-80)-(x^2-2x-80)$
$=4x$
xは自然数だから，Mは4の倍数になる。
(2) ア 1　イ 6　ウ 14

[5] 1 ア 12　イ 8　ウ $\frac{16}{3}$
エ ④　オ $6\sqrt{7}$
2 (式と計算)
正八面体の体積は，
$2\times\frac{1}{3}\times 6^2\times 3\sqrt{2}=72\sqrt{2}\,(cm^3)$だから，
この正八面体の体積の$\frac{1}{6}$は，$12\sqrt{2}\,(cm^3)$である。
底面積となる△PFQの面積は，
$6^2-\frac{1}{2}t^2-\frac{1}{2}\times 6\times(6-t)$
$-\frac{1}{2}\times 6\times(6-t)$
$=-\frac{1}{2}t^2+6t\,(cm^2)$
体積の関係から，tについての方程式をつくると，
$\frac{1}{3}\times\left(-\frac{1}{2}t^2+6t\right)\times 3\sqrt{2}=12\sqrt{2}$
$t^2-12t+24=0$
解の公式より
$t=\frac{12\pm 4\sqrt{3}}{2}$
$=6\pm 2\sqrt{3}$
$0\leqq t\leqq 6$より　$t=6-2\sqrt{3}$
答　$6-2\sqrt{3}$(秒後)

配点

[1]　3点×9		計27点
[2] 1，2　3点×2	3，4，5　4点×3	計18点
[3] 1，2　3点×2	3　4点×2	計14点
[4] 1　3点	2(1)　5点　2(2)　6点	計14点
[5] 1ア　3点	1イ，ウ，エ，オ　2点×4	
2　6点		計17点

解説

[1] ＜計算問題・小問集合＞
1 (1) かっこの中から先に計算する。
$5\times(6-2)=5\times 4=20$
(2) ×と÷の計算を，＋と−の計算より先にする。
$\frac{1}{4}+\frac{5}{3}\div\frac{10}{9}=\frac{1}{4}+\frac{5}{3}\times\frac{9}{10}$
$=\frac{1}{4}+\frac{3}{2}=\frac{1}{4}+\frac{6}{4}=\frac{7}{4}$
(3) 根号の中を最も簡単な数にしていく。また，分母に根号がある場合は整理する。
$2\sqrt{7}-\sqrt{20}+\sqrt{5}-\frac{7}{\sqrt{7}}$
$=2\sqrt{7}-2\sqrt{5}+\sqrt{5}-\frac{7\times\sqrt{7}}{\sqrt{7}\times\sqrt{7}}$
$=2\sqrt{7}-\sqrt{7}-2\sqrt{5}+\sqrt{5}=\sqrt{7}-\sqrt{5}$
(4) 「$x<2$」は，xは2未満である(2より小さい)ことを表している。
●はその数を含むこと，○はその数を含まないことを示すから，ウが正しい。
(5) それぞれ$x=4$を代入して右辺と比べると，
アは，$2\times 4=8$となりあてはまる。
イは，$\frac{1}{2}\times 4=2$となりあてはまらない。
ウは，$4\times 8=32$となりあてはまらない。
エは，$16-4-12=0$となりあてはまる。
よって，ア，エが正しい。

2 △ＯＣＡと△ＯＢＣはいずれも二等辺三角形であるから，

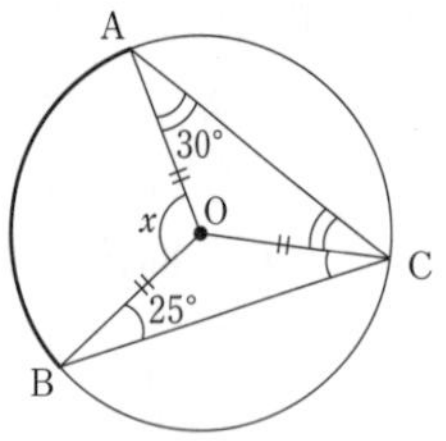

∠ＯＣＡ＝∠ＯＡＣ＝30°
∠ＯＣＢ＝∠ＯＢＣ＝25°
∠ＢＣＡ
＝∠ＯＣＡ＋∠ＯＣＢ
＝30°＋25°＝55°
中心角は，同じ弧に対する円周角の２倍の大きさだから，$\angle x = 2 \times$∠ＢＣＡ$= 2 \times 55° = 110°$

3 **変化の割合＝** $\dfrac{\text{yの増加量}}{\text{xの増加量}}$

$$= \frac{6^2 - 3^2}{6 - 3} = \frac{27}{3} = 9$$

4 底面となる円は相似で，円柱Ａの底面の円と円柱Ｂの底面の円の相似比は半径の比から２：１である。
よって，底面の円の面積比は，$2^2 : 1^2 = 4 : 1$
高さは等しいから，底面の面積比がそのまま体積比となり，円柱Ａの体積は，円柱Ｂの体積の４倍。
※相似な図形では，相似比が $a : b$ のとき，面積比は $a^2 : b^2$，体積比は $a^3 : b^3$

5 鹿児島県の収穫量の割合を x ％とすると，
$5153 : 1733 = x : 14.2$ が成り立つ。
この式を x について解くと，
$1733x = 5153 \times 14.2$，$x = \dfrac{5153}{1733} \times 14.2$
よって，イが正しい。

[2] ＜関数・確率・作図・証明・方程式＞

1 点Ａ，Ｂの y 座標を求めると，
Ａの y 座標は，$y = -\dfrac{1}{2} \times (-2)^2 = -2$
Ｂの y 座標は，$y = -\dfrac{1}{2} \times 4^2 = -8$
よって，Ａ$(-2, -2)$，Ｂ$(4, -8)$
求める直線の式を $y = mx + n$ とおき，点Ａ，Ｂの座標をそれぞれ代入すると，
$-2 = -2m + n$ …①，$-8 = 4m + n$ …②
②－①より，$-6 = 6m$，$m = -1$
$-2 = -2 \times (-1) + n$，$n = -4$
これより，直線ＡＢの式は，$y = -x - 4$
直線ＡＢと y 軸との交点をＱとすると，
△ＯＡＢ＝△ＯＡＱ＋△ＯＢＱ
$= \dfrac{1}{2} \times 4 \times 2 + \dfrac{1}{2} \times 4 \times 4 = 12$
△ＯＡＰ＝△ＯＡＱ＋△ＯＰＱ＝$\dfrac{1}{2}$△ＯＡＢより，
４＋△ＯＰＱ＝６
△ＯＰＱ＝２

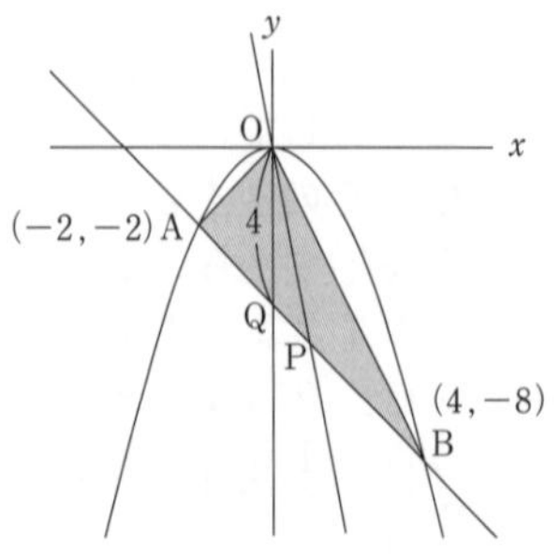

点Ｐの x 座標を p とすると，
△ＯＰＱ
$= \dfrac{1}{2} \times 4 \times p$
$= 2p$ より，
$2p = 2$，$p = 1$
y 座標は，$y = -1 - 4 = -5$　Ｐ$(1, -5)$
※ＡＰ＝ＰＢより，$p = \dfrac{-2 + 4}{2} = 1$ でも可。

2 同時に２枚取り出すときの組み合わせとその和は，
[1]＋[2]＝３，[1]＋[3]＝４，[1]＋[4]＝５，[2]＋[3]＝５
[2]＋[4]＝６，[3]＋[4]＝７の６通り。
求める確率は $\dfrac{1}{3} = \dfrac{2}{6}$，６通りのうち２通りに該当するものは和が５のとき。

3 折り返してできる点はもととなる点と対称な点であり，折り目となる線は対称の軸で，対称な点ともととなる点を結んでできる線分を垂直に二等分する。
また，折り目となる線と辺ＢＣは平行であることから，辺ＢＣと，対称な点ともととなる点を結んでできる線分も垂直になる。よって，作図は以下の通り。
① 点Ａを通り，辺ＢＣと垂直な線をひき，ＢＣとの交点をＤとする。
② 線分ＡＤの垂直二等分線を作図する。

4 ⑤に関しては，三角形の内角の和と共通角に着目して以下のように証明してもよい。
∠ＣＡＢ＝90°，∠ＢＡＰ＋∠ＱＡＣ＝90°…③
また，△ＣＡＱで，**三角形の内角の和**より，
∠ＡＣＱ＋∠ＱＡＣ＝90°…④
③，④より，∠ＢＡＰ＝∠ＡＣＱ…⑤

5 80円のりんごの個数をどのように表せばよいかに着目する。

[3] ＜資料の整理＞

1 **範囲（レンジ）**…資料の中で，最大の値から最小の値をひいた値。
表の中で，最大の値は10点，最小の値は２点であるから，範囲は，10－２＝８（点）

2 それぞれの点数は，ボールを２回転がしたときに止まった場所に書かれてある点数の組み合わせ。
・２点になる組み合わせは，２回とも１点。
・３点は，０点と３点。・４点は，１点と３点。
・５点は，0点と５点。
・６点は，1点と５点，または，２回とも３点。
・８点は，3点と５点。・10点は，2回とも５点。
５点の部分に止まるのは下線の場合で，６点の生徒４人のうち，２回とも３点の生徒が２人いるから，１点と５点の生徒は２人。
よって，１回でも５点の部分にボールが止まった生徒は，$1 + 2 + 2 + 1 = 6$（人）

3(1) **２**の考えをもとに，１点と５点を入れかえて表をつくると，次のようになる。

得点（点）	0	1	2	3	4	5	6	8	10
人数（人）	0	1	1	2	2	0	4	5	5

中央値（メジアン）…調べようとする資料の値を大きさの順に並べたときの中央の値で，資料の総数が偶数のときは，中央にある２つの数の平均値を中央値とする。
総数が20で偶数なので，小さい方から10番目と11番目の値をみると，10番目は６点，11番目は８点。
よって中央値は，$\dfrac{6 + 8}{2} = 7$（点）

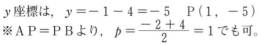

(2)　中央値とAさん，Bさんの得点(Bさんと同得点の人はいない)から分かることを検証する。

また，中央値が5.5点，Bさんの得点が6点であることから，(1)のようにして中央値を求めた場合，得点の低い方から10番目の人は5点，11番目の人(Bさん)は6点であることがわかる。

ア…上記の3人以外の点数は分からないので，最小値と最大値が分からず，よって範囲は分からない。

イ…**2**より，1ゲーム目に5点の部分に1回でもボールが止まった生徒は6人。5点の部分に1回でも止まると，得点の合計は5点以上となるが，2ゲーム目は11番目のBさんが6点で，それよりも得点の高い人が9人いることになるので，正しい。

ウ…アと同様の理由から，それぞれの得点の度数までは分からない。

エ…Aさんの得点が4点であること，11番目のBさんの得点が6点であることに加えて，中央値から，5点の生徒が少なくとも1人はいることから，5点以上の生徒は11人以上いることになる。よって正しい。

4　**＜数と式＞**

1　左上の数は真ん中の数より10小さいから，真ん中の数をxとするとき，$a=x-10$

2(1)　1と同様に考えて，b，c，dの数をxを用いて表す。あとは等式$\mathrm{M}=bd-ac$にxを用いて表した数を代入して，式を展開していく。

4の倍数であることを証明したいので，最後のかたちを，4×(自然数)に変形する。

※偶数は2×(整数)，奇数は2×(整数)−1等，証明したいことがらに応じて最後のかたちをどのように変形すればよいか考える。

(2)　**ア，イ**　$4\times1=4$，$4\times6=24$より，xの一の位の数が1，6のときである。

ウ　xの取りうる値は，2段目の左から2番目にある11から，11段目の左から8番目にある98まで。11から98までに一の位の数が1，6である数は11，16，21，26，31，36，41，46，51，56，61，66，71，76，81，86，91，96の18個ある。また，各段には9個の自然数が並び，右端には9の倍数にあたる数，左端には9の倍数より1大きい数が並んでおり，先に挙げた18個の数のうち，36，81，46，91の4個が該当する。

よって，Mの値の個数は，18−4＝14(個)

5　**＜平面図形＞**

1ア　正多面体は次の2つの性質を持つ。

①どの面もすべて合同な正多角形である。

②どの頂点にも面が同じ数だけ集まっている。

正多面体は5つあり，辺や面の数は表の通り。

	面の形	1つの頂点に集まる面の数	面の数	辺の数	頂点の数
正四面体	正三角形	3	4	6	4
正六面体(立方体)	正方形	3	6	12	8
正八面体	正三角形	4	8	12	6
正十二面体	正五角形	3	12	30	20
正二十面体	正三角形	5	20	30	12

イ　・正方形BCDEの対角線を用いて求めると，

$\frac{1}{2}\times4\times4=8\ (\mathrm{cm}^2)$

・大きい正方形から4すみにできる直角二等辺三角形の面積をのぞいて求めると，

$4\times4-\frac{1}{2}\times2\times2\times4=8\ (\mathrm{cm}^2)$

どちらの方法もおぼえておくとよい。

ウ　正四角すいの高さは，立方体の1辺の$\frac{1}{2}$であるから，$4\times\frac{1}{2}=2\ (\mathrm{cm})$

イより，正四角すいABCDEの体積は，

$\frac{1}{3}\times8\times2=\frac{16}{3}\ (\mathrm{cm}^3)$

エ　下の図の通り。ここでは，AとF，BとD，CとEのように，組み立てたときに立体の辺とならない頂点の組み合わせに着目して頂点の位置を決めていくとよい。

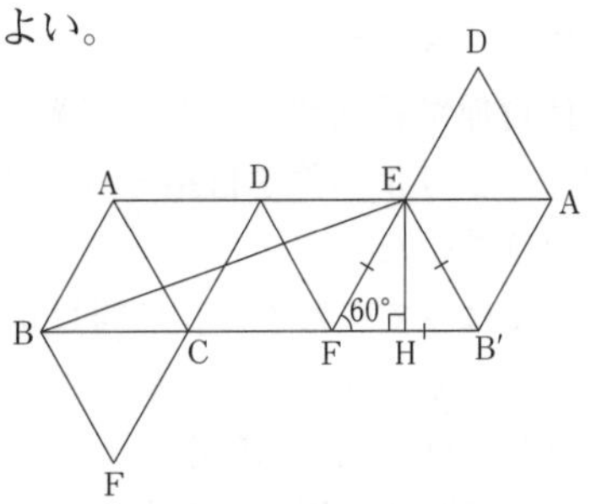

オ　上の図より，線分BEの長さがひもの長さとなる。点Eから線分FB′に垂線をひき，その交点をHとすると，△EFB′は正三角形だから，△EFHは**90°，60°，30°の直角三角形**。

$\mathrm{EH}=\frac{\sqrt{3}}{2}\times6=3\sqrt{3}\ (\mathrm{cm})$

$\mathrm{BH}=6+6+3=15\ (\mathrm{cm})$

三平方の定理より，

$\mathrm{BE}=\sqrt{\mathrm{BH}^2+\mathrm{EH}^2}=\sqrt{225+27}=6\sqrt{7}\ (\mathrm{cm})$

2　会話中の先生の説明より，四角形ABFDは正方形である。正方形ABFDから2つの合同な三角形△PBF，△QDFと，△APQの面積をのぞいたものが，△PFQの面積となる。

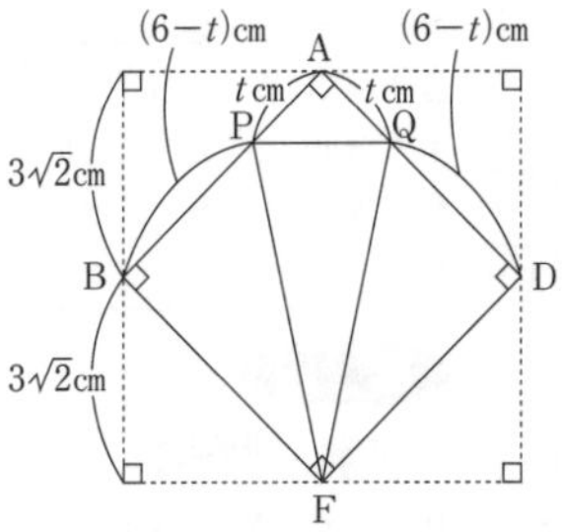

※正方形ABFDの各辺の長さが6cmであることから，AFの長さは$6\sqrt{2}$ cm(△BFAは直角二等辺三角形)，また，△APQも直角二等辺三角形で，$\mathrm{PQ}=\sqrt{2}\,t$ (cm)である。四角形APFQの面積から，△APQの面積をひいて△PFQの面積を求めてもよい。

令和四年度　公立高校入試実戦問題第一回　国語

正答例

1　1(1)　**輸血**　(2)　**裁**　(3)　**就任**
(4)　**しっき**　(5)　**ほどこ**　(6)　**げいごう**
2　**イ・ウ**（順不同・完答）

2　1　**ウ**　2　**イ**
3　**人間の営み**
4　**同時期にお互いの姿を変化させ，双方が利益を得るように進化する**
5　**エ**
6　**生態系は複雑なものであるのに，人間は自然をコントロールできるという思い上がった意識を持つから。**

3　1　**ふるまい**
2　**この雁はどうしたのかということ。**
3　**ア**　4　**ウ**
5　Ⅰ　**塩づけの鯛を矢で射留める**
Ⅱ　**矢で射留めたのではない**

4　1　**ア**　2　**イ**
3　**このままで終わるのではなく，もう一度試合をしたい**
4　**エ**　5　**ウ**
6　**体育館で練習することを目標に努力してきた中で，よりよい部を目指そうとする気持ちを身につけていた**

5　**「がんばってください」は同じ立場か目下の人を励ますときに使う言葉であり、目上の人に対しては失礼な印象を与えるので、「松元様のご活躍をお祈りします」に変える。**
言い間違いをしてもすぐに消えてしまう話し言葉と違い、手紙の言葉は後々まで残るので、間違った言葉遣いや失礼な言葉遣いはしないように気をつけるべきだと思う。

配　点

1　2点×7　計14点
2　1　2点　2　3点　3　4点　4　5点
5　5点　6　7点　計26点
3　1　2点　2　3点　3　3点　4　3点
5Ⅰ　3点　Ⅱ　3点　計17点
4　1　3点　2　3点　3　4点　4　3点
5　4点　6　7点　計24点
5　9点

解　説

1　＜漢字・書写＞
2　楷書の「葉」と比べると，楷書における十一画に「点画の形や方向」の変化が見られる。また，部首の「くさかんむり」の「筆順に変化がある」。ア，エはいずれも楷書のみに見られる特徴。

2　＜論説文＞
1　――線部とウは可能。アは自発，イは尊敬，エは受け身である。
2　空欄前で「自然は人間が～生きていけない」という言葉の後半部分は「そのとおりだと思う」とあり，空欄後で前半部分は「どうだろう」と疑問視しているので，**逆接の接続詞**が適当。
3　「人間の営み」があるかないかで「絶滅」か「繁栄」かが決まる。「雑木林」は人間がつくったもの。
4　次の段落で述べる「共進化」の具体例の要点「示し合わせたように～利益を得るようにした」を参考にして，どんな異なる生物にもいえるように言い換える。
5　「そこでは自然と」で始まる段落に，「人間の活動も自然の一部として見れば」とある。アは「公平ではない」，イは「お礼をしなければならない」，ウは「当然の義務である」がそれぞれ誤りである。
6　「本末転倒」とは，重要な部分と，そうでない部分とを取り違えていること。「自然をコントロールすることもできるといった思い上がった意識」で行動すると，「生態系」は「複雑」だから「人の知恵では予想もしない」結果を引き起こすことになるからである。

3　＜古文＞
（口語訳）（ある）婿《むこ》がいた。舅の所へ行くときに，ある町に通りかかったところ，新鮮な雁を（店の）棚に出して売っていた。二百文で買い，矢を突き通して使用人に持たせて行った。舅が出迎えて雁を見て「①これは（どうした）。」と尋ねると，「私たちが来る途中の道で射留めました。」と答えたので，（舅は）たいへん喜んで，一族の皆を呼び寄せて手柄を言いふらし，（雁を）②ふるまい大いに騒いだ。
婿は調子に乗り，「もう一度もってきましょう。」と言い残し，使用人と示し合わせて，「私は先に行こう。③後から（雁を）用意してこい。」と命令した。
婿は，まず舅に会うとすぐに，「不思議なめぐりあわせで，また雁を射留めました。」と言う。舅はますます喜んだ。例の使用人は，鯛を塩づけにしたものに矢を突き通して④持ってきた。婿は「さて，今度の矢は当たらなかったのか。」と言うと，（使用人は）「いや，雁には外れ，塩鯛に当たりました。」と答えた。
1　語頭以外の「ハ行」は「ワ行」に直す。
2　――線部①のあとに，むこが「私たちが来る途中の道で射留めました」と答えていることから，舅が雁をどうして手に入れたかを尋ねていることがわかる。
3　「調ふ」は「そろえる・用意する」という意味。
4　「かの内の者」は，最初に矢を通した雁を届けたのと同じ「家の子」である。
5Ⅰ　使用人は塩鯛を矢で射留めたと言っているが，塩づけされた鯛が，海で泳いでいるわけがないのに，それを射留めたというのは変である。
Ⅱ　最後の言葉で，塩鯛も雁も矢で射留めたのではなく，買ってきたものであるということが分かってしまうのである。

4　＜小説文＞
1　「口ごもる」とは，言葉に詰まって，はっきり言えずにいること。拓の言葉は，「あ，はあ……」，「ぼくは……」と，途中で途切れていることから考える。

目をむく＝怒ったり，驚いたりして目を見開くこと。
肩を落とす＝がっかりして，力が抜けて肩が垂れ下がること。
腹をくくる＝覚悟を決める，いかなる事態にもひるまないよう心を固めること。

2　「首をかしげる」とは，「何かを不審に感じている」ことの表現である。体育館が使えることを全員が喜ぶだろうと思っていた沢田先生にとって，幸平の「待ってください」という言葉は予想外だったのである。

3　――線部②の前で述べられている拓の気持ちをまとめる。特に，「拓は口にしたその気持ちが，いま心の底にころがっているものだと気づいた」「あんな形で女子に負けたままでいるなんて，くやしいと改めて思った」「情けない卓球をしてしまった自分が腹立たしかった」などが重要。

4　アは「見栄」，イは「部員への怒り」，ウは全体が，それぞれ本文中に根拠となる部分がなく，適当でない。

5　純太の発言を確認すると「あ，ぼくも，賛成です」，「あの，ぼく，どっちでもいいです」の二か所あるが，どちらにもウの内容に一致する点は読み取れない。

6　「部員たちについてどういうことに気づいたのか」と問われていることに注意し，「部員たち」の変化を中心に答える。部員たちが，もう一度女子と試合をして勝つまで体育館を使わないと決意したことや，「今の気持ち大事にしていけばさ，きっとほんとにいい部になると思うんだ」という幸平の言葉から，部員たちが向上心を身につけていたことを読み取る。

5　<作文>

健太さんの手紙の不十分な点として，正答例のほかに「何を学んだのかが具体的に書かれていない」「どのようにしっかりやっていくのかが書かれていない」などが考えられる。第一段落では，これらの中から一か所指摘して，そう考えた理由を書けばよい。

(1)　**指摘**…4点
健太さんの手紙の不十分な点が明確に指摘できており，かつその理由を含めて書けているかを，4点（良い），2点（不明瞭），0点（書けていない）の3段階に評価する。

(2)　**考え**…5点
お礼の手紙に限らず，手紙を書く際に大切なことについての自分の考えが明確に書けているかを，5点（優れている），4点（良い），2点（不明瞭），0点（書けていない）の4段階に評価する。

(3)　**段落指定を守っていないもの**…減点2点

(4)　**行数を満たしていないもの**…減点3点

(5)　**表記**…最大減点4点（一か所ごとに減点1点）
①　原稿用紙の使い方の誤り。
②　誤字脱字，符号の用法の誤り。
③　用語や文の照応の不適切なもの。
④　文体が常体または敬体で統一されていないもの。

令和4年度　公立高校入試実戦問題第1回　理科

正答例

1　1　ウ
2　ふくまれる粒の大きさ　　3　ウ
4(1)　光に比べて音の伝わる速さが遅いから。
(2)　850〔m〕
5　エ　　6　胚珠
7　$2H_2O \rightarrow 2H_2 + O_2$

2　Ⅰ　1　イ　　2　6.0〔V〕　　3　ア，ウ（完答）
4・電源装置の電圧の大きさを大きくする。
・抵抗器を抵抗の小さなものに変える。
・抵抗器を2つ並列につなぐ。　　など
Ⅱ　1　∠COE　　2　右図
3　イ　　4　エ

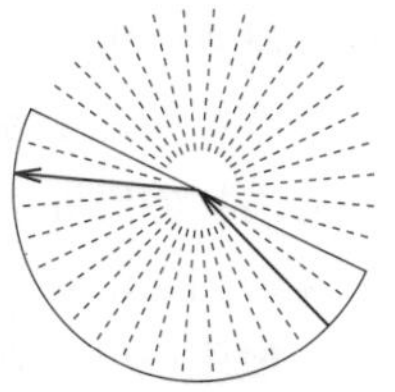

3　Ⅰ　1　B
2　ウ
3　ウ
Ⅱ　1　X　呼吸　　Y　消化
2　アンモニアを尿素にかえるはたらき
3　C，B，D

4　Ⅰ　1　小さい
2　ロウ　小さくなった。
水　　大きくなった。（完答）
3　ウ
4　B
Ⅱ　1　a　燃焼
b　白
2　ウ
3　右図

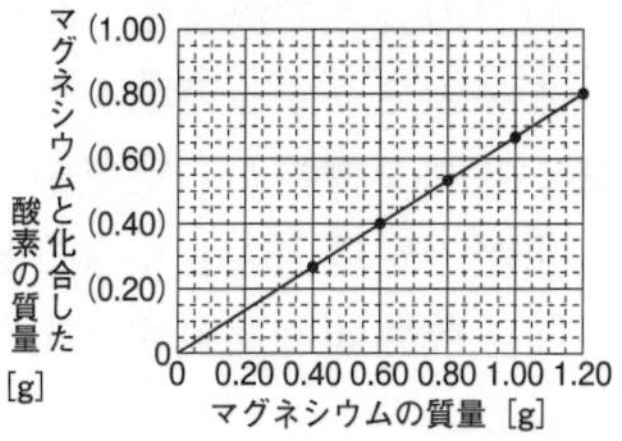

5　Ⅰ　1　露点　　2　74〔%〕
3　記号　ア
理由　同じ湿度でも，10時の方が気温が高く，空気中にふくむ水蒸気量が多いから。（完答）
Ⅱ　1　水を加えて，軽くおし洗いする。
2　鉱物　　3　①　イ　　②　イ（完答）
4　記号　b
理由　火山灰の層は同じ時期に積もったため，火山灰より下にある方が先にできたと考えられるから。（完答）

配　点

1 5，6	3点×2	他　2点×6	計18点
2 Ⅰ4，Ⅱ2	3点×2	他　2点×6	計18点
3 Ⅰ2，3，Ⅱ2，3	3点×4	他　2点×3	計18点
4 Ⅰ4，Ⅱ3	3点×2	他　2点×6	計18点
5 Ⅰ2，3，Ⅱ1，4	3点×4	他　2点×3	計18点

解　説

1　<4分野総合>

1　核と細胞膜は植物の細胞と動物の細胞に共通して見られるつくりである。また，植物の細胞のみに液胞，葉緑体，細胞壁などのつくりが見られる。

3　40 cm^3から60 cm^3の間が10目盛りであるので，１目盛りは２ cm^3である。

4(1)　光の速さは秒速約30万kmなのに対して，音が空気中を伝わる速さは秒速約 340 mなので，光は，ほとんど瞬間的に伝わるが，音は遅れて伝わってくる。

(2)　**距離＝速さ×時間**

340×2.5＝850〔m〕

5　低気圧の中心付近では，反時計回りに風がふきこみ，上昇気流が発生する。

6　被子植物では，子房が成長して果実になり，胚珠が成長して種子になる。

7　水の電気分解の化学反応式は，水素と酸素が化合して水ができる化学反応式の逆になる。

2　**＜電気の世界・身のまわりの現象＞**

Ⅰ１　直線状の１本の導線に電流を流すと，まわりに同心円状の磁界ができる。このとき，磁界の向きは電流の向きに対して時計回りである。

2　**電圧〔V〕＝電流〔A〕×抵抗〔Ω〕**

1.2×５＝6.0〔V〕

3　コイルの動く向きは，電流の向きと磁石の磁界の向きで決まり，電流の向きか磁石の磁界の向きが反対になると，反対にふれる。

4　コイルのふれの大きさは，電流の大きさと磁石の磁界の強さで決まる。この実験の場合，電流の大きさを大きくする方法を考える。

Ⅱ**2**　透明な物質から空気中に光が出ていくとき，入射角が一定以上大きくなると，屈折する光がなくなって，境界面で反射する光だけになる現象を全反射という。

3　**図3**のような厚いガラスに光を当てたとき，光はガラスに入るときと，ガラスから出るときの２回屈折し，ガラスに入る前の光とガラスから出た後の光は平行になる。また，光が空気中からガラスや水に入るとき，屈折角は入射角よりも小さくなり，逆に光がガラスや水から空気中に入るとき，屈折角は入射角よりも大きくなる。

4　**ア**～**ウ**はそれぞれ，**ア**：反射，**イ**：全反射，**ウ**：光の直進による現象である。また，**エ**のときに見える，拡大された像を虚像という。

3　**＜植物の世界・動物の生活と生物の変遷＞**

Ⅰ１　**A**：花弁，**B**：おしべ，**C**：がく，**D**：めしべである。おしべの先端にはやくがあり，花粉がふくまれている。花には，ふつう，外側から順にがく，花弁，おしべ，めしべがある。

2　動かせるものを観察するときは，観察するものを動かし，動かせないものを観察するときは，顔を前後に動かしてよく見える位置を探す。

3　虫めがねやルーペは，物体を２～10倍程度で観察でき，花や岩石などをより詳しく観察するときに用いる。**ア**，**イ**，**エ**は，顕微鏡を用いて高倍率で観察する。

Ⅱ１　空気中の酸素は，肺呼吸によって血液中にとりこまれる。また，口から始まり，食道，胃，小腸，大腸などを経て肛門で終わる１本の長い管を消化管という。消化管には，さらに，だ液せん，肝臓，胆のう，すい臓などの器官がつながっており，ここから出される消化液と消化管の運動によって，食物が吸収される一連の流れを消化という。

2　肝臓には，「アンモニアを尿素にかえる」はたらき以外に，「胆汁をつくる」「栄養分をたくわえる」などのはたらきもある。

3　このように，刺激を受けてすぐ無意識に起こる反応を反射という。反射は，せきずいから直接命令が出されるため，考えるよりもはやく反応が起こる。

4　**＜身のまわりの物質・化学変化と原子・分子＞**

Ⅰ２　ふつう液体から固体に状態変化するときは，体積は小さくなる。ただし，水の場合は例外で，体積が大きくなる。

3　物質が状態変化するときの温度は，物質の量に関係なく，物質の種類によって決まっていて，物質が状態変化している間は，物質を加熱し続けていても温度は変わらない。

4　20℃で液体である物質は，融点が20℃より低く，沸点が20℃より高い物質である。20℃では，**A**：気体，**B**：液体，**C**・**D**：固体である。

Ⅱ２　**ア**：分解，**イ**：沸騰，**ウ**：おだやかな酸化，**エ**：化合の反応が起こっている。

3　下の表をグラフで表せばよい。

マグネシウムの質量［g］	0.40	0.60	0.80	1.00	1.20
酸素の質量　［g］	0.27	0.40	0.53	0.67	0.80

縦軸に目盛りの数値を設定するときは，目盛りの間隔や，最大目盛りの値に注意する。

5　**＜天気とその変化・大地の変化＞**

Ⅰ２　$\text{湿度〔\%〕}=\dfrac{1\,\text{m}^3\text{の空気にふくまれる水蒸気の質量〔g/m}^3\text{〕}}{\text{その空気と同じ気温での飽和水蒸気量〔g/m}^3\text{〕}}\times 100$

露点が15.0℃なのでこのときの空気１ m^3にふくまれる水蒸気は12.8 gである。20.0℃のときの飽和水蒸気量は17.3 g/m^3なので，このときの部屋の湿度は$\dfrac{12.8}{17.3}\times 100=73.9\cdots$　よって，およそ74％である。

3　気温が高いほど，飽和水蒸気量が大きい。そのため，同じ湿度でも，気温が高いほど空気中にふくむ水蒸気量は多い。

Ⅱ２　マグマが冷えてできた粒のうち，結晶になったものを鉱物という。鉱物には無色鉱物と有色鉱物があり，有色鉱物をふくむ割合が大きくなるほど，岩石の色が黒っぽくなる。

3　マグマのねばりけが強いほど，冷えると白っぽくなる成分が多い。火山灰Yは黒っぽい鉱物が多いので，マグマのねばりけが小さく，火山は傾斜のゆるやかな形をしている。

令和４年度　公立高校入試実戦問題第１回　英語

正答例

1　1　イ　　2　ア　　3　thirty

4　ウ → ア → イ（完答）　　5　ウ

6　(1)　ウ

(2)　She went to Canada to study English when she was a student.

7（例）Because I watched a soccer game on TV.

2　1　①　ウ　　②　ア

2　①　May　　②　eight

③　had a good time / enjoyed it a lot

④　singing

3（例）Whose is it (this)

4　①（例）She came to Japan to study Japanese.

②（例）She wants to be a teacher.

3　I　1　ウ　　2　ウ

II　1 (1)　Uncle John (Her uncle) did.

(2)　It is to see her pictures in a famous museum someday.

2　Becky liked drawing when she was small

III　ア

4　1　ア → ウ → イ（完答）

2　イ　　3　エ　　4　エ

5　文化の違いを知り，ともに生活すること。

6　ア，ウ　（順不同）

7　We can talk about our cultures each other.　It is important to know their way of thinking.

配　点

1　1，2　2点×2　　6(2)，7　4点×2
他　3点×4　　計24点

2　2③，3　3点×2　　4　4点×2
他　2点×5　　計24点

3　I　2点×2　　他　3点×4　　計16点

4　4　2点　　5　4点　　7　5点　　他　3点×5　　計26点

解　説

1　<聞き取りテスト台本>

<チャイムの音四つ>

これから，英語の聞き取りテストを行います。問題用紙の２ページを開けなさい。

英語は１番から４番は１回だけ放送します。５番以降は２回ずつ放送します。メモをとってもかまいません。

（約３秒間休止）

では，１番を始めます。まず，問題の指示を読みなさい。（約13秒間休止）

それでは放送します。

Keiko :　Where do you live, Mike ?
Mike :　I live near Asahi Station.
Keiko :　Do you come to school by bus ?
Mike :　No, I come to school by bike every day.

（約10秒間休止）

K：あなたはどこに住んでいるの，マイク？　M：僕は朝日駅の近くに住んでいるよ。　K：あなたは学校にバスで来るの？　M：いいや，僕は毎日自転車で学校に来るよ。

次に，２番の問題です。まず，問題の指示を読みなさい。（約13秒間休止）

それでは放送します。

Sam :　Hi, Kumiko.　You look so happy.
Kumiko :　I'm going to go to Kyoto with my family today.
Sam :　That's great.　I have to stay home this afternoon.　Well, have a nice trip.
Kumiko :　Thank you.　（約10秒間休止）

S：やあ，久美子。君はうれしそうに見えるね。　K：私は今日家族と京都に行く予定なの。　S：それはいいね。僕は午後家にいなきゃいけないんだ。ええと，すてきな旅行をしてね。　K：ありがとう。

次に，３番の問題です。まず，問題の指示を読みなさい。（約20秒間休止）

それでは放送します。

Shinji :　Hi, Maria.　We will go to a festival in a park next Sunday.　Do you want to go with us ?
Maria :　Oh, that's wonderful.　I want to go with you.　What time and where shall we meet ?
Shinji :　How about meeting at six thirty at my house ?
Maria :　OK.　See you, Shinji.
Shinji :　See you.　（約15秒間休止）

S：やあ，マリア。僕たちは次の日曜日にお祭りに行くんだ。僕たちと一緒に来ない？　M：まあ，それはすばらしいわ。私はあなたたちと行きたいわ。私たちは何時にどこで会いましょうか？　S：僕の家で６時30分に会うのはどう？　M：分かったわ。またね，真司。　S：またね。

（問題文の訳）　M：お母さん，私は次の日曜日に真司とお祭りに行くの。私は６時30分に彼の家で彼に会うわ。　母：そうなのね。あなたはそれを楽しんでね。

次に，４番の問題です。まず，問題の指示を読みなさい。（約15秒間休止）

それでは放送します。

Hello, everyone.　Last week, three students from Australia visited our school.　Look at this picture.　We enjoyed having lunch together.　I talked with them in English.　I like English, so I enjoyed talking with them.　What is your favorite subject ?　These show the favorite subjects in my class.　The most popular subject among the boys is math.　And the most popular subject among the girls is English.　I'll study English harder.

（約10秒間休止）

こんにちは，みなさん。先週，オーストラリアからの３人の生徒が私たちの学校を訪れました。この写真を見てください。私たちは一緒に昼食を食べることを楽しみました。私は彼らと英語で話しました。私は英語が好きなので彼らと話すのをとても楽しみました。あなたの好きな教科は何ですか？　これらは私のクラスの好きな教科を示しています。男子の中で最も人気のある教科は数学です。そして，女子の中で最も人気のある教科は英語です。私はもっと熱心に英語を勉強します。

次に，５番の問題です。まず，問題の指示を読みなさい。（約13秒間休止）

それでは放送します。

Last week I visited my friend in Osaka and stayed there for three days. On the second day, we walked by a river. I saw a few men on a boat in the river. My friend told me they were taking care of the fish in the river. And that it is an Osaka city project. That was interesting to me.

(約３秒おいて，繰り返す。)(約 10 秒間休止)

先週私は大阪にいる友達を訪ねてア3日間そこに滞在しました。エ2日目に私たちは川沿いを歩きました。私は川でボートの上にいくらかの男性たちを見ました。私の友達は，彼らは川で魚を世話しているのだと教えてくれました。そしてイそれは大阪市のプロジェクトでした。それは私にとっておもしろかったです。

※各記号の該当箇所は波線部参照。

次に，**6**番の問題です。まず，問題の指示を読みなさい。(約 20 秒間休止)

それでは放送します。

Hello, everyone. This is a picture of my family. I'm going to talk about my family.

There are three people in my family. This is my father. My father opened his own restaurant last month. Opening the restaurant was his dream. So he is very happy now.

This is my mother. My mother went to Canada to study English when she was a student. So my mother speaks English very well. Thank you for listening.

⑴　What did Yumi's father do last month ?

(約７秒間休止)

⑵　What did Yumi's mother do when she was a student ?

(約７秒間休止)

では，２回目の放送をします。

(最初から質問⑵までを繰り返す。)(約 15 秒間休止)

こんにちは，みなさん。これは私の家族の写真です。私は家族について話します。

私は３人家族です。これは私の父です。私の父は先月彼自身のレストランを開きました。レストランを開く事は彼の夢でした。だから彼は今とても幸せです。

これは私の母です。私の母は彼女が学生だったときに英語を勉強するためにカナダへ行きました。だから私の母はとても上手に英語を話します。お聞きいただきありがとうございました。

⑴　由美の父は先月何をしましたか？

ア　彼はあるレストランの写真を撮りました。

イ　彼はお気に入りのレストランについて話しました。

ウ　彼は彼自身のレストランを開きました。

エ　彼はすてきなレストランへ行きました。

⑵　由美の母は彼女が学生だったときに何をしましたか？

(正答例の訳) 彼女は学生だったときに，**英語を勉強するためにカナダへ行きました。**

次に，**7**番の問題です。まず，問題の指示を読みなさい。(約 15 秒間休止)

それでは放送します。

Kevin :　Oh, Chihiro ! Can you help me to do my homework ?

Chihiro :　Oh, Kevin, you had to finish it yesterday. Why didn't you do it yesterday ?

Kevin :　(　　　　　　　　　　　　　　　　)

(約３秒おいて，繰り返す。)(約１分間休止)

K：おお，千紘！　僕の宿題を手伝ってくれるかい？　C：こんにちは，ケビン。あなたはそれを昨日終わらせなければいけなかったのよ。なぜあなたは昨日それをしなかったの？　K：(正答例の訳) **テレビでサッカーの試合を見ていたからだよ。**

<チャイムの音四つ>

これで，聞き取りテストを終わります。次の問題に進みなさい。

2　**<英文表現>**

1　M：こんにちは，ビル。私は数学についてたくさんの質問があるの。②**時間あるかしら？**　B：申し訳ないけれど，僕はお母さんと買い物に行く予定だから家に帰らないといけないんだ。君はナンシーに質問することができるよ。M：①**それはいい考えね**。彼女は数学がとても好きだわ。ありがとう。　B：どういたしまして。また明日。

2　H：やあ，優子。君のクラスがボランティア活動をしたと聞きました。君たちはそれをいつしたのですか？　Y：私たちはそれを①**5月** 20 日にしました。私たちのクラスの 37 人の生徒が６か所でボランティア活動をしました。私はＢグループに参加しました。私は他の②**8** 人のメンバーと海沿いのゴミを集めました。　H：なるほど。あなたたちはたくさんのゴミを集めましたか？　Y：ええ，集めました。私たちはとてもたくさんのゴミを見たとき悲しく感じました。でもその活動の後，私たちはとてもうれしかったです。　H：おお，それはよかった。その他の生徒たちは何をしたのですか？　Y：11 人の生徒がお年寄りを訪ねて彼らと話しました。この報告書にはそれについての感想が載っています。生徒のうちの１人が「私たちはお年寄りと③**楽しい時間を過ごしました**」と言っています。そして私の友達のうちの１人は幼稚園を訪れました。彼女は小さな子どもたちと④**歌うこと**を楽しみました。彼女はすべての子どもが幸せそうに見えたためとてもうれしかったと言っていました。　H：それはすばらしいです。

3　T：やあ，メアリー。僕はこのペンを見つけたよ。**それは誰のもの**？　M：それはジムのものよ。

4　①**【別解】She came here to learn Japanese.**

②**【別解】Her dream is to be a teacher.**

3　**<英文読解>**

Ⅰ１　何人のメンバーがスポーツをしましたか。

※表中の，家の外でスポーツをすることに○があるのは，恵美と志穂，美帆の３人である。

２　誰が家の外で活動するよりも家で活動しましたか。

※表中の，家での活動に○をしている数が，家の外での活動に○をしている数より多い人を見る。浩太と拓のみが該当する。

Ⅱ　私の名前はベッキー・ブラウンです。先週は私の 14 歳の誕生日でした。私の父と母は私たちの家で私のためにパーティーを開きました。彼らは私の親友たちと私のおじのジョンを招待しました。皆私のためにすてきなプレゼントを持ってきました。私の父と母は私にセーターを買ってくれ，私の友人の何人かは本とカバンをくれました。しかしジョンおじさんのプレゼントが私にとって1番でした。彼は色鉛筆の箱を私にくれました。たくさんの美しい色がありました。ジョンおじさんは「君は小さかったとき絵を描くことが好きだった。**私はそれを覚えているよ**。私は君がこれらで何か特別なものを描いてくれることを願っているよ」と言いました。

現在私は毎日放課後に絵を描く練習をしています。私の父と母は私の絵が大好きです。ジョンおじさんもそれらが好きです。

私には大きな夢があります。私はいつか有名な美術館で私の絵を見たいです。だから私は毎日練習して，私の夢が叶うかもしれません。

1(1)　誰がベッキーにとって1番のプレゼントをくれましたか？

（正答例の訳）**ジョンおじさんがくれました。**

(2)　ベッキーの夢は何ですか？

（正答例の訳）**いつか有名な美術館で彼女の絵を見ることです。**

Ⅲ　私の夢は宇宙飛行士になることです。この前の夏，私の父が私を宇宙センターに連れて行きました。それは宇宙についてたくさんのことを私たちに教えてくれます。私たちが出入り口に着いたとき，2つの研究所の間に博物館を見ました。それらの建物の後ろに何か高くて白いものを見ました。「あれは何？」と私はたずねました。「それはH-Ⅱロケットの模型だよ。それは高さ50メートルで重さが130トンあるんだ。本物のH-Ⅱロケットは模型と同じ位高く，重さが260トンあるんだよ」と父は言いました。

博物館で，ある案内係が私たちに地球と月の歴史を教えてくれました。私は彼女にたくさんのことをたずねてたくさん学びました。私はいつか宇宙に行き，そこで何か面白いものを見つけられると期待しています。

4　＜長文読解＞

沙織は中学生だ。彼女の夢は世界中の人々のために働くことだ。昨年の夏，彼女はオーストラリアに行き，韓国人家族の家に滞在した。

彼女が日本を発つ前，彼女の英語の先生であるブラウン先生は彼女に「外国の人々との生活は君にとって驚きだろうね。それが良い驚きであることを願っているよ」と言った。

沙織はたくさんの希望を胸に彼女のホームステイを始めた。しかし彼女にとって事はうまく運ばなかった。彼女のホストファミリーの生活方法は彼女のものととても異なっていた。彼らは早寝早起きで，夕方の早い時間に夕食を済ませた。沙織は彼らと一緒に夕食をとることができず，彼らと話す十分な時間を持てなかった。もう一つの問題は言語だった。彼女のホストファミリーは彼らの間ではたいてい韓国語を使った。彼女は悲しく感じ，①**日本に帰りたかった**。

ある夕方，沙織がシャワーを浴びた後，ホストマザーが彼女に「あなたのシャワーは長すぎるわ。水を節約しなさい」と言った。沙織は驚き，彼女の部屋に走って行った。間もなく彼女のホストファザーが来て，ほほえみながら「大丈夫かい，沙織？　彼女は怒って②**いない**よ。水を節約することはオーストラリアではとても大切なんだ。彼女は同じことを家族みんなに言うよ。だから君は心配しすぎる必要はないよ。ほら，君は家族の一員なんだ。君は家族の一員として何ができるかな？　それについて考えてみるべきだよ」と言った。ホストファザーと話した時，沙織はうれしかった。沙織は「私はただ，ホストファミリーが多くの事を私のためにするだろうと考えていたわ。③**私は小さな子どもみたいだったわ**」と自分自身に言った。

翌日から，沙織は変わった。ホストファミリーとの時間を持つために彼女はより一層朝早く起き，より一層早く家に帰った。彼らとの夕食はずっと良かった。彼らと話すことにより，彼女はオーストラリアと韓国についての多くのことを学んだ。彼女は新しいことに挑戦もした。彼女は韓国語を学び，彼らに日本語を教えたのだ。彼女のホストマザーは，沙織がとても変わったのでうれしかった。彼女は沙織に，「外国の文化の中で大切なことは，違いを知り，ともに生活することよ。④**今ならあなたはそれができるわね**」と言った。

日本に帰った後，沙織はブラウン先生に「私は外国の人々を理解する方法について心配していましたが，ただそれについて考えるだけでは決して答えを得ることはできませんでした」と言った。ブラウン先生は「それでは君は何をしたの？」とたずねた。沙織は「ええと，私は心配することをやめ，すべての小さいことに挑戦しました。そうしたら，私のホームステイはずっとすばらしいものになりました」と答えた。「君は良いホームステイをしましたね」とブラウン先生はほほえんだ。

1　**ア**　本文10・11行目　**→**　**ウ**　本文11～14行目　**→**　**イ**　本文18・19行目

2　**ア**　彼らに日本語を教えてみた
　ウ　ブラウン先生と話した
　エ　たくさんの国へ行った

5　本文訳波線部参照。

6　**ア**　**沙織はホームステイを始めた時，いくらかの問題を抱えていた。**
　イ　ホストファミリーは彼らがシャワーを使う時，決してお湯を節約しなかった。
　ウ　**ホストファミリーの言葉は沙織の考え方を変えた。**
　エ　沙織はオーストラリアでホームステイ中に韓国語を学ばなかった。
　オ　ブラウン先生はオーストラリアへ行き，沙織に質問の答えを与えた。

7　S：こんにちは，メアリー。　M：こんにちは，沙織。おかえりなさい！　あなたはホームステイを楽しんだ？　S：ええ，楽しんだわ。　M：あなたは何か問題があった？　S：あったわ。私は日本と他国の違いを理解できなかったの。　M：本当に？　大丈夫だったの？　S：ええ。私は，外国の文化で重要なことは，違いを知って，ともに生活することだと学んだわ。　M：そうなのね。他に何か，外国の人々を理解するためにできることがあるかしら？　S：**私たちはお互いに私たちの文化について話すことができるわ。彼らの考え方を知ることは大切なことよ。**　M：私もそう思うわ。

令和４年度　公立高校入試実戦問題第１回　社会

正答例

1　Ⅰ　1　**ア**　　2　**南アメリカ大陸**　　3　**エ**

4　**Ｙの地域に比べると，Ｚの地域の面積が地図上では地球儀よりも大きくなっている。**

5　**ア**

6(1)　**日本に比べ，賃金が安くて豊富な労働力がある**

(2)　**多国籍企業**

Ⅱ　1　**太平洋ベルト**　　2　**大陸棚**　　3　**イ**

4　**農家一戸あたりの耕地面積が広い**

5(1)　**イ**　　(2)　**エ**

Ⅲ　**原子力によるエネルギー自給率の割合は低下した**

2　Ⅰ　1①　**刀狩**（漢字２字）　　②　**参勤交代**

2　**ウ**　　3　**守護**

4　**下の身分の者が，実力で上の身分の者をたおすこと。**（24字）

5(1)　**イ**　　(2)　**宣教師を国外追放した。**

6　**ウ→エ→ア→イ**

Ⅱ　1　**国際連合**（漢字４字）

2　**ア→ウ→イ→エ**　　3　**ア**

4　**日本が外国に領事裁判権を認めた。**

5　**ソビエト社会主義共和国連邦／ソ連**

6Ａ　**イ**　　Ｂ　**イ**（完答）

Ⅲ　**明との貿易で得た産物を日本・朝鮮・東南アジアへ転売する中継貿易を盛んに行った**

3　Ⅰ　1　**愛知県→静岡県**（完答）　2　**足尾銅山**

3　**元寇**　　4　**エ**　　5　**ウ**

6　**三角州は河口部にできる**

Ⅱ　1　**仏教**　　2　**ウ**　　3　**本初子午線**

4　**岩倉使節団**　　5　**シルクロード**

6　**遣唐使が停止されたころから発達した日本風の文化。**

Ⅲ　**外国の進んだ技術や機械を取り入れて，生糸の質を良くし，生産量を増やす役割や，日本各地に新しい技術を広める指導者を育てる役割。**（62字）

配　点

1	Ⅰ4　Ⅲ　3点×2　　他　2点×12	計30点
2	Ⅲ　3点　　他　2点×14	計31点
3	Ⅲ　4点　Ⅱ6　3点　　他　2点×11	計29点

解　説

1　**＜地理総合＞**

Ⅰ1　日本は，兵庫県明石市を通る東経135度の経線を日本の標準時に定めている。日本と同じ緯度，経度に位置する国や地域についてもおさえておこう。

2　**略地図２**は東京を中心とした正距方位図法でえがかれており，東京の真東には南アメリカ大陸がある。

3　アマゾン川流域では**熱帯林**が広がっているが，開発のために森林が大量伐採され，環境破壊が進んでいる。針葉樹林は主に寒い地域で見られる植物。

4　緯線と経線が直角に交わる地図では，高緯度の地域は低緯度の地域に比べて面積が大きく描かれる。

5　人口と日本からの輸入額が二番目に多い**ア**がアメリカ。**イ**－サウジアラビア，**ウ**－中国，**エ**－ロシア。

6(1)　物の値段は，材料費に加えて，人件費などの製造にかかるコストともうけで決まる。

Ⅱ1　日本は，工業原料の多くを輸入にたよっており，輸送の利便性から，太平洋ベルトには，多くの工場が集中している。近年は，**北関東工業地域**など，内陸型の新しい工業地域も形成されるようになった。

3　乳用牛は，北海道のような酪農が盛んな地域だけではなく，新鮮さを大切にする面から，大消費地である大都市近郊の地域で産出額が高くなっている。肉用牛の産出額は，鹿児島，北海道，宮崎，熊本，岩手などが高くなっている。

5(1)　２万５千分の１の地形図では，等高線の主曲線は10ｍ間隔，計曲線は50ｍ間隔で引かれている。Ａの標高は1610ｍ，Ｂの標高は1880ｍ。

(2)　等高線の幅が狭くなっていることから，傾斜が増したことがわかる。**ア**－北東ではなく北西，**イ**－3.5㎝×25,000＝87,500㎝＝875ｍ，**ウ**－果樹園の地図記号は。

Ⅲ　**資料**から，エネルギー全体の自給率が下がっていること，その要因は原子力の割合の低下によることが読み取れる。

2　**＜歴史総合＞**

Ⅰ1①　刀狩は武力による農民の一揆を防ぎ，耕作だけに従事させるために制定された。**太閤検地**も行い，全国の土地が統一的な基準で表されるようになった。刀狩と検地により，武士と農民の身分の区別が明らかになった（**兵農分離**）。

②　参勤交代によって，大名は多額の出費を強いられた。武家諸法度には，大名が幕府に反抗するのを防ぐ目的があった。

2　**摂政**は天皇が女性や幼少のときに，代わりに政治を行う。**執権**は，鎌倉幕府で北条氏が就いた役職。

3　国ごとに**守護**が，荘園や公領ごとに**地頭**が置かれた。

5(1)　朝鮮出兵は秀吉の死をもって全軍の引き上げが命じられた。朝鮮から大名たちが連れ帰った陶工たちによって，有田焼などの焼き物が日本で始められた。

(2)　**バテレン追放令**によって国外追放されたが，宣教師の一部は日本にとどまって布教活動を続けており，また，秀吉が直接支配することになった長崎では**南蛮貿易**が盛んだったため，キリスト教徒は増加していった。

6　**ウ**－徳川家康が1604年に始めた**朱印船貿易**であ

り，東南アジアの各地に**日本町**ができた→**エ**－1641年であり，その後は長崎でオランダと中国とのみ貿易を行った→**ア**－1680年から将軍となり，**生類憐みの令**などを定めた→**イ**－1772年に老中となり，株仲間を奨励するかわりに営業税を取った。

Ⅱ 1　ソ連との国交を**日ソ共同宣言**によって回復し，国際社会に復帰した。

2　1853年→1860年→1866年→1867年。ペリーの来航後，老中の**井伊直弼**は朝廷の許可を得ないまま**日米修好通商条約**を結んだが，井伊が開国に反対した大名や公家を処分したことにより，**尊王攘夷運動**が急速に高まり，井伊は桜田門外で暗殺された。薩摩藩も倒幕をめざすようになり，長州藩と**薩長同盟**を結んだ。このような動きの中で，徳川慶喜は，朝廷を中心にした新政権に影響力を残すため，政権を朝廷に返す**大政奉還**を行った。

3　函館。日米修好通商条約によって開かれた5港は函館，新潟，神奈川（横浜），兵庫（神戸），長崎。

4　**資料**は1886年におきたノルマントン号事件。イギリス船ノルマントン号が沈没し，日本人乗客が全員水死したが，イギリス人船長は軽い罰が与えられただけだったため，条約改正を求める声が高まった。

6B　蒋介石は国民党の指導者。1937年におきた日中戦争では，蒋介石の国民党と毛沢東の共産党はお互いに協力し，**抗日民族統一戦線**を結成した。

3　＜地歴総合＞

Ⅰ 3　文永の役と弘安の役をあわせて**元寇**という。

4　桃山文化のものを選ぶ。他には，**狩野永徳**の屏風絵や，出雲の阿国が始めたかぶき踊りなど。**ア**－室町時代の文化，**イ**－元禄文化，**ウ**－鎌倉時代の文化。

5　**ウ**，**エ**は軽量で航空機を使っても採算のとれる集積回路の輸出が多いことから関西国際空港か成田国際空港。関西国際空港は電気機械の生産が盛んな**阪神工業地帯**の近くにあることから判断する。**ア**は自動車の輸出が多いことから，自動車工業のさかんな地域にある名古屋港。**イ**は神戸港。

6　**三角州**は，河川が運んだ細かい砂や泥が河口部に堆積してできる地形のこと。

Ⅱ 1　現在，インドではヒンドゥー教を信仰する人々が多い。仏教，キリスト教，イスラム教は三大宗教。

2　世界の人口は約78億人。アジアには世界の約6割の人々が住んでいる。

4　**岩倉具視**を全権大使として派遣された使節団。不平等条約の改正を目的として派遣されたが，欧米の進んだ政治や産業，社会状況を目の当たりにした一行は，日本の国力の充実の必要性を痛感して帰国。

6　**菅原道真**が，唐のおとろえと往復の危険を理由に遣唐使の派遣の延期を訴えて認められた。

Ⅲ　富岡製糸場の操業により，当時最も重要な輸出品だった生糸の増産と品質の改良が進んだ。

令和４年度　公立高校入試実戦問題第１回　数学

正答例

1 1(1)　-14　(2)　$\frac{1}{2}$　(3)　$2xy^3$

(4)　x^2-4x+3　(5)　$x=-4$

2　7.07　3　$a=-3$

4　25(度)　5　ウ，ア，イ

2 1　$\frac{7}{15}$

2(1)　15(試合)　(2)　$\frac{n(n-1)}{2}$(試合)

3

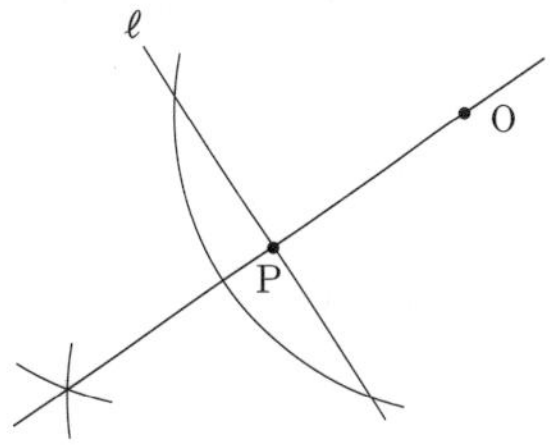

4
$$\begin{cases} x+y=70 & \cdots\cdots① \\ (1-0.2)x+(1+0.1)y=68 & \cdots\cdots② \end{cases}$$

②を整理して，

$0.8x+1.1y=68$　……②′

②′×10　$8x+11y=680$

①×8　$-)\ 8x+8y=560$

$3y=120$

$y=40$　……③

③を①に代入し，　$x+40=70$

$x=30$

今月の男子の人数は，$30\times0.8=24$ 人

今月の女子の人数は，$40\times1.1=44$ 人

答　今月の男子　24人，今月の女子　44人

3 1ア　216　イ　4.3

2(1)　1（冊）

(2)　1冊以上本を借りた人の割合（相対度数）は，

A組が，$32\div34=0.9\cdots$

B組が，$31\div36=0.8\cdots$

よって，A組の方がB組よりも大きい。

4 1　$y=\frac{2}{25}x$

2　イ，オ（順不同）

3(1)　右図

(2)　$\frac{35}{2}$（分）

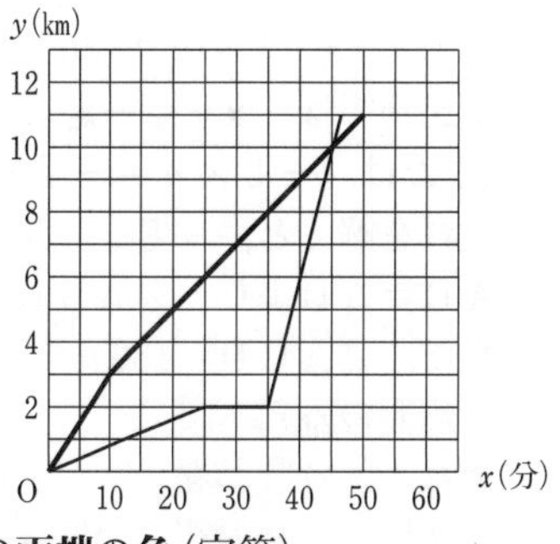

5 1　65（度）

2ア　AC＝CB

イ　CAF

ウ　⊥

エ　1組の辺とその両端の角（完答）

3(1)　27（cm^2）

(2)　点Fから辺BCに垂線をひき，その交点をHとする。求める立体の体積は，辺BCを軸として，四角形AFBCを1回転させてできる立体の体積から，△ABCを1回転させてできる立体の体積をのぞいた部分の体積となる。

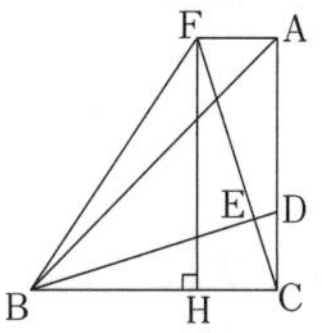

FH＝AC＝6（cm）

HC＝FA＝$\frac{1}{3}$AC＝2（cm）

$BH = 6 - 2 = 4$ (cm)

四角形AFBC＝△BHF＋四角形FHCA

△BHF，四角形FHCAを，それぞれ辺BCを軸として1回転させてできる立体の体積の和は，

$\frac{1}{3} \times 6^2\pi \times 4 + 6^2\pi \times 2 = 120\pi$ (cm^3)

△ABCを，辺BCを軸として1回転させてできる立体の体積は，

$\frac{1}{3} \times 6^2\pi \times 6 = 72\pi$ (cm^3)

求める体積は，$120\pi - 72\pi = 48\pi$ (cm^3)

答　48π cm^3

配　点

1	3点×9	計27点
2	4点×5	計20点
3 1，2(1)	3点×3　　2(2)　4点	計13点
4 2	4点(1つだけ正しいものは2点)	
他	3点×3	計13点
5 1	3点　　3(2)　6点　　他　4点×2	計17点

解　説

1　＜計算問題・小問集合＞

1(1)　かっこの中から先に計算する。

$(3-5) \times 7 = -2 \times 7 = -14$

(2)　わり算から先に計算する。約分を忘れない。

$\frac{3}{4} - \frac{1}{6} \div \frac{2}{3} = \frac{3}{4} - \frac{1}{6} \times \frac{3}{2}$

$= \frac{3}{4} - \frac{1}{4} = \frac{2}{4} = \frac{1}{2}$

(3)　$3x^2y^3 \times (-2y)^2 \div 6xy^2 = 3x^2y^3 \times 4y^2 \times \frac{1}{6xy^2}$

$= \frac{12x^2y^5}{6xy^2} = 2xy^3$

(4)　乗法公式を用いる。

$(x+a)(x+b) = x^2 + (a+b)x + ab$ より，

$(x-3)(x-1)$

$= x^2 + (-3-1)x + (-3) \times (-1)$

$= x^2 - 4x + 3$

(5)　$x - 3(2x+1) = 17$

$x - 6x - 3 = 17$，$-5x = 20$，$x = -4$

2　$\sqrt{50} = 5\sqrt{2}$　これに，$\sqrt{2} = 1.414$を代入し，

$5\sqrt{2} = 5 \times 1.414 = 7.07$

3　**反比例では，xy＝一定**より，$-8 \times a = 2 \times 12$

(または，$-8 \times a = -4 \times (-6)$)が成り立つ。

これを解くと，$-8a = 24$，$a = -3$

4　AB＝ADより，∠ADB＝(180°－40°)÷2＝70°

また，∠ACD＝180°－135°＝45°

三角形の外角は，それと隣り合わない2つの内角の和に等しいから，

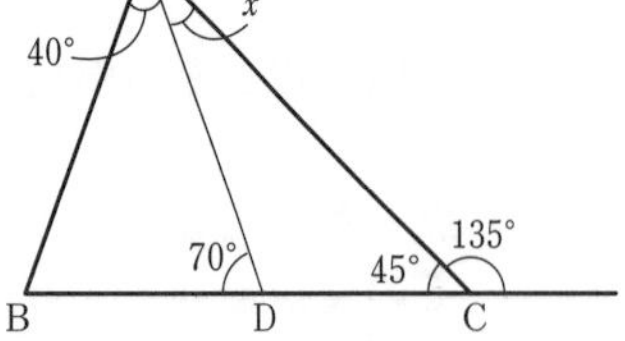

∠x＋45°＝70°

∠x＝70°－45°

＝25°

5　**ア**は三角柱，**イ**は台形を底面とする四角柱，**ウ**は正方形を底面とする正四角錐。高さをh cmとすると，

アは，$\frac{1}{2} \times 4 \times 4 \times h = 8h$ (cm^3)

イは，上底をa cm，下底を4 cmとすると，

$\frac{1}{2}(a+4) \times 4 \times h = (8+2a)h$ (cm^3)

ウは，$\frac{1}{3} \times 4^2 \times h = \frac{16}{3}h$ (cm^3)

hの係数を比較すると，$\frac{16}{3} < 8 < (8+2a)$だから，

体積の小さい順に，**ウ**，**ア**，**イ**となる。

2　＜確率・文字式・作図・連立方程式＞

1　玉の取り出し方は下の樹形図より

$5+4+3+2+1=15$(通り)

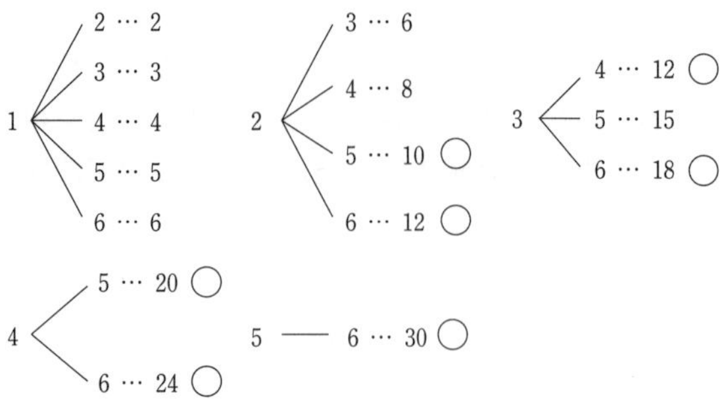

取り出した2個の玉に書かれた数の積が2けたの偶数となるのは○のついた7通りだから，$\frac{7}{15}$

2(1)　1チームあたりの試合数は5試合で，$6 \times 5 = 30$(試合)と考えると，1試合を2回数えることになるから，総試合数は，$30 \div 2 = 15$(試合)。

(2)　(1)と同様に考えると，参加チーム数がnチームのとき，1チームあたりの試合数は，$(n-1)$試合。

よって，$n(n-1) \div 2 = \frac{n(n-1)}{2}$(試合)

3　円の接線は，その接点を通る半径に垂直だから，円の中心を通る，接線に対する垂線を作図し，その交点をとればよい。ここでは，点Oを通る，直線ℓに対する垂線を作図し，直線ℓとの交点をPとする。

(別解)①直線ℓ上に中心があり，点Oを通る任意の円を2つかき，直線ℓに対して点Oと対称な点をとる。

②①でとった点と点Oを通る直線をひき，その直線と直線ℓとの交点をPとする。

4　方程式で求めたのは先月の人数だから，そこから今月の人数を求めるのを忘れないように注意する。

3　＜資料の整理＞

1　**ア**　301－85＝216(36×6＝216)

イ　(平均値)＝(冊数の合計)÷(生徒数)より

301÷70＝4.3

2(1)　3年生70人の冊数と人数の関係を表にまとめると下の通りになる。

冊数(冊)	0	1	2	3	4	5	6	7	8	9	10
人数(人)	7	16	15	8	3	3	2	2	1	1	2

冊数(冊)	11	12	13	14	15	16	17	18	19	20
人数(人)	1	3	2	1	0	1	0	1	0	1

最頻値は最も度数の高い階級の階級値だから，1冊。

(2)　(1冊以上本を借りた人の人数)＝(生徒数)－(0冊の人数)だから，ヒストグラムより，

A組は，34－2＝32(人)

B組は，36－5＝31(人)となる。

4　＜関数とグラフ＞

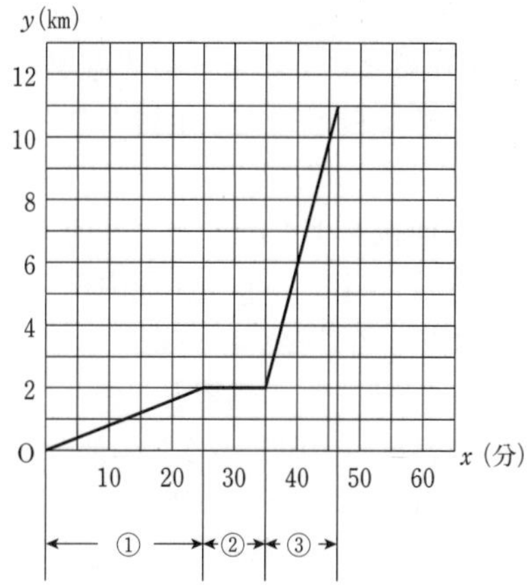

グラフの①～③はそれぞれ，

① Kさんが歩いて友だちの家まで行くとき

② 友だちの家で話をしているとき

③ 友だちの父親が運転する自動車で映画館に向かっているとき

を表している。

1 問題文から，Kさんが歩いているのは，$0 \leqq x \leqq 25$ のとき。このときのグラフの式を，$y = ax$ とすると，グラフが点(25，2)を通るから，$y = ax$ に点の座標を代入し，$2 = 25a$，$a = \frac{2}{25}$

よって，求める式は，$y = \frac{2}{25}x$

2 **ア** 時間は x 軸で表されている。グラフより，歩いていた時間は25分間だから，**正しくない**。

イ y はKさんの自宅からの道のりを示す。また，(25，2)が，Kさんが出発してから友だちの家に着くまでの時間と道のりを表しているから，友だちの家までは2kmなので，**正しい**。

ウ 友だちの家に着いたのは，歩き始めてから25分後。それから35分まで y の値が一定で，これが友だちの家で話をしていた時間にあたるから，$35-25=10=10$(分間)だから**正しくない**。

エ $y=2$ より，友だちの家はKさんの家から2kmはなれた位置にある。また，$y=11$ より，映画館はKさんの家から11kmはなれており，友だちの家はその途中にあるから，友だちの家から映画館までは，$11-2=9$ (km)より，**正しくない**。

オ グラフから，$y=6$ のとき，$x=40$ つまり，Kさんが自宅を出てから40分後の，自宅からの道のりが6kmであることを示すから，**正しい**。

よって，**イ**と**オ**を選ぶ。

3(1) 時速18kmで進んでいるときのグラフの傾きは，

$\frac{18}{60} = \frac{3}{10}$

これが原点Oを通るから，$y = \frac{3}{10}x$

また，時速12kmで進んでいるときのグラフの傾きは，$\frac{12}{60} = \frac{1}{5}$

これが点(50，11)を通るから，

$y = \frac{1}{5}x + a$ に(50，11)の座標を代入し，

$11 = \frac{1}{5} \times 50 + a$，$a = 1$ より，$y = \frac{1}{5}x + 1$

この2直線の交点の x 座標は，

$\frac{3}{10}x = \frac{1}{5}x + 1$，$\frac{1}{10}x = 1$，$x = 10$

$x=10$ のときの y 座標は，$y = \frac{3}{10} \times 10 = 3$

よって，$0 \leqq x \leqq 10$ のとき，2点(0，0)，(10，3)を結ぶグラフを，$10 \leqq x \leqq 50$ のとき，2点(10，3)，(50，11)を結ぶグラフをそれぞれかけばよい。

(2) グラフから，自動車は5分で4km進んでいることがわかるから，自動車で9km進むには，

$x : 9 = 5 : 4$，$4x = 45$，$x = \frac{45}{4}$ より，$\frac{45}{4}$ 分かかる。よって，Kさんが自宅を出てから映画館に着くまでにかかった時間は，$25 + 10 + \frac{45}{4} = \frac{185}{4}$ (分)

また，時速18kmで進んだ時間を t 分とすると，時速12kmで進んだ時間は，$\left(\frac{185}{4} - t\right)$ 分と表され，時速18kmで進んだ道のりと，時速12kmで進んだ道のりの和は11kmとなることから，

$\frac{3}{10}t + \frac{2}{10}\left(\frac{185}{4} - t\right) = 11$，両辺を20倍し，

$6t + 185 - 4t = 220$，$2t = 35$，$t = \frac{35}{2}$

よって，$\frac{35}{2}$ 分。

5 ＜平面図形＞

1 $\angle BCF = 90° - 25° = 65°$

また，AF//CBより，平行線の錯角は等しい。

よって，$\angle AFC = \angle BCF = 65°$

3(1) 仮定より，AF//CBだから，1組の対辺が平行なので，四角形AFBCは台形である。

△ABCは，直角二等辺三角形だから，

AC＝BC＝6 (cm)

また，△AFC≡△CDBより，

$AF = CD = \frac{1}{2}AC = \frac{1}{2} \times 6 = 3$ (cm)

よって，四角形AFBCの面積は，

$\frac{1}{2} \times (3 + 6) \times 6 = 27$ (cm^2)

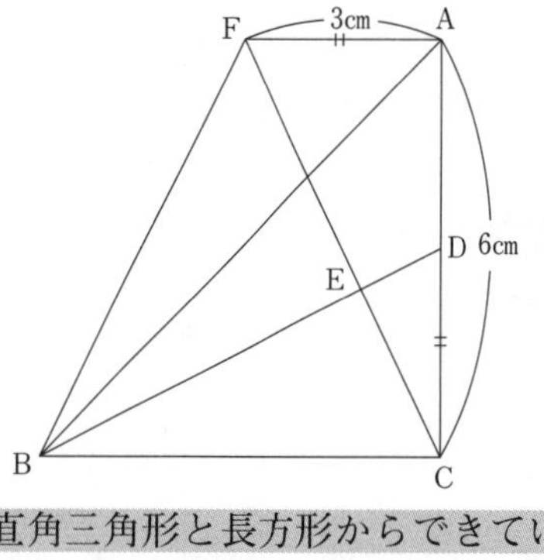

(2) 台形が直角三角形と長方形からできていることに着目すると，台形の回転体は，2つの図形の回転体の体積の和に等しくなることを利用する。

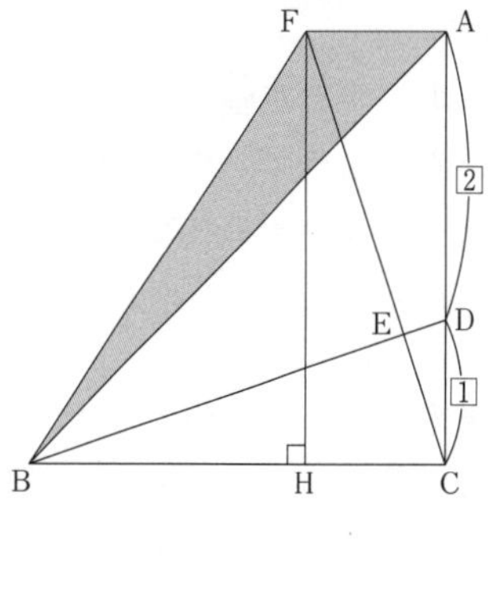

令和四年度　公立高校入試実戦問題第二回　国語

正答例

1
1 (1) 功績　(2) 奮　(3) 鉱脈
(4) せんぷく　(5) す　(6) きんせん
2 ウ

2
1 ア
2 Ⅰ 自分を確かめるため
Ⅱ 過去を知るということ
3 人間は，自分の未来について自覚的に思考し，そのうえで行動を選択できる能力を持つ一方で，反理性的な，常軌を逸した行動にはしることがあるから。
4 エ　5 ウ

3
1 こたうるように
2 五月の空で闇が深く，雨も降っていたから。
3 エ
4 Ⅰ 月
Ⅱ 弓の腕前だけでなく，和歌の技量にも優れた

4
1 エ　2 おじさんの目
3 後始末　4 イ
5 自分の人生を自分で切り開くこと
6 Aでははっきりしない言動を頼りなく思っているが，Bでは厳しさと優しさをあわせもつ立派な大人だと思っている。

5
　伊藤さんの班で作成した改善案の工夫点は、次の二点である。一点目は、何の案内なのかを明確にした点だ。二点目は、第２駐車場の場所を分かりやすく表示した点だ。
　私は、伝えたい内容がうまく相手に伝わるためには、相手がどんな状況にあり、どのような反応を示すかなど、常に「相手」を意識して伝えることが大切だと考える。

配　点

1	2点×7	計14点
2	1　3点　2　3点×2　3　7点　4　5点 5　5点	計26点
3	1　2点　2　4点　3　3点 4　4点×2	計17点
4	1　2点　2　4点　3　3点　4　4点 5　4点　6　7点	計24点
5	9点	

解　説

1 ＜漢字・書写＞

2　行書は「点画が次の点画につながるように」流れるように書いたものなので，ウが適当。アは楷書の特徴。イとエは書写をする上での注意点であり，楷書にも行書にもあてはまる。

2 ＜論説文＞

1　あとに「未来への不安はありませんでした」とある。「永遠の繁栄」を信じて疑わない，「不安」とは全く反対の心理なので「楽天的」が適当。

2　空欄前後の言葉に注意すること。(二) の二・三文目に，「過去を知るということ～最も確実な方法」「自分を確かめるための最も確実な手掛かり」という表現がある。

3　――線部②の前後をよく読むと，直前には人間の能力について，直後にはどのような理由からそう言えるのかが述べられていることがわかる。

4　エが，(八) ～ (十一) の内容と一致している。アは「他者の思考内容を～大切である」の部分が，イは「過去を～懐疑につながるので」の部分が，ウは「未来に対する～その不安を手掛かりに」が不適である。

5　前段落，後段落と結ぶ言葉や，意味内容のつながりを元に考える。それぞれのまとまりの内容を簡単に表すと，(一)・(二) は「過去を知る＝自分を確かめる」，(三)・(四) は「過去への関心＝未来への関心や不安」，(五)・(六) は「過去，現在，未来のつながり」，(七) は「人間の能力」，(八) ～ (十一) は「歴史を学ぶ＝未来への手掛かり」となる。

3 ＜古文＞

(口語訳) 高倉院のご時世，御殿の上で，鵺が鳴いたのを，「不吉なことである」といって，「どのようにしたらよいか」ということだったが，ある人が，(弓の名人の) 源頼政に射させなさるのがよいということを，進言したので，「その通りだ」ということになって，(頼政は，院に) 召し出されて参上した。

　この (鵺が鳴いて不吉だとの) ことを (院が) 仰せになられると，(頼政は) 恐れつつしんで，天皇の命令を承って，心の中に思ったことは，「昼間でさえも，小さい鳥であるから捕らえにくいのに，(今は) 五月の空 (梅雨空) で闇が深く，雨までも降って，言いようもない。自分は，もはや①武運も，尽きてしまった」と思って，八幡大菩薩を心の中に祈念し申して，②鵺の鳴き声がする方向に，矢を放った。③手ごたえがあったように思われたので，近寄って見ると，見事に的中していた。院のご機嫌を初めとして，人々の，感嘆は言うまでもない。

　後徳大寺左大臣は，その当時は，中納言で，(院からの) ほうびを (頼政の肩に) お掛けになったときに，このように (詠んだ)，「ほととぎす (のように，頼政) はその名声を雲の上 (院の御殿の上) までもとどろかしたことだよ」(この中納言の歌の上の句を聞いて) 頼政は，すかさず，「弓を張ったときのような弦月が (山の端に) 入る，そのような弓を射るのに任せながら」と (下の句を) つけたのであったが，見事であった。

1　語頭以外のハ行はワ行に直し，「ア段＋う」は「オ段＋う」に直す。

2　「五月」は現在の六月。梅雨空で暗かった上に，雨まで降りだしてしまい，到底しとめることはできないだろう，運が悪いと思ったのである。

3　鵺の姿が見えないため，鵺の声でねらいをつけたのである。

4　二つの意味がある左大臣の上の句に対して，すぐに二つの意味に対応する下の句をつけたところに和歌の才能があると言える。弓の名人であることは一大事に任命されたこと，そして成功させたことからわかる。

4 ＜小説文＞

1　活用形はあとに続く語が何かで判断できる。——線部①と**エ**は連用形。**ア**は連体形，**イ**は未然形，**ウ**は仮定形。

2　「うなだれている」とは，悲しみや恥ずかしさなどのため，首をたれて，下を向いている状態。元気がない，力を失った様子を表している。「——線部②より後から」と指定があるので，「父さん」にしかられたあとの「おじさん」の描写から前向きな姿勢を表す文を探せばよい。

4　「ヒロト」が「父さんは冷たいね」と言っているのに対し，「おじさん」は「ヒロトには冷たく聞こえたかもしれないけど，お父さんはこれまで誰も言ってくれなかった一番温かい言葉を俺にくれたんだ」と，「ヒロトの思い違いを訂正」し，「諭そう」としている。

5　「一番温かい言葉」とは，「父さん」が「おじさん」に言った言葉のことなので，夜中に「父さん」が「おじさん」に話している部分に着目する。

6　**A**の「ぬるい」の意味合いは，直後の段落で描かれた「父さん」の様子から考える。**B**は，「冷たいと温かいの両方」という表現の意味を考える。「冷たい」は「厳しさ」，「温かい」は「優しさ」ということである。**A**は否定的な見方だが，**B**は肯定的な見方になっていることにも着目する。

5 ＜作文＞

伊藤さんの班で作成した**資料３**の改善案と**資料１**の「お知らせ」とを見比べて，その違いを工夫点として書けばよい。また，「伝えたい内容がうまく相手に伝わるにはどうすればよいか」自分の意見も合わせて書くこと。

［**採点基準の例**］

⑴　**工夫点**…４点

伊藤さんの班で作成した改善案の工夫点が明確に書けているかを，４点（良い），２点（不明瞭），０点（書けていない）の３段階に評価する。

⑵　**考え**…５点

伝えたい内容がうまく相手に伝わるにはどうすればよいか，自分の考えが明確に書けているかを，５点（優れている），４点（良い），２点（不明瞭），０点（書けていない）の４段階に評価する。

⑶　**段落指定を守っていないもの**…減点２点

⑷　**行数を満たしていないもの**…減点３点

⑸　**表記**…最大減点４点（一か所ごとに減点１点）

①　原稿用紙の使い方の誤り。

②　誤字脱字，符号の用法の誤り。

③　用語や文の照応の不適切なもの。

④　文体が常体または敬体で統一されていないもの。

令和４年度　公立高校入試実戦問題第２回　理科

正答例

1　1　イ　　2　ア，ウ(順不同・完答)

3　440〔回〕　　4　①　イ　　②　ア(完答)

5　a　セキツイ　　b　鳥　(完答)

6　ウ

7　水溶液　**石けん水**

理由　**pHが７よりも大きいから。**(完答)

8　エ

2　Ⅰ　1　**ろうとのあしのとがった方をビーカーBのかべにつける。**

2

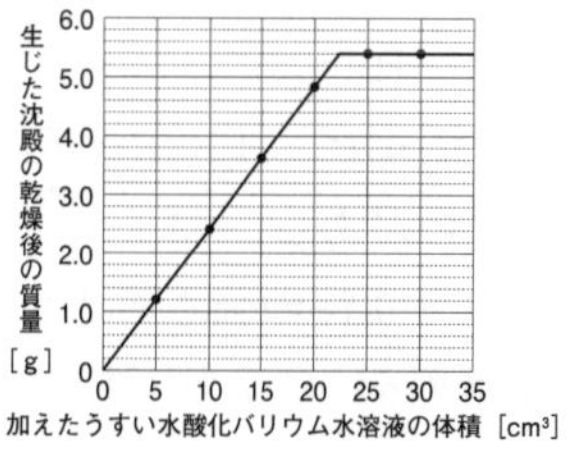

3　36〔cm^3〕

4　**①から④になるにしたがって気体の発生は弱くなり，⑤から⑦では発生しない。**

Ⅱ　1　**分解**

2　**火のついた線香を試験管に入れる。**

3　$2Ag_2O \rightarrow 4Ag + O_2$　　4　0.6〔g〕

3　Ⅰ　1　茎　B　　葉　F　　根　C(完答)

2　イ　　3　ウ

Ⅱ　1　**単細胞生物**　　2　A，B(順不同・完答)

3　①　ウ　　②　ア(完答)　　4　**胚**

5　**親と同じ形質が現れる。**

4　Ⅰ　1　**交流**　　2　⑦　　3　122〔回〕

Ⅱ　1　**のび**

2

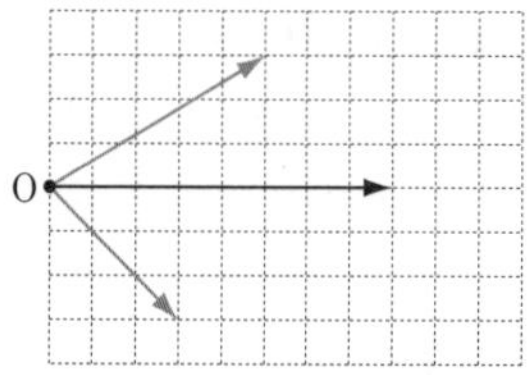

3　X　ア　　Y　ウ(完答)

4　**台車の運動の向きと逆向きの力がはたらくため。**

5　Ⅰ　1　**気団**　　2　B

3　c→a→b→d　　4　ア

Ⅱ　1　**恒星**　　2　ウ

3　ア　　4　うお(座)

配　点

1	3，7	3点×2	他	2点×6	計18点
2	Ⅰ2，3	3点×2	他	2点×6	計18点
3	Ⅰ3，Ⅱ5	3点×2	他	2点×6	計18点
4	Ⅰ2，3，Ⅱ2，4	3点×4	他	2点×3	計18点
5	Ⅰ4，Ⅱ4	3点×2	他	2点×6	計18点

解　説

1 ＜４分野総合＞

1　物質が移動せずに高温の部分から低温の部分へと熱が伝わる現象を伝導，光源や熱源から空間をへだてて，離れたところまで熱が伝わる現象を放射という。運搬は流れる水のはたらきの１つである。

２　植物や動物の死がいや動物の排出物といった有機物を，完全に無機物に分解する過程にかかわっている生物を分解者という。分解者が排出した無機物は，再び生産者に利用される。ミミズなどの土壌動物や，菌類，細菌類などの微生物が，分解者の役割をになっている。

３　**図２**，**図３**より，Ｘが３回振動する間にＹは４回振動していることがわかる。Ｙの振動数はＸの$\frac{4}{3}$倍で，

$330 \times \frac{4}{3} = 440$　よって，１秒間に 440 回振動する。

６　プラスチックはそれぞれ，ポリエチレン：ＰＥ，ポリプロピレン：ＰＰ，ポリエチレンテレフタラート：ＰＥＴ，ポリ塩化ビニル：ＰＶＣなどのように略語で表記される場合がある。

７　酸性・アルカリ性の強さを表すのにpＨが用いられる。純粋な水のpＨは７(中性)であり，pＨの値が７より小さいとき，その水溶液は酸性で，数値が小さいほど酸性が強くなる。pＨの値が７より大きいとき，その水溶液はアルカリ性で，数値が大きいほどアルカリ性が強くなる。

８　花こう岩は火成岩の深成岩であり，ひとつひとつの鉱物が大きく，同じくらいの鉱物が多い等粒状組織なので**エ**が正しい。**ア**，**イ**は堆積岩，**ウ**は斑状組織をもつ火山岩である。

2　**＜化学変化とイオン・化学変化と原子・分子＞**

Ⅰ２　①〜④の値をとると，比例の直線がかける。⑤〜⑦は沈殿の質量が5.4 gで一定なので，２本の直線をのばして交わるところが中和が完了した点である。

３　**２**のグラフより，うすい硫酸25 cm^3と過不足なく反応するうすい水酸化バリウム水溶液の体積は22.5 cm^3なので，うすい硫酸40 cm^3と過不足なく反応する水酸化バリウムの体積をx cm^3とすると，

$25 : 22.5 = 40 : x$　$25x = 900$　$x = 36$

４　酸性の水溶液にマグネシウムリボンを加えると水素が発生する。①から④につれて酸性の度合いが小さくなるので，気体の発生は弱くなる。⑤以降では中和が完了し，マグネシウムはアルカリ性の水溶液とは反応しないため，気体は発生しない。

Ⅱ４　**表**より，酸化銀3.0 gを加熱すると0.2 gの酸素が発生することがわかる。酸化銀9.0 gを加熱したときに発生する酸素をx gとおくと，$3.0 : 0.2 = 9.0 : x$　$x = 0.6$　よって，0.6 g

3　**＜植物の世界・生命の連続性＞**

Ⅰ３　胞子のうがあるのは雌株である。また，コケ植物は，水分をからだの表面から吸収する。

Ⅱ１　１個の細胞からなる生物を単細胞生物といい，多くの細胞からなる生物を多細胞生物という。

２　生殖細胞は，Ａの精子とＢの卵の受精を行う細胞である。

３　Ａ，Ｂの生殖細胞は減数分裂によってできるので，その染色体の数は，Ｃ，Ｄ，Ｅの体細胞の染色体の数の$\frac{1}{2}$である。

4　**＜電気の世界・運動とエネルギー＞**

Ⅰ２　電気器具はすべて並列につながっているため，各電気器具に流れる電流の合計が全体の電流となる。

電力〔W〕＝電圧〔V〕×電流〔A〕

よって，電気器具①〜⑥まで使用すると，流れる電流の合計は，

$2 + 1.5 + 0.6 + 10 + 5 + 9 = 28.1$〔A〕　よって，電気器具⑦(電流10 A)を使用すると電流が遮断される。

３　**電力量〔kWh〕＝電力〔kW〕×時間〔h〕**

図２より，たかしさんの家庭で１か月に損失したエネルギーをx kWhとすると，$39 : 61 = 390 : x$

$x = 610$　1 Whは，１Wの電力を１時間(3600秒)消費したときの電力量であり，3600 Jに等しいので，

$610 \times 3600 = 2196000$〔kJ〕　よって，

$2196000 \div 18000 = 122$〔回〕

Ⅱ２　ある角度をもって１つの物体にはたらく２力と同じはたらきをする１つの力(合力)は，その２力(分力)を２辺とする平行四辺形の対角線で表される。

３　斜面のかたむきを大きくしても台車にはたらく重力の大きさは変わらないが，斜面方向にはたらく力の大きさは大きくなる。

４　運動の向きと逆向きにはたらく力は，重力の斜面方向の力と斜面と台車の間の摩擦力が考えられる。

5　**＜天気とその変化・地球と宇宙＞**

Ⅰ２　点Ｐは，冷たい空気があたたかい空気の下にもぐりこみ，あたたかい空気をおしあげながら進む寒冷前線と同じ状態になっている。

４　**図３**では，まだ地点Ｘを温暖前線も寒冷前線も通過していない。日本列島付近の上空では偏西風とよばれる西風がふいているため，天気は西から東へと変化しやすい。そのため，地点Ｘでは，温暖前線の接近にともなってあまり強くない雨が長時間降り続き，その後，寒冷前線の通過によって，強い雨が短時間に降ると考えられる。

Ⅱ２　オリオン座は，冬の代表的な星座なので，夜にオリオン座が見えるＡの位置に地球が来たときが冬至である。冬至のときは，北極付近に太陽の光が当たらないので，**ウ**が正しい。

３　地球は１年で360°公転するので，１か月で約30°公転軌道上を移動する。よって，１か月後の同じ時間には真南から西へ約30°移動して見える。また，地球の自転は，１日で360°回転するので，南の空の星は１時間あたり15°の割合で東から西へ移動しているので，同じ場所におとめ座を観測できるのは２時間前の午後10時である。

４　上弦の月が南の空に見えるのは，午後６時頃である。午後６時ごろに南の空にあるのはうお座である。

令和４年度　公立高校入試実戦問題第２回　英語

正答例

1
1　エ
2　ウ
3　practice
4　イ → ウ → ア（完答）
5　ウ
6　(1)　ア
(2)　We have to bring lunch when we go to the lesson.
7（例）**I will read a book at home.**

2
1　①　エ　②　ウ
2　①　Saturday
②　same
③　we'll watch birds in the park
④　left
3（例）**Where should I put（bring）them**
4（例）**I'll read more than ten books this year. I'll get up early to read books every morning this year.**

3
Ⅰ　1　ウ　2　エ
Ⅱ　1(1)　**Because the student was talking on his phone in a loud voice.**
(2)　**It is to have courage.**
2　**stopped talking**
Ⅲ　ウ，エ（順不同）

4
1　ウ → イ → ア（完答）
2　ア
3　エ
4　イ
5　**ケイトがスティックダンスについて教えてくれたこと。**
6　ア，ウ（順不同）
7　(例) **We can do sumo. Sumo is a traditional Japanese sport. It's fun to do it.**

配　点

1	1，2　2点×2　6(2)，7　4点×2 他　3点×4	計24点
2	2③，3　3点×2　4　7点　他　2点×5	計23点
3	Ⅱ　3点×3　他　2点×4	計17点
4	4　2点　5　4点　7　5点　他　3点×5	計26点

解　説

1　＜聞き取りテスト台本＞
＜チャイムの音四つ＞

これから，英語の聞き取りテストを行います。問題用紙の２ページを開けなさい。

英語は１番から４番は１回だけ放送します。５番以降は２回ずつ放送します。メモをとってもかまいません。
（約３秒間休止）

では，１番を始めます。まず，問題の指示を読みなさい。
（約13秒間休止）

それでは放送します。

Kenta: Your cat is beautiful, Lucy.
Lucy: Thank you. Do you have a cat, Kenta ?
Kenta: No. But I have some fish.
Lucy: That's nice.
Kenta: I want a dog, but my mother said no. She wants a small bird.
（約10秒間休止）

K：君の猫は美しいね，ルーシー。　L：ありがとう。あなたは猫を飼っているの，健太？　K：いいや。でも僕は何匹か魚を飼っているよ。　L：それはすてきね。K：僕は犬がほしいのだけれど，お母さんがダメと言ったんだ。彼女は小鳥がほしいんだ。

次に，２番の問題です。まず，問題の指示を読みなさい。
（約13秒間休止）

それでは放送します。

Yuka: Hi, Mike. I'm going to study English this afternoon. Do you want to study with me ?
Mike: Hi, Yuka. Yes, but I have to study math because I have a math test tomorrow.
Yuka: Really ? I forgot about that. Then, shall we study math first ?
Mike: OK.
（約10秒間休止）

Y：こんにちは，マイク。私は今日の午後英語を勉強する予定なの。あなたは私と一緒に勉強しない？　M：やあ，由香。そうしたいのだけれど，明日数学のテストがあるから，数学を勉強しなければならないんだ。　Y：本当に？　私はそれを忘れていたわ。それなら，私たちは最初に数学を勉強しましょうか？　M：分かった。

次に，３番の問題です。まず，問題の指示を読みなさい。
（約20秒間休止）

それでは放送します。

Billy: Hi, Emi. I heard you will make a speech in the next class.
Emi: Hi, Billy. I will talk about China. But I have never made a speech in English. And I can't speak well.
Billy: Then, I'll help you when you practice.
Emi: Oh, thank you !
（約15秒間休止）

B：やあ，絵美。僕は君が次の授業でスピーチをすると聞いたよ。　E：こんにちは，ビリー。私は中国について話すつもりよ。でも私は英語でスピーチしたことが一度もないの。そして私は上手に話すことができないわ。B：それなら，君が練習するときに手伝うよ。　E：まあ，ありがとう！

次に，４番の問題です。まず，問題の指示を読みなさい。
（約15秒間休止）

それでは放送します。

Kenji is a student in Kagoshima. Yesterday was Saturday, but he got up very early. He was going to meet his English friends, David and Ben at Fukuoka airport. David arrived at the airport at 11:00. Ben was there when David came. Kenji arrived at Fukuoka Airport at 11:30 in the morning. Kenji was happy to see David and Ben.

(約 10 秒間休止)

健二は鹿児島の学生です。昨日は土曜日でしたが，とても早くに起きました。彼は福岡空港でイギリス人の友達のデイビッドとベンに会う予定でした。デイビッドは 11 時に空港に着きました。ベンはデイビッドが来たときにはそこにいました。健二は午前 11 時 30 分に福岡空港に着きました。健二はデイビッドとベンに会えてうれしかったです。

次に，**5**番の問題です。まず，問題の指示を読みなさい。　(約 13 秒間休止)

それでは放送します。

Do you sleep well at night ? Some people can't sleep well at night and can't get up early in the morning. If you have the same problem, you should get the light from the sun when you get up in the morning. Now, let's get up early every morning to enjoy the light from the sun.

(約３秒おいて，繰り返す。)(約 10 秒間休止)

あなたは夜しっかり眠っていますか？　いくらかの人々は夜しっかり眠ることができず，朝早くに起きることができません。もしあなたが同じ問題を抱えているなら，あなたは朝起きたときに太陽の光を浴びるべきです。さあ，太陽からの光を楽しむために毎朝早起きしましょう。

次に，**6**番の問題です。まず，問題の指示を読みなさい。　(約 20 秒間休止)

それでは放送します。

Do you want to enjoy speaking English ? If you do, please come to our English-speaking lesson. We are going to have it every Sunday at Hikari Junior High School. Ms. Jones will come and teach us. Her lesson will be from eleven in the morning to two in the afternoon. When you come to the lesson, please bring lunch. Join us and enjoy speaking English.

(1)　How many hours will Ms. Jones teach on Sunday ?　(約７秒間休止)

(2)　What do you have to do when you go to the lesson ?　(約７秒間休止)

では，２回目の放送をします。

(最初から質問(2)までを繰り返す。)

(約 15 秒間休止)

あなたたちは英語を話すことを楽しみたいですか？もしあなたたちが楽しみたいのなら，私たちの英語スピーキング授業に来てください。私たちはそれを光中学校で毎週日曜日に行う予定です。ジョーンズ先生が来て，私たちに教えてくれます。彼女の授業は午前 11 時から午後２時までです。授業に来るときは，昼食を持って来てください。私たちに参加して英語を話すことを楽しんでください。

(1)　ジョーンズ先生は日曜日に何時間教えますか？

ア　3時間。　　イ　4時間。

ウ　5時間。　　エ　6時間。

(2)　あなたたちは授業に行くとき，何をしなければいけませんか？

(正答例の訳)　私たちは授業に行くとき，**お弁当を持って行かなければなりません。**

次に，**7**番の問題です。まず，問題の指示を読みなさい。　(約 15 秒間休止)

それでは放送します。

Mami : Oh, it's raining ! We can't play tennis after school today, James.

James : Oh, no. Well..., let's go home today. We can play tennis tomorrow.

Mami : OK. What will you do at home today ?

James : (　　　　　　　　　　　　　　)

(約３秒おいて，繰り返す。)(１分間休止)

M：まあ，雨よ！　私たちは今日放課後にテニスができないわ，ジェームズ。　J：おや，そんな。ええと…，今日は家に帰ろう。僕たちは明日テニスができるよ。M：分かったわ。あなたは今日家で何をするの？　J：(正答例の訳) **僕は家で本を読むよ。**

<チャイムの音四つ>

これで，聞き取りテストを終わります。次の問題に進みなさい。

2　**<英文表現>**

1　S：僕たちの休みがもうすぐやって来るね，千佳。C：ええ。私はこの休みにしたいことがたくさんあるわ。　S：いいね。②**例えば？**　C：ええと，私は沖縄の祖母の家を訪ねたいわ。①**あなたは？**　S：僕は海で泳ぎたいよ。

2　Y：今度の①**土曜日**に博物館で野鳥観察会があるわ。J：それはおもしろそうね。私は野鳥観察が大好きだけれど，その日は暇じゃないの。　Y：心配しないで。私たちはもう一方に参加できるわ。博物館は 21 日にも会があるのよ。それも９時 30 分に始まるわ。私たちはその会で 13 日と②**同じ**ことができるわ。　J：それはすばらしいわね。私たちは会で何をするの？　Y：私たちは日本で見られる鳥について学ぶわ。その後，③**私たちは公園で野鳥を観察するの**。　J：分かったわ。由里，私はこの市についてあまり知らないの。そこへの行き方を教えてくれる？　Y：もちろん。この地図を見て。この図書館が分かるわよね？　博物館は図書館の近くなの。あなたがこの図書館から２つ目の角に向かって歩くと，それはあなたの④**左**に見えるわ。　J：分かったわ。ありがとう。私は会が待ちきれないわ。またね。　Y：またね。

3　Y：スミス先生，僕はあなたの部屋からこれらの本を持ってきました。**どこにこれらを置くべきですか**？

S：このテーブルの上にお願い。ありがとう。

4　ホワイト先生へ

明けましておめでとうございます。

私は今年，10冊以上本を読むつもりです。私は今年毎朝本を読むために早起きします。

愛を込めて，沙也加より

① more than 数詞＋名詞：数詞＋名詞以上の～

② get up early：早起きする

3　＜英文読解＞

Ⅰ **1**　スーザンは誰ですか？

ア　リチャードの姉ではなく，妻であるため，×。

イ　表には，スーザンは音楽を聞くことが好きであることしか書かれておらず，歌手であるとは言い切れないため，×。

エ　スーザンはベンの妻であるケイトの母であるため，ベンの義理の母となる。よって，×。

2　誰が昼間に高校にいますか？

ケイトは高校の理科教師であり，ジョンは高校生であるため，この二人の組み合わせを選ぶ。

※ジェニーは中学生で，ベンは中学校の数学教師である。

Ⅱ　私はときどき「私たちは社会をより良くするために何をすべきか？」と考えます。

この前の日曜日，私は電車で友達の家に行っているときにある学生を見ました。彼は電車に駆け込み，私の近くに座りました。すぐに彼は大きな声で，携帯電話で話し始めました。私はそれが好きではありませんでした。電車内の多くの人もまたいい顔をしていませんでした。私は彼に「あなたは電車の中で，携帯で話すべきではありません」と言いたかったのですが，できませんでした。

そのとき，一人のお年寄りが立ち上がってその学生のところに歩いていき「失礼ですが，携帯電話で話すのをやめてもらえませんか？　あなたの周りの人のことを考えてください」と優しく言いました。その学生は周りの人々を見て，彼の携帯電話で**話すのをやめました**。そして彼は「まあ，すみません。私は周りの人のことを考えていませんでした」と言いました。

人々が間違ったことをするとき，私たちは彼らにそれをするのをやめるように言うべきです。私たちは勇気を持つべきだと思います。これはとても難しいですが，より良い社会を作るために大切です。

1(1)　なぜ人々は電車で幸せではなかったのですか？

(正答例の訳) **その学生が，大きな声で彼の携帯電話で話していたからです。**

(2)　人々が間違ったことをするのをやめるよう言うとき，何が大切ですか？

(正答例の訳) **勇気を持つことです。**

Ⅲ　私は何年間もドアに興味を持っています。西洋の国の玄関扉は内側に開きます。しかし日本ではそれらのほとんどは外側に開きます。あなたは今までにこれについて考えたことがありますか？

ある日本人の若い建築家は，この質問にある興味深い答えをくれました。彼は「西洋の国では，人々は彼らの家に他人を招待するために内側にドアを開きます。一方，日本では何年もの間私たちは引き戸を使っていました。現在でさえ多くの伝統的な日本家屋はまだ引き戸の玄関扉を使っています。日本では，私たちは家に入るときに靴を脱ぎますよね。もし玄関扉を内側に開こうとするなら，それらの靴すべてに何が起きるでしょうか？　私たちは靴のために場所を開けるためにドアを外側に開くのです」と言いました。

私たちの生活様式は日本のドアを変えました。これらのドアは日本文化の一部なのです。

4　＜長文読解＞

昨年の12月，ケイトはニュージーランドから博人の学校に来た。彼女は一週間，博人と彼のクラスメートと一緒にいくつかの授業に参加して勉強をした。

初日の英語の授業で，ケイトは彼女の家族や学校やニュージーランドでの生活について話した。ケイトは書道の授業にも参加し，簡単な漢字を書いた。昼食時間に，ケイトは博人と彼の友達にいくつかの写真を見せた。ある写真では，ケイトがそれぞれの手に短い棒を持っていた。博人は①**その写真**について彼女にたずねた。ケイトは「これは私が学校でスティックダンスを練習したときに私の友達が撮った写真よ。私が明日それをするつもりなのを知っていた？」と答えた。「うん，僕たちの先生が先週，それについて僕たちに言ったよ。僕はそれを見たいよ」と博人は言った。

二日目に，ケイトはスティックダンスについて説明した。「これはニュージーランドの伝統的な踊りです。難しくありません。一緒に踊りましょう。」博人と彼のクラスメートはケイトと一緒にその踊りを練習した。博人はうまく踊れず，ときどき棒を落とした。だからケイトは彼を助けた。博人は他国の伝統について学ぶことはおもしろいと思った。彼はケイトに「僕はスティックダンスについて学べて②**うれしい**よ。君たちはその踊りを学校で練習するの？」と言った。「そうよ。」ケイトは「私たちはニュージーランドでたいていそれについて学校で学ぶわ。私は③**それはあなたたちにとって書道のようなものだ**と思うわ，博人」と答えた。博人は，両方の国の生徒が学校で彼ら自身の文化の一部について学んでいることがわかった。

ケイトの最後の日が来た。彼女のお別れ会で，博人は「僕たちは君のために和太鼓を演奏します，ケイト。僕たちの伝統的な音楽を楽しんでください」と言った。ケイトは「私は今までに和太鼓を聞いたことがないわ」と言った。ケイトはその力強い音を聞いてわくわくした。博人と彼の友達が和太鼓の演奏を終えたとき，博人はケイトに「一緒に和太鼓を演奏しよう」と言った。彼女は「私はあなたが一緒に話をするためにパーティーを計画していたと聞いてたわよ」と言った。博人は「うん，でも僕たちは④**お返しに**君に僕たちの文化の一部を見せたかったから，踊りの後に計画を変えたんだ。だから僕たちは和太鼓を演奏すると決めたんだよ。僕たちはそれを先月に文化祭で演奏したんだ」と答えた。ケイトは和太鼓を楽しみ，それについて博人にたくさん質問をした。しかし博人は彼女の質問にうまく答えられなかった。彼は「僕はニュージーランドについてたくさん知ったけれど，日本についてうまく説明できない」と思った。そこで彼は気がついた。「異なる文化を持つ人たちとの間のコミュニケーションは，もし僕が日本についてもっと説明ができたらもっと面白くなるだろう。日本の文化について学び，それを外国から来た人々に伝えることは大切だ。」

1　ウ　本文4・5行目
　→　イ　本文9～11行目
　→　ア　本文17～19行目

2　イ　その写真はケイトの友達が学校で昼食をとっている間にケイトによって撮られた。
　ウ　その写真はケイトの友達によって撮られ，ケイトは博人と漢字を書いている。
　エ　その写真はケイトの友達がスティックダンスを練習している間にケイトによって撮られた。

5　本文訳波線部参照。

6　ア　**ケイトは一週間日本に滞在し，いくつかの授業に参加した。**
　イ　スティックダンスは日本の伝統的な踊りである。
　ウ　**ケイトと博人は彼ら自身の学校で彼ら自身の文化の一部を学ぶ。**
　エ　ケイトと博人は，ケイトの初日に一緒に和太鼓を演奏した。
　オ　博人はケイトに和太鼓についてうまく説明することができた。

7　H：やあ，真里。僕はケイトから手紙をもらったんだ。　M：こんにちは，博人。彼女は何と言っていたの？　H：彼女は日本文化について学ぶことができてうれしかったと言っていたよ。彼女は書道を学んで，和太鼓の音色を聞いたよ。それらは日本文化の一部なんだ。　M：彼女は本当に滞在を楽しんだのね。もし外国からいくらかの生徒がまた私たちの学校に来るとしたら，私たちはどんな日本文化の一部を彼らに伝えることができるかしら？　H：僕は新しい考えがあるよ。**僕たちはすもうができるよ。すもうは日本の伝統的なスポーツだよ。それをすることは楽しいよ。**　M：なるほど。私たちはそれができるね。

令和4年度　公立高校入試実戦問題第2回　社会

正答例

1　Ⅰ　1　イ　　2　ア　　3　右図

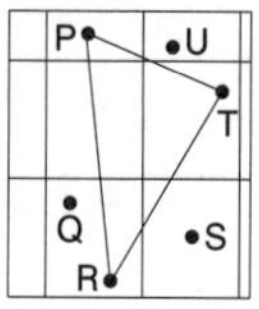

　4（小麦）**栽培期間のすべてにおいて降水量が少ない。**
　（米）**栽培期間のはじめから中ごろにかけて降水量が多い。**
　5　ウ　　6　ウ
　7　発展途上国Bは先進工業国Aに比べ，**年少人口の割合が高く，老年人口の割合が低い。**
Ⅱ　1(1)　三重県　　(2)　エ
　2(1)　ア　　(2)　エ
　3(1)　イ
　(2)　**曲がりくねった道路が見られるため。／神社や寺が見られるため。**
Ⅲ　**高速交通網が整備されたことによって，原材料の入手や製品の出荷が容易になったこと。**
（40字）

2　Ⅰ　1　**松平定信**　　2　**飛鳥**文化　　3　イ
　4　**六波羅探題を置き，朝廷の監視（西日本の支配）にあたった。**
　5　エ→イ→ウ→ア　　6　ウ
　7　**効率の良い農業が可能になった。**
Ⅱ　1　**全国水平社**（漢字5字）　　2　ウ
　3　下関条約により，**日本が獲得した遼東半島を，清に返還すること。**
　4　ア
　5　**衆議院の第一党である立憲政友会の党員で占められる，本格的な政党内閣。**
　6　ウ→イ→エ
Ⅲ　**多くの人が犠牲になったり，多額の戦費を調達するために増税が行われたりするなど，国民の負担が大きかったにもかかわらず，賠償金が得られなかった**

3　Ⅰ　1　ア
　2　**衆議院の議決が国会の議決となる。**
　3　ウ　　4　**市町村合併**
　5①　**6000**　②　**市長／首長**（完答）
Ⅱ　1　イ
　2　**一般の銀行に対して資金の貸し出しを行うこと。**
　3　イ
　4　**環境アセスメント／環境影響評価**
　5　エ　　6　**公共料金**
Ⅲ　**給付を受ける老年人口の割合が増えているにもかかわらず，社会保険料を支払う生産年齢人口の割合が減っているから。**

配　点

1Ⅰ3　Ⅲ　3点×2　　他　2点×13　　計32点

[2] Ⅲ　4点　　他　2点×13	計30点
[3] Ⅰ2，5　Ⅱ2　Ⅲ　3点×4　　他　2点×8	計28点

解　説

[1]　＜地理総合＞

Ⅰ 1　経線が30度ごとに引かれており，a，b間は90度の経度差があるため，360÷90＝4で，全周の4分の1の長さ。約4万km÷4＝10,000 km。

3　南アメリカ大陸を作図する。赤道が通る位置と大陸の南端の位置に着目する。

4　小麦は温帯から亜寒帯にかけて栽培され，比較的，乾燥に強い。米は，高温多雨の気候で育つため，主に**季節風**の影響を受ける地域で栽培される。

5　**ウ**－1960年代にアフリカ諸国の独立が相次ぎ，加盟国数が増加した。**ア**－加盟国数の少なさからオセアニア，**イ**－アジア，**エ**－1990年代に入り，旧ソ連の崩壊や東欧諸国の分裂などで加盟国数が増加した，ヨーロッパ・旧ソ連。

6　**ウ**－人口密度の低さからロシア，**ア**－国内総生産の高さからアメリカ。人口から，**イ**は人口世界第一位の中国，**エ**は人口世界第二位のインド。

Ⅱ 1　船での大量輸送が可能なため，製鉄や石油化学などの工業が発達している。三重県は**中京工業地帯**に属し，自動車産業も盛ん。

2(1)　人口率は階級区分図の**ア**。人口分布を表す地図なら**イ**，人や物の移動を表す地図なら**ウ**，桜前線など移動の段階を表す地図なら**エ**が適している。

(2)　千葉県は東京都に隣接しており，都内に通勤や通学をする人が多いため，昼夜間人口指数が最も低い**エ**。**ウ**は昼夜間人口指数が100を超えており，夜よりも昼の人口が多い東京都。人口増加率がマイナスになっていることから，**ア**・**イ**は北関東に位置する二県であると考えられる。**ア**－群馬県，**イ**－茨城県。

3(2)　**X**の地域は区画整理されておらず，道路が曲がりくねっている。神社（⛩）と寺（卍）の地図記号が見られる。

Ⅲ　ＩＣ（集積回路）などの電子部品は，小型・軽量な割に高価なため，高速道路を使ってトラックで輸送したり，航空輸送をしても採算が取れる。

[2]　＜歴史総合＞

Ⅰ 1　**田沼意次**のあとに老中となり，その厳しい改革のために，人々の反感を買った。

2　聖徳太子や蘇我氏は，仏教を広めようとしたため，都のあった飛鳥地方を中心に，日本で初めて仏教をもとにした**飛鳥文化**が栄えた。

3　将軍と御家人は**御恩と奉公**の関係で結ばれ，御家人は御恩を受けるかわりに，奉公として，戦いがおこったときに，生命をかけて軍役の義務を果たした。**ウ**－**班田収授法**の内容。

4　このできごとを**承久の乱**という。六波羅探題を朝廷のある京都に置き，また，地頭に東国の武士を任命したため，幕府の支配力は西日本にも及んだ。

5　**エ**－平安時代中ごろの935年→**イ**－平安時代末期の1167年→**ウ**－鎌倉時代の1232年→**ア**－戦国時代の1560年。

7　**資料**の左から備中ぐわと千歯こき。新しい農具の登場のほか，肥料の使用や，**新田の開発**などにより，江戸時代の農業生産力は高まった。

Ⅱ 2　**ア**－江戸時代末期の1867年，世直しを期待した一揆がおこったり，「ええじゃないか」などのさわぎが広がったりした。**イ**・**エ**－大正時代。

3　**三国干渉**。ロシアへの対抗心の高まりから，日清戦争の賠償金の多くは軍備拡張費に使われた。

4　**イ**－**C**，**ウ**－**B**，**エ**－**A**。

5　後に再び非政党内閣が続くが，1924年の加藤高明内閣成立後，犬養毅が**五・一五事件**で倒れるまで，政党内閣が続いた。

6　1951年→1956年→1964年。**ア**－1940年。日本はサンフランシスコ平和条約を結んだものの，東側陣営やアジアの国々の多くとの講和は実現しなかったため，**日ソ共同宣言**によってソ連との国交を回復し，国連に加盟して，国際社会に復帰した。

Ⅲ　**資料1**から日露戦争の死者数，戦費の多さ，賠償金がない点を読み取る。

[3]　＜公民総合＞

Ⅰ 1　憲法の改正に関することのみ認められている。

2　衆議院は任期が短く解散もあり，国民の意見と強く結び付いているので，いくつかの議決では**衆議院の優越**が認められている。

3　特に最高裁判所は，法律などが合憲か違憲かについての最終決定権を持っており，「**憲法の番人**」とよばれる。

4　比較的力のある都市と合併することで，地方公共団体の財政を安定させるなどのねらいもある。

5　有権者の50分の1以上の署名を首長に提出する。

Ⅱ 1　銀行の資金量を変化させ，銀行の貸し出しを操作することによって景気や物価に影響をあたえようとする政策のことを，**金融政策**という。

2　他に，紙幣を発行する「**発券銀行**」，政府の資金の出し入れを行う「**政府の銀行**」の役割をもつ。

4　新しい人権として環境権が提唱されるようになり，環境保全のために**環境基本法**が制定されている。

5　ＰＯＳシステム（販売時点情報管理）。バーコードを読み取ることで情報が瞬時に集計される。

6　公共料金が定められているのは，国民生活にあたえる影響が大きいため。

Ⅲ　**資料2**から，老年人口の割合が増えている一方，生産年齢人口の割合が減っていることがわかる。社会保障費は，社会保険料だけではまかなえないため，税金が使われていることも知っておく。

令和４年度　公立高校入試実戦問題第２回　数学

正答例

1 1(1)　4　(2)　$\frac{7}{9}$　(3)　$-2\sqrt{3}$
(4)　ウ，エ（順不同・完答）　(5)　18(cm)
2　(－2，－3)　3　$y=\frac{60}{x}$
4　ウ
5　2760(人)

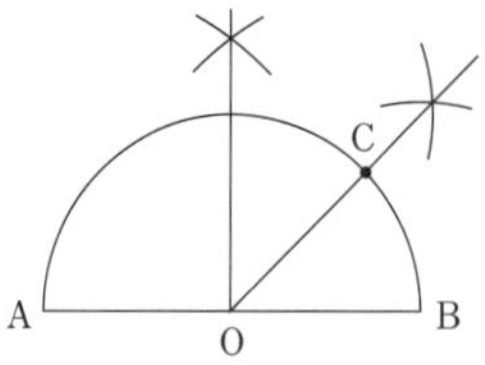

2 1　35(度)
2　$3y(x-4)(x+2)$
3　$b=48$
4　右図
5　xの真下の数は$x+7$，左どなりの数は$x-1$と表すことができる。

$(x+7)(x-1)=16x-28$
$x^2+6x-7=16x-28$
$x^2-10x+21=0$
$(x-3)(x-7)=0$
$x=3,\ 7$

ここでカレンダーを見ると，左どなりの数がないから，$x=7$は不適，$x=3$は条件にあう。

答　ある数x　3

3 1　135(cm)
2

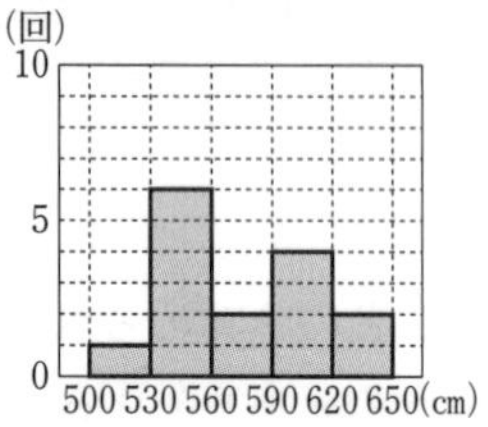

3　65(cm)
4　3人の平均値をそれぞれ求めると，

Aさんは，$\frac{505+550+640+535+545}{5}=555$(cm)

Bさんは，$\frac{585+620+570+550+615}{5}=588$(cm)

Cさんは，$\frac{610+545+595+605+535}{5}=578$(cm)

となり，3人の中で平均値がいちばん高いのはBさんだからです。

4 1ア　$\frac{64}{3}\pi$　イ　④　ウ　$\frac{1}{8}$　エ　3
2(1)　△ABEと△DFAにおいて，
仮定より，四角形ABCDは長方形だから，
∠ABE＝90°　……①
半円の弧に対する円周角の性質より，
∠DFA＝90°　……②
①，②より，
∠ABE＝∠DFA＝90°　……③
1つの円において半径は等しいから，
AE＝DA　……④
AD//BCであり，平行線の錯角は等しいから，
∠AEB＝∠DAF　……⑤
③，④，⑤より，直角三角形の斜辺と1つの鋭角がそれぞれ等しいから，
△ABE≡△DFA
(2)オ　30

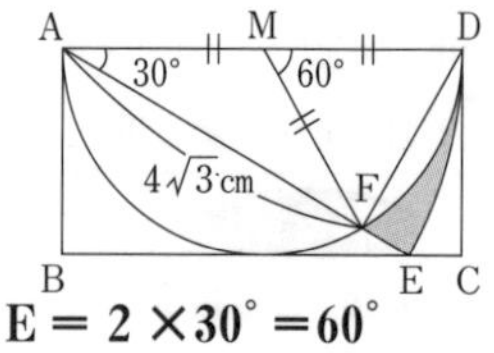

カ　求める面積は，
おうぎ形ADE
－おうぎ形MDF
－△AFM
∠DMF＝2∠DAE＝2×30°＝60°
また，△AFDは30°，60°，90°の三角形より，DF＝4(cm)，AF＝$4\sqrt{3}$(cm)

$8^2\pi\times\frac{30}{360}-4^2\pi\times\frac{60}{360}$
$-\frac{1}{2}\times4\times4\sqrt{3}\times\frac{1}{2}$
$=\frac{16}{3}\pi-\frac{8}{3}\pi-4\sqrt{3}$
$=\frac{8}{3}\pi-4\sqrt{3}$ (cm^2)

答　$\frac{8}{3}\pi-4\sqrt{3}$ (cm^2)

5 1　$0\leqq y\leqq 9a$　2　6
3　B(6，4)　4　H(9，6)

配点

1　3点×9		計27点
2 1，2，3　3点×3	他　4点×2	計17点
3 4　4点	他　3点×3	計13点
4 2(1)，カ　4点×2	他　2点×5	計18点
5 1　3点	他　4点×3	計15点

解説

1 ＜計算問題・小問集合＞

1(1)　かけ算から先に計算する。
$24-4\times5=24-20=4$

(2)　分母をそろえてから計算する。約分を忘れない。
$\frac{2}{9}+\frac{5}{6}-\frac{5}{18}=\frac{4}{18}+\frac{15}{18}-\frac{5}{18}=\frac{14}{18}=\frac{7}{9}$

(3)　$8\sqrt{3}-\frac{45}{\sqrt{3}}+\sqrt{75}$
$=8\sqrt{3}-\frac{45\times\sqrt{3}}{\sqrt{3}\times\sqrt{3}}+5\sqrt{3}$
$=8\sqrt{3}-15\sqrt{3}+5\sqrt{3}=-2\sqrt{3}$

(4)　平行四辺形について，「4辺の長さが等しい」場合，また，「対角線が垂直に交わる」場合，ひし形になる。

(5)　縦と横の辺の長さの和は，84÷2＝42(cm)
長方形の縦の辺の長さを$x$cmとすると，
横の辺の長さは，$(42-x)$cm
$x:(42-x)=3:4$
$4x=3(42-x)$，$4x=126-3x$
$7x=126$，$x=18$
よって，縦の辺の長さは18cm

2　x軸に対して対称だから，y座標の符号がもとの座標に対して反対に，x座標は同じとなる。
よって，求める座標は，(－2，－3)

3　xy＝一定が成り立ち，反比例の関係にある。
水そうの容積は，3×20＝60より，60L
これより，$xy=60$が成り立ち，これをyについて解くと，$y=\frac{60}{x}$

4　小数第2位の値が5以上ならば繰り上げ，5未満ならば繰り下がるから，ウが正しい。

5　2400×(1＋0.15)＝2400×1.15＝2760(人)

2 ＜円周角・数と式・平方根・作図・方程式＞

1　右上の図において，円周角の性質より，中心角は，同じ弧に対する円周角の2倍の大きさになるから，

$\angle DOC=2\angle DEC$
$=2\times 40^\circ=80^\circ$
$\angle COB=150^\circ-80^\circ$
$=70^\circ$
$\angle x=\frac{1}{2}\angle COB$
$=\frac{1}{2}\times 70^\circ=35^\circ$

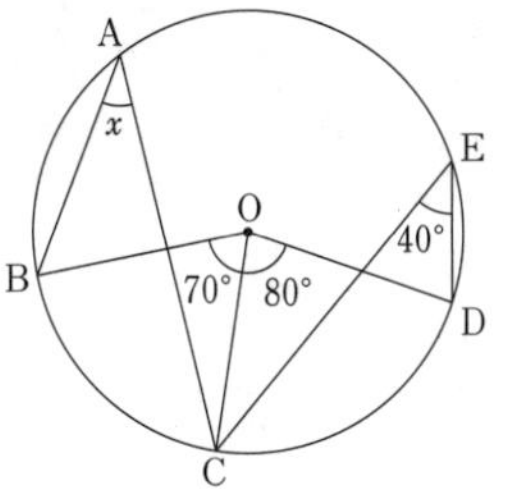

2　初めに$3y$でくくる。
$3x^2y-6xy-24y=3y(x^2-2x-8)$
$=3y(x-4)(x+2)$

3　a，cを，それぞれbを用いて表すと，
$a=b-2$，$c=b+2$
$a+b+c=(b-2)+b+(b+2)=3b$
$\sqrt{a+b+c}$が正の整数となるとき，その数をxとすると，$3b=x^2$が成り立つから，$b=\frac{x^2}{3}$
これより，xは3の倍数であり，かつ，偶数だから，6の倍数である。
xに6の倍数を順に代入すると，
$x=6$のとき，$b=\frac{6^2}{3}=12$
$x=12$のとき，$b=\frac{12^2}{3}=48$
$x=18$のとき，$b=\frac{18^2}{3}=108$で100をこえる。
よって，条件に合うbの値は，48

4　$135^\circ=90^\circ+45^\circ$と考える。初めに点Oを通るABに対する垂線を作図し，続いて，直径と垂線によってつくられる角の二等分線を作図する。
①　直径ABの垂直二等分線を作図する。
②　$\overset{\frown}{AB}$と①の交点，点Bをそれぞれ中心とする，半径が等しい円の交点をとり，その交点と点Oを結ぶ直線をひく。
③　$\overset{\frown}{AB}$と②の交点をCとする。

5　2次方程式の解が問題に合うかどうか，ここでは，カレンダーの数の並びに合っているかどうかを確認すればよい。

3　**＜資料の整理＞**

1　最大値は640cm，最小値は505cmより，
分布の範囲は，640−505=135(cm)

3　3人の記録15回を小さいほうから並べると，505，535，535，545，545，550，550，570，585，595，605，610，615，620，640　この中で第2四分位数は中央値である570cm，第1四分位数は小さいほうの半分の記録の中央値だから545cm，第3四分位数は大きいほうの半分の記録の中央値だから610cm
(四分位範囲)=(第3四分位数)−(第1四分位数)
より，610−545=65(cm)

4　3人の中でBさんが最も高くなる代表値を考える。

4　**＜空間図形＞**

1　ア　(円錐の体積)$=\frac{1}{3}\times$(底面積)$\times$(高さ)より，
$\frac{1}{3}\times 4^2\pi\times 4=\frac{64}{3}\pi$ (cm³)
イ　容器Qいっぱいに入れた水の体積は，
$(\frac{4}{3}\pi\times 4^3)\times\frac{1}{2}=\frac{128}{3}\pi$ (cm³)
これとアとの和は，$\frac{64}{3}\pi+\frac{128}{3}\pi=64\pi$ (cm³)
容器Rの容積は，$\frac{64}{3}\pi\times 3=64\pi$ (cm³)
となり，PとQの和と等しくなる。
よって，④が正しい。
ウ　体積比は相似比の3乗となる。
相似比は1：2だから，体積比は$1^3:2^3=1:8$
よって体積は$\frac{1}{8}$倍
エ　Pの水面の半径は，高さの比がそのまま相似比となるので，$4\times\frac{1}{2}=2$ (cm)
Qの水面の半径は，下図より，
$\sqrt{4^2-2^2}=2\sqrt{3}$ (cm)
これより，水面の面積比は，
$2^2\pi:(2\sqrt{3})^2\pi=4\pi:12\pi=1:3$

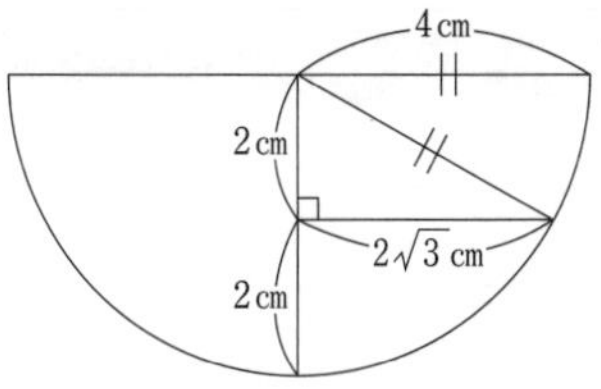

2(2)オ　AD=AE=8cm，**三平方の定理**より，
$BE=\sqrt{AE^2-AB^2}=\sqrt{64-16}$
$=\sqrt{48}=4\sqrt{3}$ (cm)
辺の比が$4:8:4\sqrt{3}=1:2:\sqrt{3}$となることから，△AEBは30°，60°，90°の三角形。
よって，$\angle AEB=30^\circ$
(1)より，$\angle DAE=\angle AEB=30^\circ$

5　**＜関数＞**

1　yの最大値は，$x=-3$のとき，
$y=a\times(-3)^2=9a$
yの最小値は，$x=0$のとき$y=0$
よって，yの変域は，$0\leqq y\leqq 9a$

2　AD+DO=6，また，CG=DOであることから，正方形ABCD，CEFGの辺の長さの和はつねに6であることがわかる。
つまり，AO=FO=6　よって，F(0，6)

3　関数①の式は$y=x^2$　点Dのx座標をtとすると，
D$(t,\ 0)$，C$(t,\ t^2)$，A$(6,\ 0)$，B$(6,\ t^2)$
$AD=6-t$，$CD=t^2$
AD=CDより，$6-t=t^2$
$t^2+t-6=0$，$(t+3)(t-2)=0$
$t=-3,\ 2$　$0<t<6$より，$t=2$
$t^2=2^2=4$より，B(6，4)

4　点Hのx座標をtとすると，H$(t,\ 6)$
E$(\frac{1}{2}t,\ 6)$，C$(\frac{1}{2}t,\ 6-\frac{1}{2}t)$
点C，Hがともに関数①のグラフ上にあることから，それぞれの座標を$y=ax^2$に代入し，
$6-\frac{1}{2}t=\frac{1}{4}at^2$…①
$6=at^2$…②
$at^2=6$を①に代入し，
$6-\frac{1}{2}t=\frac{1}{4}\times 6$
$\frac{1}{2}t=\frac{9}{2}$，$t=9$
よって，
点Hの座標は(9，6)

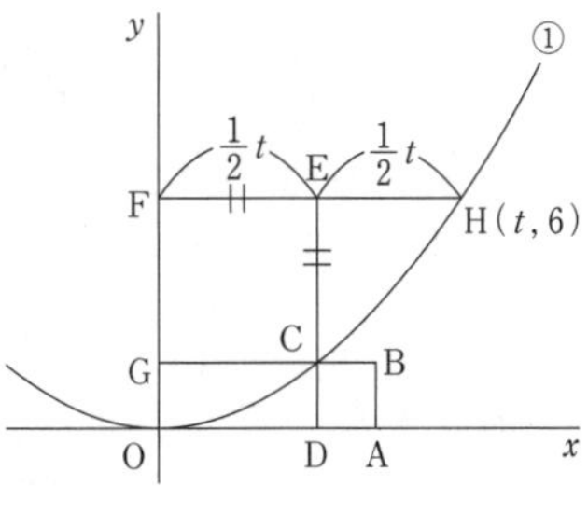

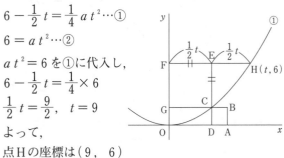

統一模試 県内最大規模の公開模試

高校受験の道標!!

のべ※43,000人近くの中学生が挑戦

※令和２年度

統一模試は，県下400の会場で300を超える学習塾が参加する県内最大規模の公開模試です。鹿児島県の公立高校入試問題にもっとも近い内容と形式で出題していますので，本番の入試実践練習にピッタリの模試です。また，カラーの個人成績票やデジタル採点による個人学力分析表などの情報と，長年の蓄積された豊富なデータで志望校選択に必ずお役に立ちます。

令和３年度年間計画

学年	回	テスト名	統一実施日
中学3年	1	中学３年　第１回	7月3日
	2	中学３年　第２回	8月19日
	3	中学３年　第３回	10月2日
	4	中学３年　第４回	11月6日
	5	中学３年　第５回	12月4日
	6	中学３年　第６回	1月6日
	7	入試プレテスト	2月5日
中学2年	1	中学２年夏期テスト	8月18日～19日
	2	中学２年冬期テスト	12月3日～4日
	3	新中学３年春期テスト	3月11日～12日
中学1年	1	中学１年夏期テスト	8月18日～19日
	2	中学１年冬期テスト	12月3日～4日
	3	新中学２年春期テスト	3月11日～12日
新中1		新中学１年春期テスト	3月11日～12日

〈個人成績票〉

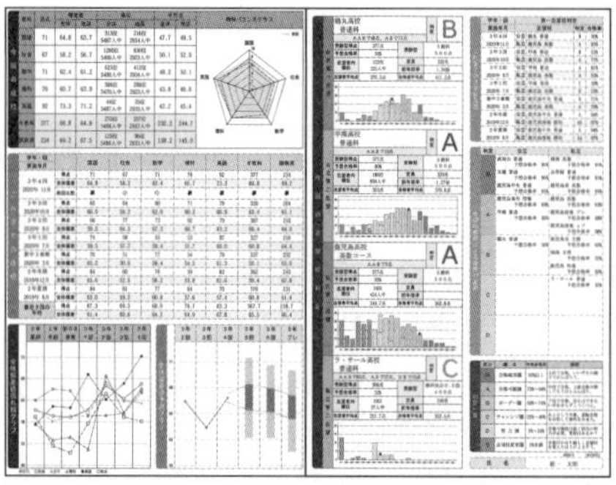

〈個人学力分析表〉

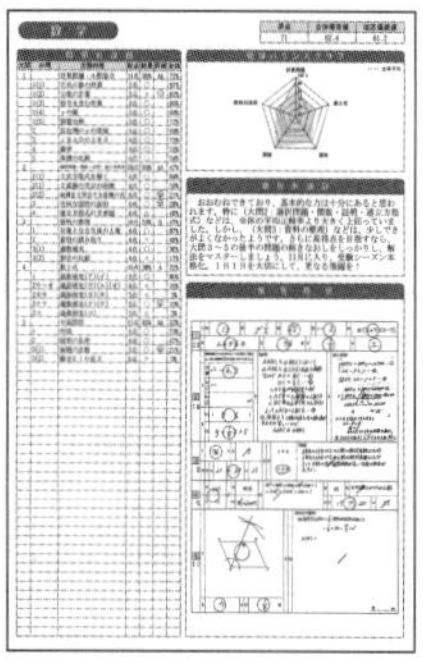

★県内最大規模の受験者数
★公立高校入試に最も近い内容と形式
★豊富なデータに基づく信頼性の高い合格可能性判定

統一模試申し込み方法

①学習塾での受験
最寄りの統一模試ポスターのある学習塾へ受験料を添えて申し込んでください。

②当社指定の受験会場
電話かインターネットで申し込んでください。
◎３年生の各回で私立高校や公共施設など様々な特設会場で会場テストを行います。
※受験会場は、回によって異なります。詳しくはホームページをご覧ください。

③自宅受験（受験料は4,200円(税込)です）
お近くに会場がない場合のみ自宅受験ができます。当社まで電話かインターネットで申し込んでください。

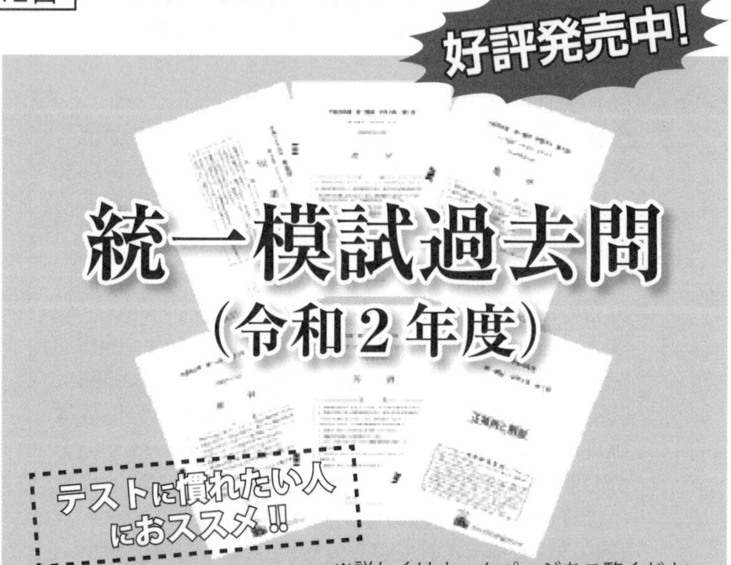

※詳しくはホームページをご覧ください。

統一模試過去問の特徴

●形式・出題数・出題傾向とも、鹿児島県の高校入試に沿って編集。
●出題範囲は段階的になっているため、学校の進度に合わせてご利用いただけます。
●各教科の平均点・正答率の一覧や過去の追跡調査などをもとに出した精度の高い合格判定も掲載。　（公立高校Ａ判定のみ）

小学生模試は「小学生学力コンクール」!

小学５・６年生向けに実施されるテストです。
小学６年生は第１回～第５回（4月・7月・8月・12月・1月），小学５年生は第１回～第３回（4月・8月・1月）の日程で実施されます。なお，小学６年生の第２・４回は，「発展編」として，中学受験を予定する児童向けで，他の回より少しレベルの高い模試となります。また、小学６年生の第１・３・５回と小学５年生の「通常回」は英語を含めた５教科となります。(小学５年第１回を除く)。
【受験料／「通常回」（小学５年第１回を除く）は3,200円(税込),「発展編」および小学５年第１回は3,000円(税込)】

主催／㈱鹿児島県教育振興会
後援／南日本新聞社
会場／特設会場および各学習塾の指定会場
受験料／ 3,500円(税込)

■内容を詳しく知りたい方は…
鹿児島県統一模試　検索

ホームページ
www.kakyoushin.co.jp
Facebookも要チェック!!